普通高等教育"十一五"国家级规划教材

新编21世纪经济学系列教材

国际经济学教程

第四版

黄卫平　彭　刚　编著

International Economics

中国人民大学出版社
·北京·

内容简介

国际经济学是在传统的国际贸易和国际金融理论的基础上发展起来的一个经济学的独立分支学科。它以经济学的一般理论为基础，研究国际经济活动和国际经济关系，是一般经济理论在国际经济活动领域的延伸与应用，是经济学理论体系的有机组成部分。

国际经济学研究的主要内容有国际贸易的理论与政策、国际收支理论、汇率理论、要素的国际流动理论、国际投资理论、开放的宏观经济均衡理论等。作为国际经贸实践活动的理论抽象与升华，国际经济学试图从理论上揭示国际贸易的发生原因，为各国参与国际贸易提供理论依据；描述国际经济的运行过程，阐明国与国之间经贸往来的渠道和环节；研究国际贸易的规律与特征，提供从事贸易实务的技术手段与操作工具；指明维护正常的国际经济秩序的重要性，探讨如何建立减少贸易摩擦、金融波动、信贷危机与促进利益公平分配的调节机制。正是在这个意义上，国际经济学为我们提供了一把解读国际经济关系本质内容的锁匙。

本教程涵盖了国际经济学教学大纲的全部内容，第四版以习近平总书记关于开放型世界经济、全球化和中国进一步扩大开放的论述为指导，针对中国面临的经济发展的内部条件和外部环境的变化，对国内外已有的国际经济学理论，以及当前经济全球化、开放型世界经济形成的相关实际进行了收集、梳理与定性和定量分析，在保持本书过去较为完整体系的前提下，尽量将这些新进展列入国际经济学课程的已有理论与政策内容之中。

作者简介

黄卫平 经济学博士，现为中国人民大学经济学院教授、博士生导师。1985年赴欧留学，回国后在中国人民大学任教，曾经作为富布赖特高级学者在美国斯坦福大学作研究。教育部高等学校经济学类专业教学指导委员会委员，教育部普通高等学校本科教学工作评估专家委员会委员，中国社会科学院学术委员会（国际部）委员，中国社会科学院美国研究所学术委员会委员，中国世界经济学会、中国国际贸易学会常务理事，中美经济学教育交流委员会执行主任，中国太平洋经济合作全国委员会委员，国务院政府特殊津贴获得者。

彭 刚 经济学博士，现为中国人民大学国际经济系教授、博士生导师，中华外国经济学说研究会发展经济学研究分会副会长，中国人民大学发展中国家经济研究中心主任。长期从事国际经济学、发展经济学、世界反贫困、经济一体化以及中国经济发展理论、战略、政策等方面的教学与研究工作。曾留学意大利经济发展研究院（1987—1989年），获得发展经济学硕士学位；曾任美国哈佛大学肯尼迪政府学院Mossavar-Rahmani商政研究中心专职研究员（2007—2008年）。

序言

开放型世界经济与国际经济学

中国共产党第十九次全国代表大会绘出了新时代中国特色社会主义的发展蓝图：到2020年，中国全面建成小康社会；到2035年，中国将基本实现社会主义现代化；到本世纪中叶，中国将建成富强民主文明和谐美丽的社会主义现代化强国。2021年7月1日，习近平在庆祝中国共产党成立100周年大会上，向全世界庄严宣告，中国已经“在中华大地上全面建成了小康社会，历史性地解决了绝对贫困问题，正在意气风发向着全面建成社会主义现代化强国的第二个百年奋斗目标迈进”①。中国向第二个百年奋斗目标进军，一定要在新发展理念的指引下，构建新发展格局，建设现代化经济体系，实现可持续的高质量发展。在这一过程中，中国特别是要坚持世界经济的多边方向，“引进来”和“走出去”并重，遵循共商共建共享原则，支持全球经济治理改革，加强创新能力开放合作，以“一带一路”建设为契机，推动陆海内外联动、东西双向互济的全方位开放，在经济全球化和开放型世界经济的推进中形成“更好惠及每个国家、每个民族”的人类命运共同体。②

2018年11月5日，首届中国国际进口博览会在上海开幕。中国国家主席习近平出席开幕式并发表题为《共建创新包容的开放型世界经济》的主旨演讲，强调“回顾历史，开放合作是增强国际经贸活力的重要动力。立足当今，开放合作是推动世界经济稳定复苏的现实要求。放眼未来，开放合作是促进人类社会不断进步的时代要求”③。各国都应

---

① 习近平：在庆祝中国共产党成立100周年大会上的讲话．中国政府网，2021-07-15.

② 习近平：决胜全面建成小康社会 夺取新时代中国特色社会主义伟大胜利——在中国共产党第十九次全国代表大会上的报告．中国政府网，2017-10-27；习近平：共担时代责任，共促全球发展．中国政府网，2020-12-15.

③ 习近平．共建创新包容的开放型世界经济——在首届中国国际进口博览会开幕式上的主旨演讲．中国政府网，2018-11-05.

该积极推动开放合作，实现共同发展，开创人类更加美好的未来。中国在发展过程中，推动更高水平开放的脚步不会停滞，推动建设开放型世界经济的脚步不会停滞，推动构建人类命运共同体的脚步不会停滞。

一、国际经济学探索的新基础：世界经济的百年大变局

“当今世界正经历百年未有之大变局”①，这一变局目前正在加速演进，在变局中危与机共生并存，这是对当前世界大势的基本判断，也是中华民族伟大复兴所面临的国际环境。在这个加速演进的大势下，经济全球化进程出现了深刻转变。过去数十年，经济全球化对世界经济发展做出了重要贡献，即便出现了所谓逆全球化现象，由于世界经济你中有我、我中有你，经济全球化也已成为不可逆转的时代潮流。同时，面对世界大形势的发展变化，经济全球化在形式和内容上面临新的调整，主观理念上应该更加注重开放包容，客观方向上应该更加注重普惠平衡，实际效应上应该更加注重公正共赢。在这个大势下，全球经济治理体系正在出现深刻的转变。世界经济格局的演变对全球经济治理体系提出了更高要求，是坚持多边主义，谋求共商共建共享，建立紧密伙伴关系，构建人类命运共同体，还是顺应民粹抬头、贸易保护主义抬头，推行逆全球化的单边主义？在新的大势下世界是携手开辟全球、区域合作新局面，推动世界经济前行，还是各自渐行渐远？各国都需要做出相应的选择。今天全球经济治理体系、结构、能力需要变革，这是大家都能够看清楚的必然趋势。在新的大势下，随着时代的进步，新一轮科技革命和工业革命（也称产业革命）形成势头，数字经济、共享经济加速发展，新产业、新模式、新业态层出不穷，新的增长动能不断积聚，发展的内涵正在发生深刻变化，实现更加全面、更有质量、更可持续的发展是国际社会共同追求的目标；落实联合国《2030 年可持续发展议程》，应对世界政治、军事、经济、公共卫生等领域的突发事件，以及气候变化等全球性挑战，成为国际社会的重要共识。中共十九大提出：“世界面临的不稳定性不确定性突出，世界经济增长动能不足，贫富分化日益严重，地区热点问题此起彼伏，恐怖主义、网络安全、重大传染性疾病、气候变化等非传统安全威胁持续蔓延，人类面临许多共同挑战。”为此，中共十九大报告提出：中国要“坚持新发展理念”，“主动参与和推动经济全球化进程，发展更高层次的开放型经济，不断壮大我国经济实力和综合国力”。② 让创新、协调、绿色、开放、共享的发展理念日益深入人心，认识、适应、把握、引领新常态，促进经济增长动能向高质量、可持续深刻转变，把改革创新作为中国化解挑战、谋求发展的方向，将供给侧结构性改革作为化解中国社会基本矛盾的路径，将进一步推动中国在世界面临百年未有之大变局的形势下，以增长方式的深刻转变谋求中国可持续发展，最终跨越中等收入陷阱，在全面建成小康社会的基础上，实现 2035 年奔向共同富裕，2050 年建成社会主义现代化强国的中国梦。正如习近平主席所述，中国

---

① 习近平：在深圳经济特区建立 40 周年庆祝大会上的讲话．中国政府网，2020-10-14.

② 习近平：决胜全面建成小康社会 夺取新时代中国特色社会主义伟大胜利——在中国共产党第十九次全国代表大会上的报告．中国政府网，2017-10-27.

在这样的理念下，秉持正确义利观，积极发展全球伙伴关系，扩大同各国的利益交汇点，推动建设相互尊重、公平正义、合作共赢的新型国际关系。从历史上看，中国人在哲学理念上强调的是“天人合一”“顺天而行”价值观，关于发展的基本看法是顺应自然规律，反对把人和自然对立起来，反对片面强调“人定胜天”；主张奉献、和平、友爱，强调“和而不同”“己所不欲勿施于人”的中华优秀传统；走“修身、齐家、治国、平天下”的路，最终实现“大同”的追求。今天中国依然愿意秉持共商共建共享理念，积极参与全球治理体系改革和人类命运共同体建设，推动国际政治经济秩序朝着更加公正合理的方向发展，同各方携手建设持久和平、普遍安全、共同繁荣、开放包容、清洁美丽的世界。

改革开放以来，中国始终坚持对外开放的基本国策，不断拓展对外开放的广度和深度，实现了全方位的对外开放，使得我国的经济发展具有了全新的活力，建立、健全了社会主义市场经济体制，极大地提升了中国的国际竞争力和综合国力，同时也提升了中国促进世界各国共同发展的能力。今天，中国在开放型世界经济面临百年未有之大变局的全新形势下，站在新时代的起点，仔细考察国内外条件和环境发生的深刻、复杂的变化，以便为全面建成小康社会之后进一步奔向共同富裕、建成社会主义现代化强国做出更为合乎客观实际的分析。本书编著者根据自身的研究以及众多学者的贡献，认为在世界面临百年未有之大变局的形势下，我们面对的国际经济大环境变化主要包括以下几个方面：

第一，经济全球化的情况正在发生重大变化。当今世界正面临百年未有之大变局，“尽管单边主义、贸易保护主义、逆全球化思潮不断有新的表现，但‘地球村’的世界决定了各国日益利益交融、命运与共，合作共赢是大势所趋”①，经济全球化你中有我、我中有你的发展总趋势并没有改变。但受种种因素影响，多边贸易体制发展坎坷，多哈回合谈判徘徊不前，政策协调机制受到冲击，贸易、投资保护主义升温，贸易摩擦政治化倾向抬头，经贸摩擦在大国之间频频发生。同时，区域经济合作蓬勃发展，各类双边、多边自由贸易协定大量涌现，成为经济全球化的重要动力。根据有关资料，经济一体化组织在20世纪60年代有19个，70年代有28个，80年代有32个，进入90年代，随着经济全球化高潮的到来，经济一体化组织得到迅速发展，截至2019年底，世界贸易组织有记录且有效的区域贸易安排有近150个，七成以上是近10年出现的。截至2020年1月底，世界贸易组织164个成员基本都参与了区域贸易安排，未参与的可以说是凤毛麟角，这一情况正在对开放型世界经济的走向产生深远影响。

第二，世界经贸格局正在发生重大变化。在2008—2009年由美国次贷危机引发的全球金融危机后，一些发达国家，尤其是希腊、冰岛等国家，债务危机严重，经济空心化明显，除美、英、德之外，经济恢复艰难曲折。发展中国家，尤其是中国、印度成为拉动世界经济增长的重要力量。一批新兴经济体崛起，金砖国家占世界经济总量的比重超过两成，而新兴经济体对世界经济新增长（增量）的贡献超过了七成，全球经济格局中

① 习近平. 弘扬“上海精神” 构建命运共同体——在上海合作组织成员国元首理事会第十八次会议上的讲话. 人民日报，2018-06-11.

量的变化对比明显。根据联合国贸易和发展会议（简称联合国贸发会议，UNCTAD）的数据，2008—2012年，发展中国家进口总额年增长近11%，明显高于发达国家的3%左右，在全球进口中的比重从低于四成上升到45%，尽管次贷危机造成世界贸易增长速度明显放缓，但总体的结构变化和发展趋势依然不变。未来的全球需求，随着发展中国家经济的进步，会发生深刻的结构变化，使得传统市场、传统贸易的内容与模式的重要性逐渐下降，而新的消费内容、消费模式与新兴市场的前景广阔。

第三，随着新一轮科技革命和工业革命的演进，国际产业竞合（co-opetition）即竞争与合作并存的态势正在发生重大变化。从全球范围看，国际生产网络的分工与进步在演进，但其中的某些新动向值得我们关注。一是次贷危机后发达国家提出“再工业化”政策，一些自动化程度高、供应链短的制造业开始向发达国家转移，全球产业链、供应链进入重构过程；二是类似中国的新兴经济体制造业成本较大幅度的提升使得劳动密集型产业开始向成本更低的低收入国家转移，特别是低端加工业发生了转移，这有可能为新兴经济体在全球价值链、供应链中地位的提升带来机遇；三是国际经贸合作中服务外包，以及向服务业尤其是金融业的投资成为国际直接投资（FDI）的新方向；四是当前科技革命在生命科学、人工智能、新能源、新材料等方面有可能获得新突破，世界各主要经济体均加大了研发力度，未来产业的竞争可以预见将会非常激烈。

第四，二十国集团（G20）的形成使得经济全球化的基础和条件正在发生重大变化。二十国集团成立于1999年，由世界上经济体量最大的二十个发达经济体和发展中经济体组成，即七国集团+金砖五国+七个其他国家+欧盟组成。其中七个国家（阿根廷、澳大利亚、印度尼西亚、墨西哥、沙特阿拉伯、韩国和土耳其）既不是金砖国家，也不是七国集团成员国，而是代表着各大洲的实力经济体。二十国集团的GDP约占全球的90%，贸易额约占全球的80%，人口则约占全球的67%，国土面积约占全球的60%，在世界经济中的地位举足轻重，它们的经济运行基本就代表了全球经济的行为与方向，它们之间的经济政策协调与合作对世界经济的正常发展有着根本性的影响。二十国集团的态度和意愿对全球经济的发展至关重要。除了自身组织结构和世界经济现实外，金砖国家和二十国集团中的其他发展中国家，尤其是新兴经济体的代表国家，与全球大多数发展中国家有着基本的利益基础；七国集团则实际上是二十国集团中发达国家的代表，其与全球大多数发达国家有许多利益共同点。金砖国家与七国集团这两方面的交叉、结合可以被看成是今天世界经济利益之所在和全球经济运行的基本现实，对于世界经济的未来以及经济全球化的方向起着重要的决定性作用。

第五，世界对中国的认知和期待发生了极大的变化。目前，中国是世界第二大经济体，第二大商品消费国（2021年社会消费品零售总额为44.1万亿元人民币）、第一大工业国（尤其是制造业，2021年制造业附加价值是美国的160%以上），第一大进出口国、第一大外汇储备国，第二大外资引进国家、第三大对外投资国，第一大农产品生产国（世界上仅有30多个经济体粮食可以自给），这是中国进一步在各个领域，尤其是服务业领域扩大开放的物质基础。同时，巨大的内部市场潜力、完善的基础设施、充沛的资金流动、强大的加工和配套能力，以及中国企业迸发出的创新能力和走向世界的国际化意愿，也为中国参与开放型世界经济、推进经济全球化提供了有利条件。然而，随着中国已经入列中高收入国家，并向高收入国家行列迈进，劳动力、土地等各类要素的成本迅速提升，依靠低成本制造的传统产业优势逐步丧失，能源资源和生态环境承载硬约束凸显。如何保持传统优势、增强创新优势，将是中国经济继续发展需要解决的重大问题。

随着综合国力和影响力的提升，中国在全球经济体系中的地位发生了变化，人们在重大国际和地区问题上开始更加关注和考虑中国的立场和想法，并加强与中国的交流与合作。与此同时，中国被要求承担更多的国际义务，发达国家在应对碳排放和气候变化、世界经济再平衡、进一步开放市场、处理贸易失衡、人民币汇率升值、知识产权保护、劳工条件等方面对中国提出了越来越高的要求，一些发展中国家对中国的援助期许也在提高。但是“我国仍处于并将长期处于社会主义初级阶段的基本国情没有变，我国是世界最大发展中国家的国际地位没有变”[①]。2020 年 5 月 28 日李克强总理在两会答记者问时，指出了中国 6 亿人口人均月收入为 1 000 元左右的实际情况。[②] 外界对中国的认知与中国实际情况的不同，给中国参与国际经济合作与治理带来了复杂的局面。

二、国际经济学探索的新领域：问题导向的新课题

本书编著者针对上述中国面临的经济发展的内部条件和外部环境的变化，以习近平关于开放型世界经济、全球化和中国进一步扩大开放的论述为指导，对国内外已有的国际经济学理论，以及当前经济全球化、开放型世界经济形成的相关实际进行了收集、梳理与定性、结构和定量分析，在保持本书过去较为完整的体系的前提下，尽量将这些新进展列入国际经济学课程的已有理论与政策内容中。

2017 年 12 月 28 日在接见回国参加 2017 年度驻外使节工作会议的全体使节时，习近平发表重要讲话，指出要“正确认识当今时代潮流和国际大势。放眼世界，我们面对的是百年未有之大变局”[③]。2018 年 6 月 22—23 日在中央外事工作会议上，习近平明确指出：“当前，我国处于近代以来最好的发展时期，世界处于百年未有之大变局，两者同步交织、相互激荡。”[④] 在另外一些重要会议上和重要场合，他也多次强调：“世界百年未有之大变局加速演进”[⑤]。这反映了中国从对世情和国情的深刻把握出发所做出的判断。百年未有之大变局的核心要义就是“变”字。这个“变”字体现在今天的全球经济中就是，世界经济重心之变，世界经济格局之变，世界经贸业态模式之变，贸易和投资自由化便利化进程之变，全球化演进之变，科技与产业之变，全球经济治理结构之变，等等。“认识世界发展大势，跟上时代潮流，是一个极为重要并且常做常新的课题。”[⑥] 按照马克思主义唯

① 习近平：决胜全面建成小康社会 夺取新时代中国特色社会主义伟大胜利——在中国共产党第十九次全国代表大会上的报告．中国政府网，2017-10-27.

② 国务院总理李克强回答中外记者提问．新华网，2020-05-28.

③ 习近平接见二〇一七年度驻外使节工作会议与会使节并发表重要讲话．人民日报，2017-12-29.

④ 坚持以新时代中国特色社会主义外交思想为指导 努力开创中国特色大国外交新局面．人民日报，2018-06-24.

⑤ 习近平：坚持走中国特色社会主义法治道路 更好推进中国特色社会主义法治体系建设．中国政府网，2022-02-15.

⑥ 习近平谈经济全球化．人民网-人民日报海外版，2017-01-15.

物辩证法，世界不是既成事物的集合体，而是过程的集合体。不断变化是世界发展的本质特征，当下的世界更是处于重大转折性变化之中。在变局中，新一轮科技革命和工业革命加快重塑世界。作为生产力和经济基础层面的因素，科技和产业的变迁是导致生产关系和上层建筑层面世界格局和国际秩序演进的最根本的动力，生产、分配、流通、消费的变化演绎这个底层的根本逻辑。国际经济学在百年未有之大变局的加速演进中，透过"变"寻找出相对稳定的内在联系，分析它的物质基础与制度、秩序的变革配合，努力探寻国际分工这一国际经济本源性的根本出发点的演进和形式变化，讨论百年未有之大变局的生产力动力基础、要素全球配置的优化、各种经济结构关系的转变、福利分配的格局、治理体系的推进等，从而使国际经济学学科在不断探讨实践的基础上，得到相应的发展。综合已有的研究结果，本书编著者认为：新的科技革命和工业革命是大变局的物质基础；生产力决定生产关系，新的科技革命和工业革命将会从根本上改变世界经济的游戏规则，重构经济关系和规律；大变局将会在方方面面产生结果，国与国之间的关系、世界经济与政治的格局、世界经济政治的治理结构，甚至人与人之间的关系、社会结构都会发生根本性的变化，而二十国集团在大变局中将会扮演非常重要的角色，应该为人类的进步与发展、人类命运共同体的福祉做出应有的贡献。

在大变局之下，伴随着所谓逆全球化的出现，经济全球化发生了巨大变化，进入了一个新的阶段。世界贸易组织 1995 年度报告指出："对全球化的定义和描述，首先应着重'质'而不是'量'"。1996 年联合国贸发会议召开了一次题为"全球化与自由化"的讨论会，在会上对经济全球化定义如下：经济全球化是世界各国在经济上跨国界联系和相互依存日益加强的过程，运输、通信和信息技术的迅速进步有力地促进了这一过程。1997 年联合国贸发会议报告指出：经济全球化的概念既指货物和资源日益加强的跨国界流动，也指一套管理不断扩大的国际经济活动和交易网络的组织结构的出现。国际货币基金组织为经济全球化下的"权威"定义是：跨国商品、服务贸易及国际资本流动规模的扩大和形式的增加，以及技术的广泛迅速传播，使世界各国经济的相互依赖性增强（《世界经济展望》，1997 年 5 月）。新自由学派的经济学家认为，经济全球化是人类进步的先驱，因为它正促使全球市场与全球竞争的一体化的出现（Ohmae，1995；Greider，1997）。另有一种观点则认为，经济全球化是生产社会化扩大的结果，是资本主义经济体系对世界进行支配与控制的过程。习近平指出："当前，围绕经济全球化有很多讨论，支持者有之，质疑者亦有之。总体而言，经济全球化符合经济规律，符合各方利益。同时，经济全球化是一把双刃剑，既为全球发展提供强劲动能，也带来一些新情况新挑战，需要认真面对。新一轮科技和产业革命正孕育兴起，国际分工体系加速演变，全球价值链深度重塑，这些都给经济全球化赋予新的内涵。"① 本书编著者据此认为，在考虑经济全球化的定义时，由于世界经济不断发展，应该将它看成一个动态的过程，强调参与国家的互相依存性与竞争性，而不应该将其认定为一种结果、一种制度安排或体系，这样可以为未来分析国际经济活动预留足够的理论空间。人们可以从三个方面来认识经济全球化的内涵：一是世界各国经贸投资联系的加强和相互依赖程度的日益提高，形成了全球价值链的分布；二是随着国际市场的形成和扩

① 习近平谈经济全球化. 人民网-人民日报海外版，2017-01-15.

大，各国国内经济游戏规则逐渐趋于一致；三是国际经济协调机制强化，即各种多边或区域组织对世界经济的协调和约束作用越来越显现出来。

关于经济全球化的作用和影响，多数学者是从正面的角度来分析经济全球化的，认为经济全球化是推动社会、政治和经济转型的主要动力，但另一方面，这种世界秩序的剧变又充满着变数。未来要以人类命运共同体理念引领经济全球化发展：一是要实现发展中国家和发达国家共同发展；二是要维护社会公正；三是要实现可持续发展，在构建人类命运共同体的高度，走绿色、低碳、循环、可持续发展的道路。“要积极引导经济全球化发展方向，着力解决公平公正问题，让经济全球化进程更有活力、更加包容、更可持续，增强广大民众参与感、获得感、幸福感。”① 2019 年在达沃斯-克洛斯特斯召开的世界经济论坛的主题为“全球化 4.0：打造第四次工业革命时代的全球架构”的年会上，施瓦布提出四大变革正在赋予全球化新的定义：全球经济领导格局由奉行“多边主义”进一步发展为“诸边主义”；全球势力划分由单极主导向多极平衡发展；气候变化等生态问题对社会经济发展造成了威胁；在第四次工业革命下，新技术以前所未有的速度和规模兴起。他认为全球化 4.0 能否为世界带来普惠发展，取决于企业、政府乃至国际层面的治理方式能否充分适应这一新的经济、政治、自然和社会环境。但现实的世界经济在贸易、投资、人员流动等方面正在显示出全球化逆动现象。全球化逆动现象的根源在于全球化和全球治理的不匹配、利益分配的畸形。因此，在经济全球化下，世界经济的治理结构存在巨大的缺陷，需要进行变革。全球经济治理制度的改革不仅需要体现权力结构的变革，体现以“命运共同体”和“伙伴关系”为核心的新理念，为全球经济治理体系注入新的精神内涵和主旨，而且需要寻求最大多数国家利益的最大公约数，实现互利共赢。同时，在原有全球治理制度设计的盲区，积极推进制度体系的创新和创设。全球化的治理结构改革应该围绕着贸易便利化、金融改革的方向进行。由全球化发展失衡带来的收入分配不均对国家的消费结构产生了影响，贫富差距的扩大使逆全球化民粹主义抬头。克服这种不平衡全球化的弊端，需要重构或者创新国际规则，完善国际治理机制，推进一个更加均衡、包容和公正的全球经济体系的构建。

由于世界经济治理结构改革迟缓，在 2008—2009 年全球金融危机后，各种矛盾集结，逆全球化在全球开始显露。一般认为，国际范围内的逆全球化产生的原因是 2008—2009 年全球金融危机之后出现的种种矛盾。“占领华尔街”“黄马甲”等运动一度在许多发达国家流行，运动的目标直指大型金融机构的道德风险和政府对它们无原则的救助和利益让渡措施，以及经济全球化对部分劳动者利益的影响。2016 年，英国启动脱欧，2020 年终于完成，这意味着欧洲一体化进程的巨大倒退；2017 年特朗普当选美国总统后提出并实施的一系列政策主张也在一定程度上阻碍了全球化的发展进程。逆全球化的理论依据是贸易政策的政治经济学（political economy of trade policy，PETP），它将公共选择的分析范式嵌入传统的贸易理论中，从政策决策过程出发来探究贸易干预的水平、结构、形式和变化。“当前形势下，全球经济治理特别要抓住以下重点：共同构建公正高效的全球金融治理格局，维护世界经济稳定大局；共同构建开放透明的全球贸易和投资治理格局，巩固多边贸易体制，释放全球经贸投资合作潜力；共同构建绿色低碳的全球能源治理格局，推动全球绿色发展

---

① 习近平谈经济全球化. 人民网-人民日报海外版，2017 - 01 - 15.

合作；共同构建包容联动的全球发展治理格局，以落实联合国2030年可持续发展议程为目标，共同增进全人类福祉!”① 国际经济学必须研究和探讨在开放情况下国内经济循环与国际经济循环相互作用的经济均衡发展，以及通过国际贸易、国际金融、国际投资和人员的跨国流动形成的社会福利在不同经济体之间、一个经济体之内的分配状况，及这种分配状况造成的影响。

在探讨世界经济治理改革的同时，世界各个国家都在推动经济一体化进程。与经济全球化相比，经济一体化是一种在客观基础上的制度安排，各国根据自身的实际情况，选择参加自由贸易区、关税同盟、共同市场、经济联盟和完全的经济一体化等处在不同层次上的国际经济一体化组织，并在一体化的游戏规则下，通过权衡利弊，让渡一定的经济主权，获取一体化的利益（黄卫平，2008）。从理论上，J. 维纳（J. Viner）1950年在《关税同盟问题》一书中对关税同盟做了局部均衡分析。20世纪90年代后期出现了新地区主义（De Melo and Panagariya，1993；Perroni and Whally，2000）的概念，对经济一体化所带来的传统利益如贸易创造、贸易条件改善、规模经济、竞争加剧和刺激国外投资等做了很好的分析。埃斯尔（W. J. Ethier）对新地区主义的特点进行了总结。费尔南德斯（R. Fernandez）和波特斯（J. Porters）在20世纪90年代提出了区域贸易协定的非传统收益理论，该理论认为除了传统收益之外，区域经济一体化在某些条件下还能带来保持政策的连贯性、发信号、提供“保险”、增强讨价还价能力、建立协调一致机制等非传统收益，为解释新一轮区域贸易协定（RTA）的兴起提供了新的视角。

国际经济学在讨论经济全球化和经济一体化的过程中，非常重视对世界产业链、供应链、价值链、生产网络的研究，认为它们是当代世界经济发展最重要的动力组成部分。关于全球价值链的研究，最早并非出现在国际经济学中，而是出现在管理学中，价值链（value chain）理论蕴含了“工序”和“附加值”的概念（Porter，1985）。布鲁斯·科格特（Bruce Kogut）1985年提出了价值增值的概念，用来分析国际经济战略中的优势，反映了价值链下垂直分工的特征，对推动全球价值链理论的发展起到了至关重要的作用。加里·杰里菲（Gary Gereffi）立足于管理学的价值链理论，1999年首次界定了全球商品链的概念，在此基础上又于2001年提出了全球价值链的概念，为全球空间范围内生产活动的布局提供了研究方法，也对全球经济运行的动态特征进行了详细刻画。哈佛商学院教授迈克尔·波特（Michael Porter）在《竞争优势》一书中提出了全球价值链理论的概念。波特将价值链定义为：“一种商品或服务在创造过程中所经历的从原材料到最终产品的各个阶段，或者是一些群体共同工作，不断地创造价值、为顾客服务的一系列工艺过程，每一个企业都是在设计、生产、销售、发送和辅助其产品的过程中进行种种活动的集合体，这些互不相同但又相互关联的生产经营活动，构成了一个创造价值的动态过程，即价值链。”一些国家的学术界从全球（区域）价值链角度分析了国际生产网络，利普西（Lipsey）认为，全球生产网络（global production networks）指的是跨国公司控制的在它们母国之外的全球范围内的生产系统，国内学者对生产网络理论也做了很好的总结（刘春生，2006）。联合国工业发展组织（UNIDO，2003）将全球价值链明确定义为：“全球价值链是指在全球范围内为实现商品

① 习近平谈经济全球化. 人民网-人民日报海外版，2017-01-15.

或服务的价值而连接生产、销售、回收处理等过程的全球性跨国企业网络组织，涉及从原料采集和运输、半成品和成品的生产和分销，直至最终消费和回收处理的过程。它包括所有参与者和生产、销售等活动的组织及其价值和利润分配，并且通过自动化的业务流程以及供应商、合作伙伴和客户的链接，来支持机构的能力和效率。”① 在经济全球化新形势下，学者们提出，全球价值链的生产长度（最初的投入品和最终品之间的平均生产阶段）已经变短，这反映了生产跨境行为的减少；同时，国家内劳动分工深化了。

总的来说，人们承认全球价值链对贸易、就业、经济增长和社会发展具有重要推动作用。在经济全球化中，与全球价值链相关的贸易给世界各个经济体带来了收入的快速增长。然而，“当今世界百年未有之大变局加速演进，国际环境错综复杂，世界经济陷入低迷期，全球产业链供应链面临重塑，不稳定性不确定性明显增加”②。今后，全球价值链在各产业、各地区的分布和延伸，事实上在不确定性增加的情况下，也为发展中国家参与全球价值链、参与建设区域价值链中心提供了机遇。目前各国高度重视营商环境改善、基础设施和创新投资，推动贸易援助、基础设施和能力建设，就是为了更好地融入全球供应链的重塑大潮。现阶段国际经济学关于全球价值链的研究主要集中在揭示全球生产、贸易的真实运行层面，同时开始探讨全球供应链、生产链和价值链的政策内涵，揭示链条上的内在联系，并探讨全球生产网络、价值链、产业链、供应链的运行特点，价值链、产业链上各个环节的附加值的分配，以及由此产生的新增福利的取向和去向。对此，读者可以参考本书的相关章节。

三、国际经济学探索的新尝试：体系的稳定与问题的思考

本书编著者在多年教学和研究的基础上认为，基于全球政治经济形势的新发展和新变化（如中美贸易摩擦、俄乌冲突等等），以及国际经济运行中的新情况，已有的国际经济学理论和政策的阐述应该有扩展和完善的空间。为此，本书编著者收集了当前各国学者进行国际经济研究的方向和理论、政策以及实证的方方面面，结合百年未有之大变局加速演进的情况，尝试对国际经济学进一步探讨的方向和一些基本内容进行阐述。

国际经济学理论渊源久远，对国际经济活动的系统研究最早可以追溯至以亚当·斯密、大卫·李嘉图的思想为代表的古典经济学说中的国际贸易理论，而比较利益的思想可以被看成是现代国际经济分析的起点。古典经济学说之后的“边际革命”在一定程度上为国际经济学的形成提供了重要的方法。事实上，从宏观角度看，国际经济学研究资源在国际上的配置，以及随资源配置而产生的福利变化。从中观角度看，国际经济学研究国家之间经济的相互依存性，分析一国与世界其他国家间商品、劳务和资金流向的格局，探讨直接约束这个流向的政策，以及这些政策对国家福利产生的影响。从微观角度看，国际经济学分析诸如贸易价格的确定、最优和次优状态的实现等。另外，国际经济学还从生产、分配、

① UNIDO. Industrial Development Report 2002/2003：Competing through Innovation and Learning. 2003.

② 习近平：在中国科学院第二十次院士大会、中国工程院第十五次院士大会、中国科协第十次全国代表大会上的讲话. 新华网，2021-05-28.

流通、消费的角度探讨全球经济循环的内在联系，以及四个环节之间的关系。

现代意义上的国际经济学是在传统的国际贸易和国际金融理论的基础上发展起来的。作为一种系统而独立的理论，它大约出现于20世纪四五十年代，即以凯恩斯为代表的凯恩斯主义兴起后不久，国际经济学便应运而生。几十年来，国际经济学的研究吸引了许多经济学家的注意力并不断得以发展，新的研究方法和学说层出不穷，研究和阐述的国际经济运行范围不断扩大，经济一体化、经济全球化、生产网络、网络经济跨域化均已得到很好的研究，原有的理论，如国际贸易理论，进一步深入增值分解的研究，并有一批优秀的国际经济学学者因为他们出色的研究而获得了诺贝尔经济学奖。

国际经济活动进行的前提是作为经济过程主体的国家（地区）必须存在，国家是人类社会经济活动发展到一定阶段的产物，因此国际经济活动显然也应该是随着人类社会经济活动的不断发展而产生的，其过程体现为经济活动跨越国界的延伸与扩大，其结果是世界经济的产生。随着经济一体化尤其是经济全球化的发展，不同国家（地区）经济活动的过程日益以利益为纽带结合在一起，同时它们之间的矛盾也由于经济全球化的发展而有了新的展现、激化和深化，使得不同国家（地区）的民众既感到了经济全球化进程给他们带来的好处，也感到了这一进程给他们带来的竞争压力，使各个经济体无不清楚地认识到，它们必然要参与经济全球化进程。但如何才能推动经济全球化朝着更加开放、包容、普惠、平衡、共赢的方向发展，让各国人民共享经济全球化和世界经济增长的成果？必须对这一进程有深刻的了解，搞清必须在共商共建共享的过程中推动全球化才能形成人类命运共同体，从而真正造福人类。

经济全球化曾经被人们视为阿里巴巴的山洞，现在又被不少人看作潘多拉的盒子。国际社会围绕经济全球化问题展开了广泛讨论。经济全球化是世界经济中一个非常重要的趋势，它伴随着现代经济的出现而出现，伴随着现代经济的发展而发展，已经存在了一个多世纪。尽管有学者认为今天逆全球化已形成一股潮流，但综合研判世界发展大势就会发现，经济全球化是不可逆转的时代潮流。经济全球化是社会生产力发展的客观要求和科技进步的必然结果。在经济全球化发展的历史进程中，跨国流动的生产要素最初是劳动力，然后是商品，继而是资本。商品、技术、资金、人员的流动可以为经济增长提供强劲动力和广阔空间，这种流动在今天则发展成综合的要素流动，其中知识、科技、数据要素的流动具有非常重要的作用。因此，经济全球化又被认为是生产要素在全球范围广泛流动、实现最佳配置的过程。事实上，经济全球化应该能让发展机会更加均等，能让发展成果惠及各国、人人共享。

今天，在世界各条航线上飞行的波音737飞机，尾翼是在中国生产的；空中客车的飞机是在法国、英国和德国生产、组装的；中国C919飞机近一半的仪器设备和零部件采购自全世界；中国电子计算机巨头联想集团出售的笔记本电脑的很大部分是在境外代工生产（OEM）的；在1997—1998年亚洲陷入金融危机而急需资金救助时，国际资本却毫不犹豫地弃它而去，流向了资金充裕的美国；欧元自1999年1月1日诞生以来，虽然挟欧洲经济一体化的利好，但在随后一年多的时间中对美元的汇率大贬30%以上，从2002年开始，又大升30%；20世纪末，随着国际互联网科技的迅猛发展，美国已经从“汽车轮子上的国家”转变为“网络上的国家”；电子商务的应用大行其道，贸易的国际、国内界限在网上似乎淡化了，国际交易税收的流失引起了各国政府的注意，而随电子商务产生的新的社会经济方式则更是引起了经济学界、社会学界及全世界的瞩目；随着网络经济的发展，知识产权的保护问题呈现出不同于过去的特点；2018 年开始的中美贸易摩擦引起了人们对经济全球化、世界经济治理结构的大讨论；全球生产网络的形成与世界价值链、产业链、供应链的新整合改写着国际生产与资本的流动；2022 年俄乌冲突引发的全球石油、天然气价格的飞涨，SWIFT 的禁用，加快了世界对新能源的探索以及 SWIFT 替代物的产生和使用；人工智能（AI）和生命科学冲击着人们对“人”自身的认识；等等。一切迹象都表明，“进入 21 世纪以来，全球科技创新进入空前密集活跃的时期，新一轮科技革命和产业变革正在重构全球创新版图、重塑全球经济结构”[①]，它将从根本上改写全球的经济与产业格局、改写世界经济的游戏规则、改写国与国之间的经济关系，重构人与人之间的关系。总之，对于人们日常可以注意到的、可以预料到的国际经济活动，以及经济全球化过程中的种种现象，探讨它们之间的背后的联系，甚至仅仅是表面联系，对各国争取经济活动的主动权都是非常有必要的。因此，从 20 世纪 80 年代中后期开始，国际经济学在世界许多国家的大学经济类、管理类学科的学习中均是必修的内容，以体现和迎接经济全球化的挑战。在中国，当改革开放进行到一定阶段，尤其是当人们认识到经济全球化过程的客观性，认识到这一过程对中国经济发展和世界经济发展的巨大影响时，即到 20 世纪 90 年代中后期，国际经济学经过教育部高等学校经济学学科教学指导委员会的讨论被认定为经济类学科的必修课程。

世界经济的历史与逻辑表明，经济活动总是从微观单位开始的，随着经济活动内容的日益丰富，从事经济活动的基本单位也会相应扩大。首先是微观经济单位结合成经济有机体，出现宏观、总体的经济单位和以宏观经济总体为单位的经济活动。在宏观的国家经济体之间产生有机的经济联系后，各国成为相互依存、彼此融合的利益共同体，开放包容、合作共赢是唯一正确的选择，任何国家或地区（在本书中，将更多地使用“经济体”这样的术语，以突出经济全球化的过程），即使是幅员辽阔、人口众多、资源丰富的大国，也必须在尽可能大的范围内参与国际经济交往（包括分工与交换等），在更深的层次上加入国际竞争，这样才有可能充分利用世界现有的资源加速经济发展。由于国际经济活动发展的要求，以及经济学在研究国际经济活动方面的积累，一门新的经济学分支学科——国际经济学便应运而生。从理论和实践上看，国际经济学与任何国家的对外经济活动都有很密切的关系，在理论、政策与实践层面反映着它们的对外经济活动。作为中国基本国策之一的对外开放政策，是指中国在自力更生、平等互利的基础上积极实行对外开放，即利用外国资金，引进先进技术、科学知识和管理经验，全面进入国际市场，参加国际分工，通过贯彻国际经贸惯例适当开放关境，使得国内外的要素投入、经济产出得以顺畅地双向流动，国内外市场能够更好地对接、融合，促进中国经济的发展。正是从这一基本点出发，中国经济的发展过程也必然是坚持不懈、日益深化地融入世界经济的过程。始自 2013 年，中国对全球变化做出了全新的研判，提出了“世界正处于大

---

① 习近平．努力成为世界主要科学中心和创新高地．求是网，2021-03-15.

发展大变革大调整时期”①，“放眼世界，我们面对的是百年未有之大变局”②。外部环境的变化对中国经济的影响，随着中国和世界融合程度的深化必然日益增强，中国将是世界的中国，世界也将是中国经济运行的广阔舞台。学习国际经济学能够使我们从理论和政策层面对上面的叙述即开放型世界经济的发展、百年未有之大变局以及中国的改革开放有更为深刻的理解，不回避世界经济面临的挑战，直面世界的贫富差距、发展鸿沟等重大问题，使我们能够具备更加宽阔的视野以及找到观察世界经济的新角度。

本教程的编著者初步完成写作大纲后，曾多次组织国内专家学者进行深入的探讨，并吸收了国内外专家许多非常有益的建议，涵盖了国际经济学大纲全部应该具有的内容，比较全面、系统地介绍了国际经济学的基本内容，并对国际经济中的新现象、新事物、新研究成果给予了关注。本教程针对本科教学，注重了内容的相对稳定性和在教学中的适用性，对于复习与思考题的设计和复习与思考题所涉及的内容进行了特别的论述，读者可以有重点地阅读、学习。本教程是在中国人民大学国际经济系教师们多年授课内容的基础上，以本课程的讲义为蓝本编著的，因此本书可以说是集体合作的结晶。在写作过程中，编著者又得到了中国人民大学国际经济系以及其他大学相关领域的各位教授的大力支持和帮助，中国人民大学出版社王晗霞副编审为本书的出版付出了辛勤的努力，做了出色的工作，在此对她表示衷心的感谢！

本教程在编写过程中，参考了国内外大量国际经济学、国际贸易、国际金融、国际投资和国际经济关系方面的教科书、论文以及其他数据与文字资料，并从互联网上下载了许多有用的素材。在使用本教程的过程中，读者可以参考本教程后面列出的参考文献，以便于理解。本教程在每章后面都列有复习与思考题。尽管国际经济学作为一门课程被中国人民大学列入教学计划已经有近 40 年的历史，本书编著者也是从 20 世纪 80 年代中后期开始从事国际经济学的教学和科研工作的，但由于国际经济实践和经济全球化的迅猛发展，且囿于编著者的视野和水平，以及本门经济学分支学科的特点，因此本教程中肯定存在许多值得进一步探讨和需要发展的地方，诚挚地希望读者予以指教，以便今后对本教程作进一步的完善和修订。

① 习近平：决胜全面建成小康社会 夺取新时代中国特色社会主义伟大胜利——在中国共产党第十九次全国代表大会上的报告. 中国政府网，2017－10－27.

② 习近平接见二〇一七年度驻外使节工作会议与会使节并发表重要讲话. 人民日报，2017－12－29.

目录

第一章

绪 论

重点问题

● 国际经济学的产生、发展、研究对象及其与其他经济学科的关系

本章的教学目的在于使学生对国际经济学有一个概括性的了解，即了解和掌握国际经济学这一经济学分支学科产生的历史沿革过程，以及本门学科与经济学其他分支学科之间的关系，国际经济学的研究对象和主要内容，以及进行国际经济学分析应该具有的方法论基础等基本内容，使学生在学习中认识到：国际经济学是在人类经济不断发展的过程中产生的，是人们对跨国经济活动不断总结的成果。

人类的经济活动经历了从简单到复杂、从家庭经济到微观经济进而发展到国民经济的过程，最终形成了经济的完整体系。同时，在与其他国家的经济交往中，一个国家与世界结成经济关系，出现了国际经济，进而出现了目前发展迅速的经济全球化的趋势，人们在研究国际经济活动规律的过程中，创立了国际经济学。学习国际经济学可以使学习者站在更为广阔的基础上考察一个国家的经济发展过程，理解人类经济活动的发展规律，为自己的国家制定出更为符合实际的微观、宏观以及国际经济的发展战略和政策，并能更好地理解经济全球化给一个经济体带来的利益与冲击。

第一节　国际经济学的产生与发展

在人类历史进程中，“国家”一词常常用不同的词汇来表示，如强调地域（country）、强调民族（nation）、强调行政过程（state）的不同词汇等。但在今天，“经济体”（economy）却越来越多地被用来代替行政意义上的国家（地区），这反映了经济活动在当今国际关系中的重要地位。国际经济学以西方经济学的一般理论为基础，研究国际经济活动和国际经济关系，是一般西方经济理论在国际经济活动范围中的应用与延伸，是经济学体系的有机组成部分。国际经济学研究的主要内容有国际贸易理论与政策、国际收支理论、汇率理论、国际金融制度分析、要素的国际流动、国际投资理论、开放的宏观经济均衡、国际经济一体化的过程以及国际经济秩序等。

一、经济发展的过程

（一）经济的自然增长

在今天的美国，人们一般认为，有2%的经济增长率、6%的失业率就算是很正常的经济状态。而中国的经济增长率在7%以下，人们可能便会感觉产生了相当多的问题。事实上，经济增长率太低，或者失业率太高，会对一个经济体产生很大的影响。如果仅仅从人们日常生活的角度考察，那么由于人口的自然和机械增长、人们出于维持生活水平的自然要求，以及人类在活动中认识和利用自然界的能力的提高，经济存在着适应上述情况的自然增长过程。经济的自然增长是人类存在的前提和随着人口的增加生活能够维持下去的基本条件，也是经济的最基本活动的结果，它仅仅与人口的自然增长有关。因此，经济的自然增长是一切经济学包括国际经济学进行分析时最基本的出发点，即经济学历史与逻辑的起点。但是，在经济自然增长的情况下，经济运行可以被认定是在封闭的体系中进行的，即不需要国际经济往来，这种经济自然增长便能够发生，这在世界的历史中存在着真实性。只有当经济的发展超出自然增长的范畴时，对外经济联系才有可能成为一国经济运行尤其是经济发展所需要考虑的因素，才会引发国际经济运行与国际经济关系问题。

（二）经济增长与经济发展

经济增长是人类存在的必需，经济发展则是人类进步的需要。由于经济发展客观过程的复杂性，以及人们对于经济过程认识的局限性，在一个相当长的历史时期，人们曾经将经济增长与经济发展等同起来，把经济增长视为经济发展，认定经济产出量的增长即为经济发展，而且在早期的经济学教科书中经济增长与经济发展也常常混用或并用。事实上经济增长与经济发展既存在密切的联系又有着明显的区别。在经济学中，经济增长意味着生产更多的产出，即一个国家所生产的货物与服务数量总额的增加，或按人口平均的实际产出的增加，这一过程与结果通常用货币化的国民生产总值（GNP）、国内生产总值（GDP）、国民收入（NI）或它们的人均数值来衡量。经济发展则是伴随着经济结构、社会和政治体制变革即制度创新的经济增长。从各国的经验与实践来看，早期的经济增长尚有可能在封闭的条件下进行，而之后的经济增长便只能在开放的环境中实现。但是经济发展则自始至终都必须在开放的条件下才可能实现，因为经济发展必须考虑它的内部因素和外部环境。例如，亚洲“四小龙”和其他新兴经济体始于20世纪70年代的经济“起飞”便是非常明显的例子。因此，对于经济发展而言，对国际经济环境的研究就显得更为重要，国际经济学的研究与教学也因此获得了长足的发展。

（三）经济的国际化、全球化

在经济发展过程中，商品的跨国流动除了可以使消费者的多样性需求得到满足之外，也带来了相应的经济福利增长，提高了人们的生活水平。在人们对这一情况有了初步认识后，经济产出的增加便促使人们开始有意识地在不同国家中销售商品，使得国际贸易的地域、商品范围不断扩大，成为人类经济活动的重要形式。同时，随着商品的跨国流动，为了结算的便利，货币的“跨国流动”即汇兑也必然应运而生，国际经济活动的内容便相应复杂起来。在生产的跨国进行、多国公司的出现成为普遍现象后，人们意识到国际经济关系对于任何一个国家的经济发展均具有重要性，国家之间经济的相互依存性必然不断地得到加强。第二次世界大战后，西欧在经济基本得到恢复、需要进一步增长时，出现了最初的煤钢联营；1958 年又开始形成共同市场；1994 年西欧完成了商品、资源、人力的自由流动。20 世纪 90 年代中后期，随着国际互联网络的出现与普及、电子商务的发展，发达国家尤其是美国已经从“汽车轮子上的民族”转变为“网络上的民族”。生产社会化不断扩大，新的国际生产方式正在诞生，人类的生活方式也在发生变化，经济开始真正成为全球化的具体结果，所谓的“地球村”得到了人们的广泛认可，“新经济”也成为大众和经济学家频繁谈及的话题。从经济学的角度看，解释这些社会经济现象需要在更为广阔的平台即国际经济的范畴中寻找答案，因此国际经济学成为分析当今世界经济新现象的基本工具，是了解当今经济发展的必修课程。

二、国际经济学的产生

在人类的经济生活中，家庭具有极其重要的地位，有人将家政学（home economics）中关于经济学的内容看成是经济学的史前阶段。在家政学中，家庭被认定是人类从事经济行为的基本单位与普遍形式，一切经济活动均围绕家庭展开，而家庭经济行为所追求的目标是：以有限的收入追求家庭最大的经济福利。这种看法基本符合人类经济生活的客观过程，家庭是人类经济活动的细胞，对家庭经济活动的研究则是经济学产生的历史和逻辑起点。随着经济的发展，从事经济活动的基本单位在扩大，人们开始以具有独立决策能力的企业为经济活动的中心，对企业行为的内部条件和外部环境进行研究的学问被称为微观经济学，即微观经济学以资源约束为研究的逻辑起点，研究生产者追求利润最大化的行为，同时以收入有限为出发点，研究消费者追求效用最大化的行为。对一个国家的经济总量进行分析是在经济有了进一步发展以后的事情，研究一国总体经济状况的是宏观经济学。国际经济学则是在这二者的基础上，随着经济开放度的不断提高而发展起来的。

（一）国际经济学产生的背景

经济学理论体系的发展、完善经历了漫长的历史过程。国际经济学并非与经济学同步产生，最初的经济学将家庭作为自己的研究对象，因此被人们称为家政学。一般而言，家政学研究的是家庭的经济行为，即在收入既定的条件下，一个家庭如何获得最大的福利，这是一个永恒的研究课题。即便是今天，只要一个家庭的收入是有限的，家庭成员是理性的，该命题就依然是正确的。随着经济的发展，单个家庭之间在经济上开始发生联系，形成新的进行独立经济运行决策的基本单位，于是对一个家庭的研究扩展到对这一新的生产单位的研究，即开始研究企业的行为。

在自由竞争条件下，企业行为的核心内容是：企业在资源既定的情况下如何取得最大利润；要素提供者在收入既定的情况下如何使效用最大化。因此，经济学也就从家政学发展到微观经济学。教科书中的微观经济学的研究对象包括人们对微观经济学不同问题的看法，如研究价格问题、消费者行为问题、生产理论、厂商均衡、要素价格以及福利经济学，等等。在微观经济学中，人们认为，企业在解决生产什么的问题时，由货币选票（以脚投票）决定；在解决如何生产的问题时，通过竞争决定生产中使用的技术；而在解决为谁生产的问题时，则由要素价格决定。人们在研究企业时，十分注重资源的有效配置，注重收入分配的激励性，注重考察商品与要素市场的有效性。

当一个国家的所有微观经济活动主体有机地结合成国民经济时，宏观经济问题便进入了研究者的视野。研究国民经济的学科即宏观经济学，它研究的内容非常广泛，如经济周期、商品市场的均衡、货币市场的均衡、需求管理，等等。宏观经济的目标有经济增长、充分就业、物价稳定和国际收支平衡，而宏观经济中的各个微观经济单位追求的仍然是经济福利最大化，即企业如何在资源既定的条件下获得最大的利润，以及人们如何在收入既定的条件下获得最大的效用。由于宏观经济目标中存在着国际收支平衡，因此这意味着经济的开放已经成为经济运行的有机产物。在宏观经济发展到一定阶段后，不同的经济体之间形成了内在的经济联系，这种联系已经成为宏观经济运行的必要条件，这时人们便具备了研究国际经济关系方方面面的客观基础，国际经济学的产生也就具有了基础。

（二）国际经济学产生的过程

尽管宏观经济的运行需要以开放为条件，但理论上宏观经济从历史和逻辑的角度却可以区分为封闭经济与开放经济。经济学认定的封闭是指一个经济与外部没有任何经济交往，开放则意味着一个经济与其外部存在着经济往来关系，如对外贸易、资金流动、劳动力流动等对外经济关系。因此，从经济学的角度看，中国在改革开放之前，甚至从1949年中华人民共和国成立之时起，由于国家有着对外贸易活动，就已经是经济学意义上的开放国家了。

国际经济学是微观经济学与宏观经济学发展到一定阶段的产物。随着历史的发展，国家之间的经济往来日益频繁，彼此经济关系日益紧密，国家成为国际经济往来和活动的主体，于是便产生了国与国之间的经济联系，即国际经济活动与国际经济关系。而当国家的经济活动以国际为背景时，为了探讨国际经济关系中的内在联系，就有必要创立独立的经济学分支学科了。国际经济学是一般经济理论在国际经济活动范围中的延伸和应用，是以经济学一般理论为基础来研究国际经济活动与国际经济关系的，是整个经济学体系的有机组成部分。

在一个经济体中，资源配置是否合理决定着经济增长与发展的效率，在国际经济的范围内，资源配置是通过各种经济交往方式如贸易、投资、劳动力流动、信息交流等进行的。资源的替代和转换同样决定、影响着一个经济体或世界的经济效率。在经济全球化日益深化的今天，国际经济的发展、稳定、均衡都与资源在国际上的有效配置密不可分。在一个经济体中，收入的分配、再分配过程直接决定、影响着各个地区、各个阶层以及各个行业的福利水平和平等程度。在国际经济的范围内，各种经济交往方式如贸易、投资、劳动力流动、信息交流等同样影响、决定着一个经济体或整个世界经济的福利水平与平等程度。国际资源配置、国际经济福利分配和可持续发展研究是国际经济学重要的出发点和归宿。

国际经济活动具有自身的内在联系。一方面，国内经济与国际经济密不可分，后者是前者在时间尤其是空间上的延伸；另一方面，国际经济作为整体，随着经济全球化的发展，又有着其自身内在的联系与规律，这一内在规律在很大程度上产生于商品和生产要素在国内的自由流动以及在国际上的不完全流动，因而产生了一般经济规律的特殊表现，形成了国际经济运动的特有经济规律，以及国际贸易、国际金融、国际投资等方面的特有理论。

三、国内经济与国际经济的异同

国内经济与国际经济的运行既有许多共同之处，也存在着明显的差异。因此，一般的经济学与国际经济学除了有相同之处外，也有很多不同的地方。了解国内、国际经济的异同之处，是我们在学习国际经济学时必须把握的内容。

（一）经济运行主体的异同

无论是在国内还是国际经济环境中，个人、企业、国家和国家集团都在从事不同层次的经济活动，他们是经济运行的主体，是经济产出的供给者与消费者，他们的经济活动主要集中在商品、服务、劳动力、信息等产出的交流上，而且他们的经济活动场所是商品、服务、劳动力和信息的市场，即在国内或国际经济活动中，这些经济主体运行的主要基础是市场。从这一方面看，国际经济与国内经济的相同之处可能更多些，尽管在某些方面的特点上会存在较大的差异，例如国家集团之间的经济活动本身就是一种国际经济活动。

（二）经济运行目的的异同

个人、企业、国家和国家集团总是在追求经济福利的增长，以有限的资源耗费获取最大的经济福利；以有限的收入获得最大的经济效用。这是国内、国际经济运行的永恒目的。除了生产过程外，对已有经济福利的分配、再分配，在经济运行主体间也要符合一定的原则。从总体上考察，国际经济中还存在着个别经济体或国家经济集团的利益与世界经济总体利益之间的差异，以及效率与公平之间的区别。在经济运行目的方面，国际经济与国内经济之间的差异确实存在，但应该说并不是根本性的。

（三）经济运行范围的异同

如前所述，国际经济是国内经济跨越国界的延伸，一般经济学研究的是国内经济的运行，国际经济学研究的是国与国之间的经济关系与活动，经济运行的范围明显不同，国际经济运行的范围大于一国国内经济。在经济全球化的今天，由于经济活动是在一个更为广阔的国际背景下进行的，同时由于国际经济关系在很大程度上因经济全球化的出现而成为一个经济体发展的重要因素，因此国际经济学研究的内容的重要性正在日益凸显，并得到了人们的广泛认同。

（四）经济运行机制的异同

（1）在国内与国际上，经济要素与产出流动的自由程度不同。一般而言，经济产出与经济要素在一国范围内可以自由流动，但在国际上流动的自由度会大打折扣，即资源在国际上可以流动但却不能自由流动，这形成了国内经济与国际经济在很大程度上的差异。

（2）经济在国内与国际上运行的条件不同。这是由于不同国家具有不同的法律、经济体制、规则、惯例、习俗、宗教和文化背景，这使得经济在国内与国际上运行的条件具有极大的差异，人们不得不去适应不同的经济运行条件，以便完成经济目标。

（3）国内与国际经济交往的媒介不同，即国家之间使用的货币不同，需要经过汇兑解决，这比在一个国家内要复杂。

（4）在国内与国际经济的运行中，经济调节手段起作用的程度与范围不同。在一国国内，一般而言，经济调节手段能够贯彻得比较彻底，但是在国际经济运行中，经济协调往往难以得到彻底贯彻，其结果大抵只能是经济体通过沟通，寻求利益妥协，因此国际经济政策协调的结果大多是各国妥协的产物。

由于经济运行机制的差异，国内经济运行与国际经济运行的规律便有了较大区别，人们只能研究这些不同的经济规律来指导自己的经济行为。

（五）经济交流方式的异同

在国内经济与国际经济的运行中，个人、企业、国家与国家集团之间以及国家集团内部的贸易、投资、资金流动、劳务提供、信息交流等，在方式上是大同小异的。但由于在国际经济运行中存在着国界的限制，这些大同小异的方式也必然会在不同的条件下有一定程度的修正，例如在商务交流中更强调交易的时空分离，货币的支付作用得到进一步加强。

（六）经济交流场所的异同

在国际经济中，经济资源、经济产出的交流往往是在市场条件下进行的。如果说一国国内经济资源、经济产出在市场中进行交流、配置与得到实现时可能会受到一定的干扰，那么，在国际经济中，市场机制将更容易得到贯彻，市场的竞争性体现得更为完全。在世界经济中，国际金融市场在今天几乎已经成为一个整体，价格发现机制使得各个国际金融市场之间金融产品的价格趋于一致，世界市场更为完善和成熟。

第二节　国际经济学的基本概念、研究对象、内容、方法与特征

一、国际经济学的基本概念

我们在前面曾指出，经济学意义上的封闭是指一个经济体在经济活动中与国外经济

体没有经济往来，如没有国际贸易、国际金融或劳动力的交流，仅仅存在国内的经济活动等。若一国经济与外国经济之间不存在密切的联系，则该国经济被称为处于封闭经济状态。在经济的自然发展过程中，经济必然不断地从封闭走向开放。经济学意义上的开放是指一个经济体与国外经济体有经济往来，如存在国际贸易、国际金融或劳动力的交流，也就是说，对外有进出口和货币、资本、劳动力的交流，本国经济与外国经济之间存在着密切的联系，即为开放经济。个体、企业和国家的跨国经济活动有机结合成为国际经济，最基本的条件就是这些经济运行主体必须是开放的。

国际分工是国际经济最基本的出发点，国际分工即各国之间的劳动分工、生产的国际专业化，它是经济发展到一定阶段的必然产物，是社会分工从一国国内向国外延伸的过程和结果。各国对于分工方式的选择以及分工的变化，反映了彼此之间经济发展水平的差异，以及各国经济联系的密切程度。目前的国际分工主要有不同产业间的分工、同一产业内的分工、垂直型分工、水平型分工、不同要素密集型产业之间的分工等类型。国际分工的不断发展，在今天使人们越发认识到，经济全球化的进程、高科技条件下的产业结构调整、跨国公司的超常发展都与它有着非常密切的联系。

二、国际经济学的研究对象和主要内容

（一）国际经济学的研究对象

任何一门独立的经济学分支学科，都应该有自己特定的研究对象，国际经济学的研究对象是我们学习国际经济学必须掌握的首要知识，它界定了我们学习的基本内容。根据国际经济学界普遍的看法，国际经济学的研究对象是国与国之间的经济活动和经济关系。

通常，国际经济学家们在阐述国际经济学的研究对象时表达了如下意思：第一，国际经济关系发生的原因是国与国之间的经济联系日益密切，经济往来日益频繁。无论是像美国这样经济发达的超级大国，还是处于经济不发达状态的弱小国家，其经济状况总是在一定程度上依赖于其他国家的经济状况并直接受到国界以外所发生事件的影响。越是经济发达的国家，与外部经济的联系就越密切，其对外部经济的影响就越大。第二，所谓国际经济关系，主要是指国与国之间的经济往来。因此，从国际经济学家的角度来考察，国家就构成经济活动的基本单位或行为主体。国际经济学所考察的就是不同国家间经济往来的内容及其对双方所造成的影响。第三，国际经济交往的主要方式是生产要素跨越国界的流动。国际经济学就是要说明这种要素流动的原因、后果及其发展趋势。

（二）国际经济学研究的主要内容

国际经济学内容丰富，源远流长。随着国际经济实践的迅猛发展，国际经济学的理论内容也在不断地充实和完善。概括地讲，国际经济学研究的主要内容包括：国际贸易纯理论研究、国际贸易政策研究、国际收支研究、外汇理论研究、国际货币体系研究、生产要素的国际流动研究、跨国公司研究、经济发展研究、经济一体化研究、开放经济

的宏观调节研究、国际经济秩序研究、经济全球化研究，等等。

(1) 国际贸易纯理论研究。

古典国际贸易理论以市场的完全竞争性、生产要素在国际上不能流动为前提，在排除政府和其他人为干预以及货币因素的情况下，研究国际贸易产生的原因、贸易利益的分配、贸易格局的确定以及贸易模式的安排等问题。其基本内容是纯理论探讨，理论的基轴应该说是静态比较利益和动态比较利益，以及国际贸易理论的发展。现代国际贸易理论主要是对古典比较利益学说进行补充，并针对该理论的某些缺陷进行新的论述。当代国际贸易理论以规模经济的存在、市场不完全竞争等为条件，考察国际贸易理论的新发展。

(2) 国际贸易政策研究。

国际贸易政策是各经济体对国际贸易过程的某种控制和干预，在多数情况下是借助各种行政垄断因素对自由贸易实行的某种限制和某些影响，当然也有政府为鼓励自由贸易而制定的政策，这些政策对贸易从而对经济会产生相应的影响。一定的国际贸易政策是以一定的经贸理论为基础的，是理论在经贸实践层面的某种反映，也是一种有目的的政府行为。应该讲，国际贸易政策比国际贸易纯理论更贴近国际贸易的实际，不同的国家往往制定并实行不同的国际贸易政策，因此更适合用案例分析的方法从事教学。

(3) 国际收支研究。

国际收支的概念在不同学科有着不同的意义，本教程按照国际货币基金组织最新的国际收支平衡表结构表述国际收支，研究国际收支各个项目的经济含义、国际收支各个构成部分之间的关系、国际收支与一国的宏观经济总体的关系；同时着重研究国际收支的失衡以及为恢复平衡而进行调整的理论、机制和措施，包括财政方法、货币方法以及其他具体的方法、措施等。

(4) 外汇理论研究。

外汇的定义及汇率的确定是国际经济关系的重要方面，贸易要通过货币进行表示与计量，不同经济货币制度的区别导致了货币的兑换与比价问题；资金在不同经济体之间流动，出口劳务获得工资报酬，存在着将不同形式的资金在一个经济体内转化为统一货币单位的需要；即便是进行不同经济体之间的比较，也同样需要使用统一的货币单位。因此，汇率不仅是重要的理论问题，而且是重要的实际运作问题。在此不涉及外汇交易与外汇市场研究。

(5) 国际货币体系研究。

国际货币体系是各国政府为适应国际贸易与国际结算的需要，对货币的兑换、国际收支的调节等所做的安排或确定的原则，以及为此而建立的组织形式等的总称。国际货币体系可以根据不同的标准划分为不同的类型：从是否有意识地进行组织安排角度划分，可分为自发存在的（准）国际货币体系和人为安排组织的国际货币体系；从储备资产的一般性质角度划分，即从货币本位或储备货币角度划分，可分为金本位制、不兑换纸币本位制（信用本位制）和介于二者之间的金汇兑本位制；从汇率制度角度划分，可分为固定汇率制、有管理的浮动汇率制和自由浮动汇率制。本教程重点讲述了布雷顿森林体系和牙买加体系。

(6) 生产要素的国际流动研究。

生产要素的国际流动是当今国际经济学研究的重要范畴。它包括了生产要素的各个方面，如资本、劳动力、技术、信息等。生产要素的国际流动与国际商品流动在一定程度上可以互相替代，但二者间也存在着互补性。在最初的国际经济学中，人们常常将生产要素的国际流动看成是国际贸易的延伸。应该说这种提法已经难以涵盖今天生产要素国际流动所涉及的方方面面的问题，尤其是要素流动的经济效应、福利变化等情况，因此在这里生产要素的国际流动是作为独立研究课题而出现的。

(7) 跨国公司研究。

跨国公司是当今国际经济中使国际贸易得以开展、生产要素的国际流动得以有序进行的重要经济主体。有关跨国公司的研究主要集中在跨国公司产生的原因、跨国公司运作的理论与案例、跨国公司的经济影响、不同国家针对跨国公司制定的政策等问题上。

(8) 经济发展研究。

经济发展是第二次世界大战后出现的新课题，今天已经发展成一门独立的经济学分支学科——发展经济学。国际经济学研究的经济发展问题，主要集中在与发展有关的国际经济关系方面，如在经济发展中对传统国际贸易模式的探讨，对比较利益学说在经济发展中的作用的质疑，对国际直接投资效应的评价，等等。总之，国际经济学关于经济发展的研究主要是考虑经济发展与国际经济环境、国际经济运行之间的互动和相互作用关系。

(9) 经济一体化研究。

经济一体化是当今国际经济领域的一个重要现象。对它的研究有对关税同盟所进行的较为详细的分析，尤其是经济分析、福利分析，以及对经济一体化的原因、条件、经济效应所进行的研究。在当前的世界经济中，重要的经济一体化组织有欧洲联盟（EU，简称欧盟）、北美自由贸易区（NAFTA）和亚太经济合作组织（APEC）。

(10) 开放经济的宏观调节研究。

这部分内容在多数宏观经济学教科书中也是作为一章来阐述的。国际经济学在研究这一问题时，主要强调的是宏观经济的内外均衡，即如何同时使经济实现经济增长、物价稳定、充分就业和国际收支平衡四个宏观经济目标。在此研究的宏观经济失衡的概念，是指利用 $IS-LM-FE$ 曲线进行宏观经济调节，按照蒙代尔（R. Mundell）的主张进行政策搭配，使经济回归到均衡点的过程。

(11) 国际经济秩序研究。

国际经济秩序是一个充满争议的话题，在概念、定义、理解上多有不同的观点和理解。发达国家与发展中国家在这方面的矛盾体现得十分充分，在不同的国际经济组织中这种矛盾往往引起其他方面的矛盾与对立。发达国家认为存在的就是合理的，而发展中国家则认为需要对现有的国际经济秩序进行变革。在这一部分内容中南北关系是分析的重点，南北关系调节得顺利，世界经济中的秩序调整与变更就会比较容易取得进展。

(12) 经济全球化研究。

经济全球化是国际经济发展到一定阶段的产物，它是在各个经济体对外开放、国际经济资源和产出流动日益自由化的前提下得到发展的。经济全球化是国际经济学的一个新的课题，由于它对各个经济体均具有重大影响，因此经济理论界近年来不断对它进行探讨，这种研究与探讨使得国际经济学能够不断总结自身、发展自身，以便更好地解释经济全球化的发展过程，并适应其发展的需要。

三、国际经济学的分析方法与特征

（一）宏观与微观相结合

国际经济学的微观方面主要涉及分析国际市场中的交易、价格、资源配置、收入分配、经济效率以及福利等内容。国际经济学的宏观方面主要涉及分析国际收支与国民收入的关系、国际收支的各部分之间的关系、国际收支的调节、国际收支平衡的实现过程等内容。经济全球化的历史进程及发展趋势更是宏观国际经济关系分析的主要内容。而国际经贸政策的研究，则既包括微观的福利探讨，也包括宏观的均衡分析，是两者的有机结合。宏观与微观经济分析的结合，体现了国际经济学所具有的基本理论特征，对于读者学习国际经济学也提出了必须具备相应的西方经济学的先修基础的要求。

（二）静态与动态相结合

国际经济学的静态分析主要涉及比较静态分析。纯静态分析强调在其他条件不变时，某一因素对过程的影响及产生的结果，比较静态分析强调对变化的不同阶段的一些既定结果的比较分析，例如比较利益学说本身就是一种静态分析。动态分析则主要强调对事物变化过程以及变化中各个变量对过程的影响的分析，例如国际贸易的产品生命周期分析。国际经济学的发展趋势是，正逐步以静态分析为起点，尽量使理论自身动态化，以适应国际经济现实，并对它做出符合实际的解释。

（三）定性与定量相结合

国际经济学的定性分析主要强调的是经济中的结构性联系，它与马克思主义政治经济学中提到的定性分析即对经济关系本质内容的揭示不同，例如比较利益分为得自贸易的利益和得自分工的利益，国际债务的次优规模，国际经济福利的分配、再分配等。国际经济学中的定量分析主要是对事物数量关系的变换进行分析，例如某一关税水平对国内市场的有效保护率是多少。与政治经济学和计量经济学不同，作为应用经济学，国际经济学更为强调定性分析与定量分析的有机结合，注重实证分析是国际经济学的一个突出特点。

（四）局部均衡与一般均衡相结合

国际经济学中的局部均衡分析是指只进行单个市场、单一商品、单一要素的价格与供求的考察，例如进口关税的局部均衡分析在局部均衡的基础上考察经济福利的变化。国际经济学中的一般均衡分析强调的是考察全部市场、全部商品的价格与供求变化，例如进口关税的一般均衡分析考察总体的福利变化。

（五）理论与政策相结合

在国际经济学的分析方法中，理论与政策相结合表现得要比一般微观、宏观经济学更为明显，它所具有的强烈的政策内涵，使得人们在学习这一经济学分支学科时，总是能够从中获得方方面面的政策启迪。例如，国际贸易理论分析总要结合贸易政策来进行；国际收支理论总要伴随经济失衡调整来阐述；购买力平价理论的分析也总是与它的实际应用结合在一起。国际经济学的各种理论本身大多具有很强的政策取向，是许多国家对外经济关系政策制定的基础，也是许多国际经济组织政策制定的理论依据。因此，理论联系实际是国际经济学这一经济学分支的最重要的特征之一。

（六）吸收与评价相结合

国际经济学最初作为西方经济学的一个分支学科而产生，具有西方经济学普遍的理论特征。例如对于生产关系分析的刻意回避，不能从根本上揭示出国际经济关系中存在的不平等现象，甚至认为在与富国打交道时，发展中国家实际获得的利益更大，从而引发了激进经济学派对这些理论的批判。从基本理论层面看，西方国际经济学的许多重要内容发源于劳动价值论，曾经以劳动价值论为基础，但作为西方经济学的分支，却发展于对劳动价值论的背离，国际经济学的理论更多的是在论述国际经济活动，描述表面的联系，即与国际经济的日常活动紧密相连，对国际经济关系的深层次的联系缺少定性的分析。然而，西方国际经济学中也有许多值得借鉴的地方，例如调节国际经济关系的政策手段，国际经济运行机制，一国经济对内、对外均衡的调整等方面，已经为当今绝大多数国家和地区所采用，并取得了相当显著的成效。因此在学习国际经济学时，评价与吸收相结合是我们所坚持的基本原则。

在经济全球化的背景下，世界经济交往已不再是线性的，而是一个彼此渗透、相互交叉的格局，形成了全球经济网络。各国之间的经济相互交织、相互融合、相互依赖，构成了一个“你中有我、我中有你”的有机整体。在经济全球化的格局中，一国经济作为全球经济有机整体的一个组成部分，其发展已经不完全取决于其国内因素，而是在很大程度上依赖于积极参与国际分工和国际市场的竞争。因此，在世界经济日趋全球化的今天，实践的发展要求我们把经济研究的视角推至全球，用国际经济学的理论来解释全球化的世界经济中的新现象，这样学习国际经济学便具有了更为实际的意义。

核心概念

经济的自然增长	经济增长	经济发展	经济全球化
家政学	微观经济学	宏观经济学	国际经济学
国际分工	封闭经济	开放经济	

复习与思考

1. 试述国际经济学的研究对象和主要内容。
2. 试述经济全球化的进程与国际经济学的发展。
3. 试对国际经济学的内容体系做出评价。

第二章

古典国际贸易理论

重点问题

- 绝对利益学说的基本内容及其评价
- 比较利益学说的基本内容及其评价

本章的教学目的在于使读者了解并掌握国际贸易的古典理论；以劳动价值论为基础，从纯理论方面说明国际贸易产生的原因、国际贸易本身的利益、国际贸易利益的分配、国际贸易格局和国际贸易的基本模式等；同时，还要使读者明了国际贸易纯理论存在的内在矛盾和局限。本章涉及的内容包括古典经济学派的斯密的绝对利益（absolute advantage）学说和李嘉图的比较利益（comparative advantage）学说，本章的论述基本上是围绕着基于劳动价值论的国际贸易理论展开的。

第一节　斯密的绝对利益学说

人们通过国际贸易的实践认识到，国际商品的流动起因于同种商品的价格水平在不同国家之间的差异。只要同种商品的价格差异大于商品的运费、保险费用等，两国之间又没有贸易限制，商品就会从价格低的国家流向价格高的国家，为相关利益方带来利润。

同种商品的价格在不同国家之间之所以存在差异，是由于在不同国家生产商品的成本不同。在国际经济学中，“差异出贸易”是阐述国际贸易发生原因的基本思路之一，而解释成本差异的种种说法便构成了解释国际贸易产生原因的不同学说流派：

国际贸易 ←— 价格绝对差 ←— 成本差异 ←— ?

例如，绝对利益学说认为成本差异产生于贸易伙伴之间劳动生产率的绝对差异；比较利益学说认为成本差异产生于劳动生产率的相对差异；H-O 模型认为成本差异产生于各国之间要素存量比率的差异；等等。如果我们使用在学习西方经济学时所熟悉的局部均衡分析的图形工具，那么这一情况可以由下面的图 2-1 来表现。

在古典经济学的国际贸易理论中，绝对利益学说被看成是比较利益学说的特例，是国际贸易的经典传统理论之一，也是人们今天研究国际贸易理论的一般出发点。从经济史的角度来考察，绝对利益学说是适应当时处于上升阶段的产业资本家阶级的贸易利益而诞生的，是经济自由主义在国际分工领域的应用。在经济政策上，经济自由主义对内主张自由放任，强调“看不见的手”的作用；对外则主张自由贸易，这是斯密时代英国经济实力在其对外经济关系上的反映。

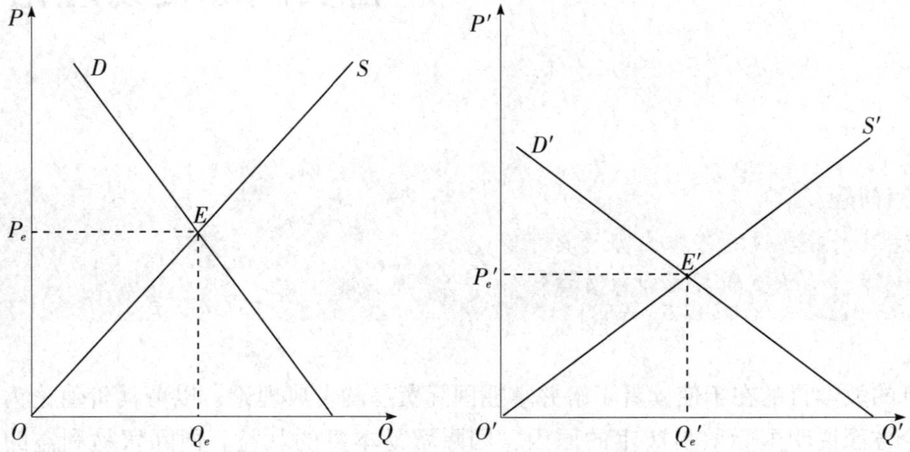

（a）A 国　　（b）B 国

图 2-1　局部均衡分析模型

说明：图中的价格差造成了同一种商品从价格低的 B 国流向价格高的 A 国，这说明了价格差是国际贸易产生的根本原因。

一、绝对利益学说的基本内容及数字说明

1776 年，在美国建国的同时，英国古典经济学家亚当·斯密（Adam Smith）出版了他的不朽巨著《国民财富的性质和原因的研究》（简称《国富论》），在这部著作中，他提出了被后人称为绝对利益学说的国际分工和国际贸易理论。斯密提出：“如果一件东西在购买时所费的代价比在家内生产时所费的小，就永远不会想要在家内生产，这是每一个精明的家长都知道的格言。裁缝不想制作他自己的鞋子，而向鞋匠购买。鞋匠不想制作他自己的衣服，而雇裁缝制作。……在每一个私人家庭的行为中是精明的事情，在一个大国的行为中就很少是荒唐的了。如果外国能以比我们自己制造还便宜的商品供应我们，我们最好就用我们有利地使用自己的产业生产出来的物品的一部分向他们购买。”①斯密的这一思想表明了两国之间的贸易是建立在成本的绝对差异的基础上的。绝对利益学说的基本思路是：一个国家在生产特定商品时如果具有特定的优势，生产成本绝对低于其贸易伙伴，便会具有竞争的绝对优势，出口这种商品便会受益。如果在国际贸易中，人人都遵循生产、出口自己具有绝对竞争力的商品这一原则，则参加国际贸易的每个国

① ［英］亚当·斯密．国民财富的性质和原因的研究：下卷．北京：商务印书馆，1974：28.

家都可以得到更多、更好的商品，也有利于促进各个国家的资源得到充分、有效的利用，各个国家的福利水平以至全世界的福利水平都会提高。

(一) 绝对利益学说的基本概念与内容

简单地讲，绝对利益学说的基本含义为：在某种商品的生产上，一个经济体在劳动生产率上占有绝对优势，或其生产所耗费的劳动成本绝对低于另一经济体，若各个经济体都从事自己占有绝对优势的商品的生产，继而进行交换，那么双方都可以通过交换得到绝对利益，从而整个世界也可以获得分工的好处。

在进行劳动成本的比较时，斯密的基本观点是建立在劳动价值论的基础上的，即把生产中劳动耗费的差异作为分析的出发点。但今天大多数西方的教科书则将劳动耗费扩大为生产商品的成本或生产费用，强调如果一个国家某种商品的生产成本绝对低于另一国家，则这个国家生产该种商品的产业便是具有绝对优势的产业，而另一国家的该种产业则被认为是处于绝对劣势的产业。各个国家都应该专门从事自己具有绝对优势的商品的生产，即按照绝对生产成本的差异组织分工和生产，继而进行交换，这样交易双方均可受益，资源可以得到充分和最优利用，世界可以享受的商品数量增加，因而总体福利水平得以提高。

(二) 绝对利益学说的简单数字说明

按照绝对利益原则进行商品交换、从事贸易的好处是非常明显的，这可以用简单的数字举例说明。本教程将遵循斯密的原意，从劳动价值论的角度对国际贸易的发生及利益分享进行讨论，在生产中只有一种要素即劳动，同时交换遵循等价原则。

设有两个国家——A 国和 B 国，且 A 国和 B 国组成整个世界（即 A+B=W），每个国家均生产两种产品——X 产品和 Y 产品，即 2×2 模型。在两个国家的生产进行专业化分工之前，劳动耗费（成本）情况如下（见表 2-1）。

表 2-1 绝对利益学说的简单数字说明（分工前）

国家	X 产品耗费的劳动	Y 产品耗费的劳动
A 国	1	2
B 国	2	1

上述简单数字矩阵的含义为：A 国生产 1 单位 X 产品需要 1 单位劳动，生产 1 单位 Y 产品需要 2 单位劳动；B 国生产 1 单位 X 产品需要 2 单位劳动，生产 1 单位 Y 产品需要 1 单位劳动。可以很清楚地看出 A、B 两国的劳动耗费（各 3 单位劳动）、两国的产品生产与消费（各生产、消费 1 单位 X 产品和 1 单位 Y 产品）和全世界（A+B=W）在生产中的劳动耗费（6 单位劳动），以及全世界 X、Y 两种产品的消费数量（共 4 单位产品）。

按照绝对利益学说的原则，A 国在生产 X 产品上具有绝对低的生产劳动耗费，因此 A 国应专业生产具有超过贸易对手的高劳动生产率的 X 产品。B 国在生产 Y 产品上具有绝对低的生产劳动耗费，则 B 国应该专业生产 Y 产品，进行专业化分工后的劳动在不同产品生产上的分配和产量情况如下（见表 2-2）。

表 2-2 绝对利益学说的简单数字说明（分工后）

国家	*X* 产品耗费的劳动	*Y* 产品耗费的劳动
A国	3	0
B国	0	3

上述简单数字矩阵的含义为：A国将全部3单位劳动用于 X 产品的生产，共生产3单位 X 产品，但因只有0单位劳动用于 Y 产品的生产，故只有0单位 Y 产品被生产出来。B国专业生产（用全部3单位劳动）Y 产品共3单位，但因只有0单位劳动用于 X 产品的生产，故 X 产品的产量为0单位。很清楚，在全部劳动耗费不变的情况下，与分工前相比，世界的总产量增加了2单位。A国经过分工，比分工前多生产了2单位 X 产品（但与分工前相比少生产了1单位 Y 产品）；B国经过分工，比分工前多生产了2单位 Y 产品（但与分工前相比少生产了1单位 X 产品）。如果A国保持1单位 X 产品的消费、B国保持1单位 Y 产品的消费（A国维持分工前的 X 产品消费，而B国维持分工前的 Y 产品消费），然后按照 $1X:1Y$ 的比率进行 X 和 Y 产品的交换，则A、B两国的消费总量均会有所增加，即A国比分工前多消费1单位 Y 产品，B国比分工前多消费1单位 X 产品。在A、B两国即整个世界劳动耗费不变的情况下，A、B两国的消费水平均得到了提高。A、B两国组成的世界的总消费在A、B两国消费均得到增加的情况下也得到了提高（X、Y 产品各增加了1单位）。

二、绝对利益学说的图形解释

为了更为直观地分析按照绝对利益学说进行的分工和贸易的状况，我们用图形来做进一步的分析。我们的假设条件如前，仍然为两个国家——A国和B国，各自生产两种产品——X 产品与 Y 产品。图 2-2（a）为A国的基本情况，图 2-2（b）为B国的基本情况。图形表明，在国际分工与国际交换发生后，两国的生产点和消费点都出现了空间上的分离。

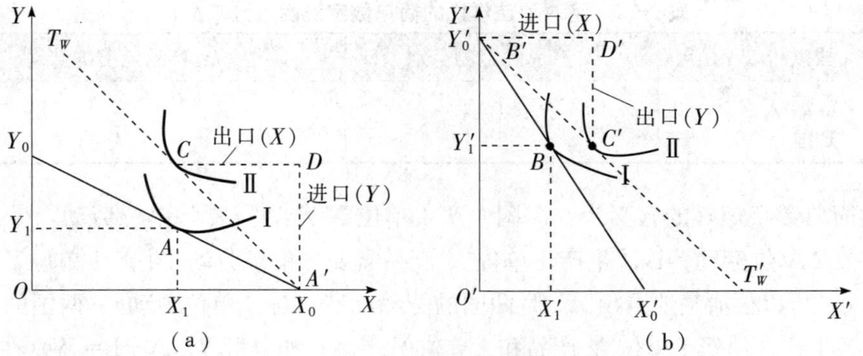

图 2-2 斯密绝对利益学说的图形解释

说明：图中 OX_0、OY_0 和 $O'X'_0$、$O'Y'_0$ 为A和B两国将全部资源分别用于生产 X、Y 两种产品时的产量情况，从图形中可以看出两个国家的绝对优势，A国的优势在于生产 X 产品，B国的优势则在于生产 Y 产品。在封闭状态下，A国的生产可能性曲线为 X_0Y_0，B国为 $X'_0Y'_0$。经过专业化分工，A国只生产 X 产品，B国只生产 Y 产品，A、B两国的生产点分别为 A'、B' 点，A国出口 X 产品向B国交换 Y 产品，B国则相反，A、B两国的消费点分别为 C、C' 点。两国均受益，世界的福利水平也因此得到提高，在图中表现为社会无差异曲线与原点的距离扩大了。

图中A国在分工前，如果用全部资源生产 X 产品，产量为 OX_0，如果用全部资源生产 Y 产品，则产量为 OY_0。B国的情况则为，如果用全部资源生产 X 产品，产量为 $O'X_0'$，如果用全部资源生产 Y 产品，产量为 $O'Y_0'$。我们以A国为例来说明情况，A国参加国际贸易的分析见图2-2（a）的右部分。从图中可以直观地看出，A国的产业优势在于生产、出口 X 产品，因此A国使用全部的资源（劳动）生产 X 产品（A国从而不生产 Y 产品），并用 X 产品按照国际交换比率 T_W（假设交换比率为1∶1）交换Y产品进行消费。A国出口 CD 的 X 产品，换回 DA' 的 Y 产品进行消费。进行专业化分工和交换之后的福利情况参见图2-3。

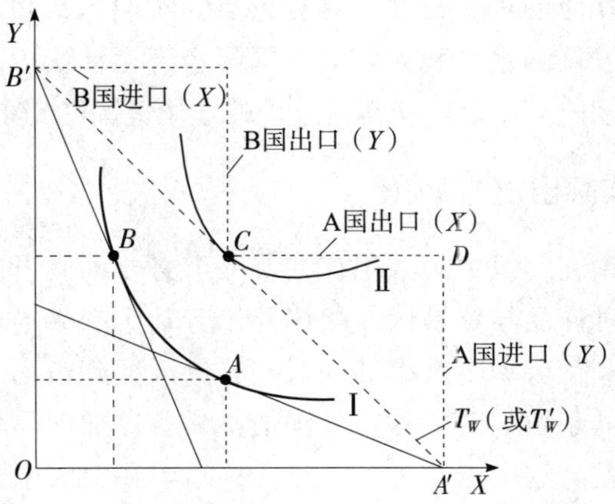

图2-3　绝对利益学说的福利效应分析

说明：在图中，A 点和 B 点分别为分工前A国和B国的生产点及消费点，A' 点和 B' 点分别为分工后A国和B国的专业化生产点，C 点为分工后的消费点。该图是把图2-2中A国与B国的两个坐标图放到一起合成的，图中社会无差异曲线向外推移的部分，便是国际贸易利益所在，它与国际价格线 T_W（也即 T_W'）相切。从图中可以看到，在分工以前，两国具有相同的社会无差异曲线。实行完全分工以后，两国的生产点（A'，B'）与消费点 C 产生了分离。

三、绝对利益学说的其他有关叙述

斯密的绝对利益学说批判了重商主义关于财富的定义。在16—17世纪的资本主义原始积累时期，土地已不再是社会财富的根本代表。当时的重商主义认为，贵金属是社会财富绝对和唯一的存在形式。除了开采金、银矿藏之外，只有国际贸易是一国增加财富的重要来源，因为国内贸易只是现有财富在不同国民之间的分配。一个国家为了发展生产、发展贸易，就应该实行国家对经济的干预，鼓励贸易顺差的发生。因此，在重商主义看来，财富产生于流通领域。斯密认为社会财富应该用产品、劳务的生产来衡量，而不单纯是贵金属的保有数量；政府应鼓励经济自由主义，减少对经济的干预。他从货币流的调整机制出发认为，贸易的顺差与逆差事实上存在着自动调节机制，会导致贸易自动向平衡的方向发展。贸易的一方不可能长期保持顺差而以此积累财富，贸易的利益应该是双方的，也只有双方共享贸易利益才可能使得贸易得到正常发展。此外，斯密还认为国际贸易也是一国解决生产过剩问题即消除过剩的办法之一，在实践中，贸易参加国也可以用对本国用途相对较小的产品换回对自己更为有用的产品，即用对自己效用较低的产品（如过剩的产品）换回对自己效用更高的产品，以解决生产能力与消费偏好之间的矛盾。

四、对斯密绝对利益学说的评价

斯密的绝对利益学说揭示了在自由市场经济条件下，国际贸易产生的原因在于两国之间劳动生产率的绝对差异，按照绝对利益学说的原则进行国际分工，贸易的参与者与整个世界会因此而获得利益。这一学说在一定程度上反映了国际贸易中的某些规律，为产业资本的发展提供了相应的理论支撑，具有重要的实践意义和理论意义。但是斯密的国际贸易理论囿于经济发展的水平和人们对于国际经济运动认识的局限性，存在着一些理论与实践方面的重要缺陷与不足，使得该理论的适用范围受到了限制。

（一）从国际贸易实际出发的评价

斯密的绝对利益学说在实践中的运用存在着一个必要的假设前提：一国要参加国际贸易，就必然有至少一种产品与贸易伙伴相比处于劳动生产率绝对高或生产所耗费的劳动绝对少的地位，以便利用劳动生产率的绝对差异进入国际市场。如果一国在所有的产品生产上劳动生产率均低于贸易对象国，该国便不具备参加国际分工的条件，或者在国际贸易中没有任何的获益。这一点在理论上过于绝对，在实践中也不符合实际情况（发展中国家的劳动生产率很可能在所有产品上都不如发达国家，但仍然在进行国际贸易），实际上陷入了理论与实践的两难境地：如果没有超过贸易对手的高劳动生产率部门，则该国便被排斥在国际贸易的大门之外，或者在贸易中本国的生产部门将被对方击垮。显然，世界贸易的历史与现实并不完全、普遍地符合斯密这样的假设。

（二）从劳动价值论出发的评价

斯密的学说基本上反映了18世纪资产阶级通过国际贸易进行经济扩张的要求，但是在劳动价值论的坚持方面，却无法说明 X、Y 两种产品进行国际交换的内在等价要求是什么，在国际上进行交易的价值基础是什么。

第二节　李嘉图的比较利益学说

一、李嘉图比较利益学说的基本内容及数字说明

按照斯密的绝对利益学说，如果一个国家在任何产品上劳动生产率均低于其他国家，那么该国便失去了参加国际贸易获取利益的可能，或者参加国际贸易便会使得本国的利益丧失殆尽。但是，国际贸易的实践并不是这样，劳动生产率处于绝对劣势的国家照样在积极地进行国际贸易。因此，人们便产生了疑问：这些国家不怕利益的丧失？或者，斯密的绝对利益学说存在巨大的缺陷？古典经济学的比较利益学说对这一问题给出了答

案——国际贸易发生的原因不在于贸易中绝对利益的存在，而在于比较利益的存在。

（一）李嘉图比较利益学说的假设前提

比较利益学说的基本思路实际上是由英国经济学家托伦斯（R. Torrens）提出来的。英国古典经济学之集大成者大卫·李嘉图（David Ricardo）极大地发展了这一学说，并在他1817年出版的《政治经济学及赋税原理》一书中进行了具有说服力的阐述。比较利益学说主要是为了解决斯密绝对利益学说中存在的矛盾，将国际贸易的基础从绝对利益发展成比较利益，克服一国在不具备绝对利益时将无法参加国际贸易这一绝对利益假设所存在的问题，并在理论上进一步为资本主义经济的发展排除障碍。

李嘉图的比较利益学说是建立在一系列假设前提之上的，这些假设前提有：

（1）采用的是两个国家、两种产品、一种要素的模型（2×2×1模型）。即现实世界由A、B两个国家构成（即A+B=W），每个国家都在从事X、Y两种产品的生产，只有唯一的要素即劳动要素的投入。

（2）要素市场和产品市场是完全竞争的，A、B两国均实行自由贸易政策，不存在任何贸易限制。

（3）要素（这里主要是劳动）在一国内可以自由流动，在两国之间完全不能流动。

（4）以劳动价值论为基础，即劳动时间决定价值，同时一国之内劳动是同质的，劳动充分就业，且劳动的报酬是一样的。

（5）交易双方单位生产的劳动成本不变，规模收益不变，不考虑运输、保险等成本支出。

（6）收入分配不受贸易的影响。

在上述假定前提下，李嘉图的比较利益学说试图证明：决定国际贸易的基础是比较（相对）利益，而非绝对利益。

（二）李嘉图比较利益学说的基本内容

如果用一句话来概括李嘉图比较利益学说的核心思想，那么就是："两利相权取其重，两弊相衡取其轻。"在我们的日常生活中，可以找出许多符合这一原则的例子：某人在城中是最好的外科医生，同时又是最好的外科护士，那么他面临的问题是：他应该集中全力当好外科医生，还是既当外科医生动手术，又当外科护士做辅助的护理工作呢？很显然，他应该集中全力做好外科手术，而外科护士的工作则交给能够胜任这项工作的其他人去做。这样，外科医生的行为才符合常理，他不仅能够得到最高的收入，而且能够增加社会的就业。从上面的例子可以看出，比较利益就是相对优势，是本身各种优势之间的比较，因而人们要在对自身各种优势进行比较后，从事那些自己具有更大优势的工作，这样才会有成绩，同时应该放弃在自身比较中劣势更为突出的工作，这样才能避免更大的损失。

在李嘉图看来，国际分工和国际交换也应该遵循同样的原则。若两个国家生产力水平不相等，甲国在生产任何产品时成本均低于乙国，处于绝对优势，而乙国则相反，其劳动生产率在任何产品上均低于甲国，处于绝对劣势，这时，按照斯密的绝对利益学说贸易便不可能存在。但事实上两个国家间进行贸易的可能性依然存在，因为两国劳动生产率之间的差距并不是在任何产品上都一样。这样处于绝对优势的国家不必生产全部产品，而应该集中生产本国处于最大优势的产品，处于绝对劣势的国家也不必停止生产所有产品，而只应停止生产本国处于最大劣势的产品，通过自由贸易，参与交换的国家可以节约社会劳动，增加产品的消费，世界也因为自由贸易而增加产量，提高劳动生产率。以上论点便构成了国际贸易的传统基础，也是人们学习国际贸易理论的重要内容。

（三）李嘉图比较利益学说的简单数字说明

假设世界由 A、B 两个国家组成，每个国家都在分别生产 X、Y 两种产品，在国际分工发生以前，其要素（劳动）分配、产品产量的情况如表 2－3 所示。

表 2－3　比较利益学说的简单数字说明（分工前）

国家	X 产品耗费的劳动	Y 产品耗费的劳动
A 国	6	4
B 国	1	2

分工前，A 国生产 1 单位 X 产品需要 6 单位劳动，生产 1 单位 Y 产品需要 4 单位劳动，相应地，B 国生产相同单位的 X 和 Y 产品，则分别需要 1 单位劳动和 2 单位劳动。B 国的劳动生产率明显高于 A 国。世界的全部产出为 4 单位，每一国家消费 X、Y 产品各 1 单位。世界的全部劳动支出为 13 单位，A 国为 10 单位，B 国为 3 单位，分配在 X 产品上的劳动为 7 单位，分配在 Y 产品上的劳动为 6 单位。世界的总消费为 4 单位产品。进行分工后，A 国的相对优势在于生产 Y 产品，因而集中生产 Y 产品而放弃生产 X 产品；B 国的相对优势在于生产 X 产品，因而集中生产 X 产品而放弃生产 Y 产品，具体情况如表 2－4 所示。

表 2－4　比较利益学说的简单数字说明（分工后）

国家	X 产品耗费的劳动	Y 产品耗费的劳动
A 国	0	10
B 国	3	0

A 国此时生产 10/4 即 2.5 单位 Y 产品，B 国此时生产 3/1 即 3 单位 X 产品。A 国在保持分工前 1 单位 Y 产品消费的同时，可以用 1.5 单位 Y 产品来换取 X 产品进行消费，B 国则在保持分工前 1 单位 X 产品消费的同时，可以用 2 单位 X 产品来换取 Y 产品进行消费，如果假设交换的比率为 $1X:1Y$，则双方通过交换均可以得到利益，而世界的消费也得到提高，劳动得到节约。在这里，贸易的基础在于利益的比较：以 X 产品为 Y 产品的价值衡量标准，比较相对成本，A 国的 $4/6 <$ B 国的 2/1，而以 Y 产品为 X 产品的价值衡量标准，比较相对成本，A 国的 $6/4 >$ B 国的 1/2，这决定了交换的基础，即 A 国的优势在于生产 Y 产品，而 B 国的优势在于生产 X 产品，依照这一优势从事生产和交换，便会存在双方的比较利益，双方的福利水平以及世界的福利水平也会因此而得到提高。

二、李嘉图比较利益学说的图形解释

（一）图形解释的准备工作

为了做出比较利益学说的解释性图形，需要利用西方经济学的一些基本分析工具，并对一些相关概念，如生产可能性边界（也称生产可能性曲线）、机会成本、边际转换率、社会无差异曲线、成本线等进行复习，同时需要熟悉上述概念的图形的画法。

在一个封闭的经济体中，如果各种生产要素在国内可以自由流动，产品在国内市场中可以自由买卖，则会达成封闭条件下相应的均衡。在相应的图形中可以找到既定的生产可能性曲线、社会无差异曲线以及它们的公共切线，见图 2-4。

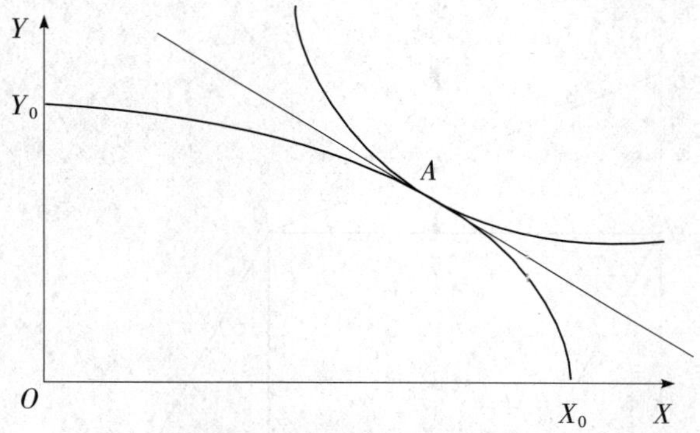

图 2-4　封闭条件下的均衡

如果我们假设 Q 为一个经济体的总产出量，P 为价格，X、Y 为两种产品的产量，下标 x、y 分别代表 X 和 Y 两种产品，则总产出会有：

$$Q=P_x\times X+P_y\times Y$$

对其求导则有：

$$\mathrm{d}Q=X\times \mathrm{d}P_x+P_x\times \mathrm{d}X+Y\times \mathrm{d}P_y+P_y\times \mathrm{d}Y$$

由于 P_x、P_y 均为常数，故 $\mathrm{d}P_x$、$\mathrm{d}P_y$ 必然为 0，这时便有：

$$\mathrm{d}Q=P_x\times \mathrm{d}X+P_y\times \mathrm{d}Y$$

令 $\mathrm{d}Q$ 为零，即达到均衡点，则有：

$$-P_x\times \mathrm{d}X=P_y\times \mathrm{d}Y$$

$$P_x/P_y=-\mathrm{d}Y/\mathrm{d}X$$

从经济学角度看，在一个封闭的经济体中，上述公式等号左边是两种产品的价格之比，为相对价格，等号右边则为斜率，既是生产可能性曲线的斜率，又是社会无差异曲线的斜率，是共有斜率。在这一均衡点上，由于社会无差异曲线与生产可能性曲线相切，它既是生产点也是消费点，因此资源得到有效利用，社会福利达到最大化。但是在有国际贸易的情况下，我们将看到一个经济体的生产点与消费点发生分离。它们分离的经济含义是，在资源既定的条件下，社会福利会因为国际贸易的发生而得到提高。

（二）世界生产可能性曲线与李嘉图点

如果我们假设世界由 A、B 两个国家组成，那么，世界的生产可能性曲线便应该由 A、B 两国的生产可能性曲线叠加而成。为了方便起见，我们仍然采用线性的生产可能性曲线，A、B 两国间的分工是完全分工。在图 2－5 中，世界的生产可能性曲线被分解为 A 国的生产可能性曲线和 B 国的生产可能性曲线。B 国的生产以 D 点为原点，BC 是它的生产可能性曲线，A 国的生产以 F 点为原点，AC 是它的生产可能性曲线，世界的生产可能性曲线由 A、B 两国的生产可能性曲线合成，为 ACB，两国生产可能性曲线的交点 C 便是李嘉图点，它意味着完全分工的情况。

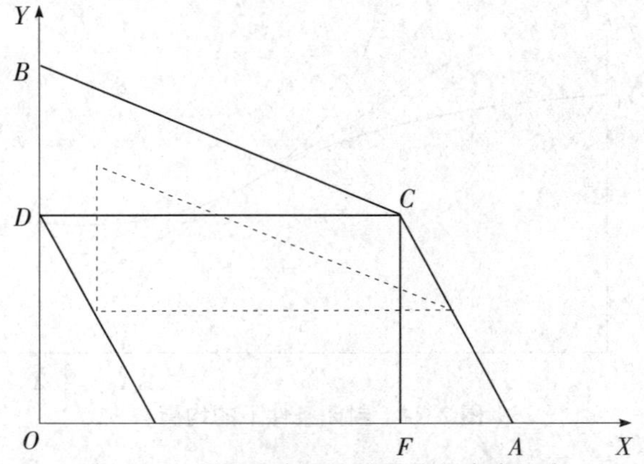

图 2－5　世界生产可能性曲线与李嘉图点

在图 2－5 的 A、B、C 点中，C 点为李嘉图点。如果生产在 C 点进行，则表示两国进行了完全分工；如果生产点没有在 ACB 线上，则意味着生产没有达到最大化；生产不可能在 ACB 线之外，那是在既定资源约束下所达不到的。如果 B 国进入完全分工状态，则生产在 BC 线上；如果 A 国进入完全分工状态，则生产在 AC 线上；如果两国都进入完全分工状态，则生产会在李嘉图点，即 C 点上。在比较利益学说中，A、B 两国只要至少有一个国家处于完全分工状态，世界的产出就会增加，福利就会提高。

（三）李嘉图比较利益学说的概括图解

本图解用的是两个国家、两种产品、单一要素（2×2×1 模型，劳动是唯一要素）且不完全分工的国际贸易模型，这可以使分析更加接近国际贸易的实际，因为在国际经济中很少有国家进行完全的国际分工，即完全不生产一些产品而集中全部资源去生产另一些产品。因此，A、B 两国在进行国际分工后仍然各自均生产 X 和 Y 产品，与分工前相比，只是资源发生重新配置，X 和 Y 产品的数量比率发生了变化。B 国将沿着生产更多的 X 产品和较少的 Y 产品的方向组织生产，而 A 国将沿着生产更多的 Y 产品和较少的 X 产品的方向组织生产，其情况如图 2－6 所示。

根据上述图形解释也可以将生产可能性曲线画为直线即完全分工的情况，读者可以自行试着画图进行说明。但要注意的是，由于B国的劳动生产率绝对超过A国，即B国在生产X和Y产品上均处于优势，而A国均处于劣势，因此在表示A、B两国的两幅坐标图中，A国生产可能性曲线涵盖的区域一定要小于B国，而且全部资源分别用于生产X产品或Y产品时，B国生产任何一种产品的数量一定要多于A国，否则图形说明的便不是比较利益学说，而是绝对利益学说了。读者在作图时应该予以注意。

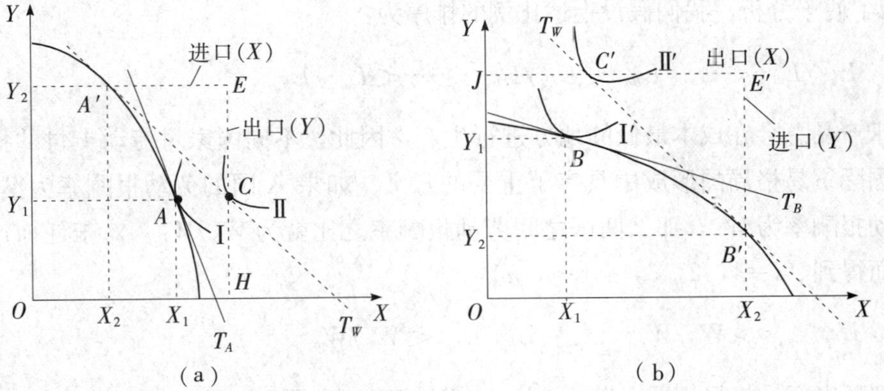

图2-6　李嘉图比较利益学说的图形解释

说明：其中，图(a)代表A国的基本情况，图(b)代表B国的基本情况。从图中可以看出，用同样的资源，A国的比较优势在于生产Y产品，B国的比较优势在于生产X产品，原国内交换比率分别为T_A、T_B（A、B点的切线），分工前A、B两国国内生产组合及消费组合点分别为A、B。按照比较优势进行专业化分工，A国表现为从A点上移至A'点，放弃部分的X产品生产而增加Y产品的生产，B国表现为从B点下移至B'点，放弃部分的Y产品生产而增加X产品的生产。在A'、B'点上，两国的国内均衡价格（也就是国际价格）$-dY/dX$是相等的。按照1∶1的交换线进行国际贸易，A国分工后生产组合点为A'，即生产$OX_2=Y_2A'$的X产品和$OY_2=A'X_2$的Y产品，用CE的Y产品换EA'的X产品，共消费CH的Y产品和$Y_2A'+A'E$的X产品，消费点为C。B国分工后的生产组合点为B'，即生产$OX_2=Y_2B'$的X产品和$OY_2=X_2B'$的Y产品，用$C'E'$的X产品换$E'B'$的Y产品，共消费$C'J$的X产品和$E'B'+B'X_2$的Y产品，消费点为C'。在A国X、Y产品的消费中，Y_2A'为本国生产，$A'E$为进口，CE为出口。在B国X、Y产品的消费中，X_2B'为本国生产，$E'B'$为进口，$C'E'$为出口，在1∶1的交换线下，有$C'E'=E'B'$。同时可以看到，社会无差异曲线都有提高，即Ⅱ高于Ⅰ，Ⅱ′高于Ⅰ′，表示总体福利水平的提高。

三、李嘉图比较利益学说的其他有关叙述（多国与多种产品模型）

以两个国家、两种产品和一种要素为基础的模型也适用于多个国家、多种产品的情况。在经济发展过程中，各国各个产业劳动生产率的变化不一样，需求和供给的条件共同决定每个国家将应该生产哪一组产品，以及与其他国家的贸易格局，即在不同国家中，以及在不同的产品上，比较利益可以是梯级分布的，各个国家、各种产品都可以在国际贸易中找到自己的相应位置，可以按照比较利益的原则进入国际市场，即两个国家、多种产品、一种要素和多个国家、两种产品、一种要素的贸易模型分析可以在过去已经学习的基础上来进行。我们以两个国家、多种产品、一种要素为例进行讨论。

我们仍然假设有A、B两个国家，每个国家均使用唯一的生产要素——劳动从事产品的生产，与前面的假设不同的是，A、B两国生产、消费的产品是多样化的，即每个国家都生产若干种产品，譬如 n 种产品。为了说明比较利益原则仍然具有适用性，我们将 A 国第一种产品生产所需要的单位劳动投入定义为 L_{a_1}，将第二种产品生产所需要的单位劳动投入定义为 L_{a_2}，依此类推，我们可以得到 L_{a_3}，L_{a_4}，…，L_{a_n}。B 国的同种产品生产所需的单位劳动投入可以类似地被分别定义为 L_{b_1}，L_{b_2}，L_{b_3}，…，L_{b_n}。两个国家生产同一种产品的单位劳动投入比例可以计算得出，即为 L_{a_1}/L_{b_1}，L_{a_2}/L_{b_2}，…，L_{a_n}/L_{b_n}。为了便于分析，我们假设上述比例的排序为：

$$L_{a_1}/L_{b_1} < L_{a_2}/L_{b_2} < L_{a_3}/L_{b_3} < \cdots < L_{a_n}/L_{b_n}$$

由于产品总会在成本最低的地方进行生产，因此，不同国家对劳动支付的报酬的高低便在国际贸易格局的形成中具有了重要的意义。如果 A 国的劳动报酬率为 W_a，而 B 国的劳动报酬率为 W_b，那么两国之间劳动报酬率之比就为 W_a/W_b。对于任何产品，只需比较而得到（$i=1,2,3,4,\cdots,n$）：

$$L_{b_i}/L_{a_i} > W_a/W_b \quad \text{或} \quad L_{b_i}/L_{a_i} < W_a/W_b$$

就可以判断出贸易格局情况。若 $L_{b_i}/L_{a_i} > W_a/W_b$，也即 $W_aL_{a_i} < W_bL_{b_i}$，则该产品应该由 A 国生产，因为 $W_aL_{a_i}$ 是 A 国生产该产品的总支出，$W_bL_{b_i}$ 是 B 国生产该产品的总支出；如果 $L_{b_i}/L_{a_i} < W_a/W_b$，也即 $W_bL_{b_i} < W_aL_{a_i}$，则该产品应该在 B 国生产。这时，交换的利益与过去我们所熟悉的两个国家、两种产品、一种要素的模型是一样的，表 2－5 可以反映出这一情况。

表 2－5　A 国和 B 国进行生产的单位劳动投入

	A 国单位劳动投入（L_{a_i}）	B 国单位劳动投入（L_{b_i}）	A 国劳动生产率的相对优势（L_{b_i}/L_{a_i}）
产品 1	2	20	10
产品 2	3	27	9
产品 3	6	30	5
产品 4	9	36	4
产品 5	6	12	2

如果在上述数字案例中，W_a/W_b 即两国的劳动报酬率之比为 6，即 A 国的劳动报酬是 B 国的 6 倍，那么，产品 1、产品 2 由 A 国生产，而产品 3、产品 4 和产品 5 由 B 国生产。当国际贸易发生时，A 国从 B 国进口产品，如产品 5。产品 5 在 A 国生产需要 6 单位劳动投入，在 B 国需要 12 单位劳动投入，但由于劳动报酬率的差异，因此产品 5 在 B 国的生产成本更低廉。与过去学习过的两个国家、两种产品、一种要素的李嘉图模型相比，这里进行贸易利益比较时，需要考虑不同国家劳动报酬率的差异带来的影响。

在此，李嘉图的比较利益学说在多国、多产品的条件下可以利用线性规划方法求解，本章将不再进一步分析。

四、对李嘉图比较利益学说的评价

(一) 从国际贸易实际出发的评价

(1) 从国际贸易实际出发，李嘉图的比较利益学说具有其合理内核，分析了国际贸易具有的各个方面的利益。比较利益学说揭示了国际贸易因比较利益而发生，并具有互利性。它证明了各国通过出口相对成本低（而非成本绝对低）的产品，进口相对成本高（而非成本绝对高）的产品就可以实现贸易互利，世界的总福利水平也会得到提高。这比绝对利益学说更符合实际情况，这是该学说的主要贡献。这一结论可以用图 2－7 进行解释。

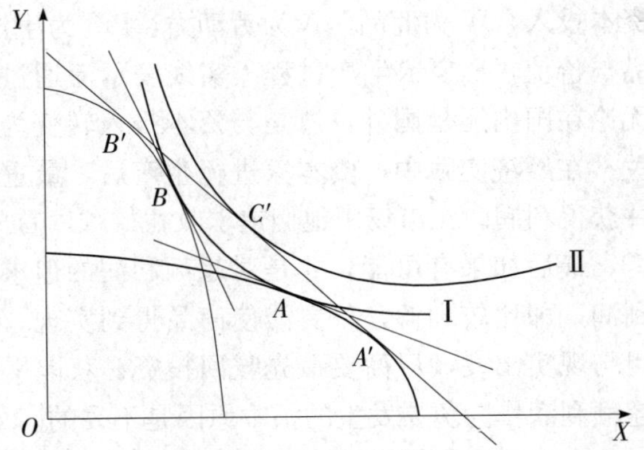

图 2－7　国际分工和贸易的福利效应分析

说明：图中的生产可能性曲线分别表示 A、B 两国的生产力水平，两国在分工前各自有国内的交易价格，即国内的价格线，以及在封闭条件下的福利水平。在分工之后，两国遵循相同的国际价格进行交换，福利水平因交易而提高，即社会无差异曲线Ⅱ比两国原有的社会无差异曲线Ⅰ要离原点更远。

(2) 该学说的假设前提过于苛刻，并不符合国际贸易的实际情况，如市场是完全竞争的，要素在国际上完全不能流动，经济中规模收益不变，都与当今世界经济的现实相去甚远。这使得传统的比较利益学说的适用程度受到了限制。

(3) 按照该学说，贸易的产生原因是一国之内的比较利益差异，即不同国家间比较利益差异越大则贸易发生的可能性越大，这样，当今的贸易便应该主要在比较利益差距极大的发达国家与发展中国家之间展开。但现实情况却是，今天的贸易主要发生在比较利益差距较小的发达国家之间。

(4) 按照该学说，在自由贸易条件下，参加贸易的双方都可获利，为获得贸易的利益，所有贸易参加国都应该积极实行自由贸易而非贸易保护主义，否则就会违背经济理性的假设。但在实际中，各国却都在不同程度地实行贸易保护主义，所以国际贸易的事实与传统的李嘉图贸易理论的结论存在较大的差距。

(二) 从劳动价值论出发的评价

李嘉图是英国古典经济学家，他坚持劳动价值论，并用这一理论来解释各种经济现象。李嘉图试图用劳动价值论解释国际贸易中的各种现象，但由于种种原因，如同在其他经济领域一样，李嘉图在解释国际贸易时，并没有能够将劳动价值论坚持到底。

（1）在该理论中，出现了同一商品国内价值和国际价值的差异、交换比率的不同，即两个价格的现象，这违背了李嘉图自己坚持的劳动价值论。当他看到这一情况时，无法对同一商品具有两个价格进行理论的解释——究竟哪一个符合等量劳动相交换的原则，李嘉图表示无能为力，并认为国内商品交换的基本原理（即等价交换原则）在国际贸易中并不适用，即国际贸易可以不遵循等价交换原则。

（2）该理论并未从根本上揭示贸易发生的原因。从国内贸易、国际贸易的功能都是实现商品价值的角度看问题，马克思主义经济学的资本流通公式揭示出：

$$G—W<\begin{matrix}Pm\\A\end{matrix}\cdots P\cdots W'—G'$$

式中，G 为资本家的资本投入，W 为商品，A 为劳动力，Pm 为生产资料，W′与 G′分别为含有剩余价值的商品与价值，P 表示生产过程，实线表示流通过程，虚线表示流通过程的中断，因此贸易无论在国内还是国外，总是与资本投入转变为生产资料、含有剩余价值的商品的实现有关。在经济实践中，资本家进行生产后，最重要的是将商品的价值尽快实现，收回投资并获得利润。在市场中他们追求收益的顺序首先应该是本金的回归，然后是平均利润的获得，最后如果有可能，才是对超额利润的追求。可以认为，即便国际贸易中不存在超额利润，即比较利益，只要能使商品得到实现，有一定的利润，贸易就会发生，因为从逻辑与现实出发，厂商要最先收回投资、获取平均利润，之后才会追求超额利润。直接把超额利润作为贸易发生的根本原因是不妥的。

（3）比较利益学说暗含一层意思，即越落后的国家按照比较利益参加国际贸易越会受益。这里实际上没有看到国际贸易具有的不等价交换和价值转移的性质。该学说认为，在静态的基础上，相对落后的国家遵循已有的比较利益发展经济便可以获得利益，因此也不必十分强调产业结构的升级与改变。

（三）我国理论界对比较利益学说的认识与评价

20 世纪 50 年代中国的学者与苏联学者共同批判该学说，认为它没有坚持劳动价值论，掩盖了交换中存在的不等价交换与国际剥削。20 世纪 60 年代初，我国学者在研究文献中认为该学说具有合理内核，应该批判地吸收，但这一观点在后来的政治运动中受到了批判。改革开放以来，对比较利益学说的看法开始形成一分为二的对立情况。相当多的人认为中国的对外开放在一定程度上是遵循比较利益原则进行的，甚至认为这一原则可以作为我国对外开放的指导思想之一。但是，也有学者持有不同的看法，认为比较利益学说尽管有合理内核，但绝对不能作为中国对外开放的指导思想。

第三节　比较利益的分解

国际贸易中的比较利益不仅属于贸易参与双方，而且可以被分解，使得人们对于贸易利益的来源有一个更为清楚、全面的认识。

一、得自交换（贸易）的利益

前面的图形中显示的比较利益在理论上可以被分解为得自交换（贸易）的利益和得自分工的利益。前者来源于在资源配置不变、产出不变、该国并未实行产品专业化生产的情况下，一部分产品以国际价格而非国内价格进行贸易，这时该国的生产点不变，但社会无差异曲线不是与国内价格线 T 而是与国际价格线 T_W 相切，这样新产生的社会无差异曲线（社会无差异曲线Ⅱ与Ⅰ相比）与原点的距离更远，即社会福利得到提高。详见图 2-8。

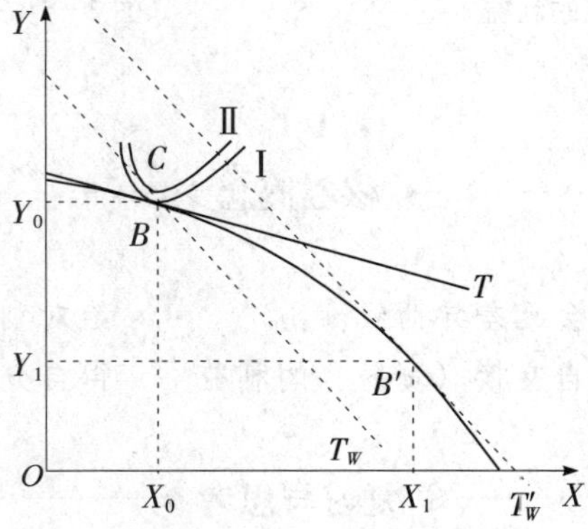

图 2-8　得自交换（贸易）的利益

二、得自分工的利益

在国际贸易中除了得自交换（贸易）的利益之外，分工也会产生利益，即在国际贸易中得自分工的利益。这一利益主要来源于资源按照比较利益进行的重新配置，即产生了新的国际分工。在原生产点上，按照国际交换比率明显比按照国内交换比率进行交换更为有利，由于更高价格的吸引，该国将生产更多的 X 产品，以获得更多利益。这时生产将在新的资源配置组合下进行，生产点将沿着生产可能性曲线向符合比较利益的方向变动，即生产更多的 X 产品，而生产较少的 Y 产品，同时生产点与消费点分离，生产点在生产可能性曲线与国际价格线的切点处，消费点在社会无差异曲线与国际价格线相切处，社会无差异曲线Ⅲ与Ⅱ相比进一步向外推移，福利水平得到提高。详见图 2-9。

三、利益的合成分析与评价

将上面两幅图拼接在一起，便可以得到完全的比较利益的图解，见图2-10。这与我们在图 2-6 中看到的情况是一致的，其中从社会无差异曲线Ⅰ到Ⅱ为得自交换（贸易）的利益，从社会无差异曲线Ⅱ到Ⅲ则为得自分工的利益，从社会无差异曲线Ⅰ到Ⅲ是总的利益。从图中可以看出，比较利益的获取实际上是一个较为复杂的过程，是得自交换（贸易）的利益与得自分工的利益之和。

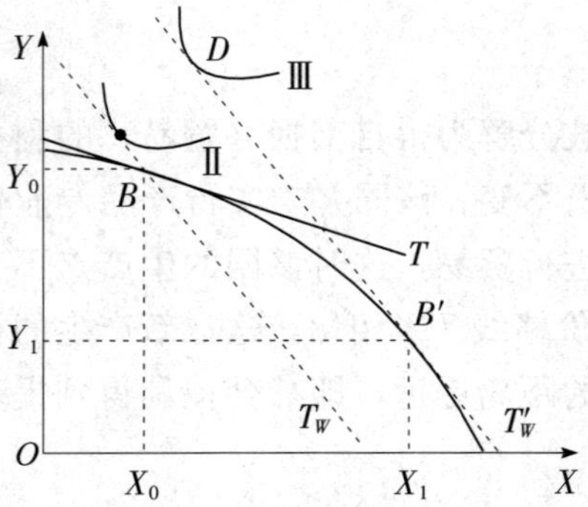

图 2-9 得自分工的利益

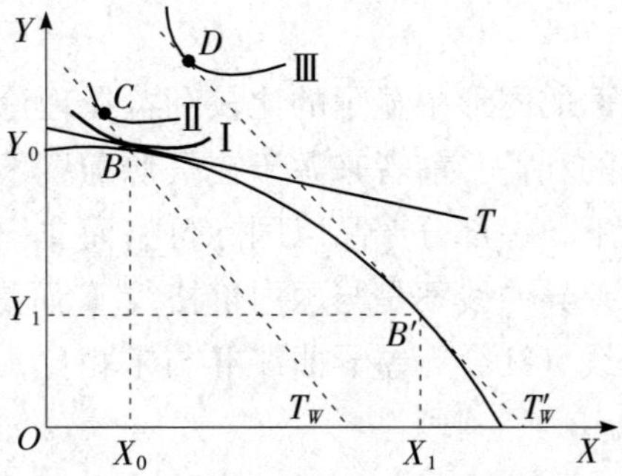

图 2-10 比较利益的合成

核心概念

生产可能性曲线　社会无差异曲线　绝对利益　比较利益
李嘉图点　得自交换（贸易）的利益　得自分工的利益

复习与思考

1. 试述斯密绝对利益学说的主要内容。
2. 说明绝对利益学说的主要缺陷。
3. 试述李嘉图比较利益学说的基本内容，并用简单的数字进行分析。
4. 试用图形描述李嘉图的比较利益学说。
5. 应如何评价李嘉图的比较利益学说？
6. 试用图形描述比较利益的分解过程。

第三章

国际贸易价格的确定

重点问题

- 相互需求方程式
- 提供曲线
- 国际贸易均衡价格的确定
- 出口的贫困增长

本章探讨的是国际贸易价格的确定。国际贸易价格的确定是非常重要的问题，因为一切贸易利益或贸易亏损都会通过价格得到体现。此外，研究国际贸易价格的确定不仅是一个理论问题，而且是一个非常重要的经济政策问题，因此任何国家在对外贸易中都十分重视国际贸易价格的确定，将它看成是获得贸易利益的手段。在国际贸易实践中，商品往往存在着所谓的市场价格、垄断价格、调拨价格、转移价格、协议价格、优惠价格等，而且现实中价格是通过供求和进出口方的谈判，根据经济与贸易的实力达成的，但在国际经济学的理论中，价格仅仅被看成是一种比率，在多数情况下被看成是数学中的斜率。

在国际贸易的理论与实践中，人们常常使用贸易条件这一术语，即单位出口所能够换回的进口。我们在这里讲的国际贸易价格表示的就是贸易条件，而人们总是希望本国商品在国际市场上进行交换时，贸易条件能够得到改善，出口价格能够较为适宜。本章将讨论国际贸易中价格的确定，以及贸易条件是怎样在贸易伙伴之间分配国际贸易利益的，本章还将特别讨论发展中国家贸易条件的变化问题。

第一节　相互需求方程式

西方经济学的价格决定理论认为，价格是由供给曲线与需求曲线的交点决定的，这一点表示供给等于需求，价格就是在这一点获得的。在国际贸易中，尽管国际价格也是由供求决定的，但因为有出口国和进口国的同时参与，交易又分为进口与出口，因此价格的决定要复杂得多。

一、相互需求方程式的提出及基本内容

李嘉图的比较利益学说尽管分析了贸易的发生与互利性，但却没有说明贸易条件

（单位出口能够换回的进口，即商品的国际交换比率，这一比率在实际中往往是用出口价格指数去比进口价格指数得到的）是如何确定的。因为单纯从比较利益学说的角度来看，该理论并没有给出从需求方面进行论述的过程，因此就找不到由供求曲线交点决定的价格。

（一）简单的数字说明

为了解释上述结论性文字，我们可以用过去熟悉的两个国家、两种产品、单一要素的交易模型来说明：李嘉图的比较利益学说在价格方面给出的是一个价格区域而不是一个交换比率。见表 3-1 的数字矩阵。

表 3-1　价格区域矩阵

国家	*X* 产品	*Y* 产品
A 国	10	15
B 国	10	20

在表 3-1 中，我们用单位劳动可以生产的 X 产品和 Y 产品的数量代替过去李嘉图模型中生产单位产品所使用的劳动量。从表中可以看出，A 国的比较优势在于生产 X 产品，而 B 国的比较优势在于生产 Y 产品。因此，A 国在贸易中用 X 产品换取 Y 产品，B 国在贸易中用 Y 产品换取 X 产品。在 A 国，国内交换比率为 $10X:15Y$，B 国国内交换比率为 $20Y:10X$，这意味着，若 A 国在国际市场上能够用 $10X$ 换取多于 15 单位的 Y 产品，即国际交换比率优于国内交换比率，则 A 国便会进入国际市场。反之，B 国若能以少于 20 单位的 Y 换取 10 单位 X 产品，即国际交换比率优于国内交换比率，则 B 国也会进入国际市场。因此 A、B 两国国内的交换比率，便是 A、B 两国进入国际市场进行交换的上下限，现实的国际商品交换只能在这一交换比率的上下限之间进行，超出上下限，必然会有一个国家退出现实交换，详见图 3-1。

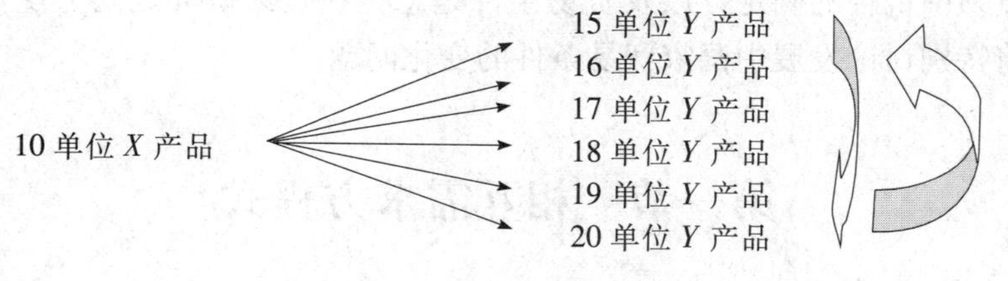

图 3-1　价格区域图解

说明：对于 A 国，如果能够用 10 单位 X 产品换回多于 15 单位的 Y 产品，则 A 国在国际贸易中就有利可图；而对于 B 国，只要能够用少于 20 单位的 Y 产品换回 10 单位 X 产品，B 国便会进入国际市场，因此 10：15 和 10：20 分别是 A 国和 B 国的国内交换比率，也是两国进入国际市场的“门槛”。从图中可以明确看出，对于 A 国，它的交易利益应该是自上而下得到提高的，国际交换比率越贴近 B 国的国内交换比率，A 国获得的利益就越大，反之则越小；对于 B 国，它得自交换的利益应该是自下而上得到提高的，即国际交换比率越贴近 A 国的国内交换比率，B 国获得的利益就越大，反之则越小。

可以将上面讲述的情况用我们熟悉的图形进行描述，其情况如图 3-2 所示。

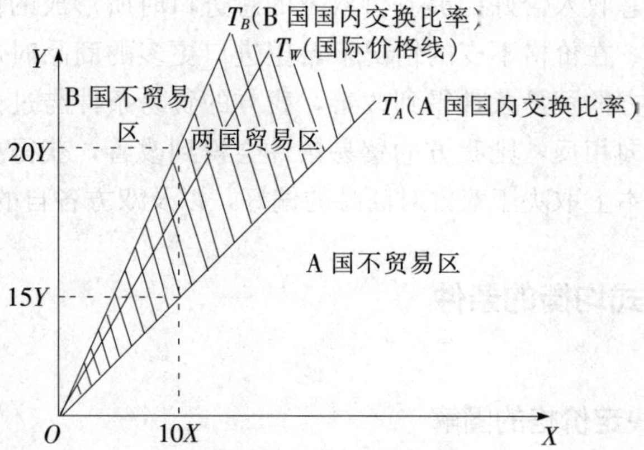

图 3-2　国际贸易利益分配图解

说明：实际交换比率将处于由两国国内交换比率界定的两国贸易区内。超出该区域必然有一个国家会退出交易，即如果交易处于 A 国国内交换比率的右方，则 A 国退出交易，如果交易处于 B 国国内交换比率的左方，则 B 国退出交易。交易只会处于两条国内交换比率线之间的区域中，然而具体的交换比率究竟应对应哪条射线，即 dY/dX 的大小如何，仅从供给方面是无法说明的。

(二) 结论

已经学习过的比较利益学说只能确定两国商品交换比率的区域，而非一个确定的比率。因此，我们必须运用新的理论加以说明。相互需求方程式就是说明国际价格确定的最为基本的一个学说。在上面的图形中，我们可以找到国际交换价格的上下限。对于 A 国，10 单位 X 产品能够交换的 B 国 Y 产品越多就越有利，因此它的利益从 $10X:15Y$ 到 $10X:20Y$ 越来越大。B 国则相反，在国际市场中要用少于 20 单位的 Y 产品能够换回同量的 10 单位的 X 产品，它的利益趋势是从 $20Y:10X$ 到 $15Y:10X$。在图形中我们发现，从原点出发的射线代表着 X 产品与 Y 产品的价格比率，即贸易条件，这条线离哪个国家的国内价格比率线越近，该国在国际贸易中获得的利益便越少，离该国的国内价格线越远，该国加入国际贸易就越能够获得更多的贸易利益，然而这一具体的比率在图 3-2 中是无法确定的。

二、相互需求方程式的解释

在由比较利益决定的两国交换比率的上下限内（见图 3-2），实际而且唯一的均衡贸易条件，是由两国对交易对手的相对需求强度决定的。理论上这个价格应该处于双方正好能够吸收对方的出口，即对方的出口恰恰是我方需要的进口，而我方的出口恰恰又是对方需要的进口的那个比率上。在实践中，如果对手国对本国商品的需求强度大于本国对对手国商品的需求强度，则交换比率越接近对手国的国内交换比率，反之则越接近本国的国内交换比率。交换比率越贴近哪一个国家的国内交换比率，该国获得的贸易利益就越少。相互需求理论是由英国经济学家约翰·穆勒（John S. Mill）提出来的。按照他在《政治经济学原理》一书中的论述，相互需求理论无非是要表明：现实的国际贸易条件是使得双方出口的总收入恰好能够支付双方的总进口时所形成的价格。当我方对对方商品的需求程度提高，在价格不变的情况下希望进口更多的商品时，我方对对方商品的需求强度便增大，对方的贸易条件得到改善，我方的贸易条件与过去相比就会恶化；如果需求强度的变化方向相反，则我方的贸易条件会得到改善，获得更多的贸易利益。双方的相互需求强度基本上取决于双方对商品的偏好，以及双方各自的收入的实际情况。

三、相互需求方程式均衡的条件

（一）相互需求决定价格的图解

就相互需求强度的均衡而言，在实践中从全球来看，长期的供求是恒等的（在短期中则相互需求强度可能是不均衡的，会出现贸易的失衡），国际贸易价格是双方供求正好相等时形成的价格。见图 3－3。

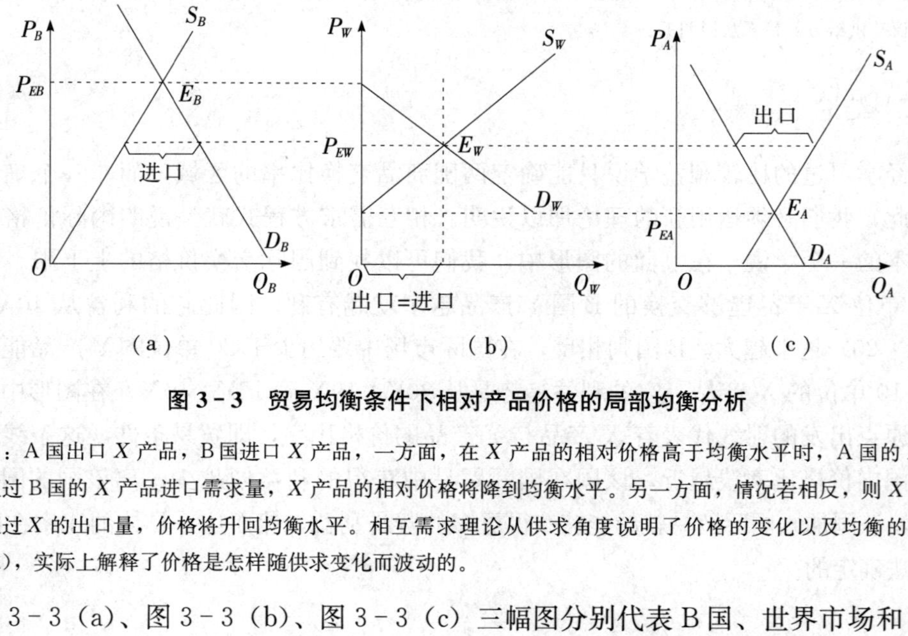

图 3－3　贸易均衡条件下相对产品价格的局部均衡分析

说明：A 国出口 X 产品，B 国进口 X 产品，一方面，在 X 产品的相对价格高于均衡水平时，A 国的 X 产品出口量将超过 B 国的 X 产品进口需求量，X 产品的相对价格将降到均衡水平。另一方面，情况若相反，则 X 的进口需求量将超过 X 的出口量，价格将升回均衡水平。相互需求理论从供求角度说明了价格的变化以及均衡的条件（供给＝需求），实际上解释了价格是怎样随供求变化而波动的。

图 3－3（a）、图 3－3（b）、图 3－3（c）三幅图分别代表 B 国、世界市场和 A 国的情况，世界市场价格的下限、上限正好分别是 A 国、B 国的国内交换比率 P_{EA}、P_{EB}，即国内的均衡价格。如果考虑一个国家的对外收支平衡因素（即它的进口付汇必须用出口创汇支付），则某种产品真正的世界市场价格是由 A 国、B 国出口恰好补偿进口决定的，图中 A 国出口的 X 产品必须是 B 国所需要进口的 X 产品，数量必须正好吻合。

（二）加入其他因素的相互需求

图 3－3 中所给出的贸易决定价格的情况，即便加入诸如双方货币的价值比率因素（即我们后面要分析的汇率）、国际收支必须平衡的因素等，价格仍然要由双方产品的供求来决定。图 3－4 对此进行了说明。图 3－4（c）和图 3－4（d）表明的是贸易条件。图 3－4（d）反映的是两个国家货币币值的比率，即汇率；图 3－4（c）反映的是在国际

贸易中，从长远看，进口必然恒等于出口的情况，即进口要用出口来支付的事实。

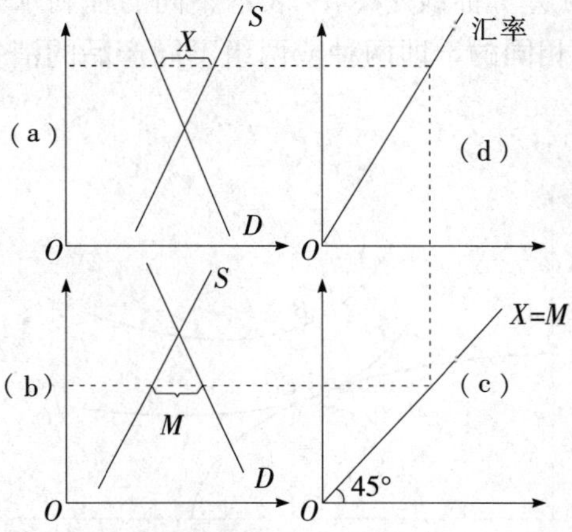

图 3-4　加入其他因素的相互需求分析图解

说明：在图（c）中，45°线表明的是进口（M）恒等于出口（X）的情况，而图（d）中的斜线则反映的是两国货币币值的比率。在图中，由于贸易在两个国家之间是自由进行的，因此，随着产品的交换，产品价格仍然是由双方的供求决定的，尽管在分析中加入了一些其他因素。

第二节　提供曲线及其分析

上面简单的相互需求方程式是由英国古典经济学家约翰·穆勒提出的，它比较粗糙地解释了国际贸易价格确定的方法。在西方国际经济学教科书中，较为复杂的国际贸易价格确定方法是使用提供曲线图，即使用提供曲线对相互需求方程式进行解释。在简单的说明中，供求决定价格的理论被应用在国际贸易中，但由于国际贸易的参与者要使用出口获得的外汇来支付进口用汇，因此在国际贸易价格的分析中便涉及了一国同时要有出口和进口，国际贸易价格的确定就必须将这些问题同时考虑进去。在国际经济学中，对这一问题的探讨是利用提供曲线来进行的。提供曲线是由英国经济学家马歇尔（F. Marshall）等人提出的，它的实质就是相互需求曲线，表明一个国家为了进口一定量的商品，必须向其他国家出口一定量商品的情况。因此，提供曲线就是对应某一进口量愿意提供的出口量的轨迹，两个国家提供曲线的交点所决定的价格，就是国际商品的均衡交换价格（交换比率）。当然，它的基础实际上仍然是供求说，是以供求相等来决定价格的理论。

一、贸易无差异曲线

画出提供曲线的目的在于比较准确地找出国际商品交换的比率，而提供曲线的画出是从根据生产可能性曲线和社会无差异曲线得出的贸易无差异曲线入手的。贸易无差异曲线的经济含义反映了在福利水平保持不变的情况下进出口组合的不同情况。为了更好地理解这一定义的含义，我们需要考察一下西方经济学中社会无差异曲线的情况。在图 3-5 中，不同的社会无差异曲线 I_1、I_2 表示不同的福利水平，但同一条社会无差异曲线表示的福利水平却是相同的，即两种或两组不同产品的消费水平所产生的相同福利水平的图示。

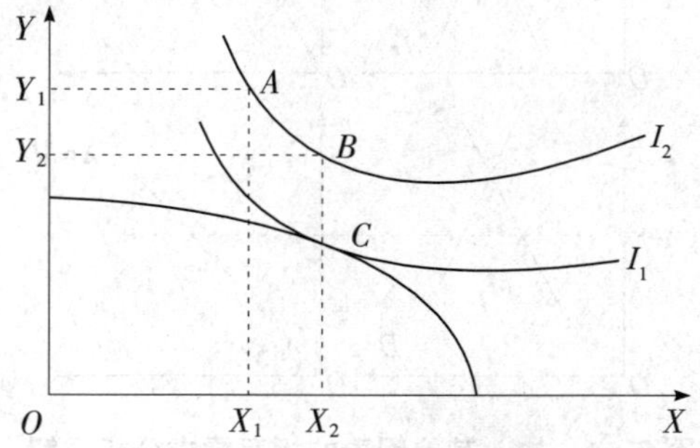

图 3-5　开放条件下的社会无差异曲线图解

图 3-5 中 X、Y 两种或两组产品的消费组合在同一条社会无差异曲线上可以有无数个，我们假设有两种消费组合。由于消费组合 A、B 两点都在同一条社会无差异曲线上，因此两种消费的福利水平一样，但消费的 X 产品与 Y 产品的数量的组合却不一样：A 点代表消费较多的 Y 产品和较少的 X 产品，B 点代表消费较少的 Y 产品和较多的 X 产品。然而，在一个经济体生产函数不变又没有开放的情况下，这种状态在理论上可能存在，在实践中却无法存在。这是因为，当生产函数不变时，生产可能性曲线是不变的，它与社会无差异曲线只能有一个切点，不可能产生两种消费组合。但如果存在进出口，则情况便会发生变化。加入进出口后的图形告诉我们，如果生产力水平不变，则社会无差异曲线上各点所代表的福利水平不变，即社会无差异曲线上不同消费组合点的存在，是可以通过进出口调整达到的，这一过程可以运用图 3-6 予以解释。

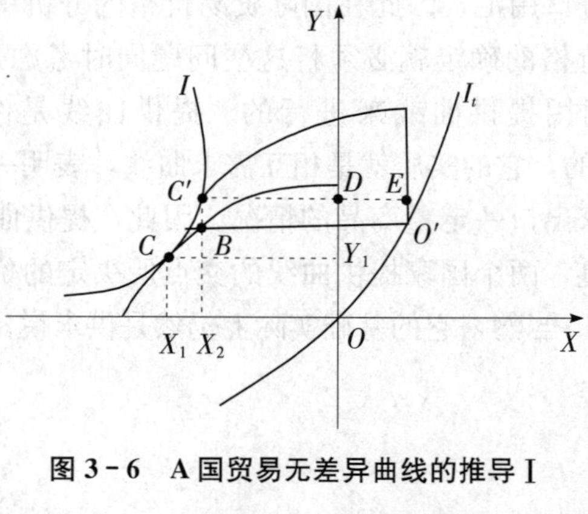

图 3-6　A 国贸易无差异曲线的推导 I

说明：为了方便起见，在作图时，生产可能性曲线与社会无差异曲线从第一象限翻转到第二象限，始终使得两条曲线保持相切，生产可能性曲线沿社会无差异曲线 I 平滑移动，原点移动留下的轨迹便是贸易无差异曲线 I_t。

贸易无差异曲线是一国在福利水平不变的情况下无数进出口组合点的轨迹。令生产可能性曲线与社会无差异曲线相切，使生产可能性曲线沿着社会无差异曲线相切、平滑上移，其中 X 产品的生产大于消费，剩余部分为出口，Y 产品则为生产少于消费，差额部分为进口。可以看出，福利水平的不变是靠进出口来调节的，原点移动能够反映出这一过程，其轨迹为贸易无差异曲线。

图 3-6 中该国的 X、Y 两种产品的生产，在初始状态下分别为 X_1、Y_1，生产可能性曲线与社会无差异曲线相切于 C 点；当生产可能性曲线沿社会无差异曲线上移时，C 点移到 C'点，这时 X 产品生产得多（$C'E$），但是消费得少（$C'D$），存在出口（DE），而 Y 产品正好相反，存在进口（BX_2）。因此，不变的福利水平是通过进出口调节而达到的，原点 O 与新原点 O'反映的是进出口的情况，它们的连线符合我们所讲的贸易无差异曲线的定义。

二、提供曲线的作图及说明

在学习微观经济学时，供求曲线是最基本的分析工具，我们都知道供求曲线的交点决定价格。除了这一点之外，我们还知道，供给曲线上的任何一点代表的都是供给的情况，需求曲线上的任何一点代表的都是需求的情况，只有两条曲线的交点才既代表供给又代表需求。提供曲线的实质就是相互需求曲线，表明一个国家为了进口一定量的产品，必须向其他国家出口一定量的产品的情况（这可以简化地理解为需要用出口创汇来支付进口用汇），因此提供曲线就是对应某一进口量愿意提供的出口量的轨迹。简言之，上述情况就是既有出口又有进口，一国关于进出口（需求与供给）的两条曲线，只有在进口等于出口时才会有交点，反之也只有这样的点才同时表示进口、出口，无数这样的点的连线符合提供曲线的经济含义，因此可以简要地画出我们所需要的贸易提供曲线。在这里我们采用另外的作图方法。

按照上面画出贸易无差异曲线的方法，对于图中的每一条社会无差异曲线，我们均可以找出一条生产可能性曲线与之相切，也都可以使生产可能性曲线沿社会无差异曲线移动，从而得出一族贸易无差异曲线。同时按照同样的方法，我们可以在第四象限画出无数条社会无差异曲线和无数条生产可能性曲线，并使之一一对应相切，并在相切中使得生产可能性曲线沿社会无差异曲线移动，最终将原点的轨迹连成线，得出一族贸易无差异曲线。其基本情况见图 3-7。图中的社会无差异曲线为 I_1、I_2、I_3 和 I_1'、I_2'、I_3' 等，图中的生产可能性曲线为 PPF_1、PPF_2、PPF_3 以及 PPF_1'、PPF_2'、PPF_3'等，通过画图得出的贸易无差异曲线为 I_{t_1}、I_{t_2}、I_{t_3} 以及 I_{t_1}'、I_{t_2}'、I_{t_3}' 等。（为了图形的清晰，有些字母和曲线在图中未标出。）

用作图的方法，人们可以在第一和第四象限同样画出一族贸易无差异曲线，两族贸易无差异曲线的方向正好相反。这样两族贸易无差异曲线的经济含义，便是针对不同的福利水平的进出口的组合情况。

参照图 3-7 画出的一族贸易无差异曲线，以坐标原点为起点，画出射线 W_1、W_2（即贸易条件线）等，使得每条射线必须同一条相应的贸易无差异曲线相切，然后用一平滑的曲线将这些切点和原点连接起来，得出的曲线就是一国的提供曲线，用同样的方法我们可以得到另外一个国家的提供曲线，只是提供曲线的方向与上面那个国家的那一条提供曲线的方向相反。见图 3-8。

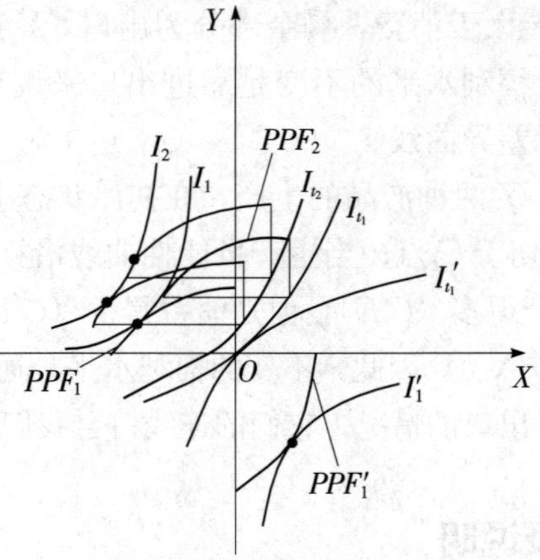

图 3-7　A 国贸易无差异曲线的推导Ⅱ

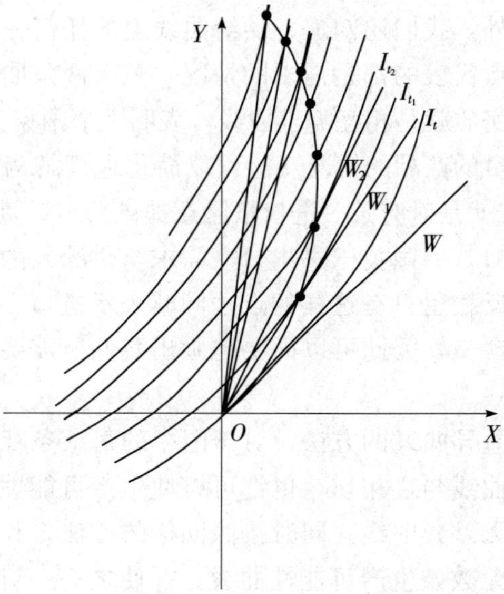

图 3-8　A 国提供曲线的严格推导

说明：提供曲线表明，在不同的相对价格（从原点射出的射线的斜率）下，该国愿意以一定的出口换回一定的进口，而从原点射出的各条射线，就是贸易条件线（相对价格线）。较高的贸易条件线意味着该国贸易条件的改善。

在画出这样一条提供曲线的过程中，我们可以清楚地看到提供曲线的经济含义：从原点射出的射线代表着 X 与 Y 两种产品的交换比率（即射线的斜率），它就是 X 和 Y 产品的相对价格线。贸易无差异曲线本身代表的是进出口点的组合，是无数进出口组合点的轨迹。相对价格线和贸易无差异曲线的切点，代表的则是在一定价格下的进出口情况，即该国愿意在某价格下，以一定量的出口换回一定量进口的情况。因此无数这些点的连线即提供曲线，反映的则是在不同价格下该国的进出口的情况，即在不同的价格下，使用不同出口量换回不同进口量的情况。

通过这样的图形，我们可以分别得到 A 国、B 国的提供曲线，它们的交点对应的便是国际贸易的价格，即贸易条件。见图 3-9。

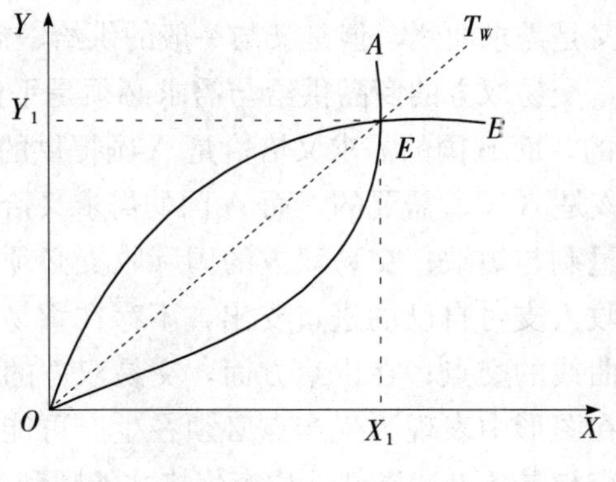

图 3-9　贸易达到均衡时的相对产品价格

说明：国际贸易均衡价格是由不同国家的提供曲线的交点决定的，这时 A 国出口的 X 产品 OX_1 恰恰是 B 国所需要进口的，而 B 国为了进口 X 产品，必须出口 Y 产品 OY_1，而这又是 A 国所需要的，只有在这些条件都得到满足时，国际价格才可能真正产生。

三、国际贸易的均衡价格

图 3-10 中类似蝴蝶的图形代表了确定国际贸易均衡价格的一般均衡模型：坐标的两个轴分别代表 X 产品和 Y 产品，两条生产可能性曲线分别代表 A、B 两国的生产情况，与国际价格线 OT 平行的 A 国价格线和 B 国价格线分别与 A、B 两国的生产可能性曲线相切，见图 3-10。

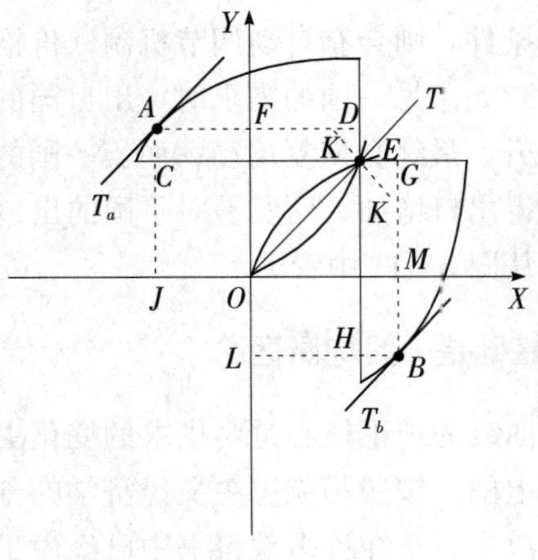

图 3-10　一般均衡贸易模型

说明：在现实的国际贸易中，一般均衡的条件为：国际交换比率为 OT 的斜率，KK 为契约曲线，A 国的国内价格为 T_a，B 国的国内价格为 T_b，均平行于 OT。A 国 X 产品的生产为 AD，消费为 AF，出口为 FD；A 国 Y 产品的生产为 AC，消费为 AJ，进口为 CJ。B 国 X 产品的生产为 HB，消费为 LB，进口为 LH；B 国 Y 产品的生产为 GB，消费为 BM，出口为 MG。X 产品的世界贸易量：A 国出口 FD＝B 国进口 LH；Y 产品的世界贸易量：B 国出口 MG＝A 国进口 CJ。国际交换比率 $MG/LH=OT$ 的斜率$=CJ/FD$。

从图 3-10 中我们可以非常清楚地看出提供曲线的性质，或者说是相互需求的原则。提供曲线既是供给曲线，又是需求曲线，但是又与一般的供给、需求曲线有较大的区别。在确定国际价格的过程中，交易双方的商品供给与需求必须是平衡的，即 A 国的出口商品必须恰恰是 B 国所需要的，而 B 国的需求又恰恰是 A 国提供的出口所能够满足的，反过来，B 国的出口商品应该是 A 国所需要的，而 A 国的需求又恰恰能够为 B 国的出口所满足，在供求方面不存在过剩与短缺；交易双方的国际收支必须是平衡的，即交易双方都是恰好使用自己的出口收入支付自己的进口支出，不存在贸易的盈余或赤字，在图形中也就是指两个国家提供曲线的交点；在供给方面，交易双方的生产量应该是在现有的资源条件下的最大产出，在图形中表现为生产点必须在生产可能性曲线上。只有双方的生产与消费（供求）以及交易具备上述条件，均衡价格才能顺利产生。

四、对提供曲线的评价

（一）提供曲线理论的三个条件

国际贸易价格总是在提供曲线的交点上，而该点需要满足国际收支平衡，即参与贸易的国家的进出口价值相等；同时要求各国商品需求平衡，即一国生产的商品恰恰是另一国需要的，相互需求的数量应该正好相等；另外，生产必须在生产可能性曲线上（即最大生产量）和实现最大的福利水平。这样的三个条件表明，国际贸易价格的确定在提供曲线的理论范围内仍然贯彻的是均衡论，即供求决定价格是该理论的核心内容。

（二）提供曲线提供了价格的自动恢复机制分析

如果不能满足上述三个条件，则会有自动调节机制（价格与供求的关系）使之恢复均衡。当一国的供给（出口）大于另一国的需求时，出口国的出口商品价格会下降，而另一国的出口价格会相对上升，最终会恢复均衡；而当一国的供给（出口）小于另一国的需求时，价格会上升，使得出口增加，而贸易对手国的出口价格则相对下降，最终再次恢复均衡。这一情况可以从图 3-11 中看出。

（三）提供曲线的理论基础是一般均衡理论

相互需求曲线以及提供曲线的理论核心是由供求的变化决定价格和价格变化，这是建立在边际效用理论的基础上的。按照马克思主义经济学的分析，这一理论从本质上讲解释的是价格决定而非价值决定，这在许多教科书中已经做了很好的阐述。在国际贸易实践中，国际价格是由多种因素决定的，供求是其中最重要的因素之一，供大于求则价格下降，供不应求则价格上升，这是一般经济实践中的常识，国际贸易的参与者在很大程度上更关心价格的决定与变化，对于价格背后价值的决定往往予以忽视，从而造成了经济学探讨的表面性。此外，尽管贸易条件在提供曲线的理论中被认定是由提供曲线的交点决定的，即由双方愿意提供的进口与出口的数量决定的，但在国际贸易的实践中，贸易条件本身在很大程度上又决定着双方进出口的数量，当价格上升时，购买量显然会下降，当价格降低时，购买量又会上升，因此价格、数量在一定的条件下有着互为因果的现象。在提供曲线的理论中，也存在着理论的假设条件与实际不符或过于严格的情况，如资源充分就业、供求相符、产量最大化等，这限制了提供曲线的实际应用，使得该理论具有相应的局限性，但在进行国际贸易价格理论的一般性解释时，提供曲线理论却仍然不失为一个较好的入门分析工具。

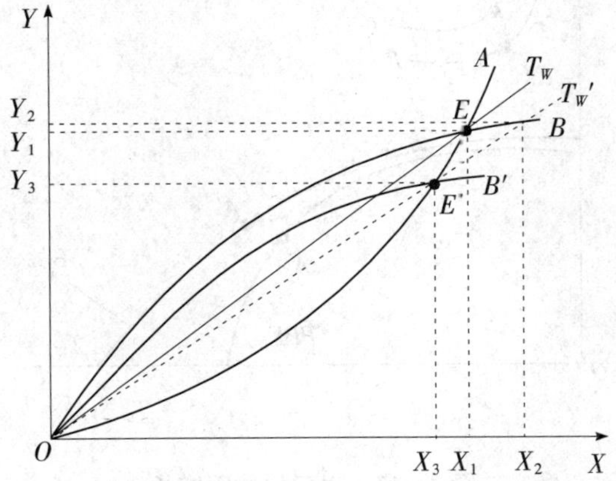

图 3-11 提供曲线的价格自动恢复机制图解

说明：如果国际价格线从均衡价格 T_W 偏移到 T_W'，则价格对 B 国有利，这时 B 国用很少的 Y 产品出口的增量 Y_1Y_2 便可以换回更多的 X 产品 X_1X_2，但这时因价格对 A 国不利，因此 A 国在此价格下愿意出口的 X 产品不是 OX_2，而是 OX_3，X 产品出现供不应求，价格上升。同时，A 国对于来自 B 国的 Y 产品的需求，也因为价格上升而下降，导致供大于求，因此 Y 产品的价格会下跌，最终国际贸易价格会恢复到原来的均衡水平。

第三节 出口的贫困增长

出口的贫困增长是国际贸易中的一种现象，这种经济现象目前主要发生在发展中国家和地区。它主要是指在一定条件下，一国的生产规模扩大，即生产可能性曲线向外推移，沿着原有优势推进，也即如果该国的原有优势在于生产某种产品，现在进一步扩大该种产品的生产，但由于原有的贸易比较优势不变，出口的扩大不仅没有使得该国的福利有所提高，反而使得该国的福利因为出口增加而有所下降。人们普遍认为这种现象的根源在于该国的贸易条件由于扩大出口而恶化。

一、出口贫困增长的图形分析

一般而言，经济增长会带来产出水平的提高，同时在多数经验检验中，经济增长还有带动产出提高从而促进出口增加的效应，因而社会福利水平得到提升。但是，国际经济学和发展经济学的研究表明，经济中存在着出口的贫困增长，这一现象的主要根源在于贸易条件的恶化。由于贸易条件恶化，出口数量的增长导致了出口收入的下降，从而造成了福利的降低，图 3-12 反映了这种现象。图中生产可能性曲线沿着原有的优势向外扩张，X 产品的生产能力得到提高，但由于该国出口扩大，因而国际市场中 X 产品供大于求，于是价格下降，这导致了出口增长、单位 X 产品换回的 Y 产品的数量减少，该国的福利水平相比于经济增长之前下降了，社会无差异曲线向原点移动。

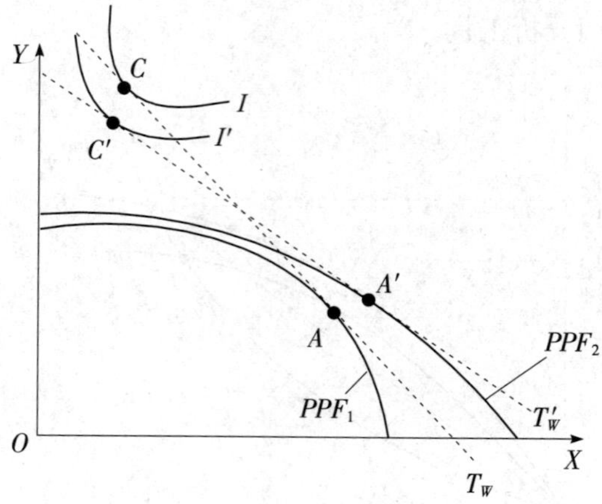

图 3－12　出口的贫困增长

说明：生产可能性曲线从 PPF_1 向外扩张为 PPF_2，意味着生产能力的提高，生产点从 A 点外移到 A' 点。在生产增加的同时，出口也随之得到增长，但是贸易结构没有发生变化。国际价格线在该国生产扩大、出口增加后发生变化，从 T_W 移至 T'_W，斜率变化即价格变化，结果是出口增加，价格（贸易条件）下降，即单位出口换得的进口下降，总体福利水平下降，即消费点从 C 点下降到 C' 点。

二、出口贫困增长的条件与案例

（一）出口贫困增长的条件

出口的贫困增长并不是一种普遍的经济现象，它的出现需要具备许多相应的条件。

（1）出口国大多是处于一定发展阶段的发展中国家，经济是典型的单一经济，离开单一产品的生产与出口，该国经济便会陷入困境。

（2）该国属于国际市场中的大国，即生产的产品为初级产品或劳动密集型产品且出口量占据世界销售量的很大份额，任何增量的出口都将造成供大于求，引起价格的波动。

（3）该国生产、出口的这种产品弹性小，不会因价格变化而影响销售量，价格的下降并不意味着销售量的大幅度上升。

（4）该国国民经济的发展高度依赖出口，属于很强的出口导向型经济。经济高度依赖出口，出口就是经济，经济就是出口，经济增长的直接结果就是出口的增长，这种增长导致价格下跌，但国际价格的下降需要靠更大的出口量去弥补损失（而后果是价格的再次下跌）。

如果上述条件不具备，出口的贫困增长便不会发生，有可能维持原有的国际价格，或价格有所下降但不足以导致该国福利的下降，甚至可能出现出口、福利双增长的情况，见图 3－13。

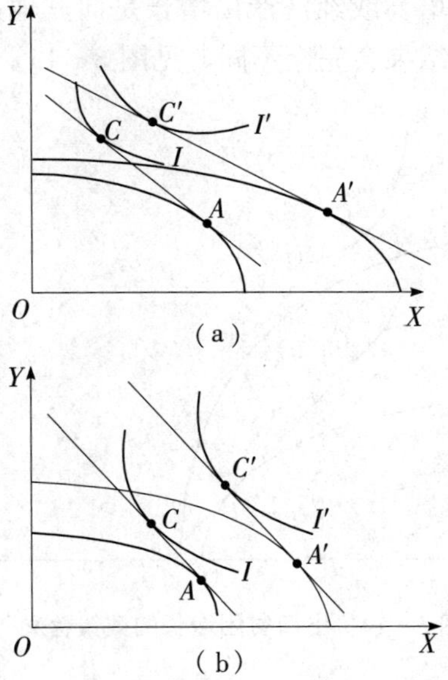

图 3－13　不同条件下的非出口贫困增长

说明：图（a）中的情况说明尽管国际价格有所下降，但下降的幅度尚不足以造成该国福利水平的下降；图（b）中的情况则说明该国是一个小国，对国际市场的价格不会产生影响，而且世界对于该国的出口是可以在价格不变的情况下全部吸收的，因而出口的增长带来了福利水平的提高，社会无差异曲线与原点的距离加大了。

（二）出口贫困增长的案例

在许多发展中国家经济发展的一定阶段，这种出口贫困增长的现象曾经出现过。例如，石油输出国组织（OPEC）国家，由于它们原油的出口已经占据了世界市场很大的份额，因此当它们生产、输出的原油增多时，世界原油价格会因为供给的过剩而大幅度下降，这些国家的石油收入会随之下降。当它们限产保价时，它们的原油出口收入由于供求关系的变化，反而得到增加。1997—1998 年，由于东亚经济陷入了严重的金融危机中，因此需求急剧下降，但石油生产国的产量并未削减，于是市场严重过剩，原油的国际市场价格出现了大幅下跌。2000 年，随着东亚地区经济恢复、增长加速，原油需求大幅度攀升，OPEC 国家却限产保价，造成原油价格居高不下，给世界经济尤其是给发展中国家的经济造成了影响。中国的对外贸易中也存在这种出口贫困增长的案例，例如中国的成衣出口、发菜出口、蘑菇出口、钨矿砂出口以及玩具出口等都是颇具典型意义的案例。其原因就在于中国上述产品的出口已经占该产品世界市场相当大的份额，中国任何增加这些产品出口的努力，在需求增长有限的情况下，都会造成国际市场价格的下降，同时这些产品又面临发展水平相近的其他发展中国家同类产品出口的竞争，尤其是价格的竞争。结果是该产品的国际价格大幅下跌，出口商受到损害。

三、出口贫困增长的政策含义及对其的评价

出口的贫困增长理论具有相应的政策方面的积极含义，发展中国家在经济发展中可

以借鉴其中的某些道理，趋利避害，调整好自己的产业结构。从上面的论述与图形中我们可以清楚地看到，如果经济增长或经济产出增长是向其他产品即用本国稀缺要素生产的产品的方向发展，则事情的结果会完全不同，见图 3－14。

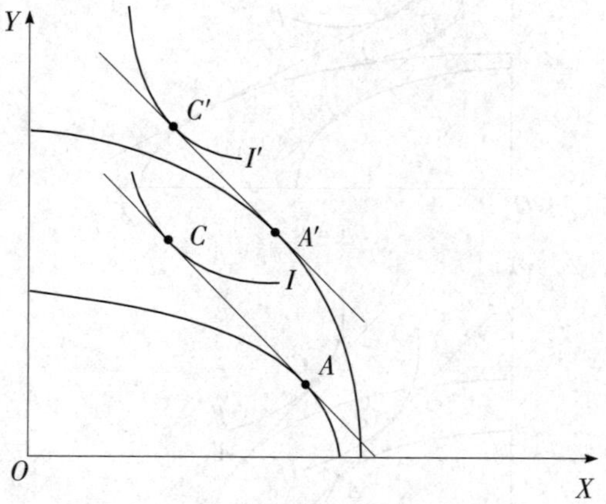

图 3－14　出口贫困增长的政策含义

这时该国可以增加本国 Y 产品的生产，即从事国内的进口替代生产，使一部分劳动力转而从事 Y 产品的生产，这时或者 X 产品的生产下降、Y 产品的生产增加，或者在 X 产品的生产未下降的情况下，Y 产品的生产增加，社会无差异曲线向外推移，该国的福利水平得到提高。这是国内资源增加引起的福利提高（有时还会伴随贸易条件的改善从而获得福利），从某种程度上说明了该国的生产优势已经发生了变化（不单纯是 X 产品具有优势）。

（一）产业结构转化的重要性

许多发展中国家的产品结构单一，处于初级或次级出口替代的过程中，同时东亚的发展中国家和地区走外向型经济发展道路的成功经验使得一些发展中国家模仿东亚的发展模式走出口导向的道路以促进经济发展，但由于本国的经济结构和世界市场的需求结构不同，因此这些国家出现了产品出口越多价格越低从而出口收入下降的情况。这说明发展中国家的产业结构从长远看应该做出改变，结合本国的实际情况，尽早完成从初级产品的加工出口向制成品出口的转化。

（二）平衡出口量与出口价格

出口的贫困增长现象应该说仅仅提供了一种可能，但在实际经济中并不是一种普遍现象，大多存在于发展中国家经济发展的一定阶段。在这一阶段，它们主要依赖于某些劳动密集型产品的出口来促进经济发展，在这些产品在世界市场中已经占据相当大的份额之后，继续扩大出口这些产品的努力便会造成出口贫困增长的现象。因此，这些国家在发展的一定阶段应该特别注意避免这种现象的发生，并考虑价格与出口数量之间的平衡，利用市场的力量减少不应该有的损失。

核心概念

相互需求方程式　贸易条件　提供曲线　贸易无差异曲线　出口的贫困增长

复习与思考

1. 试述国际贸易价格是如何确定的。
2. 试用图形说明两国贸易价格的可能性及利益分配（在 2×2 模型条件下）。
3. 试述相互需求方程式的基本内容并进行评价。
4. 试用图形描述国际贸易均衡价格的形成过程。
5. 试用图形说明贸易无差异曲线并进行推导。
6. 试用图形说明提供曲线并进行推导。
7. 试画出提供曲线和贸易均衡条件的图形并予以分析。
8. 试对提供曲线原理进行评价。
9. 试画出出口贫困增长的图形并做出分析。
10. 试述出口贫困增长的政策含义并对这一理论进行评价。

第四章

国际贸易的现代与当代理论（Ⅰ）

重点问题

- 要素禀赋
- 赫克谢尔-俄林模型
- 雷布津斯基定理
- 列昂惕夫反论
- 国际贸易技术差距论
- 国际贸易的产品生命周期理论

在大多数国际经济学教科书中，国际贸易的古典理论（斯密、李嘉图的理论是这一古典理论的代表）与国际贸易的现代理论以赫克谢尔-俄林模型（H-O 模型）为分水岭。人们一般还认为，国际贸易的现代理论与当代理论的分界在于第二次世界大战后列昂惕夫反论的出现所引发的人们关于国际贸易理论的研究成果。国际贸易的现代理论主要是对古典比较利益学说进行补充，并针对该理论的某些缺陷进行新的论述。而国际贸易的当代理论则以市场不完全竞争、规模经济的存在为出发点，考虑到科技进步对国际贸易的影响与作用，从新要素对国际贸易的作用、需求的特点以及规模收益等方面对国际贸易发生的原因和国际贸易利益的分配进行探讨，同时也研究国际贸易对整个国民经济的作用与影响。

在李嘉图的比较利益学说中，国际贸易发生的原因在于劳动生产率的相对差异，而 H-O 模型则从另外的差异角度对国际贸易发生的原因进行分析。本章将首先讨论 H-O 模型，然后再对解释国际贸易发生的其他理论进行介绍和评价。

第一节　H-O 模型及其分析

H-O 模型，又被称为赫克谢尔-俄林模型或要素禀赋论，是由瑞典经济学家赫克谢尔（E. Heckscher）和他的学生俄林（B. Ohlin）提出来的，该模型因此以他们的名字来命名。两位经济学家中，赫克谢尔在 1919 年的论文中提出了使用要素禀赋、生产部门技术水平来解释国际贸易发生的原因。俄林于 1933 年在他的著作《区际贸易和国际贸易》中继承了他老师的思想，较为详细地提出了要素禀赋的国际贸易理论，该书被认为是国际贸易理论方面的重要著作。俄林不仅在国际贸易理论上有所创新，并因此而获得了1977年诺贝尔经济学奖，而且作为瑞典的贸易部长，主管该国的对外经济贸易工作，积累了丰富的实践经验。他们提出的发挥一国要素禀赋优势来发展国际贸易的思想，即我们常说的“靠山吃山，靠水吃水”，在相当长的时间中，甚至直至今天，都被认为是一个国家尤其是相对落后国家从事国际贸易、制定对外经贸战略的重要出发点。

一、H-O模型的基本命题

（一）H-O模型的提出

李嘉图的比较利益学说从总体上认为，比较利益源自各国在生产不同产品时劳动生产率的相对差异以及由此产生的劳动成本差异，而产品成本的差异则是产生国际贸易的最直接的原因，如果存在自由贸易，则只要同种产品的价格差异大于产品的运输、保险等费用，产品就会从价格低的国家流向价格高的国家来逐利。其基本思路如下：

国际贸易的产生 ← 同种产品的价格差异 ← 成本差异 ← 劳动生产率的相对差异

后人以机会成本差异代替了劳动成本差异，形成了对比较利益的当代理论的解释。但俄林认为劳动成本差异产生的原因并未因此而得到根本的解释。在他看来，即使相同要素的生产率在不同国家并不存在差异，即要素的生产率在任何地方都一样，也仍然会产生贸易，即国际贸易的发生可以与劳动生产率差异无关。俄林认为，李嘉图坚持的劳动价值论并不符合实际，因为单一劳动要素不能说明生产与贸易的全过程。这样，H-O模型以要素的生产率一致为出发点，力图从其他角度对生产成本的差异做出说明。在说明贸易发生的原因时，H-O模型提出了以下假设条件。

（二）H-O模型的假设前提

赫克谢尔在讨论国际贸易发生的原因时，使用了与李嘉图基本一致的假设前提，目的在于探讨李嘉图学说中比较利益产生的基础。在他看来，如果不同国家的不同生产部门的生产函数一样，要素的禀赋也一样，那么在不存在运保费用时，国际贸易的发生对于参与者而言，既不会产生利益，也不会造成损失。在他的论述中，他提出了比较利益存在的两个前提：一是不同国家的要素禀赋应该有差异；二是在不同产品的生产过程中投入的要素的比例应该不同。在此基础上，人们可以从单位生产中使用的劳动相对含量较大或资本相对含量较大来把产品区分为所谓的劳动密集型产品或资本密集型产品，国际贸易的利益可以产生于这样两类产品之间的交换。

俄林在其著作《区际贸易和国际贸易》中认定国际贸易、国内贸易都是不同范围的区际贸易，区际的划分在于不同地域之间要素存量相对丰富的差异，大的区域之下存在着次区域、次次区域，由于贸易是在不同区域之间展开的交易，因此所谓国际贸易与国内贸易应该具有相同的起因和特点，彼此之间不存在根本性的区别。

综上所述，在阐明贸易发生的原因时，H-O模型提出了以下假设条件。

(1) 两个国家、两种要素、两种产品，即 2×2×2 模型，这与李嘉图比较利益学说的假设前提有根本的区别，H-O 模型认为产品要用两种或两种以上的要素才能生产出来，而李嘉图认为劳动是生产产品的唯一要素。H-O 模型的这一假设前提实质上是以要素禀赋论代替了劳动价值论，而且也为国际贸易中资本-劳动比的存在和分析不同国家中不同的资本-劳动比对比较成本的作用确定了前提。

(2) 两国在生产同一产品时，技术方法相同，技术水平一样，具有同样的生产函数，产量只是要素投入量的因变量。相同的要素具有同样的生产率，这一假设意味着当同一要素在两国具有相同的生产率时，贸易仍然可能发生。因此作为斯密、李嘉图解释国际贸易发生原因的劳动生产率的绝对、相对差异，在贸易发生的过程中并不起根本的作用。

(3) 产品、要素市场属于完全竞争市场，要素在一国内可以充分流动，在国际上完全不能流动，这可以保证同种产品在一个国家之内具有相同的价格，而在国际上则存在价格差异。

(4) 两个国家的最大区别在于要素禀赋的差异，其中一个是资本存量相对丰富的国家，因而资本的报酬——利率相对较低，另一个是劳动存量相对丰富的国家，因而劳动的报酬——工资率相对较低。

(5) 在两种产品中，其中一种在生产过程中使用的劳动相对更多（资本-劳动比较低），是劳动密集型产品；另一种则使用的资本要素相对更多（资本-劳动比较高），是资本密集型产品。

(6) 影响贸易的一些其他因素，如运输成本、需求偏好、规模效益、贸易壁垒等在分析中被抽象掉，不予考虑。

在上述假设前提中，生产要素相对丰富是指一国的某种生产要素相对于其他要素而言的丰富，不是绝对量的丰富。要素密集度是指生产不同产品所需要投入的生产要素之间的比率，本章指的是资本与劳动两种投入之间的比率。

(三) H-O 模型的基本命题分析

在上述假设前提下，赫克谢尔与俄林提出了 H-O 模型的三个（或四个）基本理论点。

(1) 每个国家如果都以自己相对丰富的生产要素从事产品的专业化生产和国际交换，就会处于相对有利的地位，相反，如果都以自己相对稀缺的生产要素从事产品的专业化生产和国际交换，就会处于相对不利的地位。因此，在国际贸易体系中，一国出口的总是那些用自己相对丰富的要素生产的产品，而进口的则总是那些需要用本国相对稀缺的要素生产的产品。

(2) 如果两个国家生产要素（如劳动与资本）存量的比例不同，则即使两国相同生产要素的生产率完全一样，也会产生生产成本的差异，从而使两国发生贸易关系。

(3) 国际上产品交换的结果往往是使各个国家之间的要素报酬（利息、地租、工资）差异趋于减小，出现要素价格均等化趋势。

(4) 在这一理论中，还存在着雷布津斯基定理（Rybczynski theorem）和斯托尔珀-萨缪尔森定理（Stolper-Samuelson theorem）。前者的内容是说明要素禀赋的变化对生产结构的影响：当价格不变时，一种要素使用的单一增加，将使得密集使用该种要素生产的产品的产量增加，而使得密集使用另一种要素生产的产品的产量减少。后者的内容主要是解释收入的变化：如果资本密集型产品的价格上升，则资本的实际回报会增加，而劳动的实际收入会减少。

二、H-O 模型的基本内容

如前所述，H-O 模型的核心思想如果用最简单的话来表述，就是“靠山吃山，靠水吃水”，即各个国家应该在要素方面发挥自己所具有的优势。如果一个国家的劳动要素存量相对丰富，则该国就应该集中生产、出口劳动密集型产品。反之，如果一国的资本要素存量相对丰富，则该国就应该集中生产、出口资本密集型产品。如果两个国家都贯彻这一原则进行生产、交易，则各国的资源会得到更为有效的配置，福利水平将会得到提高；世界范围内的资源也将得到更为有效的配置，全世界的福利水平也将会得到提高。

（一）H-O 模型的基本内在逻辑关系

与斯密、李嘉图的国际贸易理论一样，H-O 模型认为，同种产品存在的价格绝对差异是国际贸易的直接基础，而产品在交换时的价格绝对差异是由生产成本的绝对差异决定的。但是，在解释成本差异产生的原因时，H-O 模型与其他理论有着重大区别。在 H-O 模型看来，生产产品的成本的绝对差异是由生产时使用的要素的价格之间的差异决定的；要素价格绝对差异是由要素存量比率，即一国中不同要素相对存量的不同决定的；要素存量比率的差异又是由要素供给决定的；要素的供给则是由要素禀赋决定的。其基本的思想逻辑过程如下：

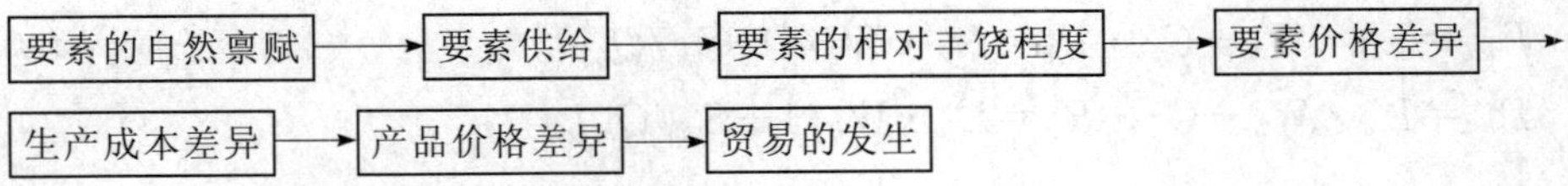

在产品生产中，一个国家要素的自然禀赋状况，即劳动或资本的多寡，决定着该国劳动或资本的基本供给状况，如果劳动要素相对丰富，则劳动供给丰富，工资率就会相对较低。不同国家要素存量比率的不同，即资本-劳动比的相对差异，则是造成生产成本差异的原因。这样，即便要素的生产率在绝对或相对意义上一致，只要不同国家的要素存量比率（在这里为资本-劳动比）存在差异，要素价格不同，生产成本就会不同，产品的价格差异就会产生，最终导致贸易的发生。

（二）H-O 模型的简单数学公式推导

H-O 模型可以用比较简单的数学公式来推导，推导的核心思想与上面的框图是一致的，即贸易产生于价格差异。

为了便于推导，我们假设：公式中，X 为劳动密集型产品；Y 为资本密集型产品；L 为劳动投入系数；C 为资本投入系数；W 为工资率；R 为利率；P 为产品的价格（成本)；A 国为资本相对丰富的国家；B 国为劳动相对丰富的国家；A 国的利率相对较低，而 B 国的工资率相对较低。

在公式中，S_y 为 Y 产品的资本-劳动比，$S_y=C_y/L_y$，其经济含义为要素密集度；Q_a 为 A 国国内的要素价格比，$Q_a=W_a/R_a$，即要素的相对价格。

在此基础上，公式推导如下：

A 国 X 与 Y 产品的单位价格（成本）P_{ax}、P_{ay} 和 B 国 X 与 Y 产品的单位价格（成本）P_{bx}、P_{by} 分别为：

$$P_{ax}=L_x\cdot W_a+C_x\cdot R_a$$
$$P_{ay}=L_y\cdot W_a+C_y\cdot R_a$$
$$P_{bx}=L_x\cdot W_b+C_x\cdot R_b$$
$$P_{by}=L_y\cdot W_b+C_y\cdot R_b$$

以 P_{ay} 为例，经过变换即从公式中提出 $L_y\cdot W_a$ 可得：

$$P_{ay}=L_y\cdot W_a[1+(C_y\cdot R_a)/(L_y\cdot W_a)]$$

又有

$$S_y=C_y/L_y$$
$$Q_a=W_a/R_a$$

因此 $P_{ay}=L_y\cdot W_a[1+(C_y\cdot R_a)/(L_y\cdot W_a)]$ 可以变换为：

$$P_{ay}=L_y\cdot W_a(1+S_y/Q_a)$$

同理可以进行相应的变换，将 A、B 两国其他产品的单位价格（成本）变换为：

$$P_{ax}=L_x\cdot W_a+C_x\cdot R_a=L_x\cdot W_a(1+S_x/Q_a)$$
$$P_{bx}=L_x\cdot W_b+C_x\cdot R_b=L_x\cdot W_b(1+S_x/Q_b)$$
$$P_{by}=L_y\cdot W_b+C_y\cdot R_b=L_y\cdot W_b(1+S_y/Q_b)$$

如果贸易的直接原因在于同种产品的价格差异，即：

$$P_{ax}/P_{ay}-P_{bx}/P_{by}\neq 0$$

则贸易即可发生。上述公式可以变换为：

$$\begin{aligned}P_{ax}/P_{ay}-P_{bx}/P_{by}&=\frac{L_x\cdot W_a(1+S_x/Q_a)}{L_y\cdot W_a(1+S_y/Q_a)}-\frac{L_x\cdot W_b(1+S_x/Q_b)}{L_y\cdot W_b(1+S_y/Q_b)}\\&=\frac{L_x[(1+S_x/Q_a)(1+S_y/Q_b)-(1+S_x/Q_b)(1+S_y/Q_a)]}{L_y(1+S_y/Q_a)(1+S_y/Q_b)}\\&=\frac{L_x[(S_y-S_x)/Q_b-(S_y-S_x)/Q_a]}{L_y(1+S_y/Q_a)(1+S_y/Q_b)}\\&=\frac{L_x(S_y-S_x)(1/Q_b-1/Q_a)}{L_y(1+S_y/Q_a)(1+S_y/Q_b)}\end{aligned}$$

等式右边上下同乘 Q_aQ_b，经变换有：

$$P_{ax}/P_{ay}-P_{bx}/P_{by}=\frac{L_x(S_y-S_x)(1/Q_b-1/Q_a)\cdot Q_a\cdot Q_b}{L_y(1+S_y/Q_a)(1+S_y/Q_b)\cdot Q_a\cdot Q_b}$$

$$=\frac{L_x(Q_a-Q_b)(S_y-S_x)}{L_y(Q_a+S_y)(Q_b+S_y)} \tag{4.1}$$

由于按照假设，A国是资本存量相对丰富、劳动存量相对稀缺的国家，故资本报酬率（利率）R_a 相对较低，工资率 W_a 相对较高。B国则相反，劳动存量相对丰富，资本存量相对稀缺，故工资率 W_b 相对较低，而资本报酬率（利率）R_b 相对较高。因此，便有 $W_a/R_a>W_b/R_b$，即 $Q_a>Q_b$，也即 $Q_a-Q_b>0$。又因为 Y 产品是资本密集型产品，X 产品是劳动密集型产品，于是便有资本密集度的 $C_y/L_y>C_x/L_x$，即 $S_y>S_x$，于是又有 $S_y-S_x>0$。将这些推论代入上面的公式，公式的右边应该为正值，大于0，从而公式的左边显然大于0，这意味着存在价格差异，贸易便因此（价格差异的存在）而产生。

（三）要素价格均等及其分析

1948年，美国经济学家保罗·萨缪尔森对H-O模型进行了研究，把要素报酬趋同的命题表述为：国际贸易将使不同国家间的同质生产要素的相对和绝对收益均等化。在国际经济学教科书中，这一推论被称为要素价格均等化定理，由于萨缪尔森的这一结论是从H-O模型中发展出来的，因此，也被称为赫克谢尔-俄林-萨缪尔森定理（H-O-S定理），我们可以用图形予以说明。

在微观经济学中，我们曾经学习过表示一国生产的埃奇沃斯盒状图的内容。图4-1表明，这里的埃奇沃斯盒状图是由两幅图合成的，即一幅是以 O 为原点的 X 产品的生产函数图，另一幅是以 O' 为原点的 Y 产品的生产函数图，其中第二幅图翻转了180度，两幅图合成为一幅盒状图。

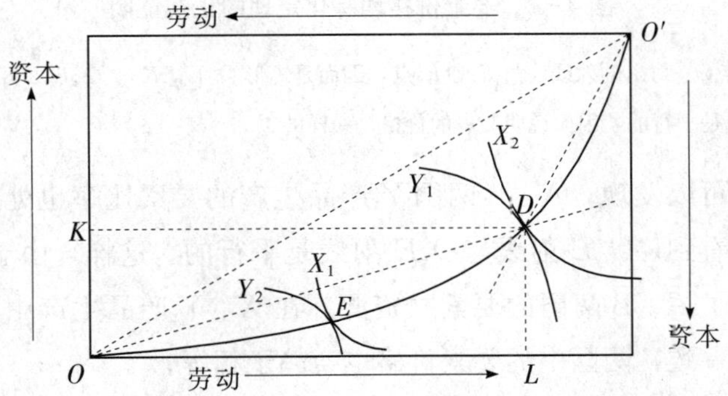

图4-1　埃奇沃斯盒状图

说明：图中以 O 为原点，X_1、X_2 两条曲线是 X 产品的等产量线。它们的经济含义是，在同一曲线的任一点上的生产要素的组合，都只能生产同等数量的 X 产品，离原点越远的等产量线代表的产量越高，在图中即 X_2 所代表的产量>X_1 所代表的产量。同理，读者可以自己对 Y 产品的生产情况做出相应的解释。连接 O、E、D、O' 的线，在西方经济学中被称为契约曲线（contract curve），契约曲线上的任何一点都表明在既定的资源情况下，充分利用资源所能够生产出的不同产品的最大组合。在图中的 D 点，在该国的总资源中，OL 的劳动与 OK 的资本被用来生产 X 产品，而其他资源则被用来生产 Y 产品，这时所达到的产出总量是最大的。

我们将两幅上面的埃奇沃斯盒状图组合在一起，设为A、B两国的盒状图的组合，便可以用图形论证H-O-S定理。图4-2中原点O_x是A、B两国X产品生产的共有原点，Y产品生产的原点是分离的，O_y是A国Y产品生产的原点，O'_y是B国Y产品生产的原点，在两国发生贸易之前，A、B两国的国内生产均衡点分别处于D、C点。在两国之间的贸易发生之后，生产形成专业化趋势，B国转向专业化生产X产品，A国转向专业化生产Y产品。B国的生产点由于专业化（尽管是不完全分工）生产X产品，会沿着$O_xO'_y$线（B国的契约曲线）向上移动，A国的生产点由于专业化（尽管是不完全分工）生产Y产品，会沿着O_yO_x线（A国的契约曲线）向下移动。我们可以发现，当A国生产点移动到E点、B国生产点移动到E'点时，A、B两国的X产品生产的要素比率相等，即出现了下面的比率情况：

$$O_xK_b/O_xL_b=O_xK_a/O_xL_a$$

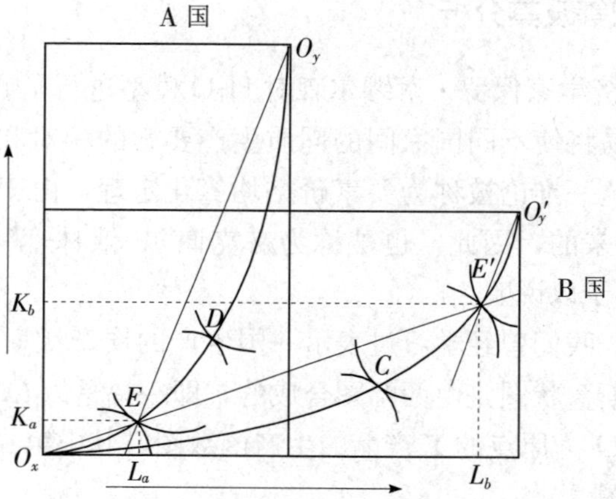

图4-2 要素价格均等化定理的正规证明

说明：在图中从原点O_x射出的射线，过E和E'点，因而是矩形$O_xL_aEK_a$、$O_xL_bE'K_b$的对角线，而从O'_y点和O_y点射出的两条射线是平行的，因而说明要素的价格是一样的。

此外，我们还可以发现，A、B两国Y产品生产的要素比率也处于相等状态，因为在图中可以清楚地看到，O_yE射线与O'_yE'射线是平行的。这样，由于国际贸易的发生，分工和专业化造成了A、B两国的要素（资源）在X、Y产品生产中有了新的配置，要素使用的比率趋于一致，两国中的要素价格也会趋于相等。

从上面H-O模型的数学公式分析中我们可以引申出，国际贸易的过程可以使同种要素收入（报酬）的国际差别缩小，运用上述公式求得这一结果是很容易的：从上述公式的基本含义出发，只要能够使得式（4.1）两边的数值均为0，即可以得出要素价格均等的结论：

$$P_{ax}/P_{ay}-P_{bx}/P_{by}=0$$

也就是：

$$\frac{L_x(Q_a-Q_b)(S_y-S_x)}{L_y(Q_a+S_y)(Q_b+S_y)}=0$$

由于我们在最初的假设中已经设定A、B两国的生产函数相同，即同一产品在不同国家进行生产时，投入系数是相同的，因此，如果用上面的公式来表明的话就是：$S_{ax}=S_{bx}$，$S_{ay}=S_{by}$，在我们的公式中遵循假设 $S_x \neq S_y$，因为 X 产品与 Y 产品的资本-劳动比是不一样的，即不同产品的要素密集度是不同的，在假设中有 $S_x<S_y$，在这样的情况下要获得公式等于0的结果，就只能是 $Q_a=Q_b$ 了（即要素价格比相同），它的经济含义便是要素的价格趋同。应该看到的是，要素价格趋同在很大程度上是一种纯理论的推导，在国际贸易现实中，由于各种条件的限制，这一定理很难充分实现，只是一种趋势。

以上公式推导的经济含义是比较易于理解的，为了进一步简单地说明问题，我们用假设的日本与马来西亚的贸易关系案例进一步说明上述公式的意义。假设资本存量相对丰富的日本与劳动存量相对丰富的马来西亚之间存在着贸易关系，按照H-O模型的理论，二者间的贸易结构为资本存量相对丰富的日本向劳动存量相对丰富的马来西亚出口资本密集型产品，而马来西亚向日本出口劳动密集型产品。由于扩大劳动密集型产品向日本的出口，马来西亚就需要扩大劳动密集型产业，因此，如果在此之前马来西亚国内劳动力供求平衡，则劳动密集型产业生产的扩大将导致劳动力在原有基础上出现供不应求，即破坏了供求平衡，从而马来西亚劳动力的工资率会因此上涨。相反，马来西亚国内的资本密集型产品的生产行业因为大量进口日本的资本密集型产品而破产或缩小生产规模，从而使得资本从这些行业“溢出”，社会上原本存在的资本供不应求的局面得到缓解，供求关系的改变造成了马来西亚国内居高不下的资本报酬率（利率）的下降，使之与日本国内利率水平的差距缩小。日本国内资本报酬率由于两国之间发生贸易而得到提高，劳动报酬率下降的形成机制与上述过程类似，读者可以自己推导，加深印象。

三、雷布津斯基定理

雷布津斯基定理研究的是，各国的要素禀赋如果发生变化，有的生产要素增长得相对更快，有的生产要素增长得相对更慢，则这种要素禀赋增长差异会对国际贸易产生怎样的影响。例如，在一般情况下，一个经济体的资本、技术会产生相应的积累，用于生产的要素增长得较快，但是土地等自然资源在一定阶段几乎很难有较大幅度的增长，劳动增长的速度则会受到各种因素的影响，可能增长得快一些，也可能增长得慢一些。雷布津斯基定理的含义是：如果产品的价格不变，则一种要素使月的单品种增加，将造成密集使用该种要素生产的产品的产量增加，而密集使用另一种要素生产的产品的产量减少。为了更好地说明这一情况，我们用图4-3进行解释。

我们知道，如果在劳动要素单一增长后仍然要维持产品相对价格不变，即 dY/dX 不变，则条件只能是要素的相对价格也不变。然而要素相对价格不变的条件是相当苛刻的，从我们已经学习过的内容出发，只有两种要素的生产率保持不变，X、Y 产品在生产时投入的要素比率才有可能不变。如果两种要素中，只有劳动要素得到增长，资本要素保持不变，则要使增加的劳动能够充分就业并且使生产要素的投入比率（K/L）不变，就只能减少资本密集型产品的生产，以便有更多的资本与增加的劳动相结合。因此，在图 4－3 中，劳动密集型产品的产量随着劳动要素的增加而得到绝对的增长，资本密集型产品的产量则出现绝对的减少。这样的过程同样会发生在资本要素单一增长（劳动要素维持不变）的情况下，读者可以自己对该变化过程进行描述。

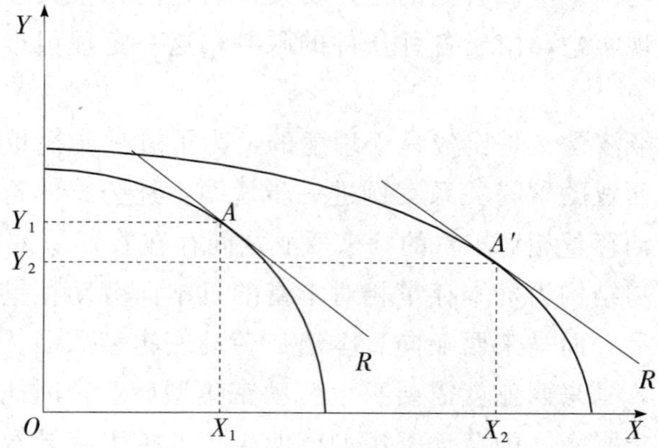

图 4－3　雷布津斯基定理图解

说明：假设 X 产品为劳动密集型产品，Y 产品为资本密集型产品。图中显示，由于劳动要素的增长，生产可能性曲线外移，生产能力提高，但生产能力提高的趋势是：X 产品生产的扩张速度快于 Y 产品生产的扩张速度，并在此基础上形成新的生产可能性曲线。在劳动要素增长之前，生产点在 A 点，X 和 Y 产品的生产量分别为 OX_1 和 OY_1，在劳动要素增长之后，生产点移动到 A'点。比较两个生产点 A 与 A'，就会发现 X 产品的产量增长而 Y 产品的产量下降，即 $OX_2>OX_1$，但 $OY_2<OY_1$。

四、斯托尔珀-萨缪尔森定理

斯托尔珀-萨缪尔森定理说明的是产品价格的变化与要素价格、收入分配之间的关系。根据斯托尔珀和萨缪尔森的研究，自由贸易中产品价格的变化会使得在生产中使用的要素的报酬以及不同要素所有者的收入情况发生变化。他们的研究表明：自由贸易会使得产品价格上升的出口行业中使用的要素的价格上升，而使得产品价格下降的进口替代部门中使用的要素的价格下降。例如，如果劳动密集型产品的相对价格上升，则劳动的实际报酬会得到提高，而资本的实际报酬却会因此而下降，这一点我们在前面已经叙述过了。另外，自由贸易会造成一国相对丰富的要素的所有者的实际收入得到提高，而使相对稀缺的要素的所有者的收入下降，这意味着尽管国际贸易会提高一国整体的福利水平，但由于要素所有者收入分配格局会产生变化，因此并不是所有人都可以同水平地分享这一福利水平的增长。我们用图 4－4 来对这一现象进行说明。

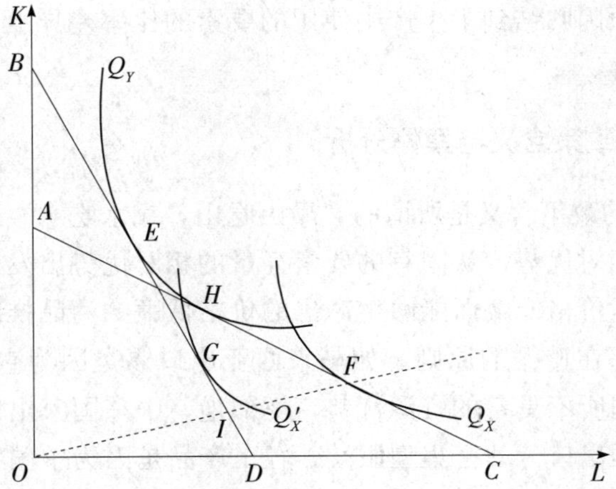

图 4-4　斯托尔珀-萨缪尔森定理

说明：图中横轴代表劳动（L），纵轴代表资本（K），等产量线为 Q_X、Q_Y，分别代表 X 产品、Y 产品的生产情况。单位成本的等成本线 AC 分别与等产量线 Q_X、Q_Y 相切于生产点 F、H，这时单位劳动的报酬为 $1/OC$，单位资本的报酬为 $1/OA$。如果 Y 产品的价格不变，但 X 产品的价格由于大量出口而得到提高，则等产量线内移，为 Q'_X，单位成本的等成本线变为 BD，生产点变为 G、E 点，显然单位劳动的报酬变为 $1/OD$，单位资本的报酬变为 $1/OB$，对比两条等成本线，有 $1/OD>1/OC$，即劳动的报酬提高，同时有 $1/OA>1/OB$，即资本的报酬下降。另外，$CD/CO>FI/FO$，这表明劳动报酬的相对变化大于产品 X 的价格变化。图中的情况还表示，由于要素价格的变化，产生了产业内要素的替代和产业间要素的流动，正是这种替代与流动使得要素的充分就业保持不变。从图中我们可以看出，在 X 与 Y 产品的生产中发生了用资本替代劳动的情况，两种产品的生产要素投入的资本-劳动比得到提高。

五、对 H-O 模型的政策分析及评价

（一）H-O 模型与比较利益学说的异同点

从基本层面看，H-O 模型是建立在相对优势基础上的，强调国际贸易产生于差异，H-O 模型与比较利益学说关于要素流动的假设也基本一致。但 H-O 模型认为：

（1）李嘉图将商品的生产仅仅归结为劳动时间的耗费，即一种要素决定生产的观点是不对的，因为在现实中用一种要素无法进行商品生产，其他要素如资本、土地，在商品生产中是不可或缺的，只有这样才符合生产与贸易的实际。

（2）只有认定生产需要两种以上的要素投入才可能进行，才具有提出被 H-O 模型用来解释国际贸易发生原因的资本-劳动比的基础，如果认定单一要素（劳动）决定生产，那么就没有了提出资本-劳动比的前提。

（3）如上所述，H-O 模型认为国内、国际贸易均为不同区域间的商品贸易，这些贸易的本质是相同的，商品交换的规律应该是相同的，这隐含着，李嘉图所阐述的国内通行的等量劳动相交换的原则不能应用于国际商品交换这一观点是错误的。

（4）斯密、李嘉图均认为劳动生产率（绝对或相对）差异的存在是国际贸易发生的原因，H-O 模型为了论证他们的理论是不正确的，将相同要素的劳动生产率一致作为自

己进行分析的出发点，从根本上否定了劳动生产率差异在国际贸易产生中的必要作用，而将国际贸易发生的原因归结到了生产中使用的要素的比率差异上，提出了不同于李嘉图国际贸易理论的内容。

（二）H-O 模型的政策含义与案例分析

H-O 模型最基本的政策含义是所谓的“靠山吃山，靠水吃水”思想，一个国家发挥自己在要素上固有的相对优势，从固有的要素存量的相对优势出发进行国际分工，从事贸易，将自己由于要素价格低廉而能够生产出的价格低廉的商品推向国际市场。这一原则成为今天世界各国都在遵循的原则。如马来西亚出口锡是因为它有丰富的锡矿资源，在锡的生产上具有他国所不具备的资源优势，类似地，中东国家出口石油是因为它们有丰富的石油资源。中国出口劳动密集型服装、轻工产品是因为中国在劳动力资源方面具有相对优势，不仅劳动力数量丰富，而且劳动力素质相对较高，从而使得商品物美价廉，具有特别的竞争力。例如，位于中国广东省珠江三角洲地区的东莞市及其周边地区，是中国华南地区劳动密集型出口产品的集中生产地，在这里来自全国各地的劳动者为出口厂商工作。由于中国一些收入相对低的省份的劳动者为了较高的工资收入而来到东莞等地工作，珠江三角洲的这些地方的劳动力供给是相当丰富的，当一些劳动者由于各种原因而离开珠江三角洲地区回各自的家乡时，其他的大批劳动者又会从全国各地涌向东莞等地，竞争数量有限的工作岗位，因此珠江三角洲的一般劳动者的实际工资水平在相当长的时间内并没有提高，使得该地区具有劳动力优势。笔者认为这一情况的存在也是1997—1998 年东亚地区的经济体货币大幅度贬值后，中国商品在世界市场上仍然具有很强竞争力的重要原因之一。这是因为，在亚洲金融危机之前，中国的平均基本工资收入是东亚经济体平均值的 1/6～1/4，在危机期间，其他东亚经济体的工资水平仍然高于中国。一国遵循 H-O 模型制定其对外经济贸易战略，首先要搞清楚本国在生产要素方面的相对优势，充分发挥既定的资源、要素存量的相对优势，尤其对今天的发展中国家来说这是其对外开放战略的出发点。

（三）对 H-O 模型的评价

（1）H-O 模型从一国基本经济资源优势出发解释国际贸易发生的原因，从实际优势出发决定贸易模式（产品结构、地理格局），根据贸易对经济的影响来分析国际贸易的作用，这在理论上是有益的，而且考虑了更多的影响国际贸易产生和利益分配的因素，这比斯密、李嘉图的理论更贴近事实，更反映实际情况，更具有说服力，这就是今天许多国家仍然把这样的理论作为自己对外开放的理论基础的缘故。

（2）或许可以认为自然禀赋是国际贸易发生的必要条件，但并不能认为它是贸易发生的充分条件，因为社会因素在确定一国的对外开放战略中具有极其重要的地位，离开了社会因素，很多问题都无法得到有说服力的解释。例如，许多国家的要素禀赋相近，但国际贸易格局却极其不同，存在着很大差异，对这种现象的解释，需要从其他方面着手才行。同时 H-O 模型比较强调静态结果，事实上一国的资源优势除了自然禀赋外，更有由于社会经济发展而产生的后天优势。例如一国的资本丰富状况就大多取决于社会经济发展状况，人从一般劳动力发展为智力型白领劳动力是社会经济发展的结果，反过来这些又会促进社会经济的发展。

（3）H-O 模型在假设条件上排除了技术进步的因素以及许多实际存在的情况，这一点在今天的国际贸易中是绝对违背世界经济发展的事实的，如果坚持这样的观点，那么就会使世界经济结构凝固化，尤其是会使发展中国家在发挥所谓资源优势的同时，无法转换生产结构，从而阻碍其经济发展。事实上，今天自然资源丰富的国家未必就是资源密集型产品的出口国，这样的事实实际上影响了该理论的广泛适用性，也影响了它在作为国际经贸战略和政策制定的理论基础时的作用。

（4）这一理论对需求因素并未予以充分的重视，在今天的国际贸易格局中，需求因素已经成为极其重要的方面，国际贸易已经作为调节需求的重要手段在各个国家的经济政策中发挥着日益重要的作用。

（5）从经济学说史的角度考察，H-O 模型实际上是三要素说，即将资本与利息、劳动与工资、土地与地租联系在一起论述，并不涉及对经济关系的探讨，对于这样的经济学说，马克思主义经济学曾经给予了彻底的批判。

第二节　列昂惕夫反论、新要素理论及产品生命周期理论

一、列昂惕夫反论

瓦西里·列昂惕夫（Wassily Leontief）是 1931 年移居美国的著名俄裔经济学家，1932 年开始在哈佛大学任教，后因参与创建了投入-产出模型而获得了 1973 年的诺贝尔经济学奖。列昂惕夫反论又被称为列昂惕夫之谜，是指列昂惕夫运用投入-产出模型来检验美国的对外贸易情况，其结果恰好与 H-O 模型理论推断给人们的印象相反。

(一) 列昂惕夫反论的提出

H-O 模型自提出后，逐渐为人们所普遍接受，成为当时主流的国际贸易理论。第二次世界大战后一些西方学者如美国的麦克道格尔（G. Macdougall）开始利用国际贸易的经验数字，尤其是发达国家的贸易数字对该模型予以检验，以考察它是否能够反映国际贸易的实际情况，反论就是在这样的情况下出现的。列昂惕夫本人十分相信 H-O 模型的内容，但他利用投入-产出模型进行的经验检验得出了与人们的印象相反的结果。反论的提出引出了后续的关于国际贸易理论的一系列发展。

(二) 列昂惕夫反论的基本内容

H-O 模型的核心观点是，一个国家将生产、出口用自己相对丰富的生产要素生产的产品，而进口用自己相对稀缺的生产要素生产的产品，这样贸易参与国才能获益。在人们的认识中，美国显然是一个资本相对丰富、利率相对较低而劳动力相对稀缺、工资率相对较高的国家。因此，美国应该在大量使用资金投入的机器设备的生产与出口方面具

有相应的优势，出口产品应该是资本密集型产品而进口产品则应该是劳动密集型产品。列昂惕夫从以上观点出发，使用他所创建、完善的投入-产出模型对美国的对外贸易情况进行了分析。

列昂惕夫在1953年和1956年分别通过对美国1947年和1951年的进出口贸易统计资料进行分析，用每百万美元出口产品与每百万美元进口替代产品中的要素含量来作比较，发现美国参加国际分工是建立在劳动密集型专业化分工的基础上的，而不是建立在资本密集型专业化分工的基础上的，即美国是通过对外贸易来安排剩余劳动力和节约资本的。在分析中，他用投入-产出模型研究了美国的200个产业的情况，分别考察了美国的出口产品与进口替代产品中的资本和劳动含量，得出的结果如下。1947年的投入-产出情况为：出口产品中的资本含量为2 550 780美元，劳动的投入为182年人工，进口替代产品中的资本含量为3 091 339美元，劳动的投入为170年人工，以人均年资本量表示的进口替代产品与出口产品的比值为18 180美元·年人工/14 010美元·年人工，即1.30。1951年的投入-产出情况为：出口产品中的资本含量为2 256 800美元，劳动的投入为174年人工，进口替代产品中的资本含量为2 303 400美元，劳动的投入为168年人工，以人均年资本量表示的进口替代产品与出口产品的比值为13 726美元·年人工/12 977美元·年人工，即1.06。两次检验均说明，美国的出口产品与进口替代产品相比是更为劳动密集的，即美国的出口产品属于劳动密集型产品。

从以上检验结果中得出的结论为，美国参加国际分工建立在劳动密集型专业化生产的基础上，而不是建立在资本密集型专业化生产的基础上，美国是利用国际贸易来节约资本、安排剩余劳动力的。传统上，人们认为美国属于资本要素存量相对丰富的国家，因此按照H-O模型的原理，它的对外贸易结构应该以出口资本密集型产品、进口劳动密集型产品为主。由于上述经验检验结论与人们关于美国要素禀赋和对外贸易结构的印象相反，因此被人们称为“反论”。

（三）围绕列昂惕夫反论展开的争论

列昂惕夫反论的结论与H-O模型的原理给人们关于美国要素禀赋和进出口情况的印象是相悖的，它的发表在学术界引起了极大的反响。许多人用同样的方法对美国和其他国家的贸易进行了检验，如美国的经济学家鲍德温（H. Baldwin）、日本的建元正弘（Tatemoto）和市村真一（Ichimura）、加拿大的沃尔（D. Whal）、印度的巴德瓦杰（R. Bhardwaj）、德国的斯托尔珀（W. Stolper）等，他们的检验结果有的符合H-O模型，有的符合列昂惕夫反论，并没有一个固定的结论，但是却反映了国际贸易结构的多样性，用一种乃至几种要素已经难以解释复杂的国际贸易现象了。即便像H-O模型这种人们认为具有相当强说服力的理论，也很难涵盖日益变化、多样化的国际贸易结构，而需要从其他角度进行探讨，这带来了国际贸易理论的一次发展。

（1）列昂惕夫对反论的解释。列昂惕夫本人认为，美国对外贸易结构出现出口劳动密集型产品而进口资本密集型产品的原因在于美国的就业者具有比其他国家工人更高的劳动生产率。按照他的解释，美国工人的劳动生产率大约是具有相似机器设备的其他国家工人的3倍，如果按照其他国家工人的劳动生产率来衡量，美国工人的劳动是倍加的劳动，是集约型劳动，因此应该把美国工人总数乘以3，得出的才是该国的劳动要素的实际总数量，故美国显然是劳动要素相对丰富而资本要素相对稀缺的国家，对外贸易的格局必然是用劳动密集型产品换取资本密集型产品。在这样一个解释中，人们可以发现，列昂惕夫实际上提出了不同国家的国民劳动非同质的问题，即劳动应该分为简单劳动与复杂劳动，复杂劳动是简单劳动的倍加。当然，不同国家中资本发挥作用的效率也是有差异的，也是非同质的，从而在这一分析的基础上指出了H-O模型前提中关于劳动、资本的同质性假设的缺陷，要素具有同质劳动生产率是违背经济现实的，在这一点上列昂惕夫又回到了古典经济学的观点。

（2）要素密集度逆转观点的解释。持这种观点的人认为，某种商品在资本相对丰富的国家属于资本密集型产品，而在劳动力相对丰富的国家则属于劳动密集型产品（如小麦在非洲是劳动密集的生产过程的产物，而在美国则是资本密集即使用大机器和大量化肥的生产过程的产物）。在这样的情况下，同一种产品是劳动密集型还是资本密集型并没有绝对的标准界限。在其他国家属于劳动密集型产品，在美国国内可能就是资本密集型生产的产物。这种理论在说法上比较简单，但应该指出的是，在国际经济实际中，这种逆转现象并不普遍，它只有在特定的条件下才可以用来解释列昂惕夫反论。这一理论观点可以用图4－5进行说明。

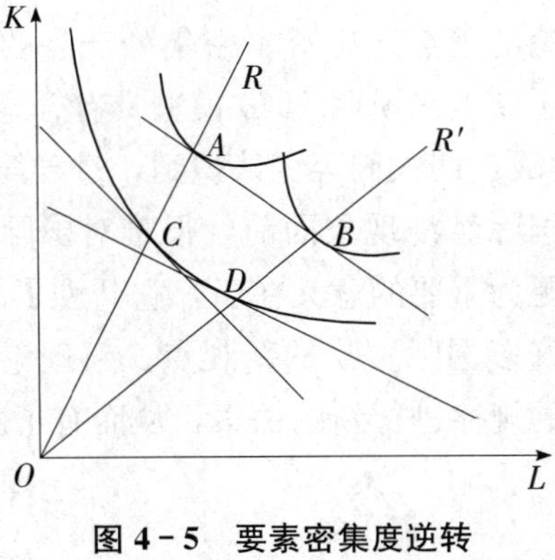

图4－5　要素密集度逆转

说明：图中横轴为劳动要素，纵轴为资本要素。在正常情况下，等产量线只能切等成本线于一点，如图中的A、B点。但是在要素密集度逆转的情况下，等产量线可以切不同的等成本线于若干点（图中为切不同的等成本线，共有两点），如C、D两个切点，代表了相同的等产量线即相同的产量，但却代表了不同的成本，其中射线OR代表资本含量更高的生产方法，而射线OR'代表劳动含量更高的生产方法，即有$dOR>dOR'$，其经济含义为不同的生产方法生产了相同产量的相同产品，即相同产品中的资本-劳动比不同，这就是要素密集度发生了逆转。例如，同为服装生产大国，印度的服装中劳动的含量相对较高，体现为劳动密集型产品，而意大利、法国的服装中智力因素含量更高，体现为智力密集型产品，这是要素密集度逆转的典型案例。

（3）资本密集型产品需求偏好论。随着经济的发展，不仅供给因素对国际贸易格局有着重要的影响，而且人们（消费者）的需求因素对国际贸易的格局也有着重要的影响，这也可以从一定的角度解释现存的国际贸易格局，对列昂惕夫反论给予相应的说明，具体的探讨如图4－6所示。

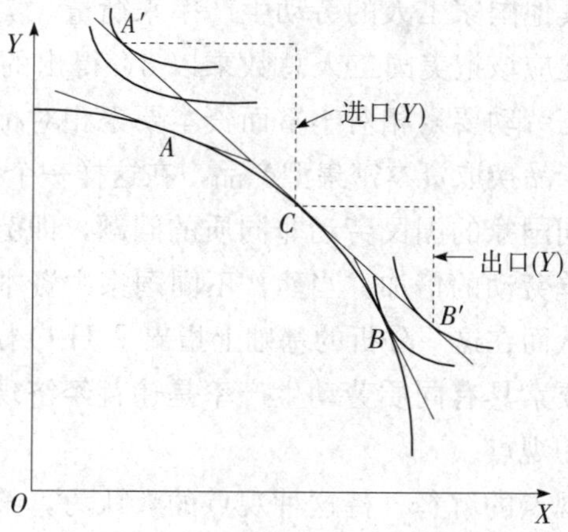

图 4-6　资本密集型产品需求偏好论

说明：在图中，横轴表示 *X* 产品，纵轴表示 *Y* 产品。有 A、B 两个国家，它们的消费偏好为：A 国更愿意消费 *Y* 产品，B 国更愿意消费 *X* 产品。在封闭条件下，生产格局为 A 国不得不使用并不适合生产 *Y* 产品的要素来生产 *Y* 产品，B 国则使用并不适合生产 *X* 产品的要素去生产 *X* 产品。如果有了国际贸易，则 A 国可以用更适合生产 *X* 产品的要素去生产 *X* 产品，进而用以高生产率生产的 *X* 产品换回自己所需要的 *Y* 产品，B 国也可以采用同样的办法，这样会提高双方的福利。如果 *Y* 产品为资本密集型产品而 *X* 产品为劳动密集型产品，A 国由于愿意更多地消费 *Y* 产品，因此出口劳动密集型 *X* 产品换回所需要的 *Y* 产品，这样便会使该国显示为出口以劳动密集型产品为主，进口以资本密集型产品为主的格局。

此外，解释列昂惕夫反论的观点还有资本密集型产品的关税结构说和自然资源稀缺理论等。尽管人们提出了若干观点来说明 H-O 模型具有合理性，但列昂惕夫反论仍然是对传统的 H-O 模型的巨大挑战，即人们至少认识到，过于简化、假设条件过于严格的国际贸易学说，在日益复杂的国际经济现象面前，很难对国际贸易实际给出科学的分析与说明。列昂惕夫反论提出的更为重要的意义在于，它开创了战后国际贸易理论繁茂发展、百家争鸣的新局面，促使了许多国际贸易的新观点、新理论的诞生，促使人们对国际经济乃至整个经济增长和发展的规律进行新的探索，从而有了新的认识。

二、国际贸易新要素理论

第二次世界大战后，出现了人类历史上的第三次科技革命，世界的生产力获得了突飞猛进的发展，它推动了世界经济的发展，同时也对国际贸易格局产生了革命性的影响。它改变了国际贸易的产品和地理结构，各个国家在国际贸易中的地位也发生了根本的变化，原有的传统的国际贸易理论（主要包括斯密的绝对利益学说、李嘉图的比较利益学说和 H-O 模型）受到了巨大冲击，这要求人们对战后国际贸易的新现象做出理论上的说明。国际贸易新要素理论便是在这样的背景下应运而生的。

国际贸易新要素理论扩大了要素的范围，赋予要素以新的含义，如智力投资、培训、科技进步以及信息都可以被认为是新的生产要素，它们的获得和在生产中的应用可以形成一国全新或更大的国际贸易的比较利益，从而使新要素获得者与自己在获得之前原有的要素优势相比，拥有了新的参与贸易的相对优势，形成了新的贸易格局。不过，就其理论分析方法而言，国际贸易新要素理论在很大程度上只是对传统的 H-O 模型的改良，即只是将要素的范围从劳动、资本、土地扩大到更多的方面，使人们对国际贸易中更多的因素给予更多的考虑，因此尽管其较为符合国际贸易的实际情况，但在理论上的创新是较为有限的。

（一）人力资本说的基本内容与评价

所谓人力资本是资本与劳动力结合而形成的一种新的生产要素，人们通过对劳动力进行投资（如进行教育、职业培训、保健等），可以提高原有劳动力的素质和技能，劳动生产率得到提升，从而对一个国家参加国际分工的比较优势产生作用与影响。在这方面进行过论述的经济学家主要有美国的舒尔茨（T. W. Schultz，1979 年诺贝尔经济学奖获得者）、基辛（D. B. Keesing）、鲍德温（R. E. Baldwin）和凯南（P. B. Kenen）等。他们或者考察美国工人高生产率的来源，认为工人的高生产率来自美国对工人进行的再教育、培训和其他方面的投资（舒尔茨）；或者考察美国进出口部门中的各类人员，如非熟练工人、技术人员、工程师在雇员中所占的比例，认定在美国的出口生产部门中，工程师、技术人员、熟练工人的比例更高（基辛）；或者考察美国进出口部门中就业人员的受教育年限，以计算不同部门的教育成本，结果是出口部门的就业者受教育年限更长（鲍德温）；或者考察美国进出口部门中不同雇员的工资收入的差异，发现出口部门的员工的工资水平更高（凯南）。这一理论将高生产率归结为教育、卫生、培训等的高投入，而这部分投入理应被算入资本投入，因此，美国应该是资本相对丰富的国家。

该理论认为在新的时代，人力资本的结构与物质资本同样重要，一个国家应该重视人力投资，以取得好的投资效益，这样才可能产生新的比较优势。这样，这一理论引入了一种新的生产要素，即在人身上的投资，从这一点出发它也否定了 H-O 模型的劳动同质性假说。同时，它还告诉人们，一个国家如果想要在新的比较优势方面有所作为，就应该重视教育、培训、卫生、保健，提高人的综合素质，通过长期积累最终形成新优势，在国际贸易中获得更好的效益。

（二）研究与开发学说的基本内容与评价

持这一观点的研究者，如美国的格鲁伯（W. H. Gruber）、梅塔（D. Mehta）、弗农（R. Vernon）等认为，研究与开发（R&D）也是一种影响国际贸易格局的生产要素。这里的研究是指与新产品紧密相关的思路、技术、工艺方面的基础研究与应用研究；开发是指新产品的设计与试制，即新产品的开发与创造。不同国家占有的各种研究与开发资源的多寡，可以改变一个国家在国际分工中的比较优势，而充裕的资金、丰富的自然资源、高质量的人才是从事研究与开发的必要条件。市场对新产品的需求是研究与开发产业化的基础，研究与开发的变化可以产生新的比较利益。这种新的比较利益不是仅仅通过扩大已有的生产规模，而是通过研究与开发投资取得的新产品、新工艺、新营销方法产生的。在实际研究中人们主要是考察、衡量一个国家研究与开发经费占产品销售总额的比重，比重大则研究与开发的程度高，通过计算这一比重，间接考察一个国家的研究与开发水平。该学说强调了科技发展在国际贸易优势形成中的作用，符合目前社会向前发展的大趋势，因此为绝大多数人所接受。

（三）信息贸易理论的基本内容与评价

信息社会的出现对人们研究国际贸易理论有着重大的影响。今天，人们认为信息是可以创造出价值并能进行交换的一种无形资源，是现代生产要素的组成部分。在实际生产中，土地、现代化的机器设备属于生产中的硬件，是比较优势中的“硬”要素，而信息则是生产中的软件，是比较优势中的“软”要素。人们占有经贸信息便会发生贸易，而信息本身又是可以交换的商品，是一种可以作为交易对象的“软”要素，具有相应的价格。不同经济体占有信息的多寡会使得它们在国际贸易中的比较优势发生变化，影响国际贸易格局。如果进行贸易的双方获得的信息是不对称的，那么它们在贸易中的地位显然也是不对称的，由于信息不对称，不同的贸易对象具有的相对优势也会是不同的。中国香港在这方面是很好的例子。与中国内地相比，中国香港明显利用地理位置、人才优势、先进设施、广泛联系而占有更多的国际经贸信息，因而在国际贸易中其依据信息而开展的转口贸易具有很重要的地位。内地的深圳、珠江三角洲的其他出口基地，由于在信息的占有上与香港有差距，尽管在生产上具有比较优势，但在出口方面却不比香港有优势，一些产品要通过香港转口来扩大出口。目前，这种信息贸易理论还很不完善，需要进一步充实，但从信息占有的不对称角度进行研究代表着一个重要的发展方向。

在国际经济学中，一般认为国际贸易新要素理论的诞生，一方面得益于列昂惕夫反论的刺激，另一方面得益于英国经济学家哈罗德（R. F. Harrod）在 20 世纪 40 年代对国际贸易中特殊要素的研究。尽管在那时人们并没有明确提出新要素对国际贸易格局的巨大作用，但却为后人的探讨提供了某种思路。国际贸易新要素理论实际上是将生产要素的范围不断扩大，今天，生产要素的范围不仅从有形的物质资本扩大到了资金，而且更进一步扩大到了无形的技术、工艺和信息，占有这些无形的“软”要素（如知识产权）的多寡不仅决定着国际贸易的比较优势，而且它们自身也日益成为重要的贸易对象（无形产品贸易），这就拓宽了国际贸易的产品结构的范围，促进了国际贸易的新发展，也对如何规范当代国际贸易行为（如保护知识产权）提出了新的挑战。

三、国际贸易的产品生命周期理论

产品生命周期原本是营销学中的概念，它将产品看成是有生命的物品，因此在产品生产中就有诞生、成长、成熟和衰落的过程，在销售中也存在试销、旺销、饱和以及衰落的阶段。产品生命周期被引入国际贸易理论，便形成了战后最有影响的国际贸易理论之一，即国际贸易的产品生命周期理论。它侧重从技术创新、技术进步和技术传播的角度来分析国际贸易产生的基础，将国际贸易中的比较利益动态化，研究产品出口优势在不同国家间的传导。这一理论不仅对国际贸易，而且对国际经济其他领域如国际投资等有着巨大的影响，同时为相对落后国家（发展中经济体）利用所谓的“后发优势”实行赶超的发展战略提供了现实可行的思路。国际贸易的产品生命周期理论经历了技术差距论、生命周期的发展阶段论，今天仍然在不断完善和进一步动态化。

(一) 国际贸易技术差距论的基本内容与评价

国际贸易技术差距论是国际贸易产品生命周期理论的先期基础理论（有的国际经济学教科书将这一理论的说明内容直接称为产品生命周期理论），是由美国经济学家波斯纳（M. Posner）提出的。国际贸易技术差距论认为，不同国家之间因技术创新、技术模仿而存在的技术方面的时间和空间上的差异是某类国际贸易发生的原因，这种差距同时决定着国际贸易的某种格局的产生。

国际贸易技术差距论认为，由于科研、市场、资金、人才等方面的差距，新产品一般总是在发达国家首先诞生，其他类型的国家由于在技术上存在差距，因此大多要等一段时间后才能对这种产品进行模仿性生产，在这一段时间内便存在着贸易的机会与可能性。技术差距论的解释见图 4－7。

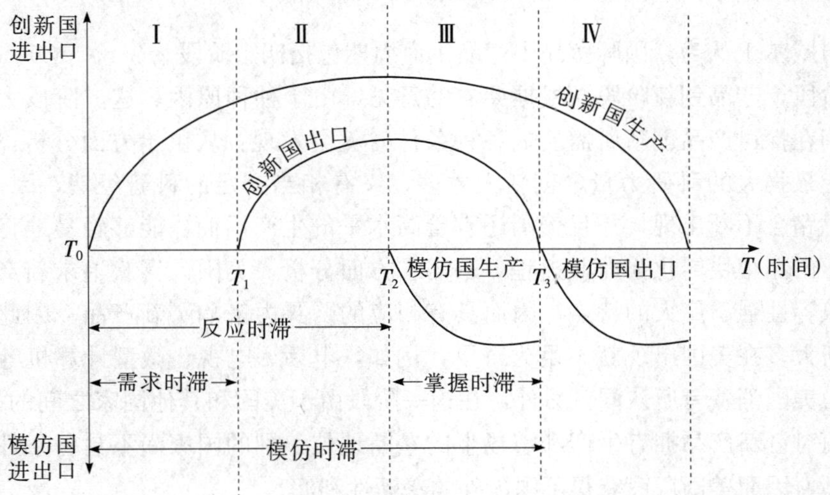

图 4－7　国际贸易技术差距论图解

说明：图中 T_0T_1 为需求时滞，即创新国创造出一种新产品之后，模仿国要经过一段时间才会产生需求，从而进口该产品用于消费。需求时滞的长短取决于收入因素，如收入的高低、收入分配是否公平，以及模仿国消费者对新产品的认识、生活方式等各种因素。图中 T_0T_2 为反应时滞，指在模仿国已经有了一段时间的进口消费后，模仿国的厂商才会开始投资生产该种产品，反应时滞的长短取决于模仿国厂商的企业家精神、冒险精神，即模仿国的厂商是否认识到该种产品可以带来利润，以及规模经济、价格、市场、关税等因素。图中 T_2T_3 为掌握时滞，意为模仿国在经过一段时间的生产后，最终可以掌握该种产品的所有生产技术，产品已经可以自给自足了，掌握时滞的长短取决于模仿国取得技术的渠道是否畅通、消化技术的能力是否很强等。从图中可以看到，整个 T_0T_3 为模仿时滞，在 T_3 之后模仿国便会以低成本、大规模为基础进行生产并出口。

从整个技术差距看，两国之间的贸易区在 T_1T_3 的区域内，这一贸易发生的直接原因是两国之间存在技术差距，而非某些物质要素的优势不同，因此这一国际贸易的基础是技术差距、技术模仿与技术掌握。在国际贸易技术差距论中已经存在解释贸易发生的原因从静态到动态的过渡了，比较优势的动态转移是该理论与过去其他解释国际贸易发生的理论的一个重要区别。

(二) 国际贸易产品生命周期理论的提出

国际贸易产品生命周期理论的提出与假定前提是：产品生命周期是市场营销的概念，指的是一种产品与有生命的事物一样，要经历生产的诞生、成长、成熟和衰落等时期，最终归于消亡。美国经济学家弗农和威尔士（L. Wells）提出的国际贸易的产品生命周期理论是将周期理论与国际贸易结合起来，认定国际贸易的发生是由于不同国家之间生产技术方面存在差距，技术差距的产生与缩小会改变国际贸易中的比较利益，从而使国际贸易中所谓比较利益从静态发展成动态，即比较利益从一个或一类国家转移（传导）到另一个或另一类国家，一类产品的生产优势因而从一国转移到另外的国家，国际贸易的格局也因而发生变化。

(三) 国际贸易产品生命周期理论的基本内容

弗农与威尔士认为，国际贸易中产品生命周期包括四个阶段。

第一阶段，产品创新阶段。根据弗农的意见，由于种种原因，这一阶段大多在美国发生。人们在探讨产品创新所需要的各种条件时就会发现：从供给方面分析，美国因为具有世界上最强大的科研力量，创新人才多，又有相当充足的科研经费，因而其技术、产品创新思路会不断出现，并且美国还有着高水平的生产厂商，能够轻易地将创新的思路、技术、产品很快转化为商业过程。从需求方面分析，美国人喜欢追求新产品，美国市场具有兼容性强、广大的特点，因而具有相应的购买力来购买新产品。因此从供求方面讲，创新大多在美国出现就不足为奇了，例如，电话、电视、微型计算机等均在美国创新，并为美国消费者所认同。另外，在这一阶段由于美国和其他国家之间的技术差距，美国的厂商对创新产品拥有生产和市场上的垄断地位，别的国家尚不具备条件模仿美国的创新产品，因而美国厂商获得了国内外的垄断性利润。

第二阶段，外国开始模仿生产该种产品的阶段。这时因为这一创新在技术上已经基本成熟，生产过程已经标准化，因此其他国家进行模仿生产已经没有绝对的技术、管理障碍，可以进行模仿性生产了。不仅如此，模仿国在规模生产的基础上，一般还具有劳动成本或其他资源方面的优势，因而产品价格比美国更低，美国产品的竞争力相对甚至绝对下降，出口到模仿国的市场份额下降，但在其他国家的市场份额仍然能够保持，尽管如此，美国这种产品的总出口额还是开始下降。

第三阶段，外国模仿者以低成本为基础开始向第三国出口的阶段。在这一阶段，由于模仿国的大规模生产不仅满足了本国的需求，而且开始向第三国出口该种产品，因此美国对于该种产品在世界市场上的垄断地位逐渐丧失，对外出口大幅度下降，模仿国的产品在第三国市场上逐渐取代了美国产品的销售地位。从世界经济的现实来看，这一阶段的过程是十分明显的。例如小轿车的生产，日本后来居上，曾经有一段时间将美国的国际市场份额大规模抢走，美国发明的半导体晶片生产也经历了同样的过程，生产与市场基本被日本甚至韩国抢去，而台式及便携计算机的生产与市场逐渐被东亚经济体所占领。

第四阶段，外国产品进入美国市场的阶段。在这一阶段，美国对于这种不再是创新产品的产品，开始从出口国转变为进口国，由于该种产品在美国的生命周期基本结束，因此生产该种产品的比较优势从美国转移到了模仿国。例如，在美国，一般计算机的生产在1999年时便已经被归入传统产业的范畴，并且开始大量进口零部件和整机，而对于一般的彩色电视机的生产，在20世纪末，美国就已经没有了传统意义上的所谓民族工业，基本是由外国资本从事生产，而美国则大量进口该种产品。

上述四个阶段结束之后，即该产品在美国完成了自己的生命周期之后，随着比较优势的动态转移，便在模仿国（由于模仿国具有“后发优势”）开始并进行着自己新的周期。该过程有点像接力棒的传递过程，从先进国家的创新、生产开始，然后转移、传导到其他相对落后的国家，再转移、传导到相对更为落后的国家，由它们进行生产和经营，在生命周期延长的过程中，该产品能够尽量为人们创造利润。

（四）国际贸易产品生命周期理论的图形说明

美国的经济学家威尔士曾经以发展中国家的纺织工业为案例，来说明纺织工业在技术水平不同的国家之间是如何传导的，并认为纺织产品具有产品生命周期变化的典型特点，可以很好地解释国际贸易的产品生命周期理论，其过程如图4-8所示。图中描述的是国际贸易产品生命周期的模型，图的上部为创新国，下部为模仿国。

（五）国际贸易产品生命周期理论的动态意义

国际贸易的产品生命周期理论很快为人们所接受，尤其是发展中国家在对外经贸活动中在很大程度上遵循了这一理论，因此该理论具有重要的理论与实践意义。

（1）国际贸易的产品生命周期理论考察了当周期发生变化时，由于不同国家之间存在的技术差距，比较利益是怎样从一个国家转移到另一个国家的，这使得解释国际贸易的比较利益学说、H-O模型摆脱了静态分析，进入了动态化分析阶段，这是理论的进步。

（2）这一理论隐含着一层意思，即在产品生命周期的不同阶段，产品所含有的要素密集度也在发生变化。如在产品生命周期的第一阶段，技术、产品的创新要求大量的研究与开发投入；在产品生命周期的第二阶段，由于生产已经成熟化、标准化，成本占有重要地位，生产规模要急剧扩大，因此要求大量的资金投入；而在产品生命周期的第三阶段，由于生产已经完全标准化，技术障碍已经消除，因此资本要素的重要性相应下降，竞争要求大量的低成本劳动力的投入，以进一步降低成本；等等。这种在生命周期的不同阶段，投入的要素的密集度不同的理论，对相对落后的国家在国际分工中确定自己的地位和参与格局具有指导性意义，可以使其确定在产品生命周期的一定阶段参与相应的国际分工，并且关注在发展过程中应该如何进行生产结构的升级、改造。

（3）相对落后国家也要不断检视并适应本国要素优势的变化以应付新的挑战。随着发展中国家经济的进步，原有的比较优势会发生变化，如果不从动态角度适应本国比较优势的变化，进而加入国际分工，那么发展中国家的经济发展就会受到影响。从中国对外开放40多年的历史来看，在理论与政策实践方面，比较利益学说、H-O模型、国际贸易的产品生命周期理论有着它们相应的地位，并呈现出动态的变化。世界银行前首席经济学家和副行长、美国著名经济学家斯蒂格利茨2000年10月在中国人民大学的一次演讲中非常明确地表示，中国由于具备将世界先进科学技术与高素质、相对低报酬劳动力相结合的全部条件，因此只要经济政策一贯（在演讲中，他认为中国的经济政策的制定与贯彻在1997—1998年亚洲金融危机中可以得到A+的分数），在21世纪的经济发展中将前途无限。

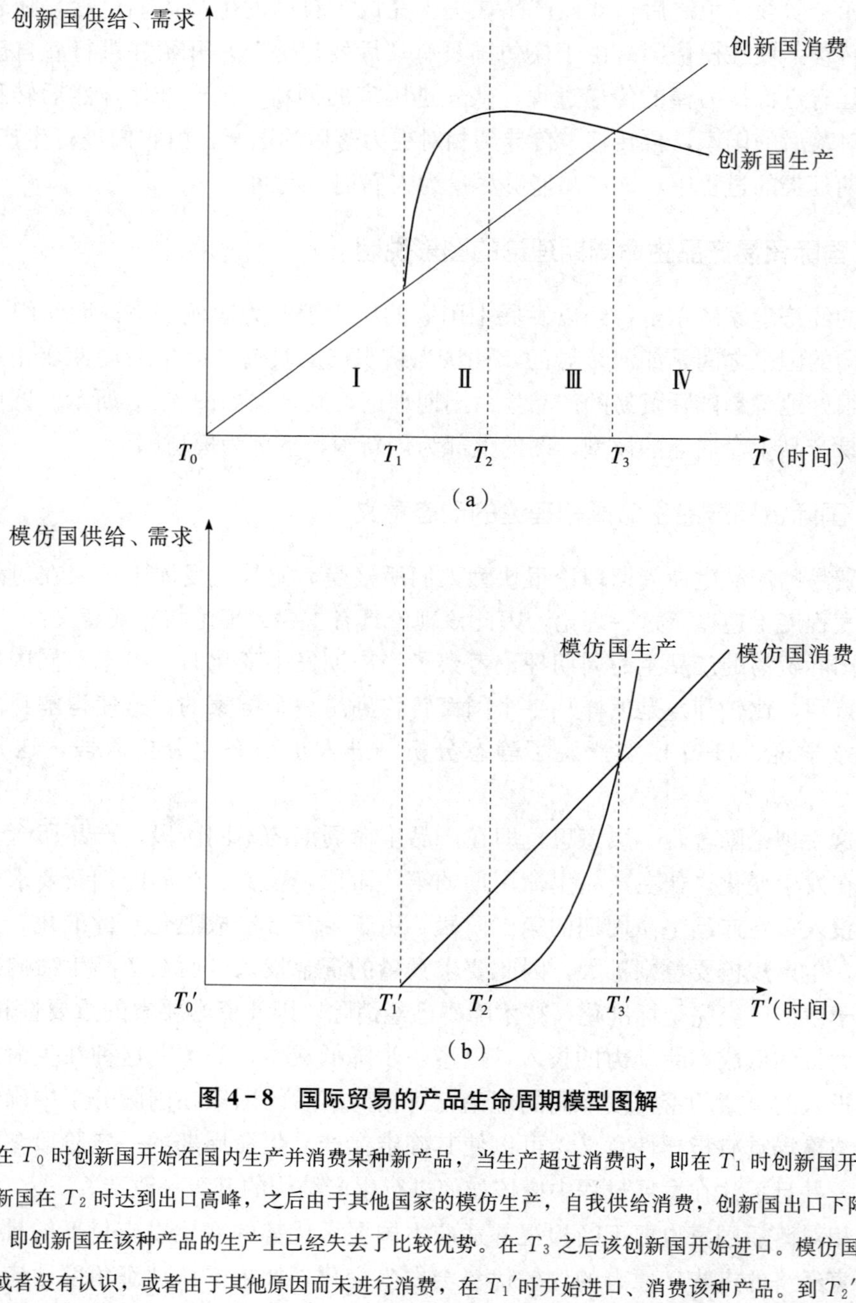

图4-8　国际贸易的产品生命周期模型图解

说明：在T_0时创新国开始在国内生产并消费某种新产品，当生产超过消费时，即在T_1时创新国开始出口该种新产品。创新国在T_2时达到出口高峰，之后由于其他国家的模仿生产，自我供给消费，创新国出口下降，而到T_3时出口为0，即创新国在该种产品的生产上已经失去了比较优势。在T_3之后该创新国开始进口。模仿国在T_1'之前对创新产品或者没有认识，或者由于其他原因而未进行消费，在T_1'时开始进口、消费该种产品。到T_2'时模仿国的厂商认识到这种产品可以带来利润，开始模仿生产这种产品。在T_3'时该种产品在模仿国的生产、消费达到自给，模仿国开始停止进口该种产品。在T_3'之后模仿国由于规模生产或其他比较优势而开始以低成本出口该种产品。在实践中，T_1与T_1'之间的水平距离取决于创新国、模仿国之间的收入差距，而T_3与T_3'之间的水平距离表明模仿国会先向别的国家出口，然后再向创新国出口。

（六）国际贸易产品生命周期理论的案例及其评价

国际贸易的产品生命周期理论使得比较利益学说、H-O 模型从静态发展为动态。事实上，现有的国际经济学教科书大多认为，国际贸易的新理论把人才、管理、科技、外部经济等因素引入了解释国际贸易的模型，并分析了这些因素在不同经济体中的动态变化过程，以及这样的变化如何形成新的比较优势，这显然比国际贸易的传统理论前进了一步。在世界经济中，东亚的发展中国家和地区吸收美国、日本传递下来的产业，采用所谓“雁行结构”的方式进行发展，加之采用出口导向的经济发展战略，经济获得了巨大的发展，被誉为“经济奇迹”。例如，在东亚地区，日本将其已经过时的家电产业转移到泰国、印度尼西亚、马来西亚，这些国家生产了大量的日本品牌的电视机、录像机等产品，并向世界其他国家和地区出口，从而取得了较快的经济发展。因此，国际贸易的产品生命周期得到了人们的普遍认同。但是，由于经济生活中存在着各种不确定性因素，各国面临的产业发展方向和环境不同，故产品生命周期的循环并不是国际贸易中一成不变的、必然的现象；而且在这种动态中创新者与模仿者的地位有某种程度的固定（如美国常常被认为是创新者），发展中国家往往生产大量的劳动密集型产品，尽管它们很想转换产业结构，但现实经济的格局却使它们的努力往往失败，只能接受较为先进国家转移过来的产业来从事生产，这虽然对发展中国家的经济发展有一定的促进作用，但却从根本上严重地制约了它们的经济发展。

核心概念

要素禀赋　赫克谢尔-俄林模型　资本-劳动比
劳动密集型产品　资本密集型产品　要素价格均等化定理
埃奇沃斯盒状图　雷布津斯基定理　斯托尔珀-萨缪尔森定理
列昂惕夫反论　要素密集度逆转　人力资本
研究与开发　信息贸易理论　国际贸易技术差距论
国际贸易的产品生命周期理论

复习与思考

1. 试述 H-O 模型的主要内容并予以评价。
2. 试述 H-O 模型的基本内在逻辑关系。
3. 试述要素价格均等化定理。
4. 试述雷布津斯基定理。
5. 试述斯托尔珀-萨缪尔森定理。
6. 试述列昂惕夫反论的主要内容。
7. 试述要素密集度逆转观点。

8. 试述人力资本说的基本内容。
9. 试述研究与开发学说的基本内容。
10. 试画出国际贸易技术差距论的图形并予以简要分析。
11. 试述国际贸易产品生命周期理论的主要内容并予以评价。

第五章

国际贸易的现代与当代理论（II）

重点问题

- 产品的同质性
- 产品的异质性
- 产业内贸易与产业间贸易
- 新 H-O 模型
- 新张伯伦模型
- 战略性贸易政策理论

本章讨论的是国际贸易新现象的规律性。自 20 世纪 60 年代以来，随着科学技术的不断发展、世界经济中新现象的不断涌现（如东亚经济的兴起，欧洲经济一体化的深化，美国经济滞胀与科技进步并存，等等），国际贸易实践中出现了很多情况，这与产生于二战前的传统国际贸易理论所描述的现象是相悖的：传统的李嘉图式 H-O 理论描述的国际贸易主要发生在禀赋差异较大的发达国家与发展中国家之间，而现在要素存量比率差异已经很难解释日益多样化的国际贸易现象，因为现在的国际贸易主要发生在禀赋差异很小的发达国家之间。在 20 世纪 60 年代后，随着欧洲共同体内部贸易的展开，发达国家之间又出现了在同一行业内发生的贸易——同类产品（甚至就是完全相同的产品）既进口又出口即贸易重叠的现象。到了 20 世纪 90 年代，这种发达国家间的贸易已经成为世界贸易的主流，产业内贸易额也占到了世界贸易的相当大比重，它们正在取代传统的所谓垂直型贸易，成为发达国家贸易利益的主要来源。这一现象引起了国际经济学界的重视，研究这些现象的新理论也因此诞生。

第一节　产业内贸易理论

传统国际贸易理论主要针对的是具有不同发展水平的国与国之间不同产业间的贸易，尤其是不同类型国家（发达国家与发展中国家）资本密集型产业与劳动密集型产业的产品之间的交换，或初级产品与制成品之间的贸易。随着世界经济的发展，传统国际贸易理论本身存在的问题日益显露出来，越发难以解释不断增长的禀赋相同或相近国家之间、相同或相近产业之间贸易发生的原因。同时，传统国际贸易理论所依赖的假设前提，如完全竞争市场的假设、规模收益不变的假设，已经不符合实际。很明显，各国都存在对产品、要素流动的鼓励与限制，又都在追求规模经济和外部收益，新的国际贸易理论——产业内贸易理论应运而生的基础已经具备。

产业内贸易理论研究的对象是不同于传统交易的另外一类国际贸易现象，即一国的某种产业既出口又进口该产业产品的现象，这种国际贸易现象与贸易国家的经济发展水平以及产品生产的区域特点有着密切的关系，同时它又是在不完全竞争市场以及具有规模经济的条件下进行的。由于诸多经济学家从不同的角度对产业内贸易这一现象进行了多方面的论述，因此产业内贸易理论本身具有相应的多重性，而不是由一个理论模式完全概括的。

一、产业内贸易理论的提出与假设前提

今天，传统国际贸易理论甚至很多现代国际贸易理论均已经不能很好地解释当代国际贸易的实际，因为多数贸易是在禀赋相似的国家（如发达国家）之间进行的，相当大部分的贸易又是在这些国家相同或相似的产业间进行的，如相同或相似的产品——不同型号、牌子的汽车，不同种类的飞机，甚至是相同的汽车类型之间的双向贸易，即同一国家对于相同或相似的产品存在既出口又进口的情况。实证研究表明，第二次世界大战后随着经济的发展，产业内贸易的趋势非常明显，它的出现与人均收入的提高有着密切的关系，而且随着贸易自由化程度的提高而发展，这种贸易现象往往在收入水平相近的高收入国家间更为明显，且明显地在有规模经济特征的制成品生产中存在。

（一）问题的提出

上述这些相同或相似产业生产的贸易产品，其出口和进口发生在国际收支的经常项目下，往往被记录在同一项目中，体现为需要解释的贸易格局：既然本国的厂商可以生产这类产品来满足本国的需求，那么为什么还要从国外进口相同或相似的产品呢？我们这里涉及的相同产业是指，所生产的产品按照国际贸易标准分类（SITC），至少前 3 位数字相同。它们既出现在一个国家的进口项下，又出现在该国的出口项下，传统国际贸易理论对这种现象已经无法予以解释，需要有新的理论进行说明。

（二）产业内贸易理论的提出

传统国际贸易理论除了解释贸易发生的原因、贸易利益分配之外，对要素的重新配置也有许多考虑。但是，人们从已有的产业内国际贸易的事实出发，发现当代禀赋相似的国家间的双向国际贸易似乎并没有引发大规模的国内、国际资源的重新配置（例如在发达国家尽管有着大规模的并购现象，但并未出现和形成全新的、大规模的产业专业化的重新“洗牌”）和收入的再分配。新的产业内国际贸易格局的形成，使得不同的贸易参与国得自贸易的利益比得自其他方面的利益要小。

以上问题需要予以解释，产业内贸易理论便应运而生了。产业内贸易理论有很多模型，其中格林纳威（D. Greenaway）、格鲁贝尔（Grubel）、劳埃德（Lloyd）、迪克西特

（A. Dixit）和克鲁格曼（P. Krugman）等的理论观点都颇具代表性。

（三）产业内贸易理论的假设前提

产业内贸易理论的假设前提为：

（1）理论分析基本是从静态出发的，简化的模型只侧重于分析产业内贸易发生的原因、结果，而并不强调过程。

（2）将不完全竞争（垄断竞争）市场作为分析的前提，而过去的贸易理论的前提大都为完全竞争市场，不完全竞争市场的假设更接近现代世界经济的现实。

（3）假设经济具有规模经济特征，并将其作为解释国际贸易发生后的重要利益的来源之一。

（4）在分析中考虑了需求不相同与相同的情况，即与其他理论相比，产业内贸易理论更加重视需求方面的影响。

从上述这些假设前提可以看出，产业内贸易理论的出发点与其他贸易理论是不同的，在抽象的基础上，它更接近当代国际贸易的实际情况。另外，除了上述一般性前提外，由于解释产业内贸易所利用的分析模型不同，因此各个模型还有着它们自身的假设前提。

二、产品的同质性与异质性及产业内贸易

为了说明产业内贸易理论，首先必须了解“产业”的概念。我们所分析的产业最明显的特点是：组成产业的厂商的生产投入要素相近，产品用途可以相互替代。在产业内贸易理论中，符合上述特点的产业内贸易的产品被分为两类，即同质产品与异质产品，或相同产品与差异产品。

（一）产品的同质性与异质性

产品的同质性或相同产品是指产品间可以完全相互替代，即产品需求的交叉弹性极高，消费者对这类产品的消费偏好完全一样。这类产品在一般情况下大多属于产业间贸易的对象，即它们被用来交换其他产品而非相同的产品，但由于市场区位不同、进入市场的时间不同等因素，现实中也存在着相同产品间的贸易。

产品的异质性或差异产品是指产品相似但又不完全一样，存在着一定的差异，产品彼此之间不能完全替代但尚可进行一定程度的替代，需求的交叉弹性小于同质产品，在生产中要素投入具有相似性。我们讲的大多数产业内贸易的产品都属于这类产品。差异产品在国际贸易实践中被分成三种，即水平差异产品、技术差异产品和垂直差异产品。

（二）同质产品或相同产品的产业内贸易

我们在这里讲的同质产品，在很大程度上是完全相同的产品。由于成本上的各种原因，现实中会出现一个国家的该类产品既出口又进口的现象。

（1）不同国家间大宗产品的交叉型产业内贸易。这种大宗产品之间的产业内贸易的典型案例是水泥、木材、玻璃和石油的贸易。由于这类产品大多自身重量较大，因此，

如果运输成本在总成本中占有较大的比重，那么这类产品的需求国便会从最终使用者最近处的国外生产地购入，而不会在国内远距离地运输以国产产品去供应使用者。例如，中国是世界上第一水泥生产大国，水泥的生产基地主要在东北地区，但使用者却有相当大的比重分布在华南地区，如果将东北生产的水泥长途运送到华南，则运输成本是很高的，同时还会占用大量的运力，因此，中国在东北生产、出口水泥（如向韩国、俄罗斯出口）而在华南进口水泥（如从泰国进口）是很经济的，这种情况便属于我们所讲的这一类产业内贸易现象。

（2）因经济合作或经济技术因素而产生的产业内贸易。这种产业内贸易如各国银行业、保险业“走出去、引进来”的情况。尽管各国自己的金融机构都可以在本国国内提供全方位的银行和保险服务，但各国之间的外资金融机构仍然大量重叠建立与运营。例如，中国金融领域对外开放的一项重要工作是吸引外国银行在华投资，经营金融业务，但中国同时又在世界上的其他国家和地区（如非洲、欧洲、北美等）投资建立分行、分公司，从事当地的金融、保险业务。

（3）大量的转口贸易。转口贸易是指进口国或地区并不是最终的消费者，而是将进口的产品再出口（或者经过一定的加工后再出口）。这时在该国或该地区的国际收支中，同类产品将同时反映在转口国或地区的进口项目（当进口时）与出口项目（当出口时）中，从而形成统计意义上的产业内贸易。例如，中国香港是一个以提供服务为主的经济体，它每年的进口绝大部分是为了再度出口，这在香港的经济关系中是非常明显的。由于香港的进口主要不是为了自身消费而是为了再出口，因此一些国家和地区便要求香港在出口时提供原产地证书（尤其是需要配额的产品），以搞清楚这些产品究竟是由哪个国家或地区生产的，应该占有哪家的贸易配额。

（4）政府干预产生的价格扭曲。政府干预对外贸易会造成价格和其他交易条件的扭曲，尤其在动用行政干预来推行贸易的奖出限入政策时更是这样。这种做法极易形成相互倾销，但它却会使一国在进口的同时，为了占领其他国家的市场而出口同种产品，从而形成产业内贸易。另外，由于国家在干预对外贸易时往往实行歧视性做法，对一些产品实施出口退税，对急需产品实施进口优惠，因此这时国内生产企业为了与进口产品竞争，就不得不先把产品出口出去以得到退税，再进口自身生产的产品以享受进口优惠，以降低成本来增加竞争力（尽管在中国这种做法是不被允许的），于是便人为地形成了产业内贸易。

（5）季节性产品贸易。人们为了调剂市场的供求而在不同的时间进出口。例如，由于某些产品的生产与消费极具季节性，因此便会出现一国在其生产季节出口某种产品，而在其不生产该种产品时，进口该种产品，以保持供求的均衡。欧洲一些国家之间为了“削峰填谷”，就在本国需要电力时从邻国进口（如以娱乐业、博彩业为主的国家在夜晚的电力进口），而在本国不太需要时（上述国家在白天时电力消费水平一般相对较低）出口供邻国使用，这便会形成电力在一国既进口又出口的现象。

（6）跨国公司的内部贸易也会形成产业内贸易。跨国公司在全世界组织自己的生产和运营，以便更有效地配置资源，降低成本，于是会产生在跨国公司内的零部件、半成品的调拨。在一个生产、组装基地既进口某种产品的某些零部件或成品，又出口同种产品的零部件或成品，因为同种产品的成品与中间产品和零部件大都被归入国际收支平衡表中的同组产品加以记录，因而便会形成产业内贸易。即便不是跨国公司组织的跨国生产，只要形成国际生产的合作，上述情况也会产生。例如，中国在出口波音飞机尾翼的同时，又进口波音飞机的整机。而欧盟的空中客车飞机更是在不同的欧盟成员国内分工制造、组装的，零部件、整机的进出口更体现为产业内贸易的过程。

此外，产品统计分类的特点也可能使得形成这种产业内贸易的现象。

（三）异质产品或差异产品的产业内贸易

在国际经济学中，产品的异质性被认为是产业内贸易发生的根本基础，这种差异在产品中体现为水平差异、技术差异和垂直差异三类情况。

（1）水平差异。所谓产品的水平差异是指产品相同属性的不同组合所产生的差异性，如烟草、香水、化妆品、服装等，这类产品的产业内贸易大多与生产者之间的竞争和消费者偏好的差异有关。从供给方面看，厂商为了扩大销路、赢得市场和不断吸引新老顾客而努力推陈出新，大量有特色的产品诞生，在市场上形成差异。但是，从水平差异方面看，产业内贸易产生的原因主要是消费偏好的区别、需求的多样化，同类产品在品牌、款式、服务等特点上的不同可以适应不同的需求，而需求偏好的差异会引致既进口又出口的现象。具体地说，由于生产要素投入不同，如制作衣物所用的原料有毛、棉、麻、合成纤维的差异，又由于人们对这些差异存在不同的偏好，因此便会出现一些国家进口自己偏好但又没有大量原料进行生产的服装，而出口自己有着丰富原料进行生产的服装，这会造成产业内贸易。此外，即便用近似的投入、近似的生产工艺生产近似的产品，如汽车、饮料、食品等，由于需求的多样性，为了满足需求，也可能产生产业内贸易。

（2）技术差异。技术差异是指用新技术制造的新产品带来的差异，处于不同产品生命周期阶段的同类产品（如不同档次的家用电器、更新换代的药品）往往在不同类型的国家进行生产，继而在彼此间进行进出口贸易，这样便会产生产业内贸易。由于产品在高新科技时代更新速度加快，这就促进、加快了国际分工的专业化，因而促进了这类贸易的发展。例如，美国是高清晰度电视机的生产者，其他国家大多要从美国获得该种产品，但同时美国又是一般电视机的最大进口者，印度既是一般IT产品（如键盘、鼠标、电源等）的生产与出口国，同时又是高新科技IT产品（如芯片、高档液晶显示器等）的进口国。

（3）垂直差异。垂直差异是指产品质量方面的差异。从供给方面讲，厂商为了占领市场，就需要不断提高产品质量，以便能够在竞争中获得先机。从需求方面看，一个国家之内的消费者，由于收入的差距，往往未必能够永远追求昂贵的高质量产品，即便是在收入相同的人们之间也存在着质量需求的差异，因此，发达国家在出口高质量产品的同时往往也会从其他发展中国家进口一些中、低质量的同类产品，以满足国内多层次的质量需求。这样便会由于质量追求的差异而产生产业内贸易，这种情况主要发生在汽车、计算机、乐器等产品上。例如，不同国家的不同收入阶层对汽车的质量需求是有着很大差异的：为了代步，廉价耐用车型便是首选；为了显示身份，高档豪华车型则是首选。在计算机购买上也存在类似的情况，国产的台式机、高档便携机的选购，就是不同阶层人们的不同偏好的体现。

以上三类情况从供给方面分析都存在着规模经济，从需求方面看都存在着需求偏好方面的重叠，从经济环境方面看都存在着不完全竞争的条件，我们将逐步进行介绍。

三、新 H-O 模型

新 H-O 模型（new-Heckscher-Ohlin model）是在原有的 H-O 模型的基础上经过充实而建立起来的，新 H-O 模型的目的在于通过分析产品所具有的特点与投入生产的要素之间的关系，解释产业内贸易发生的原因和其他方面的情况。我们将在下面介绍这一分析的主要代表模型——法尔维（E. R. Falvey）模型。

（一）新 H-O 模型的假设条件

在新 H-O 模型中，在一些模型分析的假设条件方面，仍然与传统的 H-O 模型相同。

例如假设有 A、B 两国，它们在资本、劳动两种要素的存量比率上存在差异，这意味着两国要素的相对丰饶程度存在差异，因而 A 国、B 国在资本报酬率和劳动报酬率上也存在差异。如 A 国资本丰富，故资本报酬率低，B 国则相反，工资率低。但该模型的假设条件又与传统 H-O 模型有所区别：在两种投入要素中，一种可以跨部门自由流动，另一种却不行，例如劳动力可以跨部门流动，而资本在同部门的不同厂商之间可以自由流动，但不能跨部门流动；在两种产品中，一种可以是同质、无差别的产品，但现实经济中至少有一个厂商生产差异产品，例如我们假定同种产品存在着高质量和低质量之分，模型中的差异被定义为垂直差异，即产品差异源于质量的差异，而质量的差异来自与劳动投入相关的资本量；对质量不同的产品的需求取决于产品价格和购买者的收入。另外，由于收入的约束，消费者在初期选择低质量产品，随着收入的增加，消费者的选择会发生变化，高质量产品的消费数量会有所提高，而低质量产品的消费数量则会下降。在这些假设前提的基础上，新 H-O 模型对产业内贸易进行了分析。

（二）新 H-O 模型的基本内容

令 C 为 A 国的生产成本，C' 为 B 国的生产成本，a 为产品质量，W 为 A 国的既定工资率，R 为 A 国的资本租金率，W' 为 B 国的既定工资率，R' 为 B 国的资本租金率。在产品质量 a 既定时，C 和 C' 可以被表示为：

$$C(a)=W+aR$$
$$C'(a)=W'+aR'$$

按照上面的假设，A、B 两国的要素存量是不同的，由于 A 国资本存量相对丰富，B 国相反，劳动存量相对丰富，于是有 $W'<W$ 以及 $R'>R$，且产品质量被认为是 K/L 的连续变量，即高质量产品是资本密集型产品，而低质量产品是劳动密集型产品，则 A 国在高质量产品的生产上有相对优势，B 国在低质量产品的生产上有相对优势。我们可以假设，在不同质量的产品中，必然存在着某一边际质量 a_1，在 a_1 下，产品的单位成本在两国一样。这种质量可以表示为：

$$C(a_1)=C'(a_1)$$

即：

$$W+a_1R=W'+a_1R'$$

或

$$a_1=(W-W')/(R'-R)$$

而具有其他质量水平的产品的单位成本相对于这一边际质量产品的差异表示为：

$$C(a)-C'(a)=[(W-W')/a_1](a_1-a)$$

由于$W>W'$，所以从上述公式以及$(W-W')/a_1>0$出发，我们可以得出：当$C(a)-C'(a)>0$时，有$a_1>a$；当$C(a)-C'(a)<0$时，有$a_1<a$。即A国在质量高于边际质量的产品方面有比较优势，但在质量低于边际质量的产品方面处于相对劣势；B国则相反。因此在现实贸易中，只要同时存在对高质量和低质量产品的需求，产业内贸易就有可能发生。资本相对丰裕的国家出口质量相对高的产品，而劳动相对丰裕的国家出口质量相对低的产品，贸易的方向是清楚的。

（三）新 H-O 模型的实践含义

在实践中，新 H-O 模型解释的国际贸易类型，一般而言，属于垂直差异产品之间的交易，例如不同档次的汽车、高档西服与普通成衣、名牌鞋与一般鞋类之间的贸易等便是比较典型的案例。因此在相似的产业中，由于生产差异产品需要不同的要素存量比率，而人们的需求在相同或相似产品上又存在区别，因此贸易便有发生的可能。但是针对这一理论，也有人提出过质疑。他们认为，并非高资本密集度的生产就必然决定发生高质量产品的出口，如在贸易实践中存在所谓的“手工制作”的高质量产品，而且目前的趋势是手工制作的产品价格反而较高，等等。但如果考虑到非熟练与熟练工人、体力与智力劳动、简单与复杂劳动的差异，即存在人力资本这一要素的区别，则新 H-O 模型的结论在一定条件下仍然具有相当大的适用性。

四、需求偏好相似（重叠）论

当今国际贸易的很大比重发生在经济水平类似的国家之间，而且我们所分析的产业内贸易在很多情况下也是发生在水平差异产品之间的，即交易的产品属于同一组的各种类型，但在档次上可能是没有高低之分的。传统国际贸易理论对这样的现象缺乏有力的解释，因此需要从另外的角度即从需求的角度进行探讨。

（一）需求偏好在国际贸易中的作用

当代国际贸易理论认为，在一些情况下，国际贸易不同参与者的需求偏好相似是这类产业内贸易发生的一种可能动因，它是由瑞典经济学家林德（R. Linder）提出来的。需求偏好相似论认为：

（1）国际贸易可以被看成是一国国内贸易跨越国界的延伸，因为一国的厂商进行生产首先总是为了满足国内市场的需求，即总是首先为自己所熟悉的国内市场而创新、生产。只有国内生产者的（为了满足国内市场需求而生产的）产品才有可能出口，而那些纯粹为了国际市场需求而生产的产品，在国际经济中大多是由外国消费者投资生产的，即大多是外资生产的。例如，非洲生产的铀矿石，主要是一些国家的核电厂用来作为燃料的，或者被用来进行核试验，这样铀矿的开发就大多为外国消费者所投资进行。

（2）在实践中，一个国家的人均收入在很大程度上决定着一个国家的需求结构，即人均收入高者具有高收入的需求结构，人均收入低者具有另外的需求结构，而需求又被人们更细地分为日常需求与投资需求两类。在日常需求方面，如果两国之间人均收入差距较小，人们的消费需求类似，则两国间便容易产生共同的消费群体，他们共同消费的产品也就容易由于共同的需求而在两国间流动。如果两国之间人均收入差距较大，则只要不同国家市场之间的隔阂较小，信息传导通畅，两国之间就会发生贸易。即便是发展中国家与发达国家之间，只要穷国的收入分配是不平等的，两国间就会由于穷国中的富人的消费层次与富国中的富人很相似，而产生共同的消费群体与消费层次，在没有贸易限制的时候，就便于两国间发生贸易，因为消费者既可以在国内购买，也可以在外国购买同样的消费品。但在投资需求方面，则由于富国与穷国在就业方面的压力很不一样，因此它们之间对投资品的需求结构极为不同，穷国本身资本就相对缺乏，即便可以引进外资，由于就业的压力，也需要使用劳动密集的生产方法。

（3）林德认为，对于不同禀赋国家之间产生的贸易，H-O 模型可以予以解释，因此传统国际贸易理论并不是一无是处，而是在一定条件下可以解释一定的国际贸易现象，但禀赋类似的国家之间的贸易则需要用新的理论，更多地从需求角度进行说明。其解释性图形如下。

（二）需求偏好相似论的图形说明

图 5-1 中横轴代表不同的人均收入水平，纵轴代表不同的产品加工深度。

（三）需求偏好相似论的评价与案例

需求偏好相似作为经济水平相近国家之间发生贸易的解释原因在一定程度上是具有说服力的。由于收入水平相近、消费结构相似、生产结构层次趋同，因此不同国家的消费者购买任何国家生产的同类产品以满足消费便成为可能。因为这极大地提高了消费者的选择余地，增加了消费的多样性，因而经济福利也会得到提高。

从理论上分析，传统国际贸易理论大多产生于“差异”——劳动生产率的绝对或相对差异，不同国家的要素存量比率的差异，技术创新与传导的差异，需求偏好的差异，人力资本的差异，信息的不对称，研究与开发的差异，等等，但需求偏好相似论却从趋同的角度来分析国际贸易发生的原因，认为收入趋同是贸易发生的原因，这在一定程度上丰富了国际贸易理论，使得人们对于国际贸易的发生考虑得更加全面了。

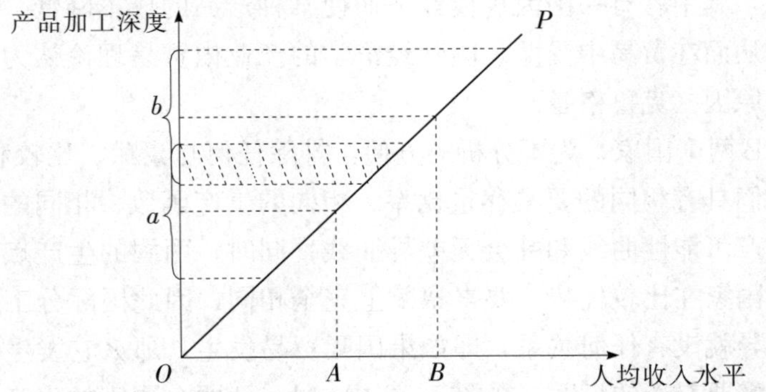

图 5-1　需求偏好相似论

说明：图形说明，在一定的国际价格水平下，收入相似的国家之间由于需求发生重叠，因而易于产生贸易。图中 A、B 点代表两国不同的人均收入水平，OP 是国际价格线，a、b 分别是在 A 国和 B 国的人均收入水平下消费的典型的产品加工深度，由于人们的消费是多样的，因此产品加工深度是一个区域，从而可能产生消费交叉，它们之间的交叉区域便是双方都消费的产品加工深度，即需求发生重叠，这种重叠是产业内贸易的基础。

在实践中，需求偏好相似引发贸易的设想得到了验证。过去的关税同盟在一定程度上反映了这种经济现象。在欧洲经济一体化形成之后，欧洲人购买汽车的选择性有了极大的提高。今天我们在欧洲可以看到不同国家的人们驾驶着来自同一国家的汽车，而同一国家的人们却驾驶着来自不同国家的汽车。例如，在意大利除了本国生产的菲亚特、阿尔法-罗密欧牌的轿车之外，在其高速公路上也很容易发现大量的奔驰、雷诺、路虎等品牌的汽车。在法国的公路上，行驶的有法国车、意大利车、德国车、英国车。因此，欧洲人收入的相似带来了市场之间的较小隔阂，从而日常消费的多样性就有可能得到满足，这大大刺激和提高了欧洲的经济福利，而机器设备的相互使用对欧洲的生产率提高也起到了很大的作用。

五、规模经济贸易理论

（一）规模经济

在经济学中，规模收益递增描述的是产出增加幅度大于要素投入增加幅度的现象，它是各国厂商所普遍追求的。在西方经济学中，厂商的运行可能出现规模经济（规模收益递增）、规模不经济（规模收益递减）和规模收益不变的情况，在图形中它们表现为生产可能性曲线凸向原点、凹向原点和直线。人们一般认为，规模经济产生于固定资本的分摊和大规模生产所具有的专业化分工的细致化。我们知道，通常在一定产量范围内，随着规模的扩大，单位产品上固定资本的分摊变少，于是单位产品的成本下降便体现为经济利益，而分工的细化则可以大规模提高劳动生产率，从而降低产品的单位成本。

（二）规模经济与产业内贸易

一般而言，产业内贸易的利益主要源于规模经济和差异产品的可选择性。具有相似禀赋的不同国家，其中若有一国因规模经济而使某种产品的成本降低，它便会因此产生新的比较优势，从而在贸易中受益。国际经济学的产业内贸易理论认为，规模经济是产业内贸易的基本原因（克鲁格曼）。

假设有A、B两个国家，为了分析的方便，排除任何与禀赋、比较利益有关的条件，我们可以认定它们具有相同的要素存量比率、相同的生产函数、相同的需求函数，即具有完全相同的生产可能性曲线和社会无差异曲线；同时，两国的生产点与消费点也完全一样。由于两个国家在比较优势、要素禀赋上完全相同，因此国际分工产生的基础与比较优势、禀赋差异就没有任何关系，即如果国际贸易发生，那么它发生的原因与传统的解释是无关的，需要有新的说明。在图5-2中，A、B两个国家的生产可能性曲线向原点凸出，在学习西方经济学时我们知道，向原点凸出的生产可能性曲线说明这两个国家具有规模经济，这就是产生分工的利益基础。在进行分工之前，两国的生产点、消费点均在C点，即两国各自生产OB'的X产品、OA'的Y产品，生产可能性曲线AB与社会无差异曲线I相切于C点。

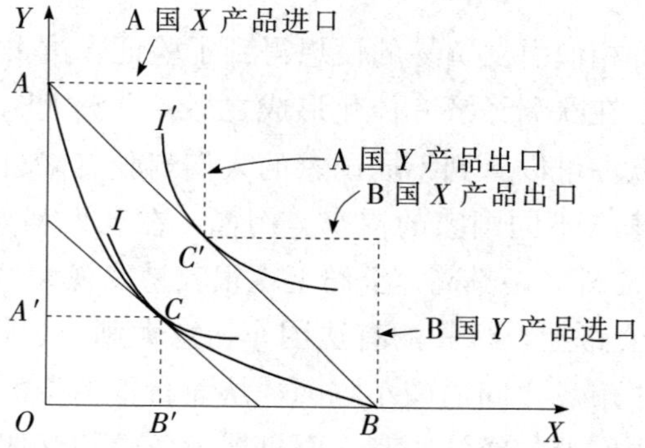

图5-2 基于规模经济的贸易

说明：图中A、B两国的分工不基于比较优势或禀赋，是完全随意的，两国的生产可能性曲线向原点凸出，说明具有规模经济。假设A国随意地完全分工生产Y产品，B国则相反，完全分工生产X产品。A、B两国在分工之后，生产点分别在A、B点，与过去的生产点C点相比，X产品增加了$B'B$，Y产品增加了$A'A$，专业化的生产规模明显高于分工前，这时A国由于只生产Y产品，为了获得自身愿意消费的X产品，就必须出口Y产品、进口X产品，而B国的情况正好相反，要出口X产品、进口Y产品。消费点从分工前的C点移向了离原点更远的社会无差异曲线与国际价格线的切点C'，福利得到提高。福利提高的来源与过去我们所熟悉的比较利益、禀赋优势均无关，而在于扩大规模所带来的生产成本的降低、分工细化，以及由此形成的新的交换利益。

（三）对规模经济贸易理论的评价

规模经济贸易理论在很大程度上反映了当今世界经济中的事实，具有一定的说服力。在今天的世界经济中，大规模生产某种产品的国家都可能因为生产规模大而产生别的国家所不具备的特殊的比较优势。例如汽车行业，在美国如果生产规模在年产100万辆以下，在生产中便不存在优势，而年产超过200万辆便会有很大的利润收获，而这些利益的来源基本在于生产规模的差异。这一学说在一定程度上解释了产业内贸易的产生，对比较利益学说、要素禀赋论的不足进行了某种弥补。另外，从理论与实践的角度进行分析，如果某一行业存在规模经济产生的额外利益，而其他厂商却不能很快地进入该行业，那么这就说明该行业显然存在市场不完全竞争的情况，或者存在寡头垄断，或者存在垄断竞争；如果其他厂商能够轻易地进入这一行业，则产生产业内贸易利益的规模经济将不复存在，因此在完全竞争市场条件下很难有规模经济的利益。

六、新张伯伦模型

新张伯伦模型（Neo-Chamberlinian model）是指运用张伯伦（Chamberlin）在20世纪30年代对规模经济和垄断竞争市场的分析来构建新的贸易模型，解释我们在前面谈到的所谓水平差异产品间的贸易现象。运用张伯伦的理论解释国际贸易现象的代表学者有克鲁格曼、迪克西特和诺曼（Norman）以及兰开斯特（Lancaster）等。其中对克鲁格曼的贸易模型进行介绍在各种国际经济学教科书中较为普遍。

克鲁格曼的模型假定：发生国际贸易的两个国家在经济的各个方面条件几乎完全相似，从而国际贸易发生的条件与传统国际贸易发生的条件具有根本的区别。他的理论至少存在以下前提：要素供给固定、厂商进出自由、平均要素投入递减、所有品种的产品都对称地进入效用函数。然后在这些前提下，说明在经济条件相同的两个国家中，每个行业中都包含许多厂商，由于固定成本的存在，任何一个国家均不可能生产全部的差异产品，所以贸易仍然可能由于规模经济而发生。

我们假设一个经济体只有一种生产要素，例如劳动（l），它的供给是固定的，在生产中有大量的厂商，每个厂商都投入固定数量的要素，可以随意生产 i 产品大类中的一个品种。因此全部厂商都大量地生产产品（i）的不同组合，同时所有产品的成本函数都相同，即以不变的边际要素投入来从事生产，如下式所示：

$$l_i=a+bX_i$$

式中，a、b 分别为固定成本、边际成本，X_i 是 i 产品的产量。由于 a 的存在，所以函数具有 $\mathrm{d}l/\mathrm{d}X<0$，即具有规模经济的特点，随着产量的提高，投入会下降，或投入不变，产量会上升。在需求方面，所有消费者的效用函数都相同，所有品种的产品都对称地进入效用函数，即在该类产品中，每增加一单位的任何品种产品的消费，总效用增加的程度相同，消费的品种越多，总效用增加得越多。效用函数见下式：

$$u=\sum_{i=1}^{n}v(C_i)$$

式中，C_i 是单个消费者对 i 产品的消费量。且求偏导如下：

$$\partial v(C_i)/\partial C_i>0$$

即在 i 产品大类的总消费维持不变的情况下，如果增加其中一个品种的消费，那么福利会因此提高。

当生产者的目标是利润最大化时，有：

$$Q_i=P_iX_i-(a+bX_i)W$$

式中，Q 为利润，P 为价格，W 为工资率。在垄断竞争条件下，如果厂商可以自由进入、退出该行业，则行业的超额利润将趋于零，在长期均衡中每个厂商获得的都是正常利润，价格必然等于平均成本。故有下式：

$$P_iX_i=(a+bX_i)W$$

即：

$$P=(b+a/X)W$$

由于有上述假定（劳动供给固定、自由进出入、平均要素投入递减、各个品种的产品对称地进入消费者的效用函数），因此任何两个厂商都不会生产相同品种的产品，在这样的情况下，每一品种产品的产量在均衡条件下都会等于单个个人对该品种产品的消费和。对于任一产品 i，有：

$$X_i=C_i\sum_{i=1}^{n}l_i$$

上式表示的是每个厂商的产量。由于对称性假设，因此所有产品品种的产量与价格均相同，于是变量便为最佳的产品品种（由于一个厂商只生产一种产品，因此 n 也是厂商数目）的数量（n）。假设只有一种固定数量的要素——劳动，那么 n 便取决于劳动的数量，包括劳动力总量（L）以及生产每一品种产品时所耗费的劳动量（l_i），即生产全部品种产品所需要的劳动量不能超过劳动的固定供给量，于是厂商的数目为：

$$n=L/l_i=L/(a+bX_i)$$

如果这时存在另一个与该经济体完全一样的经济体，二者之间不存在贸易壁垒和运输成本，那么在开放的情况下，对于它们而言，除了市场规模扩大之外，其余条件均无实质性的变化。在垄断竞争条件下，厂商之间不愿意生产相同的产品，又由于生产任何产品的成本都一样，销售任何品种的数量也一样，于是便促成了产品的多样化，以满足消费者提高消费效用的要求。在均衡条件下，每个产品品种的价格趋同，两个经济体之间的任何厂商的生产均不重复，即一个品种总会由一个厂商（同时也只在一个经济体中）来生产，同时用于产品的全部开支就是消费者的全部报酬，消费者这时消费产品的品种可以增加为贸易之前两个经济体生产的产品品种的总和，即每个消费者面对 $2n$ 个品种（每个品种消费 $0.5C$），根据效用函数的特点，消费品种增加，消费者的效用得到提高。即：

$$u=\sum_{i=1}^{2n}v(0.5C_i)$$

新张伯伦模型告诉人们，两国的生产未发生损失，厂商数目未变，实际工资未变，消费总数未变，但品种变多了，因而总体福利水平得到提高。另外，由于每个产品品种的产量提高，规模经济能够实现，平均成本下降，因此基于成本优势的贸易就变得可能。这一学说主要解释的是经济、收入水平相近的国家之间开展的贸易，但是，对于哪个国家生产哪种产品的问题并没有定论，即生产的产品品种是不确定的。

七、产业内贸易指标

（一）沃顿指数

关于产业内贸易的衡量标准的设立经历过相应的发展过程。1960 年，沃顿（P. J. Verdon）考察了欧洲荷比卢集团的情况，根据两个时点、12 种产品组合的样本，用某一行业产品组 J 的出口（X_j）与相应的进口（M_j）的比例来检验贸易模式的变化。若 $S_j=X_j/M_j$ 接近于 1，则表明贸易的结构属于产业内贸易；若该数值远离 1，如无穷小或无穷大，则该贸易的结构为产业间贸易。目前这一指标已经基本不被采用了。

（二）巴拉萨指数

1966 年，巴拉萨（B. Balassa）提出了关于贸易相关度的计算方法，即出口量（价格量）在多大程度上为进口量所抵消。其公式为：

$$A_j=|X_j-M_j|/(X_j+M_j),\ 0\leqslant A_j\leqslant 1$$

如上所述，其经济含义是：出口在多大程度上被进口所抵消。当 X_j 或 M_j 为 0 时，$A_j=1$，当 $X_j=M_j$ 时，$A_j=0$，这样，该指数 A_j 就与产业内贸易程度呈反比关系。（因此有的学者认为该指数为产业间贸易指数，贸易重叠度越小即产业内贸易程度越低，该指数就越趋于 1，贸易重叠度越大即产业内贸易程度越高，则该指数就越趋于 0。）应该说明的是，巴拉萨指数有些类似权重的含义，而且该指数的数值大小与人们选取的数量单位无关，即无论 X_j 与 M_j 的取值是 100 000 美元还是 1 000 美元，A_j 的值都一样。

在衡量同类加总产品的产业内贸易时，除了考虑同类产品之外，对既定的加总水平下的统计量，巴拉萨指数在进行了加权调整后也可以用下式表示：

$$\hat{A}_j=\frac{\sum_{i=1}^{n}|X_{ij}-M_{ij}|}{X_j+M_j}$$

当人们选择的加总产品与产业内同质产品基本相同时，对个别产品加权的方法就需要改用算术平均了，即：

$$\ddot{A}_j=\frac{\sum_{i=1}^{n}|X_{ij}-M_{ij}|}{\sum_{i=1}^{n}(X_{ij}+M_{ij})}$$

在衡量产业内贸易水平时，加权平均是较好的方法，尤其是在全部贸易和所有产品基础上进行加总时，这一点更为明显。另外，当贸易失衡的时候，汇总的计算会呈现较低的产业内贸易指标值，因此必须对该数值进行相应的调整。

（三）格鲁贝尔-劳埃德指数

在实际的研究中，人们使用较多的是格鲁贝尔-劳埃德指数（G-L 指数）。1975 年，格鲁贝尔和劳埃德在他们的《产业内贸易》一书中将产业内贸易的衡量指数表示为：

$$B_j = \frac{(X_j + M_j) - |X_j - M_j|}{X_j + M_j} \times 100$$

或

$$B_j = \left(1 - \frac{|X_j - M_j|}{X_j + M_j}\right) \times 100$$

即 1 减去巴拉萨指数后再乘以 100。公式中 j 为某一特定产业，B_j 为产业内贸易指数，这时该数值的变化已经从 0～1 变为 0～100。G-L 指数的思路是，贸易要么发生在产业内，要么发生在产业间，巴拉萨指数在 0 和 1 之间变动，因此用 1 减去巴拉萨指数，得到的应该是衡量产业内贸易的指标。该指数表明，当 B_j 接近 100 时，该国的进出口更接近产业内贸易，上述公式为标准的格鲁贝尔-劳埃德指数。

产业内贸易指数的情况与统计数据的加总有关，即与人们选择哪一级的 SITC 数据作为产业划分标准有关。我们在本章开始时指出，经济学家大多将 SITC 的 3 位数指标作为划分产业的依据，但如果人们选用 5 位数指标作为划分依据，则在 5 位数指标基础上计算出的 G-L 指数，往往要低于在三位数基础上计算出的指标，这是因为在较粗层次上被归类为相同产业的商品，在较细的层次上可能会被归类为不同产业的商品。为了得到产业内贸易指数，我们考察第 i 类产业的 G-L 指数，即：

$$B_i = \frac{\sum (X_{ij} + M_{ij}) - \left|\sum X_{ij} - \sum M_{ij}\right|}{\sum (X_{ij} + M_{ij})} \times 100$$

G-L 指数是目前研究产业内贸易时使用较普遍的一个指标，但是，由于存在统计误差以及贸易失衡，它的准确程度会受到影响，即这一指标也存在偏差。例如，当贸易出现较为严重的失衡的时候，净贸易额（净进口或净出口）的数值就会较大，G-L 指数会较小，甚至当一个经济体全部的贸易都是产业内贸易时，只要存在着贸易差额，产业内贸易指数就仍然会小于 100。后来的研究者注意到了这一实际情况，阿奎诺（A. Aquino）在 1978 年提出了针对 G-L 指数进行修正的指数。

八、 对产业内贸易理论的评价

传统国际贸易理论向当代国际贸易理论的发展，反映了人们对国际贸易过程与规律的认识程度的不断深化。产业间贸易理论强调的是优势差异决定贸易，产业内贸易理论强调的是由于规模经济、垄断竞争而形成的贸易，两种理论反映了在不同的历史阶段人们对国际贸易的认识程度的不同。

（一）产业内贸易的分析更符合实际

产业内贸易理论是对传统贸易理论的批判，尤其是其假定更符合实际——假定产业内贸易的利益能够长期存在，这实际上说明了自由竞争的市场是不存在的，因为其他厂商自由进入这一具有利益的行业受到了限制，因而不属于完全竞争市场的情况，而是不完全竞争市场的情况。而这符合今天世界经济的一般情况。此外，该理论不仅从供给方面进行了论述，而且从需求角度进行了考察，这实际上是将李嘉图理论中有关贸易利益等于国家利益的隐含假设转化为供给者与需求者均可受益。这一理论认为，规模经济是当代经济的重要内容，它是各国都在追求的利益，而且将规模经济的利益作为产业内贸易的利益来源，这样的分析较为贴近实际。当然，产业内贸易的分析前提中也存在许多不符合实际的地方，同时还有相对的不确定性。

（二）产业内贸易对福利的分析具有一定的特色

传统国际贸易理论从对产业间贸易的利益分配分析出发，认为要素禀赋相异的国家之间进行的产业间贸易，既存在生产者、消费者静态的利益，也存在动态的利益。但是，如果人们运用传统国际贸易理论来分析产业内贸易，则由于贸易的发生不是由于比较利益，也不是基于禀赋差异，因此不存在贸易利益。然而，产业内贸易的规模经济不仅可以降低成本，而且会导致更多差异产品的出现，使得人们的选择增多。这样的低价格和多样性产品的出现，引致的直接结果即是：人们的福利水平得到提高。我们运用生产者剩余与消费者剩余可以对产业内贸易的静态福利效应进行分析，其情况如图 5-3 所示。

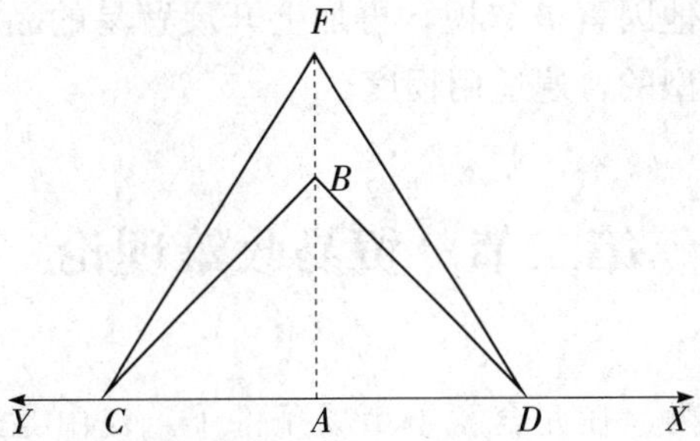

图 5-3　产业内贸易福利效应分析Ⅰ

说明：图中横轴表示特征 X 和 Y 的不同组合，A 是市场中唯一可选择的、现实的购买品种。最佳偏好处于 C、D 之间的消费者，可以通过消费 A 获得效用。偏好距离 A 越近的消费者购入的 A 的数量越多，但对于超过 C、D 两个特征临界点的特征商品，消费者认为与自己理想的品种 A 差距太大而放弃购买，因此在图中，偏好恰好为 A 的消费者使得生产者剩余与消费者剩余均达到极大值，AB 为生产者剩余，而 BF 为消费者剩余，与 A 的距离越大，即离 A 越远，则生产者剩余、消费者剩余越小，C、D 两点的剩余为零。

如果我们引入各方面（禀赋、市场、收入等）完全相同的另一国家，则两国均生产产品 A，但由于偏好的差异，A 产品的品种被分为 A_1、A_2，在横轴上的位置不同，但两个品种的偏好的覆盖范围有重叠：A_1 的市场在 Z 到 T 之间，A_2 的市场在 S 到 W 之间，两个品种共同的市场即市场重叠为 ST，情况如图 5-4 所示。

（三）产业内贸易理论的不足

产业内贸易理论强调贸易的基础是规模经济，而在现实中，具有规模经济的产业部门大多为制成品生产部门，而它们又大多位于收入相对较高的发达国家，因此发达国家在国际贸易中具有优势，而发展中国家由于产业较少具有规模经济的特点，因此在产业内贸易中处于劣势。

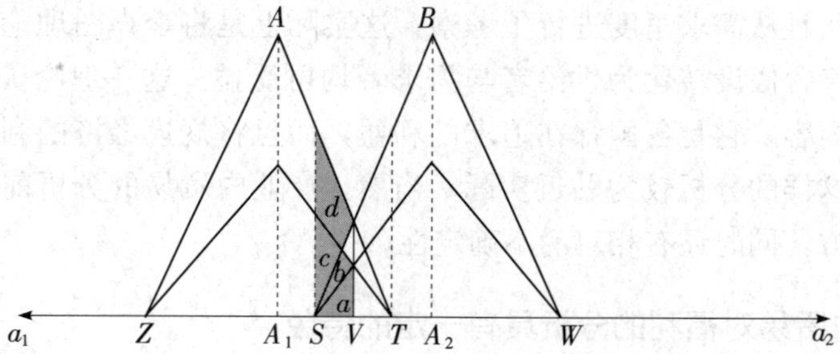

图 5-4　产业内贸易福利效应分析Ⅱ

说明：图形中的生产者剩余及消费者剩余与图 5-3 相同。处于 SV 之间的消费者认为 A_1 比 A_2 距离他的理想偏好产品更近，会转而消费 A_1，以增加消费者剩余，处于 VT 之间的消费者则转而消费 A_2。两国的消费者剩余上升了 $2(d-b)$，生产者剩余上升了 $2(b+c)$，其中 b 是由海外消费者转移过来的，c 是扩大市场的结果，因为离理想产品品种距离更近。由于$\triangle ZAT$ 和$\triangle SBW$ 两个三角形全等，因此两国的交换利益均为 $c+d$。

在新张伯伦模型中，其假设前提是十分脱离实际情况的，如所有品种对称地进入消费的假设排除了消费者消费偏好的巨大差异，厂商在从事生产时的品种选择决策完全取决于厂商的供给条件，其他因素被忽视，再加上开展贸易的品种流向等均无法确定，所有这些缺陷都限制了该模型的普遍适用程度。

第二节　贸易政策理论

传统国际贸易理论认为，在完全竞争市场条件下，自由竞争和自由贸易可以最优配置资源，提高整体福利，因此保护主义的国家干预应该是一种经济扭曲行为。但是，新的国际贸易理论证实，在存在规模经济和市场不完全竞争的前提下，政府干预具有合理性，运用相应的贸易政策可以或有助于提高人们的总体福利。在新的国际贸易理论中，贸易政策是一个国家在参与国际贸易时所采取的各种政策的总和，贸易政策从大的方面讲应该说有自由贸易政策和保护主义贸易政策。在贸易政策理论中，涉及的主要是在不完全竞争条件下如何运用国家干预，改变或缓和经济环境的扭曲，保证一国在国际经济中的利益，尽管这样做难以获得最优的贸易结果，但却可获得次优的贸易结果。

一、战略性贸易政策理论概述

战略性贸易政策理论（简称战略性贸易理论）与比较利益学说、H-O 模型主张的自由贸易相反，它是各国在国际贸易中实行贸易干涉与干预的理论基础。该理论认为，一国可以通过各种政策（如税收、补贴、经济合作等）的干预，在本国关键的生产领域创造出比较优势，这样的干预虽然破坏了完全竞争，但却增加了一国的经济福利。因为垄断竞争保证了产品的价格高于产品的边际成本，故可以获得垄断利润，而且这些生产领域具有复杂的前后向的强关联性，因此不仅可以带动经济发展，而且具有广泛的外部经济效益。在国际贸易实践中，贸易政策通过影响本国的厂商和贸易对手的决策行为转移了经济利益，使本国获得了在国际竞争中的战略优势，因此，人们常常将该理论的落实称为“侵略性（积极）出口”和“侵略性（积极）进口”。该理论在政策实践中常常与产业政策之间存在密切联系，在不完全竞争市场中，一国通过干预使本国的贸易获得利益，促进经济的增长与发展。

二、战略性贸易政策理论的提出

战略性贸易政策理论是 1985 年由斯宾塞（B. Spencer）、布兰德（J. Brander）、格罗斯曼（G. Grossman）、迪克西特等以不完全竞争和古诺双寡头为条件，以产业组织理论、市场结构的分析为工具提出的，其目的是证明在一定条件下，自由贸易的最优性未必存在，而补贴、反补贴税、关税等手段以国家干预为出发点，可以提高一国的经济福利。

三、战略性贸易政策理论的假设前提

尽管在经济学中，规模经济在 20 世纪 30 年代便开始运用于生产函数的研究中，但传统国际贸易理论的前提一直是规模收益不变和市场的完全竞争性，这造成了与国际贸易实践的脱节——因为在新技术革命的条件下，新的产业如计算机、半导体行业，甚至原有制造业中的汽车行业，完全是在规模收益递增的环境中从事生产的。规模经济的存在又会在微观层次形成价格、利润行为的差异，从而使得市场的完全竞争性被破坏。为了解释国际贸易中的新情况，改变国际贸易理论的假设前提是十分有必要的。

规模经济的存在是战略性贸易政策理论的前提之一。规模经济是指国民收入增长幅度大于经济投入增长幅度的情况。它可以是扩大生产规模、固定投入分摊变化的结果，也可以是规模生产形成新分工的结果。在厂商的层次上，规模生产可以克服不可分割性，形成新分工，使单位产出的固定管理费用降低，这一情况的持续存在会使得平均成本大于边际成本，传统的以边际成本决定价格的思想会造成厂商的亏损，因此它与竞争均衡是矛盾的。此外，即使厂商层次的规模经济不存在，社会性的收益递增也会以外部经济的形式使得厂商获益，从而体现出规模经济的特点。

市场的不完全竞争性是战略性贸易政策理论的另一重要前提。规模经济的存在决定了在厂商层次上价格与利润行为的差异，市场因而失去了完全竞争的基础。在这一理论中，存在着古诺寡头市场和垄断竞争市场。

四、战略性贸易政策理论的基本内容

从规模经济的角度出发，扩大厂商的生产规模有多种途径，技术因素是厂商在生产中具有动态规模经济的重要来源之一，这样便将技术变化的因素归为推进国际贸易发展的内生变量，而技术变化的经常形式则是技术创新（innovation）以及所谓的干中学

(learning by doing，或译为边干边学)。我们在前面的研究与开发学说中谈过，技术进步可以改变厂商的生产函数，表现为要素生产率的提高、质量的变化、新产品的开发、产品花色规格的变化等。这种技术因素产生的直接影响则是厂商的边际成本下降，在国际市场中的竞争能力提高，市场份额扩大。所谓干中学或边干边学是指，随着生产的扩大，生产经验、市场经验、管理经验不断积累，这样边际成本就会降低，从而改变生产函数，其图形如图 5－5 所示。

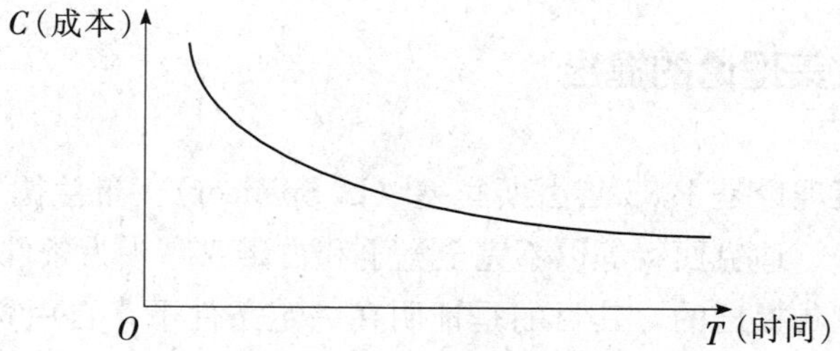

图 5－5　技术进步与成本降低

说明：随着生产的扩大，成本会降低，一般的经验规律是，在生产的初期，成本会迅速下降，在产量达到一定程度之后，成本下降速度放缓，曲线呈现出较为平缓的形态。

此外，技术本身存在“外溢”的可能性，在投资、贸易的过程中，技术会在同行业内、行业之间、国际上通过各种途径传导，形成新的生产函数。技术进步因素与贸易之间存在密切的关系，市场竞争促成新技术的竞争，技术外溢给予技术的授受双方以经济利益，规模经济从而发生，贸易便产生了动力。

我们在过去的学习中，在讨论传统国际贸易理论与政策时一再强调，只有自由贸易才能增加世界或一国的社会福利，而政府干预（例如，关税、配额或补贴、反补贴税）会造成资源的扭曲配置，结果都是世界或一国社会福利的降低，尽管近年主张自由贸易的人们也认为存在市场失灵、信息不对称等问题，政府可以为了保障市场有序竞争而进行一定程度的干预，但干预的出发点和目的应该是保证自由贸易的恢复与进行。新的国际贸易理论认为，在规模经济与不完全竞争的条件下，政府应采用补贴（生产、出口、研究、开发等补贴）以及关税等手段，支持国内战略性产业的发展，从而带动相关产业的发展，提升本国的国际竞争力，以规模经济的利益争取国际市场份额，提高本国的总体福利。

在实施战略性贸易政策时，政府需要完整掌握信息、决策及时到位且具有进行干预的有力手段。这一理论认为，规模经济和不完全竞争使得国际贸易中具有相应的垄断利润，因此厂商通过规模经济而获得的竞争力便决定了它获得垄断利润的状况，国家运用干预的力量，确定并支持战略性产业迅速扩大规模，对其给予适当的补贴以降低其成本，打破自身积累在时间、空间方面的限制性，便可以将属于国外厂商的利润转移给国内厂商，从而获得贸易利益，即国家干预是产业实现规模经济的最快及最佳途径。这种做法实际上是一方面将过去一贯反对的政府干预认定为具有巨大的正面作用，另一方面将这种干预认定为产生新比较优势、促进国际贸易发展的内生变量。人力资本提升、技术进步、信息获取、制度创造等已经明显成为厂商获取新比较优势的关键因素，而在这些因素中，政府对新制度的产生无疑起着无可替代的作用。这样就将政府干预提高到了极其重要的地位，为国家干预国际贸易提供了理论基础和政策依据。

克鲁格曼曾经（1984 年）研究过东亚一些产业迅速崛起并抢占国际市场份额的过程，提出了所谓的“以保护进口促进出口”（IPAEP）的理论模型。在国内厂商尚未成熟到具有规模经济的条件下，由政府进行干预，出手保护国内市场，使国内消费者倾向于购买国内生产的产品，以国内的需求来促进国内厂商规模的扩大，从而降低生产的边际成本，国外厂商则可能因为该国对于市场的保护而失去这一市场，生产规模缩小，边际成本上升，这样国内厂商便有可能走向世界，实现规模的扩大，产品竞争力得到提升，最终在政府的干预下，本国市场得到保护，国际市场份额得到提高，福利得到增长。在克鲁格曼和布兰德-斯宾塞的模型中，传统自由贸易理论中的所谓双方均获利的“双赢”局面不见了，代之以通过国家干预与保护，将国外厂商的利润转移给国内厂商，促进国内厂商竞争力的提高和本国福利的增长。同时，政府征收关税以保护国内市场，迫使国外厂商为了消化关税而改变目标价格（参见本书第六章第一节有关大国关税的局部均衡分析），这样通过挤压国外跨国公司获取的相应垄断利润，并不会造成国内价格扭曲，而国家通过税收支持新兴产业，可以给国内的幼稚产业以机会，使其获得超常发展。此外，在国内大型厂商与国外同类厂商的竞争中（双头垄断条件下），国家可通过补贴来帮助国内厂商扩大国内的市场份额，提升国内的福利，甚至出口补贴也可以减轻在不完全竞争条件下存在的厂商垄断扭曲，使得本国、对手国获得的利益大于未补贴国遭受的损失，提升总体福利。这一理论认为，在实践中不仅大国具有影响价格的力量，小国事实上也有可能通过国家的整体力量来影响价格的制定，因此国家干预对于一国的福利获得和提高是一个重要的内在因素。

五、战略性贸易政策理论的政策结果分析

在战略性贸易政策理论的政策分析中，人们往往使用所谓美国波音公司和欧洲空中客车公司假设的贸易政策结果分析来说明这一理论。假设在世界市场中，飞机制造业是一个极具规模经济的行业，即在这样的市场中，只能容纳一个进入者并由其获得全部的利润，如果两个公司同时进入这一世界市场，则会两败俱伤，两者都会遭受经济上的损失，反之，若一个公司在世界市场中立足，并获得超额利润，则另一方便会处于无法立足的境地，因此竞争双方会采用相应的政策手段来刺激销售、占领市场。假设有波音和空中客车两个公司，其基本情况利用博弈分析说明如下：对于一个具有上述特点的市场，这两个公司各自只有两种可能的选择，或者生产获利或者放弃生产退出市场。在初始时，我们假设波音公司在没有政府干预和补贴的情况下即在纯市场情况下能够更好地适应竞争，同时由于生产历史更为长久而占有全部的国际市场，而空中客车公司并未进行生产，情况见图 5 - 6 矩阵的方格Ⅰ，即波音公司获得 100 亿美元的利润，而空中客车公司不进行生产。（如果波音公司不生产，而空中客车公司单独占有市场，那么利润也将是 100 亿美元，即矩阵的方格Ⅲ的情况。）此时如果空中客车公司在当前市场条件下挤入市场，结果是波音、空中客车两个公司均陷入亏损状态，各自亏损 10 亿美元，情况如矩阵的方格

Ⅱ所示。如果没有其他的政策支持，那么空中客车公司清楚进入市场进行生产的结局是亏损，因此不会从事生产。

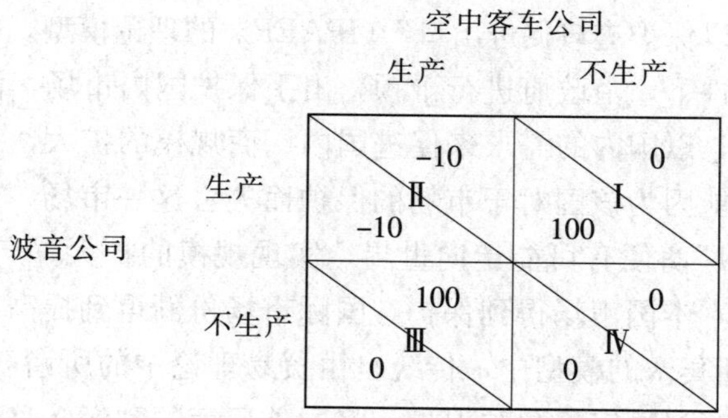

图 5-6　双方公司没有补贴时的财务损益情况（单位：亿美元）

如果欧盟非常想在国际飞机市场上分一杯羹，采用战略性贸易政策给予空中客车公司财务补贴，如 20 亿美元，以便空中客车公司可以从事生产、进行竞争，那么这时欧盟给予的补贴会使得国际飞机市场发生根本性变化。如果这时仅有空中客车公司进入市场，它的总利润为 120 亿美元；如果波音公司与之竞争，双方共同生产、处于同一市场，两个公司的情况是，波音公司由于没有补贴，必然处于亏损状态，而空中客车公司在有补贴的条件下，减去生产亏损，还可以有 10 亿美元的盈利，因此会继续从事生产。事实上，这时空中客车公司面临的情况是，只要从事生产，无论波音公司是否进入市场，均可盈利。因此，对于空中客车公司而言，决策已经很简单了，即不从事生产的选择已经出局，而只需要选择生产便可以了。与此同时，波音公司却面临着非常困难的局面——如果仍然从事生产，因为空中客车公司的加入，必然亏损 10 亿美元，如果停止生产，则自身已有的优势会丧失殆尽，将原属于自己的飞机市场拱手相让给空中客车公司。如果波音公司没有办法从美国政府处获得相应的补贴，或通过世界贸易组织使得欧盟停止给予空中客车公司补贴，那么它在生产中就无任何利润，在竞争中将处于劣势，终将退出生产和市场，见图 5-7。

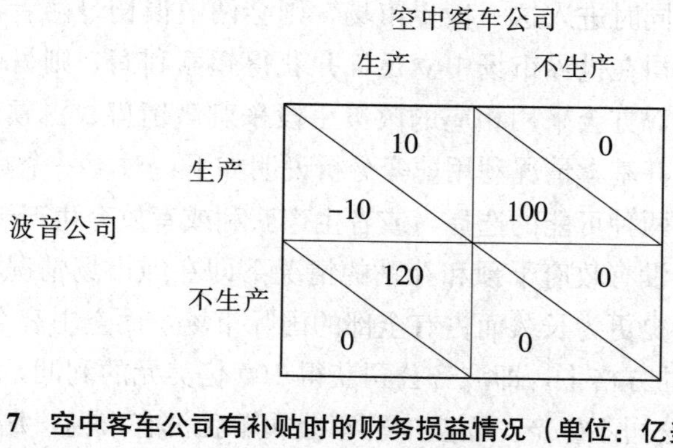

图 5-7　空中客车公司有补贴时的财务损益情况（单位：亿美元）

以上的分析说明，在不完全竞争市场条件下，政府的干预对本国的厂商有着重要的作用，这种干预可以改变具有不完全竞争特性的厂商的竞争行为和竞争结果，达到占领世界市场的目标，即本国政府通过干预，使得本国的厂商在国际竞争中占有战略优势，从而提高本国的总体经济福利。但以上分析也隐含着这样的可能，即波音公司也会通过美国政府的资助重新占领失去的市场，抵消欧盟补贴给空中客车公司带来的优势。

六、对战略性贸易政策理论的简要评价

战略性贸易政策理论尽管出现的时间不长，但在理论和实践两个方面都显示出了它的重要性，得到了人们的重视。

首先，战略性贸易政策理论在假设前提上做出了更为符合实际的发展，极大地放松了过去传统的不符合实际的完全竞争市场和规模收益不变的假设，使得研究切合现实而非一种理想状态，在一定程度上具有更好的解释力，也给理论研究和实践政策的制定开拓出了更为广阔的空间。

其次，从理论模型的分析角度看，战略性贸易政策理论除了运用传统的分析工具之外，更多地运用了经济学中的新成果和新工具，如信息经济学、博弈论、产业组织理论等现代理论，使得人们对国际贸易理论的探讨不仅处于现实的环境中，而且具有新的可行的办法。

再次，战略性贸易政策理论具有一定的针对性，它是根据不同国家的特点、不同产业的差异、技术水平的区别和国家禀赋资源的特点提出鼓励出口的不同措施，而不是追求理论一般性的完美，因此它作为一国对外贸易政策措施的理论依据有着很强的实践性。

最后，战略性贸易政策理论对传统国际贸易理论中有益的部分进行了吸收，将完全竞争和规模收益不变看成是一种特例，而且比较优势原则在一般条件下仍然是完全成立的，它只是将比较优势的来源扩大了，认为劳动生产率的差异源于生产规模，而生产规模又源于国家的有效干预，强调了国家在经济生活中的作用。该理论对“看不见的手”在经济生活中的万能作用提出了质疑，事实上，战略性贸易政策理论就是在市场经济被认为最为发达的美国诞生的，这本身就说明了很多东西。

战略性贸易政策理论诞生后，也有人从不同的角度对它进行了各种批评，而且由于该理论本身尚缺少一般性的不完全竞争理论作为基础，因而它目前在国际经济学中尚没有取得主流地位。

从根本上讲，战略性贸易政策理论与传统国际贸易理论的关系是贸易干预主义与贸易自由主义之间的争论在今天的反映。理论上，后者强调干预产生扭曲，结果是经济福利的降低，解决的办法是依靠市场机制，市场是最为有效的；前者则认为扭曲源自市场失灵，必须通过政府干预才能予以克服，提高经济福利。在实践中，战略性贸易政策理论的重要性正在逐步显现出来，国际经济学中著名的“波音-空中客车”的博弈分析便是重要的案例，它显示了战略性贸易政策理论在实践中的成功应用。在国际经济关系中，在关税及贸易总协定（GATT）基础上于1995年成立的世界贸易组织（WTO）则是政府在国际经济贸易领域进行全面宏观干预的成功案例。从理论角度看，目前任何国家的国际贸易体制基本都属于混合型，都是市场与政府作用相结合。我们可以通过考察干预

的动机、干预所需要的条件、干预的基本方法等来为国际经济领域的各种现象找出相应的理论基础。

第三节　贸易扭曲理论

贸易扭曲理论在20世纪80年代得到充分发展，它主要研究阻碍市场机制发挥作用，致使无法达到帕累托最优状态的扭曲形式、贸易扭曲的影响，探讨如何消除扭曲，使自由贸易得到恢复。

一、扭曲的发生

在完全竞争市场中，帕累托最优状态的简单含义为：社会处于这样一种状态，即任何改变都无法再使任何人的福利增加的同时而不降低其他人的福利。这是经济学中的一般论述。

（一）达到帕累托最优状态的条件

在经济学中这种状态的实现至少要具备以下两个必要条件：其一，任何一对生产要素投入的边际技术替代率都相等；其二，生产的产品与消费者的偏好一致，在完全竞争市场中产品的市场价格等于生产成本，即经济利润为零。在经济学中上述情况被表述为私人成本等于社会成本，私人收益等于社会收益。

（二）开放条件下的帕累托最优状态

如果我们导入开放，加入国际贸易的条件，则帕累托最优状态的达到便会发生变化。只有当产品对消费者而言，在国内、国际市场上的边际替代率一致时，社会福利才有可能达到最大化。以上条件如果没有达到，则会出现扭曲。我们的讨论便是，在以上条件没有达到，帕累托最优状态被破坏时，如何恢复帕累托最优状态，或如何通过政策调整，达到次优状态。

二、国际贸易条件下扭曲的形式

产品的边际成本不等于价格即为扭曲（即对帕累托最优状态的背离）。含有国际贸易的市场扭曲有四种形式：

（1）扭曲反映在国外市场上，即产品的边际进出口替代率不等于产品的边际转换率，但后者与产品消费的边际替代率相等，这时国外市场发生了扭曲。

（2）扭曲反映在国内市场上，即产品的边际转换率不等于产品的边际进出口替代率，但后者却等于产品消费的边际替代率，这时国内生产发生了扭曲。

（3）扭曲反映在国内消费上，即产品消费的边际替代率不等于产品的边际转换率，但后者却等于产品的边际进出口替代率，这时国内消费发生了扭曲。

（4）扭曲反映在要素市场上，即某一国家的边际技术替代率与另一国家的边际技术替代率不相等，生产点不在有效的生产可能性曲线上，这时要素市场发生了扭曲。

以上四种扭曲形式在经济学中均为背离帕累托最优状态、社会福利与私人福利背离、社会成本与私人成本背离的情形。

三、扭曲产生的原因及影响

在国际贸易中引起扭曲的原因有两大类：政府政策干预造成扭曲和市场不完全、要素无法充分流动造成扭曲，这些都是对自由贸易的破坏。如果进行细分，则又可以将扭曲的原因分为：经济内部因素造成扭曲，历史形成的所谓自生性政策造成扭曲，为了达到某种目的而采取的某些工具性经济政策造成扭曲。以上造成扭曲的这些原因之间又会产生交叉、搭配，如某些工具性经济政策与经济内部因素共同起作用造成扭曲，等等。扭曲的最大结果是造成边际成本与价格相背离。人们为了纠正这些扭曲，往往要采取某些经济政策，甚至不得不人为地干预国际贸易的自由开展，因此有人认为它是贸易保护主义的根源之一。

四、消除贸易扭曲的措施

针对上述四种扭曲形式，人们采取了不同的政策措施来进行纠正，政策措施的实行主要围绕着针对贸易、生产、消费和要素的税收与补贴展开，在实行过程中除了使措施针对扭曲产生的根源即要遵守“专一规则”之外，还需要注意因干预不当而产生的附加扭曲。另外，在干预的“度”的把握上，注意政策干预的力度与扭曲的程度要一致，一定要防止矫枉过正，否则会造成在消除扭曲的利益和产生的意外损失之间的权衡（trade-off）。

（一）自由贸易的定义

消除扭曲是为了恢复自由贸易。为了能够更好地理解对扭曲进行政策干预的做法，人们必须对自由贸易给出明确的定义。在这里我们关于自由贸易的定义为：人们对贸易本身不进行税收、补贴、法规方面的限制，但是允许对非贸易领域如国内要素市场、生产、消费进行税收等方面的干预。自由贸易与自由放任有本质的区别，前者允许间接的干预，而后者不允许任何干预。因此，使用间接方法对贸易进行调节，并不破坏自由贸易。

（二）对扭曲的纠正

采用适宜的政策对扭曲进行纠正，需要具有一定的针对性，即扭曲表现为不同的形式，需要采用不同的政策措施。

（1）如果扭曲反映在国外市场上，即产品的边际进出口替代率不等于产品的边际转换率，但后者与产品消费的边际替代率相等，则这时需要对国外市场扭曲进行纠正，最优的政策为关税措施，通过关税使得国内价格与边际贸易条件趋于一致，次优的措施则为生产、消费、要素等方面的补贴与税收调整。

（2）如果扭曲反映在国内市场上，即产品的边际转换率不等于产品的边际进出口替代率，但后者却等于产品消费的边际替代率，则这时需要对国内生产扭曲进行纠正，最优的政策为生产税或补贴，次优的措施为关税调整或要素税收、补贴，但是采用消费税或补贴不会产生任何效果。

（3）如果扭曲反映在国内消费上，即产品消费的边际替代率不等于产品的边际转换率，但后者却等于产品的边际进出口替代率，则这时需要对国内消费扭曲进行纠正，最优的政策为消费税或补贴措施，次优的措施为关税及补贴，但对生产和要素采取税收或补贴措施无效。

（4）如果扭曲反映在要素市场上，即某一国家的边际技术替代率与另一国家的边际技术替代率不相等，生产点不在有效的生产可能性曲线上，则这时需要对要素市场扭曲进行纠正，最优的措施为要素税收与补贴，次优的措施为生产税与补贴，再次优的措施为关税及补贴，但采用消费税或补贴的方法无效。

五、对贸易扭曲理论的评价

贸易扭曲理论反映了人们追求贸易自由化但又需要有一定程度的政府协调、干预的思想，它不仅在理论上而且在贸易政策实践上具有一定的意义和实用性。这一理论告诉我们，在对国际贸易扭曲进行干预时，需要有很强的针对性，干预要适度，在最优、次优的措施中寻找政策的有效搭配。做到这一点在实践中是很不容易的。在今天的国际贸易实践中，有针对性的适度干预在许多国家被实施，例如出口退税的实行、汇率的适度调整被认为是纠正国际贸易扭曲的有效手段。

贸易扭曲理论研究的前提和归宿是为了达到帕累托最优状态，这一状态本身就是排除了一切不利条件后的理论上的理想经济状态，在实践中它是很难存在的，或者说是根本不存在的。贸易扭曲理论本身也忽视了收入分配、经济结构对贸易扭曲的作用，且该理论也未对扭曲给经济带来的宏观影响进行较有意义的分析，因此该理论较难具有广泛的适用性。另外，贸易扭曲理论强调生产的封闭状态不利于要素流动，认定任何封闭都在阻碍要素的流动，这使得政策的宏观搭配在实际应用中也存在较大的难度。

核心概念

产业内贸易理论	产业	同质产品	异质产品
水平差异	技术差异	垂直差异	需求偏好相似论
规模经济	沃顿指数	巴拉萨指数	格鲁贝尔-劳埃德指数
战略性贸易政策理论	帕累托最优状态		

复习与思考

1. 试述产业内贸易理论并予以评价。
2. 试述新 H-O 模型。
3. 利用图形表述需求偏好相似论并予以评价。
4. 利用图形表述规模经济贸易理论并予以评价。
5. 试述新张伯伦模型。
6. 试述战略性贸易政策理论并进行评价。
7. 试用简单的博弈论模型阐述战略性贸易政策的结果。
8. 试述贸易扭曲理论并进行评价。
9. 试述消除贸易扭曲的政策措施并进行评价。

第六章

国际贸易政策分析

重点问题

- 小国关税分析
- 进口配额分析
- 李斯特的贸易保护理论
- 幼稚产业保护分析
- 有效保护率的计算
- 倾销与反倾销分析

本章介绍的是国际贸易政策中的保护主义和自由贸易措施。国际贸易政策的类型大致可以分为保护主义和自由主义两类，这里讨论的主要内容是关税、配额、对幼稚产业的保护、进口配额与等效进口关税之间的比较、对幼稚产业的判断，以及自由贸易和贸易保护主义政策的实施对贸易参与国及世界福利水平的影响，并计算有效保护率，讨论有效保护对于不同国家（发展中国家和发达国家）的政策含义。在今天，除了部分发展中国家之外，一国征收进口关税大多已经不是出自增加政府财政收入的目的，而是为了有效地保护本国的市场，鼓励本国相对幼稚产业的发展，并促进本国商品进入国际市场。随着国际贸易自由化进程的推进、WTO 的组织和机制的逐步健全、各成员之间多边贸易谈判的进行，非关税壁垒作为一种保护手段已经被商品贸易的多边谈判机制所否定，各国对进口征收的关税税率也在不断调低，但这并不意味着贸易保护主义退出了历史舞台，事实上，一些国家为了保护自己的国内行业和市场，正在更多地运用诸如动植物卫生检疫（SPS）、技术壁垒（TBT）等措施来保护本国的市场。

第一节　国际贸易的关税分析

本节讨论的是一个经济体在进口商品时，征收进口关税对其经济福利的影响。为了讨论关税的作用，我们首先要定义关税的概念。

一、关税的基本概念

关税是进出口商品在经过一个国家的关境时，由海关代表国家向进出口商征收的一种税赋。征收关税一般是为了保护本国的国内市场，但也有为了财政收入的目的而征收关税的，因此关税被分为财政关税和保护关税。政府对进出口商品都可以征收关税，但进口关税最为重要，是主要的贸易措施。

(一) 关税的类型

海关关税通常可以分为三类：

(1) 从价税。按进口货物的价值征收一定百分比的税赋。

(2) 从量税。对进口货物每个单位量征收定量的税赋，例如，对每吨小麦征收 3 美元关税。

(3) 复合税。从价税和从量税两种方法的混合使用，例如，对小麦征收 5%的从价税后再征收每吨 3 美元的从量税。

此外，还有一国征收的具有针对性的惩罚性关税，如反倾销税等。

关税壁垒是指高额进口税。通过征收各种高额进口税，形成对外国商品进入本国市场的阻碍，这可以提高进口商品的成本从而削弱其竞争能力，起到保护国内生产和国内市场的作用。当进口关税税率足够高时，便形成了所谓的“禁止性关税”，即进口为关税所制止。另外，征收进口关税还是在贸易的双边和多边谈判中迫使对方妥协让步的重要手段。

在 GATT/WTO 体系中，关税是被允许使用的保护手段（但还是要削减）。这和关税的特点有密切关系。第二次世界大战之后，当世界各国的商务外交家们谈论贸易自由化时，他们在寻找阻碍自由化的根源。关税、数量限制、补贴、国家垄断经营和海关手续被商务外交家们视为阻碍贸易自由化的主要手段。这些措施的使用并不是没有经济学依据的，而且，在短时期内取消所有这些贸易手段也不被各国政府所接受。于是，关税与海关手续被允许使用，但逐步削减；其他保护措施应退出使用。

(二) 关税的特征

按照世界贸易组织的规定，一般而言，关税有如下特征：

(1) 透明性。关税一经公布，国内外的各个利益集团都会知道。在征收关税时也必须按照已经公布的税率征收，不能有改动。

(2) 非歧视性。和配额相比，关税更具有非歧视性，即任何国家的出口商只要交纳了关税就可以出口商品，而配额的分配含有太多的人为因素，容易导致歧视。

(3) 稳定性。关税制度一般是稳定的，若要变动通常需要经过立法等形式。

(4) 市场功能性。关税能使国内外价格保持自动联系，反映出市场需求的变化，从而对企业进出口有指导功能，而配额的使用会切断这种联系。

(5) 防止寻租。配额的使用会直接导致寻租行为的产生，即企业会为了得到配额而竭尽全力地进行游说、贿赂等行为，而关税的透明性防止了寻租行为的产生。

(6) 保证国家利益。得到配额的企业会得到配额带来的利润，管辖配额的政府部门或官员也可能会得到寻租带来的好处，其结果是利益流失了，而关税的收入直接交给国家，防止了利益的流失。

（三）关税减让

目前的趋势是，各国的关税通过世界贸易组织的谈判在大幅度下降。关税减让的主要方法有：

（1）“产品对产品”（item-by-item）方式。GATT 的前五个回合谈判使用了这种方法。这种谈判由双边开始，某项产品的主要进口国与主要出口国先发起谈判。期望降低关税的一方提出请求表（request list），而准备减让的另一方出示一个开价单（offer list）。双边谈判在 GATT 的谈判委员会的监督指导下进行，委员会及时地将达成的协议散发给其他缔约方。因为 GATT 有最惠国待遇原则，因此，双边达成的协议条款适用于多边。不用说，这种方式类似于原始社会的物物交换，非常复杂。因此，需要寻找另一种关税谈判方式。

（2）线性程序（linear procedure）。在 GATT 的第六个回合——肯尼迪回合（1962—1967 年）中，缔约方全体终于发现了另一种削减关税的方法——线性程序。所谓线性程序就是“一刀切”的方法。所有工业国的非农业产品都从削减 50%的起点开始开价。50%幅度的确定和美国有直接的关系。1962 年美国给予总统削减关税幅度 50%的权力，这一数字就在很大程度上影响到了 GATT 的线性程序削减。50%是一个最大限度，例如，如果达到 50%的幅度，那么，14%的关税水平就要削减到 7%。到 1967 年肯尼迪回合结束时，平均关税削减了 35%。

（3）综合方式。在东京回合中，欧洲共同体（简称欧共体）提出，线性程序过于一刀切，对于高关税的项目来说，即使一刀切下去 50%，也可能还有很高的税率。欧共体建议高关税多减、低关税少减。GATT 在反复研究、论证后得出了一个“关税削减公式”（tariff-cutting formula）。这一公式主要是为了削减关税高峰，制止关税升级。到乌拉圭回合，美国反对使用线性程序和削减公式，主张使用“产品对产品”或“部门对部门”的方式。事实上，乌拉圭回合采用了多种形式的削减，还出现了“零对零”（zero-for-zero）方式，即出现了零关税承诺。

二、小国进口关税的局部均衡与一般均衡分析

为了说明征收进口关税的经济影响，我们先应用我们学习过的西方经济学的内容，讨论一下在自由贸易条件下，一个国家在进口不受限制时的福利变化情况。这里主要是从消费者剩余和生产者剩余的变化角度来对国际贸易的福利情况进行讨论，见图 6-1。

（一）小国进口关税局部均衡的图形分析

我们学习西方经济学时知道，在经济意义上，国际贸易中的小国是指该国在市场中只是既定价格的被动接受者，而非价格的决定者，即它对国际贸易市场中的价格事实上没有多大影响。同时，我们在这里进行的关税分析主要是指对从价税的分析，而局部均衡分析主要针对的是个别产品价格的变动与供求均衡的过程。

在我们的分析中，该小国的某种产品的国内均衡价格高于国际价格，如果按照国际

价格参与贸易，则该国的产品供给价格超过国际价格的供给将为舶来品所占据，为了保护本国市场，假设该小国决定对这种产品的进口征收一定数量的进口关税（但一般并不征收所谓禁止性关税，即关税征收到该种产品无法进口的程度），以使本国的市场能够有一定的份额留给本国企业，从而本国企业的生产能够得以持续。这里分析的重点是征收关税对该国进出口和福利水平的影响，图形如图 6－2 所示。

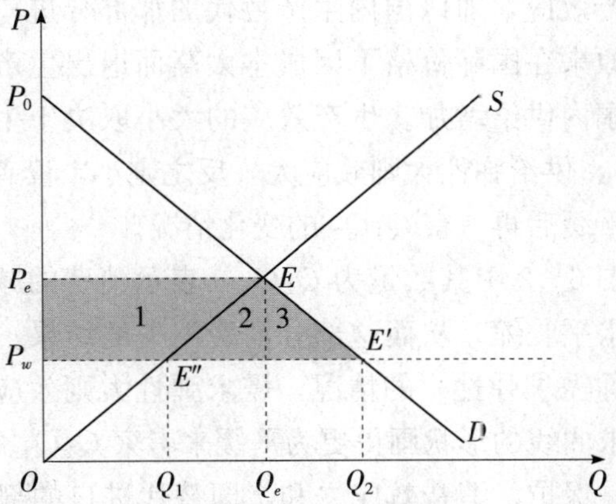

图 6－1　自由贸易条件下福利变化分析

说明：当国际价格 P_w 低于国内均衡价格 P_e 时，该国可以从国际市场进口产品，其数量为 Q_1Q_2。在未产生贸易时，该国的消费者剩余为 P_0P_eE，生产者剩余为 OP_eE，而在自由贸易条件下消费者剩余则为 P_0P_wE'，生产者剩余为 OP_wE''。与未发生贸易时相比，该国消费者的福利增长了 P_wP_eEE'，其中 $P_eP_wE''E$ 是从生产者剩余转移过来的（面积 1），而三角形 $EE'E''$ 则是自由贸易的净福利，它是因消费者从过去的国内高价消费转向进口低价消费（面积 2），以及在进口低价条件下新消费者进入消费而产生的新福利（面积 3）。面积 2＋3 是自由贸易鼓吹者认为的进口主要利益之所在。

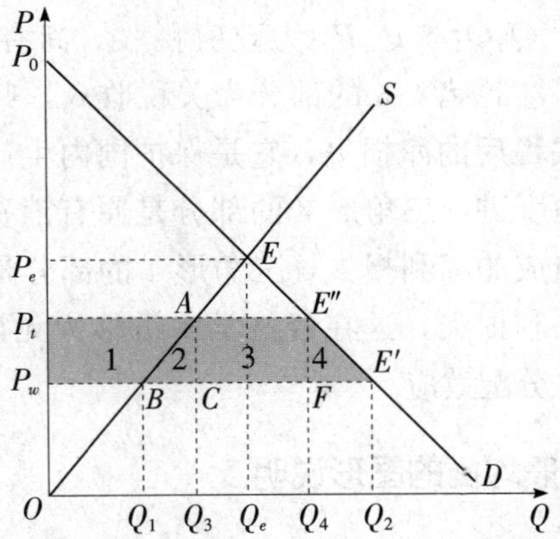

图 6－2　小国进口关税局部均衡的图形分析

说明：在供给水平与需求偏好不变的情况下，图中 P_e 与 Q_e 分别是封闭条件下的均衡价格与生产、消费量。P_w、P_t 分别是自由贸易条件下和征收关税后的价格，$P_w < P_e$，国际价格低于国内价格，出现 Q_1Q_2 的供给缺口，这一数量在自由贸易条件下则为进口，通过进口来满足国内需求。该国为了保护本国市场以维持国内生产，决定征收进口关税，图中 P_w 上升到 P_t，这时进口因为价格上升而下降，本国生产却因为征收关税有所保护而上升，图中 Q_3Q_4 为在征收进口关税后的价格下的进口量。

（二）小国进口关税的经济效应与福利分析

征收进口关税后，该国对外贸易量发生变化，进口下降，国内生产上升，关税的各种经济效应为：

（1）保护效应。其数量为图 6-2 中的 Q_1Q_3，是在关税保护下国内生产的增长，也叫进口替代效应，或生产效应，即以国内生产替代的那部分进口产品，因为征收进口关税后，国内价格上升，原来在国际价格下因成本太高而退出生产的厂商，这时在较高价格下又重新进入生产，国内供给增加。生产效应的大小取决于生产产品的供给价格弹性（简称供给弹性）的大小，供给弹性大则效应大，反之则小，读者可以自行在图形中将供给曲线的形状画得更为平缓后再考察 Q_1Q_3 的变化情况。

（2）消费效应。在图 6-2 中其数量为 Q_2Q_4，表示消费的减少，它是价格上升造成需求下降，人们的消费水平收缩，从而这部分消费消失的结果。这一效应的大小一般取决于需求价格弹性（简称需求弹性）的情况，需求弹性大则效应大，反之则小，读者可以通过在图中试着将需求曲线的形状画得更为平缓来考察 Q_2Q_4 的变化情况。

（3）贸易效应。它是保护、消费效应之和，即替代进口的部分加上消费减少所造成的进口的下降，从而贸易量发生的变化，也即 Q_1Q_3 与 Q_2Q_4 之和。

（4）税收效应。在图中这部分税收为 $P_wP_t \times Q_3Q_4$，它是政府对进口征收关税而获得的财政收入。

（5）国际收支效应。它是进口下降所引起的对外支付降低，即外汇的节约，其数量等于 $(Q_1Q_3+Q_2Q_4)\times OP_w$。

对进口征收关税后福利的变化为：与自由贸易时相比，生产者剩余增加 P_wP_tAB，总量为 OP_tA。消费者剩余下降 $P_wP_tE''E'$，总量为 P_0P_tE''。损失的消费者剩余中，P_wP_tAB 为生产者所获得，$Q_3Q_4\times P_wP_t$ 为政府税收，尚有 ABC 和 $FE'E''$ 为净损失，即 1 的部分由消费者转给了生产者，3 的部分为关税收入，归政府所有，而两个小三角形（2+4）则是征收进口关税后的净损失，它是保护国内生产与市场、限制进口的生产和消费代价。从经济含义角度讲，三角形 2 的部分是原有消费 Q_1Q_3 从进口低价产品转为本国生产的高价产品所造成的福利损失，三角形 4 的部分是由于征收进口关税后原有消费 Q_2Q_4 消失而造成的福利损失，这在经济学中被称为无谓损失（deadweight loss）。整个的福利变化也被称为再分配效应。

（三）小国进口关税一般均衡的图形说明

一般均衡分析考虑的是多种产品和多个市场的均衡过程。小国关税的一般均衡分析考虑的是关税的福利分析。首先，画出我们所熟悉的坐标与生产可能性曲线，并按照比较利益学说画出图形。假设该国对 X 产品征税，这样原来的优势在于生产 Y 产品，现因 X 产品价格上升，生产 X 产品有利可图，因此资源转而用于增加生产 X 产品，生产点从 A 移至 A'，国家按国际价格交换（小国无法影响国际价格），消费者按税后的国内价格交换，该国福利的变化由社会无差异曲线表示，福利水平与征收关税之前相比有所下降。其图形解释如图 6-3 所示。

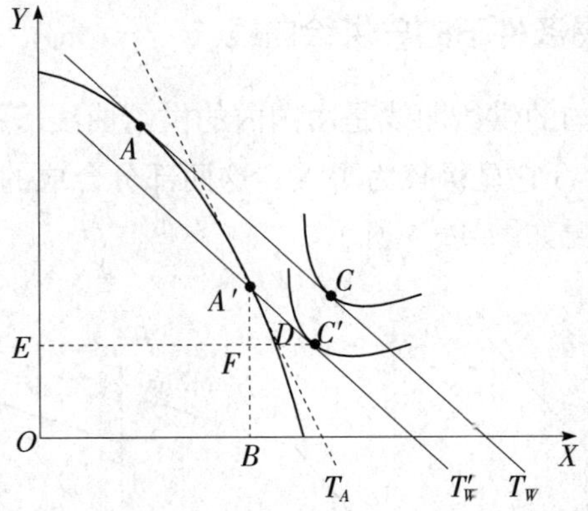

图 6-3　小国进口关税一般均衡的图形分析

说明：$A'F$ 的 Y 产品按国际价格（与原国际价格线 T_W 平行的现国际价格线 T'_W）交换 FC' 的 X 产品，由于征收关税，$A'F$ 的 Y 产品只能交换 FD 的 X 产品，此时交换是按照国内价格即过 A' 点的更为陡峭的价格线进行的，DC' 为关税。

（四）贸易均衡条件分析与评价

此时该国的均衡条件为，生产 OB 的 X 产品、$A'B$ 的 Y 产品，消费 ED 的 X 产品、BF 的 Y 产品，按照国际价格与国内价格交换，该国作为整体与该国消费者用 Y 产品交换的 X 产品数量不同（见图 6-3 的说明）。这种情况由关税造成的扭曲所致，但之所以国家福利遭受了损失（见社会无差异曲线的位置），主要是因为国内、国际价格差异。

小国征收进口关税在我们的分析中能够得到的政策含义是：任何阻碍自由贸易的做法，尽管会使得征收进口关税的国家的国内生产增加，财政收入增加，但从总体上看，征收进口关税必然会使得该国的福利有所下降，必然会导致经济福利的净损失。同时，小国关税的局部均衡分析给我们的启示是：要采用关税保护国内市场，决策者必须考察本国该产品的供给与需求弹性。如果本国该产品的供给与需求弹性大，则关税的保护作用大；如果本国该产品的供给与需求弹性小，则采用征收关税的做法的效果就不一定理想，此时应该设法采用保护国内市场的其他政策措施。在实施关税措施时，需要计算出本国的供给与需求弹性，才可估算出措施的效果。

三、大国关税的局部均衡与一般均衡分析

大国与小国的差别在于，因为它在国际贸易中交易量大，市场份额较大，所以大国可以利用这一点影响价格，将征收关税的损失转嫁给出口商，这样大国征收的进口关税并不是全部由进口国的消费者来承担。该国如果对进口产品征收关税，则进口量会有较大下降，因而造成国际市场供大于求和价格的下降。征收进口关税后，国内该产品的价格上升的幅度往往要低于关税税率，一般而言，国内价格上升的幅度与国际价格下降的幅度之和才是征收的进口关税税率。而作为一个大国，它可以借助自己在购买方面的实力，将国外出口商的价格压低到低于国际市场价格，但下跌的界限是国际价格与合成的国内、国外供给曲线在实际交易量处的距离，超过这一界限的价格下跌在国际贸易条件下是不可能的。

（一）大国在国际贸易条件下的总供给曲线

有着进出口贸易的大国的供给曲线是由国内的供给曲线 S_h（它显得有些陡峭）和国外对于该国的供给曲线 S_f（它显得较为平缓）这两部分合成的，即曲线 S_{h+f}，它在图形中表现为折线。其基本情况如图 6－4 所示。

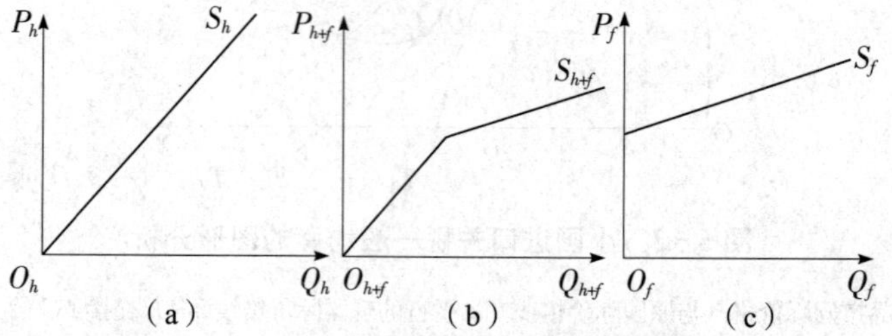

图 6－4　大国在国际贸易条件下的总供给曲线

（二）大国进口关税局部均衡的图形分析

大国进口关税的局部均衡分析，是指多种产品、多个生产时的均衡情况分析，其图形如图 6－5 所示。

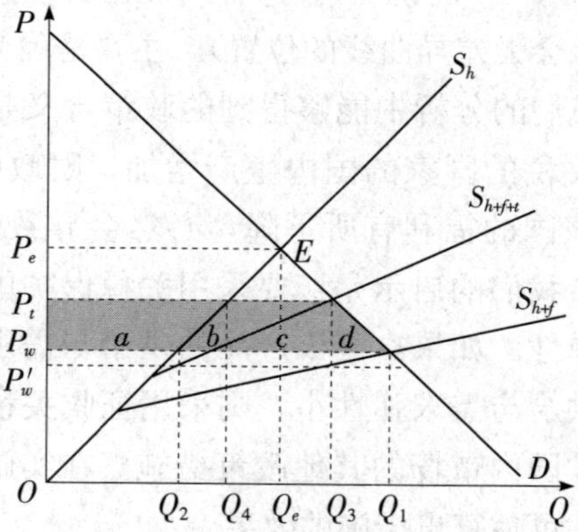

图 6－5　大国进口关税局部均衡的图形分析

说明：图中有四个价格，即国际价格 P_w，封闭条件下的均衡价格 P_e，征收关税之后的价格 P_t，以及该国利用自己的大国地位所压低的价格 P'_w。S_h 为国内供给曲线，S_{h+f} 为总供给曲线，S_{h+f+t} 为税后总供给曲线。税前消费量为 OQ_1，其中 OQ_2 为国内供给，Q_1Q_2 为外国厂商供给。税后消费量降为 OQ_3，国产 OQ_4，进口 Q_3Q_4。

（三）大国关税的经济效应与福利分析

该国在征收关税后消费者剩余下降了 $a+b+c+d$，其中 a 转变为生产者剩余，c 为关税收入，$b+d$ 为保护后即征收关税后的净损失。但大国与小国相比，区别在于它可以左右价格，即通过征收关税后产生的需求下降，进而供大于求造成的价格下降将关税负担转移给国外出口商。这使得出口国为保护市场将价格压低为 P'_w，于是，国内消费者支付了 P_t，出口商得到 P'_w 而非 P_w，分担了关税负担。

大国征收进口关税所带来的结果会有三种情况：如果征收进口关税后贸易条件的改善大于关税保护的代价，则征收进口关税有净收益；如果征收进口关税后贸易条件的改善等于关税保护的代价，则征收进口关税无损失；如果征收进口关税后贸易条件的改善小于关税保护的代价，则征收进口关税有净损失。

(四) 大国关税一般均衡分析的图形说明

大国关税的一般均衡分析可以利用两个国家的提供曲线予以说明，国际价格是过原点和均衡点 E 的一条射线，征收关税后的价格线显得更为平缓，经济意义上即为贸易条件向对 B 国有利的方向倾斜，见图 6－6。

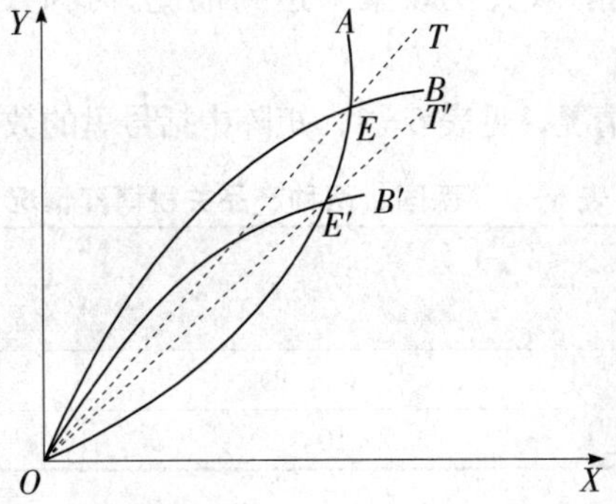

图 6－6　大国关税一般均衡分析的图形说明

说明：OA、OB 分别为 A、B 两国的提供曲线，E 为均衡点。B 国征税后，X 产品价格提高，进口下降，如果 A 国对 Y 产品的需求不变，B 国贸易条件好转，OB 变为 OB'，OT 变为 OT'，此时 B 国用较少的 Y 可以换得较多的 X。其中 OT 价格线变为 OT' 就是贸易条件效应（贸易条件改善）。

在一般情况下，大国在征收进口关税后，关税的保护作用往往并不那么强，这是因为出口国会通过降低价格来抵消进口国的价格上升，以便保持自己在进口国的市场份额，这样做会抵消进口国征收关税的效果。因此，大国征收进口关税的保护效应相对于小国会小一些。但是大国征收进口关税造成的进口下降比小国也要少，得到的收益会较大，这是由其大国地位决定的，即在大国征收进口关税的压力下，出口国在这时不仅要被迫减少出口量，而且出口价格也要降低。

四、关税谈判中的博弈

《1947 年关税及贸易总协定》第 28 条之二（1）指出：缔约方全体可时常发起此类（关税）谈判。如果用博弈论解释，则关税谈判应属于重复博弈。

重复博弈讲求战略（strategy）。对于战略的定义，谢林（Schelling）曾写道：“一个行为……以一种对自己有利的方式，通过影响其他人对自己将如何行动的预期，来影响其他人的选择。”① 战略可以包括威胁和承诺两种基本方式。在重复博弈中，博弈结果可

① Thomas C. Schelling. *The Strategy of Conflicts*. Cambridge，MA：Harvard University Press，1981.

以通过各种战略的同时使用来取得。一个承诺可以通过使用可信的威胁来提出，一个不可逆转的协定可以进一步提高威胁的可信性。

在关税谈判中，最常见的战略也是威胁和承诺。威胁体现在对关税报复措施的使用上。如果在某一领域或产品的关税削减上达不成协议，则报复措施通常会被使用。2001年4月23日，日本政府对中国的大葱等农产品实施紧急限制关税，在无法沟通的情况下，中国政府于2001年7月对日本的汽车等三种产品实行100%的关税。中国政府采取的关税措施就是一种谈判战略，更具体来说是一种报复战略。在关税战略中，报复是为承诺服务的。换句话说，报复不是目的，承诺才是目的。

假设对弈者是两个大国A和B，它们交易两种产品——产品1和产品2。每个国家的福利都可以通过关税政策或削减关税政策来达到最优。我们还假设各国和关税措施相关的博弈是多期重复的。

我们先看一次性博弈的情况，见表6-1，矩阵中括号里的数字代表各国的贸易净收益。

表6-1　两国、两种产品关税博弈情况

B \ A	无关税	有关税
无关税	(8，8)	(2，10)
有关税	(10，2)	(4，4)

在此次博弈中，有两个静态均衡状态：一是两国政府均征收关税，二是两国政府都不征收关税。第一个均衡状态下的效率是低下的，即双方的净收益为（4，4）。显然，两国政府都应选择无关税，博弈将达到最优均衡状态（8，8）。

关税谈判实际上就是为了达到无关税最优，即（8，8）的状态。这时承诺成为博弈的主要战略。如果个别国家从无关税最优方案中“变节”，则其他国家就可以使用威胁战略使均衡回到关税均衡（4，4），从而当贸易净收益减少时，迫使“变节”的国家回到无关税最优的均衡中。

在国际贸易实践中，个别国家的“变节”是十分常见的，这使关税谈判成为重复博弈。目前世界上大多数国家都加入了WTO，这意味着各成员均可以从共同减少关税中获益。对各成员政府来说，WTO协议既是一种承诺，也是一种约束，因为如果哪个成员的政府不遵守协议，那么它就将遭到其他成员的报复或惩罚。威胁和承诺会产生自我强迫的合作行为，这是无限重复博弈的一个基本结论。

一个经济体往往对出口较少征收关税（但在一般情况下出口也需要办理相应的通关手续，而且大多数经济体对极少数特殊产品的出口也会征收出口关税，如本国生产急需而产量又较少的产品，为了维持生产的正常进行而对其出口征收出口关税），甚至予以出口退税的奖励，所以本节讨论的大都为进口关税的征收及其影响。

第二节　进口配额与关税的比较分析

进口配额属于一种阻碍贸易自由进行的非关税壁垒措施，非关税壁垒实际上包含了除关税手段之外的一切限制贸易自由开展的做法。在国际贸易实践中，非关税壁垒限制贸易的办法又可以分成直接措施与间接措施两大类：直接措施是指商品进口国自己或强制出口方，对商品的进出口实行直接的数量或金额的限制；间接措施则是进口方国家对进口订立非常严格的各种产品标准，使得出口国无法顺利完成交易。由于非关税壁垒的做法对国际贸易的限制作用一般大于进口关税，所以进口国尤其是发展中国家的生产厂商大都愿意国家采用这类办法来保护国内市场。而世界贸易组织则尤其反对采用非关税壁垒的做法。

一、进口配额分析

(一) 国际贸易中进口配额的概念

进口配额是指一国政府在一定时期内对某些商品的进口数量或金额加以直接限制的措施，它对进口的阻碍作用是十分明晰的。在实践中存在超过配额不得进口（绝对配额）与对超额进口部分实行惩罚性关税（关税配额），以及针对国别与全球发放进口配额的做法。

(二) 进口配额局部均衡的图形分析

图 6-7 中的进口国家为经济意义上的小国，即只是市场既定价格的被动接受者而非价格决定者，在图形中侧重于对进口配额与等效进口关税进行比较。

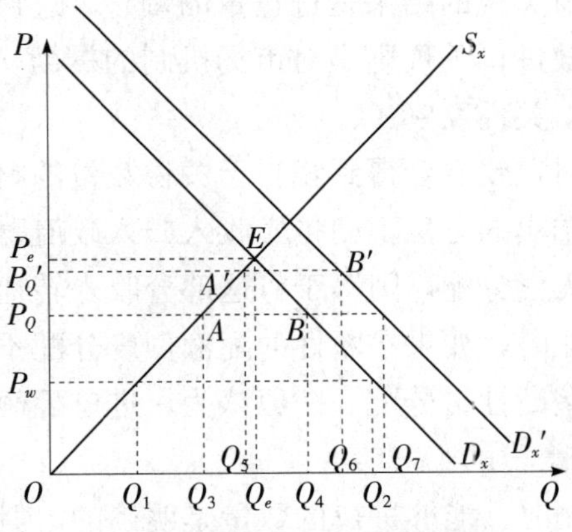

图 6-7　进口配额局部均衡的图形分析

说明：图形中 S_x 和 D_x 曲线分别是该国的国内供给曲线和需求曲线，由于 $P_w < P_e$，国际价格低于国内价格，因此该国存在进口，Q_1Q_2 是价格为 P_w 时自由贸易条件下的进口。为限制进口，该国设置了 Q_3Q_4（AB）的进口配额，而 P_Q 是设置 Q_3Q_4 的进口数量限制而形成的消费者的新价格，在某种意义上这种做法可被看成等同于设置了进口税，国内需求为 OQ_4。需求偏好发生变化后，形成了新的需求曲线 D_x'，国内供给曲线不变，在此基础上可以分析出进口配额与等效进口关税之间的差异。

(三) 进口配额的经济效应

在国内需求偏好发生变化后，消费者希望更多地消费该种商品，但原定的进口配额并未发生变化，只是从 AB 上升到 $A'B'$ 的位置，这样该国这种商品的价格上升，对于市场的保护作用加强，国内生产增加为 OQ_5，消费也提高为 OQ_6，但由于进口配额的限制，进口数量并未发生变化，仍为 $AB=A'B'$。

二、进口配额与等效进口关税的比较分析

对进口配额与等效进口关税进行比较，人们会发现进口配额对于进口限制的特殊作用，从而可以更好地理解为什么世界贸易组织对非关税壁垒限制国际贸易的机制持坚决反对的态度。

（一）进口配额与等效进口关税的进口数量分析

在国内需求发生变化、消费量增加时，若该进口国采取等效进口关税而非配额的措施，则进口关税税率不变，在这样的情况下，需求曲线升为 D'_x，但价格仍为 P_Q，国内生产并未因需求上升而改变，但国内消费增为 OQ_7，增长了 Q_4Q_7，等效进口关税并未同步增加以起保护作用。

（二）进口配额与等效进口关税的政策含义比较

（1）在实行进口配额时，国内需求上升，结果是国内该种商品的价格升高，国内生产增加。但实行与进口配额等效的进口关税时，上述情况导致的结果则是，该种商品的国内价格不变，国内生产不变，但消费与进口量要变化，所以实行进口配额的结果是价格的调整，而实行等效进口关税的结果是进口量的调整，进口配额排除了市场机制，是对市场力量的取代，而等效进口关税则是对市场机制的贯彻，因为国际市场与国内市场价格之差一般不会超过进口关税税率。

（2）在实行进口关税时，政府会得到相当于关税数量的财政收入。在实行进口配额时，进口许可证如果采用拍卖的方法，则拍卖收入归入政府财政，这与等效进口关税是一样的。如果对配额进行无偿分配，则等于将这部分收入转让给了得到进口配额的进口商，当经营进口的利润变化时，如果垄断性的配额额度分配不变，则实际上是对等效进口关税归政府的部分进行垄断性再分配。一般认为，进口配额的垄断性分配易于导致进口商的寻租行为。

（3）实行进口配额限制时，能够进口的数量是明确的，但实行进口关税则因供求曲线的状况不同而结果不同，即实行进口关税的结果因为供求曲线的弹性不明而无法掌握。

（三）对进口配额的评价

实行进口关税事实上无法彻底限制竞争，国内生产厂商无法形成完全的垄断，价格无法抬得过高。实行进口配额，因允许的进口数量明确而对国际贸易自由程度限制清楚，限制性更强，所以国内厂商更希望采用这种做法。在国内生产受到来自外部商品的竞争、国内厂商的垄断地位受到挑战时，国内厂商甚至会迫使政府采取这种做法，因此这种做法对自由贸易的限制性更大，WTO 更反对这种做法。但一般而言，目前发展中国家大

都愿意实行这种明确、简单的做法。

第三节　幼稚产业的保护

一、贸易保护主义的理论基础

(一) 李斯特的贸易保护理论

德国经济学家弗里德里希·李斯特（Friedrich List）于 1841 年出版了《政治经济学的国民体系》一书。在书中，李斯特继承了美国独立后第一任财政部部长汉密尔顿的贸易保护思想，从当时德国经济发展相对落后于英国的事实出发，经过大量研究认为：斯密、李嘉图等人的自由贸易理论是从世界大同出发的，而未考虑到各国之间的差异。自由贸易尽管会有利益，经济水平相近的国家间进行自由贸易是互利的，但在实际中却未必对相对落后的国家有利，因此自由贸易应该是未来的事情。李斯特的贸易保护理论是建立在生产力理论的基础上的，认为财富的生产力或生产财富的能力比财富本身更重要。李斯特认为：要理解经济现象，除了“价值理论”以外，还必须考虑一个独立的生产力理论。“财富的原因与财富本身完全不同。……生产财富的能力比财富本身更为重要。”① 李斯特研究财富产生的原因、研究财富的生产力，也就是研究未来的财富，从动态的角度研究财富、研究生产，这是李斯特思想的精华之处。对国际贸易利得和关税政策效果的分析不能仅仅集中在对静态贸易利益的分析上，还应从动态的角度分析贸易对经济发展的影响，这一点也是后人分析关税政策的重要思路之一。

李斯特使用“两个家长、两种投资”的模型来反对李嘉图的“两个国家、两种商品”的模型。李斯特的模型从两个收入完全一样、子女数目相同的地三出发，其中一个地主将收入存入银行收取利息，即符合李嘉图追求金钱的思想，另一个地主则将收入用于子女上大学，作为投资以提高生产财富的能力。在两个地主去世后，第一个地主的子女在用尽上辈的积蓄后会陷入贫困，而第二个地主的子女因上过大学而具有谋生的新手段，故生活会富足，因此李斯特认为一个国家最大部分的国民收入应该用于教育，以提高生产能力。在国家的保护下，在新工业的建设初期，国民会使用质次价高的商品，然而经过一段时间后，该国人民便会有物美价廉的商品用来消费，同时国家生产财富的能力也会得到提高。但是，李斯特认为农业、原料、科技因为有利于生产力增长而可以自由贸易，但工业品的自由贸易有损国内工业的发展，因此国家干预经济的发展是十分有必要的。一个相对落后的国家为了发展经济，应该建立起保护性而非财政性的且有条件（有利于国内有希望的产业的发展）、有时间限制（而非无时间限制）的关税制度。他认为，在国际贸易中，随着本国生产力的发展，关税水平应该上升，以便于本国商品占有国内市场，但对农业却不应该予以保护。

① ［德］弗里德里希·李斯特．政治经济学的国民体系．北京：商务印书馆，2009.

李斯特关于保护关税制度的核心思想包括：

（1）关税保护的对象：工业中重要的工业部门、经发展能与外国商品竞争的部门、技术部门应重点保护；对于不太重要的经济部门，如奢侈品部门，只应采取低层次的保护；对于虽然是新生工业但国外并无强有力竞争的部门则不需要保护。

（2）关税保护措施：可以根据国家的特有环境和它的工业情况来决定对工业品采取禁止输入或规定适当的税率的办法。对输出加以禁止或征税，以及对自然产物（农产品）的输入征税不是通常的办法；退税的办法只对那些仍然要从国外输入的半制成品适用；为使本国工业品能在第三国参与竞争而使用奖励金的办法则是不恰当的。

（3）课征关税应当有一定的限度："不要使进口和消费因此而受到限制，否则，不但国内的生产能力将受到削弱，而且增加税收的目的也将受挫。"① "假如任何技术型工业均不能通过最初的40％～60％的保护税率得以建立，不能在20％和30％之间的税率的不断保护下持久存在，那就说明该工业制造能力相当弱。"②

（4）关税保护措施的实施应是有步骤地进行的："关税只应随着国内或从国外吸引来的资本、技术才能和企业精神的增长比例而提高，只有当一个国家具备了条件可以自己利用先前用于出口的剩余原材料和天然产品时，关税才能按比例提高。"③ 关税保护制度的变化应由比较落后的国家根据它与比较先进的国家的关系中的特有情况以及相对情况来决定。

李斯特的观点是用民族主义代替古典学派的世界主义。李斯特看到了不同国家在国际贸易中的利益冲突，并分析了关税政策对国内产业的影响。李斯特不是仅仅着眼于国际分工的静态利益，而是还注意到了贸易对一国产业结构动态调整的影响。李斯特的理论成为后来各种贸易保护主义的重要理论基础。

（二）新贸易保护理论

一些西方国家和发展中国家的激进经济学家认为，国际贸易及贸易利益在旧国际经济秩序下是发达国家攫取发展中国家财富的渠道；由于贸易结构、贸易流向以及不同国家中不同的成本因素，国际贸易中存在严重的价值转移或国际剥削现象，使得贸易利益极端倾向于发达国家，即通过国际贸易，财富从发展中国家向发达国家转移，从外围国家向中心国家转移，穷国受到富国在国际贸易领域的剥削。这些经济学家还认为，战后科技革命产生的经济利益，由于不公平的国际分工，均为发达国家所获得，而发展中国家因为经济结构的特点，并未获得科技革命的任何好处，从而科技革命使得财富在发达国家中积聚，而贫困则在发展中国家积累，发展中国家被日益边缘化，远离了经济发达。因此，他们建议发展中国家应实行严格的贸易保护，切断不等价交换转移价值的渠道；同时，在贸易保护下，努力发展本国经济，实现工业化，转换自己的产业结构，尽快从落后的农业国家发展成为工业化国家，这样才能最终摆脱国际剥削。

---

①②③ ［德］弗里德里希·李斯特．政治经济学的国民体系．北京：商务印书馆，2009.

二、关于幼稚产业保护的均衡分析及政策分析

在今天的国际经济学中，人们对于保护又从新的角度进行了探讨，认为贸易保护的必要性在于：只有保护才能使得所谓幼稚产业得到应有的发展。在研究中，人们对于什么样的产业可以被称为幼稚产业有着不同的看法，但是对于必须给予幼稚产业以保护却没有任何不同的意见。因为人们都知道，幼稚产业只有在一定程度的保护下才能得到相应的发展，否则将被毁灭于强大进口的竞争压力之下。应该探讨的问题是：什么样的产业可以算作幼稚产业，即幼稚产业的标准是什么？另外，人们应该如何保护幼稚产业？

（一）幼稚产业的定义（M-B-K 标准）

经济学中将幼稚产业定义为：若某种产业由于技术经验不足，劳动生产率低下，产品成本高于世界市场价格，因而无法与国外产业竞争，但在关税、补贴等保护措施下继续生产，经过一段时间后能够在自由贸易条件下获利，达到其他国家的水平而自立，形成良性发展，则这样的产业就是幼稚产业。

一般认为，具有比较利益的产业处于幼稚状态时，经过保护，便会具有现实的比较利益，从而在自由市场条件下得以发展。但是，成本递增型产业是不能算作幼稚产业的。在国际经济学中，幼稚产业的标准有穆勒标准、巴斯塔布尔标准和肯普标准等。

（1）穆勒标准。英国经济学家约翰·穆勒认为，某种产业由于技术不足，生产率低下，成本高于国际市场，无法参与竞争。在保护下，能够在自由贸易下获利，使得潜在的比较利益转化为现实的比较利益，可以自我投资发展，这样的产业即为幼稚产业。但是在保护时应注意两点：一是保护的时间应限制在产业学习新技术的过程中；二是保护必须具有很强的针对性，只对该产业予以保护。

（2）巴斯塔布尔标准。英国经济学家巴斯塔布尔（C. Bastable）在确定幼稚产业时，除了坚持穆勒的产业自立原则之外，还将经济学中的成本-效益分析方法引进来予以应用。他认为，保护、扶植幼稚产业所需的社会成本不能超过该产业将来收益的现值，符合该条件即为幼稚产业，这样实际上是将幼稚产业的确定，从仅使用静态方法发展成使用动态方法。但是，这一标准对于提到的利润是指产业的利润还是指整个社会的利润，并没有予以说明。

（3）肯普标准。除了穆勒-巴斯塔布尔标准的内容外，美国经济学家肯普（M. Kemp）认为在确定幼稚产业时，还应该考虑产业在被保护时期内的外部效应问题。如果该产业具有外部性，该技术可为其他产业所获得，使其他产业利润提高，而使得本产业利润无法增加，将来所获利润无法补偿投资成本，那么国家应该予以保护。但是，如果该产业在学习技术、经验时具有很强的内部性，即只能为该产业所利用、垄断，而学习后垄断的利润的现值可以补偿保护的代价，则对这种产业就不需要予以保护。

以上三个标准应该说大抵只是从私人产业的角度来考察幼稚产业问题，只是强调私人产业的利润能否弥补成本，即便考虑了现值，从静态转化为动态，也仍然没有从社会福利的角度对幼稚产业问题予以考察。这是因为，在成本-效益分析中，既存在企业、产

业的成本-效益问题，也存在整个经济的成本-效益问题，更存在全社会的成本-效益问题。三者有时是一致的，但有时并不一致。例如，某幼稚产业从自身成本-效益的角度讲无法立足，似乎不应该予以保护，但从经济发展和社会进步的角度讲，可能该产业对于整体发展具有极大的意义，应该予以保护。这在发展中国家国际贸易政策的制定中是极为重要的，因为贸易保护在发展中国家对于经济整体的发展是十分有意义的。

（二）幼稚产业发展的局部均衡分析

图 6-8 用局部均衡分析方法，探讨了幼稚产业在保护条件下的发展过程。图中的供给曲线与需求曲线的位置与过去的图形是不同的。供给曲线位置很高，表明国内供给方是幼稚产业，生产成本很高，在自由贸易条件下，由于国际价格很低，国内价格过高，因而国内生产完全无法对市场形成供给，任何需求都无法从国内生产中得到满足，国内的需求完全由国际市场来满足。经过一阶段的有效保护，国内生产力得到提高，供给曲线向右移动，当供给曲线右移到一定程度时，国内的生产便可以进入市场，国内需求由国内生产和进口共同满足。当供给曲线继续移动，到一定阶段时，进口便会停止，全部的国内需求均由国内生产满足。当然，如果供给曲线进一步向右移动，生产力继续提高，再经过一段时间后，该国的这一产业就有可能进入出口产业的行列了。

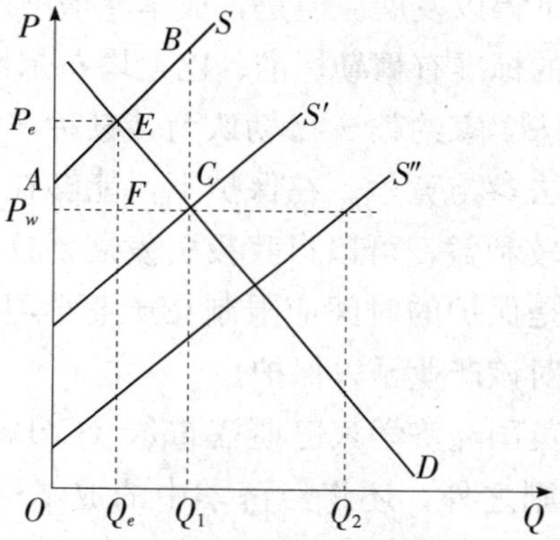

图 6-8　幼稚产业发展的局部均衡分析

说明：该国最初的均衡价格太高，国际价格很低，由于价格差距，国内供给无法进入市场。该国决定对之实行保护政策，经过一个阶段的保护，供给曲线从 S 移至 S′，这时进口停止。进而供给曲线右移至 S″，这时该国由于成本很低，产品便可参与国际竞争了。

在国际经济学中，对幼稚产业的保护大多主张采用国家采购的办法，即国家用高价买入产品，给该产业以补贴。在图 6-8 中，若要保证国内有在国际价格下的消费量，则国家必须给予相当于梯形 P_wABC 的补贴。若国家只愿意保证在均衡价格下的国内消费量，则该国应该给予梯形 P_wAEF 的补贴，这样才能够使本国的厂商在国际价格水平下与国际上的其他低成本厂商进行竞争。

但是，主张自由贸易的学者对补贴本身有不同的看法，尤其是对与出口有关的补贴进行了批评。他们认为出口补贴本身是对已经付出的资源的浪费，而进口国如果征收反补贴税，则会造成出口国补贴实际上转移为进口国的税收，而进口国的消费者的福利却会因此而下降，见图 6-9。

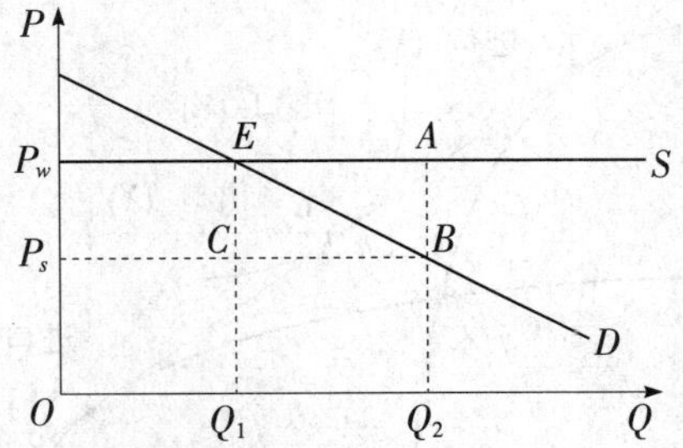

图 6-9　出口补贴所造成的资源浪费

说明：P_s 为实施出口补贴后的国际价格。世界为生产 OQ_2 的产量支付了 OP_wAQ_2 的资源，只得到了 OP_wEBQ_2，ABE 为浪费。

然而，正如我们在前面所谈到的，成本递增型产业无论如何都不可能成为幼稚产业而受到保护。这里存在几种情况：或者因该产业属于成本递增型，国内成本线逐渐升高而永远无法与国际价格线相交，甚至随着时间的推移，与国际价格线偏离得更远（D'' 线）；或者产品虽然不是成本递增型，随着时间的推移，生产成本会逐渐下降，但是，尽管有着各种保护，然而生产成本下降得过于缓慢，以致在国内成本线与国际价格线相交之前，该种产品就已经结束了自己的产品生命周期（T_1），从而再生产该种产品已经没有意义（D' 线）。因此，只有国内生产成本在各种保护下能够迅速下降，在该种产品的生命周期结束之前便可以与国际价格线相交的产品，才有保护的价值（D 线）。详见图 6-10。

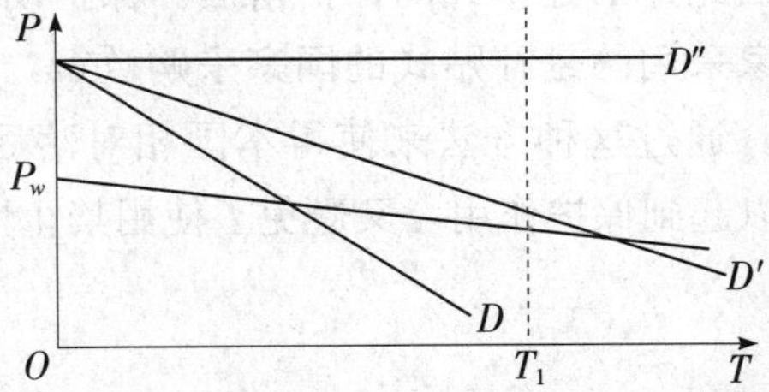

图 6-10　不同成本类型产业的状况

说明：D 线在产品生命周期结束之前低于 P_w 线，则产品可出口。如果情况如 D'' 线所示，成本根本无法下降，则保护无意义；但若 D' 线与国际价格线相交时产品生命周期已经结束，则保护同样没有意义。

（三）幼稚产业发展的一般均衡分析

对幼稚产业予以保护是为了使该产业得到发展，而一个国家作为一个经济的总体实行保护政策，不仅希望现有产业得到发展，而且希望本国的产业结构得到改善。在绝大多数情况下，产业结构的转换总是一国经济发展的过程与结果，相对落后的国家也总是希望通过产业结构的转换达到经济发展的目的。在发展经济学中，经济相对落后与经济发达的一个重要区别就在于前者经济结构的落后，存在着二元经济，而经济发展的过程就是克服经济二元结构的过程，因此产业结构的转换被认为是等同于经济发展的重要任务。在国际经济的现实中，一些经济得到一定程度发展的国家，如韩国，被认为其经济结构实现了成功的转换。这种情况可以从图 6-11 中看到。

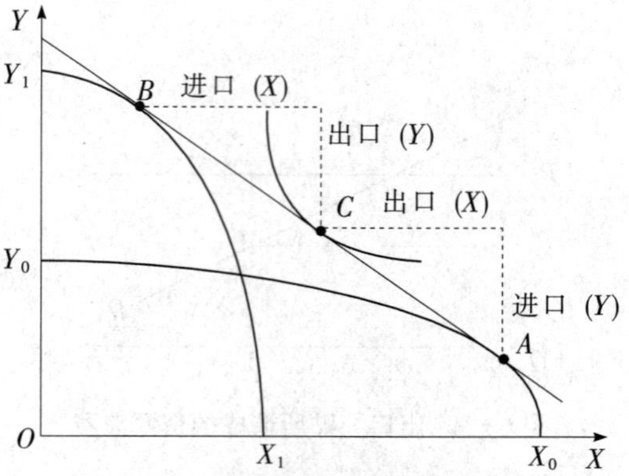

图 6-11　幼稚产业发展的一般均衡分析

说明：在实行贸易保护之前，该国的比较利益在于生产（生产点为 A，消费点为 C）、出口 X 产品，之后随着生产力向 Y 产品方向发展，其比较利益在于生产（生产点为 B，消费点为 C）、出口 Y 产品，比较利益随着产业结构的转换而发生了变化，说明保护的目的达到了。

(四) 保护幼稚产业的政策含义与评价

我们认为，对相对落后的国家而言，给予幼稚产业以保护是必要的，在同样的游戏规则下，各国生产力条件不一样，过分的自由贸易可能会损害相对落后国家的利益，这已经得到了事实的证明。但实行保护的目的在于使受保护者得以进步，最终不需要保护，在国际市场中自我扶植，因此并不是单纯的保护落后。保护幼稚产业的方法有很多，但是在现实中有相当多的国家采用的是补贴式的国家采购政策，国家用较高的价格采购国内生产的产品供公务使用，通过这种方法来使得本国相对落后的产业得到应有的保护，使之成长。这种做法既可以起到保护作用，又避免了使用禁止性关税，免除了许多麻烦。

三、关税的有效保护率

使用关税对国内产业予以保护，以使国内生产得到维持，是一个国家采用关税措施的根本目的。但是，一国在实行进口关税时，所征收的进口名义关税不仅对最终产品有保护作用，而且对生产最终产品所使用的原料和中间产品也有相应的影响。例如国家对制衣业予以保护，则对本国与制衣业有关的行业如棉纺、整染甚至化纤业均会有保护作用。反之，如果一国在征收制成品进口关税的同时，对进口原料和中间产品也征收进口关税，则关税的保护作用便会发生新的变化，对最终产品征收的关税税率的实际保护作用就会减弱。因此，探讨对最终产品征收的名义关税税率对于国内市场的有效保护就显得十分有意义。

(一) 关税保护与关税的有效保护

征收关税的目的在于保护国内生产和市场，一个进口关税税率对国内市场的保护分为名义保护与有效（实际）保护。关税的名义保护率为其名义税率，即对最终制成品进口征收的进口关税税率，其经济含义为，因征收进口关税，本国生产增加所替代的进口数量。名义关税税率的有效保护则是指对受保护行业单位产品附加价值增加率的保护。这里的附加价值的含义是指最终产品的价格减去进口原料和中间产品的价格，即进口后投入的价值。只有进口关税的有效保护率才真正反映了本国产品在关税保护下的实际竞争能力。

(二) 关税有效保护率的计算

进口关税的有效保护率的计算公式如下：

$$ERP=(V'-V)/V$$

式中，V'为附加价值，即最终产品的价格减去进口原料（或中间产品）的价格，是带有税收的附加价值；V为新加入的价值，即在不征收关税时单位产品的附加价值，在很大程度上它是活劳动的贡献。

为了进一步说明有效保护的含义并进行对比，我们举两个例子来计算在名义关税税率一样时，对进口原料（或中间产品）征收进口关税，对于有效保护的影响。

例 1：假设某产品的国内生产价格为 100 万元，其中进口原料的价格为 50 万元，在生产中新增的价值为 50 万元。如果对最终产品征收 20%的名义从价税，对进口原料不征税，则名义关税的有效保护率是多少？

先求出V'：由于对进口最终产品征收关税，因此该产品国内的价格为 100 (1+20%)，即 120 万元，$V'=120-50$，即为 70 万元。

V在本例中为 50 万元，则：

$$\begin{aligned}ERP &=[(120-50)-50]/50\\ &=40\%\end{aligned}$$

答：有效保护率为 40%。

例 2：其他条件与上例一样，只是在征收最终产品进口关税的同时，对进口原料也征收进口关税，税率为 10%，试计算该情况下进口名义税率的有效保护率。

先求出V'：由于对最终产品征收的进口关税税率没有变化，所以国内该产品的价格仍然为 120 万元，但原料的价格因征收进口关税而发生了变化，为50(1+10%)，即 55 万元，V'发生变化，$V'=120-50(1+10\%)$，即为 65 万元。

V在本例中未发生变化，仍然为 50 万元，则：

$$\begin{aligned}ERP &=[(120-55)-50]/50\\ &=30\%\end{aligned}$$

答：有效保护率为 30%。

由于生产中投入的单一性是极为罕见的，因此生产一种产品往往需要多种投入。在国际贸易的现实中计算有效保护率时，要将多种投入的情况考虑进去，需要对公式进行修正。由于篇幅所限，这里不再赘述。

（三）关税有效保护的政策含义与评价

名义关税的有效保护问题隐含着重要的政策含义，它对于不同国家尤其是发展中国家的对外贸易政策选择具有特殊的意义。关税结构选择得不恰当，就会使发展中国家对外经济的发展陷入一种两难的境地。

（1）在对最终产品征收的进口关税的名义税率不变时，对进口原料和中间产品征收的关税税率越低，该名义关税税率的保护作用（有效保护）越大，因此在国际贸易的现实中，发达国家一般对最终产品征收关税，但对进口原料大多免税，即根据进口产品加工程度的差异而征收不同的关税。

（2）一国如果用进口原料进行加工后出口，对原料征税，则其结果将是降低产品的竞争力，这样在贸易政策上的取向应该是对这部分原料进口予以照顾，因此大多数国家采取了出口退税的做法，一方面增强了出口竞争力，另一方面可以避免偷逃进口关税。

（3）有效保护对于发展中国家来说的两难：本国若对原料进口不征收进口关税，但对最终产品征收进口关税，便会形成对国内市场的高度保护，国内会出现大量进口装配线，进口原料（或中间产品）以组装去占领市场，而不去发展中间产品或资本品的生产，从而使保护的意义丧失；但是如果对原料或中间产品也征收进口关税，则本国产品便无竞争力，根本无法与进口产品竞争，这些产业更无法转换成出口型产业。这种现象说明，发展中国家在选择本国的关税结构时，空间要比发达国家小，需要从更加广泛的角度而不是仅仅从关税的角度来确定本国对产业实行保护的措施。

第四节　倾销与反倾销的经济分析

一、倾销的界定

（一）倾销的经济学定义

“倾销”是与政府对出口的奖励制度相联系的。1776 年，亚当·斯密就曾在《国富论》一书中详细讨论过当时各国允许对出口贸易实行官方奖励的习惯做法，并将其称为倾销。

经济学意义上的倾销最初是由经济学家雅各布·维纳于 20 世纪初提出的。他认为：倾销是一商品在不同市场之间的价格歧视，并且他划分了倾销的三种类型，即偶发性倾销（sporadic dumping）、短期或间歇性倾销（short-run or intermittent dumping）［又称掠夺性倾销（predatory dumping）］及长期或连续性倾销（long-run or continuous dumping）。

国际经济学家根据价格歧视这一概念对倾销进行了经济学意义上的分析，认为由于追求利润最大化的厂商所面临的国内外市场的需求状况不一样（国内市场需求曲线通常比国外市场需求曲线缺乏弹性），所以按照边际收益等于边际成本（$MR=MC$）行事以获得最大利润的厂商，就在国内实行高价，而在国外实行比国内低的价格。因此倾销的定义也可以这样表述：倾销是海外的货物（商品）以低于同样货物（商品）的销售价格的价格在同一时间在与国内市场类似的条件下的出售（见图 6－12）。

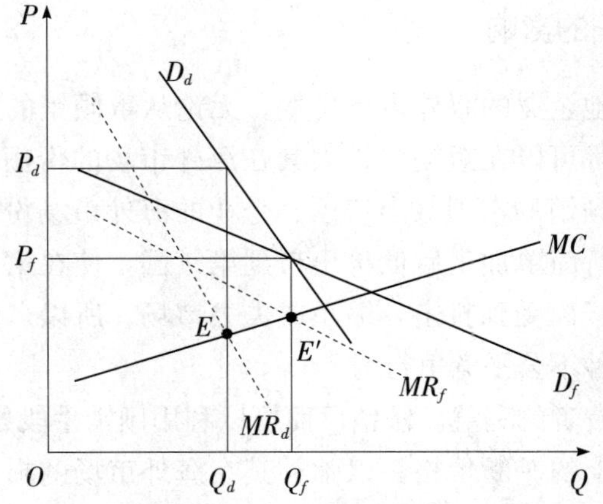

图 6－12 倾销的经济学定义

说明：图中 D_d 和 D_f 分别代表国内需求曲线和国外需求曲线，D_d 比 D_f 更缺乏弹性。MR_d 和 MR_f 为其相应的边际收益曲线。MC 为厂商的边际成本曲线。当 $MR_d=MC$ 时，两曲线相交于 E 点，此时国内的销售量为 Q_d，对应的价格为 P_d；当 $MC=MR_f$ 时，两曲线相交于 E′点，此时国外的销售量为 Q_f，对应的价格为 P_f。如图所示，$P_f<P_d$，即在同一时间销售同种商品的国外市场价格低于国内市场价格。

(二) 倾销的法律定义

倾销的法律定义通常以《1994 年关税及贸易总协定》第六条的规定为依据，指出口商以低于正常价值的价格向进口国销售产品，并因此给进口国产业造成损害的行为。因此，根据这个定义，法律上所指的倾销有以下三个构成条件。

(1) 产品以低于正常价值或公平价值的价格销售。正常价值或公平价值是指出口国或原产地国的国内市场销售价格，在特定情况下也可以是该国向第三国出口的市场销售价格或结构价格等。

(2) 低价销售的行为对进口国产业造成了损害。这里的损害包括实质性损害、实质性威胁和实质性阻碍，是指对进口国相同产品的整个产业造成的损害，而不是指对进口国的某个或几个生产厂商形成的不利影响。

(3) 损害与低价之间存在因果关系。

只有对于同时具备了上述三个条件的低价销售行为，一国才能够依据《反倾销协议》采取反倾销措施，征收反倾销税。因此，我们必须明确法律意义上的倾销是指给进口国产业造成了实质性损害的低价销售行为，而不是一般的低价销售或经济学上的倾销。经济学上的倾销仅仅是构成法律倾销的前提条件，而法律上所指的倾销强调的是对进口国产业所造成的实质性损害、实质性威胁和实质性阻碍。如果一国进入另一国市场的产品符合上述三个条件，那么进口国便可以采取反倾销措施，对倾销产品征收不超过该产品倾销幅度的反倾销税。

二、倾销的危害性

（一）倾销对出口国的影响

（1）挤占出口国其他企业的海外市场份额。无论从事倾销的生产厂商出于何种目的对外低价倾销，客观上都可以在短期内扩大其在海外市场的份额。这样，倾销厂商就可能抢夺原本属于未进行倾销的本国（出口国）企业的海外市场份额。进口国生产厂商也可以通过对倾销产品进行简单加工后低价出口到第三国，使在第三国市场上进行正当竞争的出口国的有关生产厂商受到打击，缩小或失去市场。所以，倾销对于出口国的其他非倾销厂商而言也是一种不公平竞争行为。

（2）损害出口国消费者的利益。倾销厂商可以利用倾销手段处理其库存或剩余产品，从而维持其在国内市场上的垄断价格，以弥补其在海外市场的损失。在此情况下，出口国的消费者被迫支付比正常价格还要高的费用，而使之用于享受其他消费品的购买力受到不同程度的削弱。实际上，倾销厂商在海外市场的扩张是以侵害出口国消费者的利益为代价的。

（3）扰乱出口国的市场秩序。由于倾销往往并不是出口产品的生产厂商劳动生产效率高的反映，因而其低价销售行为会创造一种虚假的竞争优势，引发国内其他生产厂商的过度竞争。这种过度竞争会使生产厂商过分关注产品价格而忽略非价格因素对质量与销售的影响，造成出口国生产物质与人力资源的浪费，降低资源按照比较优势进行配置时的使用效率。倾销所引起的低价竞争与价格大战更会助长假冒伪劣产品的泛滥，阻碍生产厂商的进步，从而扰乱出口国国内市场的价格形成机制和公平竞争秩序。

（二）倾销对进口国的影响

（1）阻碍进口国相应产业的发展。出口国倾销厂商对海外市场的扩张是通过挤占进口国相同产品生产厂商的市场份额来实现的。进口国相应产业由于面临着来自外国产品的低价倾销，因此被迫与外国产品进行价格竞争，其结果是进口国生产厂商利润下降以至经营亏损。面对日益扩大的市场容量，进口国生产厂商却不能扩大生产规模，相反还要降低其产品的生产总量直至被迫退出市场竞争。在此条件下，即使不直接与倾销产品竞争的进口国产业仍然保持着倾销产品进入前所占有的市场份额，也会由于进口产品价格低廉，消费者转向购买倾销的进口产品，减少或放弃原本打算购买的国内生产的产品，而蒙受损失。显然，倾销产品的侵入将剥夺进口国生产相似产品的产业及其相关产业在正常情况下可能出现的增长与发展。

（2）扭曲进口国的市场秩序。对进口国消费倾销产品的产业来说，由于其以倾销的进口产品为原材料或零部件来生产另一制成品，因接受错误的低价信号而扩大生产，所以一旦出口国停止倾销，该进口国产业将无法保持扩大了的生产规模，从而造成在资源配置与使用上的浪费。当然，也有人认为倾销对进口国消费者来说是件好事，因为它可以使其享受到价格低廉的消费品。但这是有前提的，如果倾销产品的质量是有保证的，那么在短期内对消费者来说确实是一种福音。一旦倾销产品取得垄断优势，这种价格低廉的情况就可能为高价所代替，进口国消费者将不得不为此付出更高昂的代价；而且倾销产品大多总是与假冒伪劣相联系，在此情况下，进口国消费者将不得不为此种低价承受效用、效率、愉悦甚至健康等方面的代价。可见，那种认为倾销对进口国消费者有好处的观点是不完全正确的。值得注意的是，即使倾销对消费者有益，这也是以进口国产业缩小生产规模、失去国内市场、利润下降、企业倒闭以至工人失业为代价的。特别是倾销产品将会引起消费者对产品价格的过分关注，从而引导进口国市场的过度价格竞争，扰乱进口国市场的正常竞争秩序。

（3）威胁和抑制进口国产业结构的调整和新兴产业的建立。当前世界各国都在进行产业结构的调整和升级，以适应世界经济一体化与贸易、投资和服务自由化的发展趋势，特别是发达国家在此方面已率先完成或正在为此进行过渡。发达国家这些新兴产业生产的产品在广大发展中国家的倾销，将直接威胁发展中国家相关的新兴产业的发展，阻碍甚至摧毁这些国家为建立新兴产业和进行产业结构调整而进行的努力。我国正处于深化经济体制改革的历史时期，面临着结构调整与产业升级的严峻挑战。外国产品的倾销对我国产业结构调整以及新兴产业建立的威胁与抑制作用，应该引起我们的高度警觉。

（三）倾销对第三国的影响

在自由贸易条件下，任何一个国家的国内市场都很难只为本国企业或某一外国的生产厂商所占有，通常都会有多个国家的生产厂商在相互竞争。在进口国市场上存在第三国出口产品竞争的情况下，倾销产品也会对第三国产生损害，即导致进口国对第三国产品的市场需求下降，使第三国在进口国的市场份额和利润减少。与进口国所受到的影响有所不同的是，第三国生产厂商是在其国内消费者没有享受到低价倾销产品好处的情况下受到损害的。由于倾销所产生的影响并非仅限于进出口国之间，而是会波及所有在进口国市场上进行公平竞争的第三国企业，所以倾销对国际贸易正常秩序的危害性不容低估。

三、倾销的经济效应分析

（一）长期性倾销的实施条件

倾销一般分为偶发性倾销、掠夺性倾销和长期性倾销三种。如果是偶发性倾销与掠夺性倾销，则原因比较容易理解。前者是为了清理剩余货物，故可不计成本；后者是想在挤走国外竞争对手后再提高价格，获取垄断利润，以补回倾销时的损失。而长期性倾销就比较复杂，很多长期性倾销获得了政府的直接或间接补贴，因此，生产者可以按低于国内价格甚至低于成本的价格出口商品，而所受损失可以从政府补贴中获得补偿。这种倾销的经济效应实际上与出口补贴的经济效应完全一样。然而，在国际贸易的发展趋势中存在着不需要任何补贴的长期性倾销；并且，将出口价格定得低于国内价格是企业追求利润最大化的一种手段。而要使这种没有政府补贴的长期性倾销成为可能，必须满足以下条件：

（1）出口商品的企业具有一定的垄断能力，即企业面临的是一个不完全竞争的市场，企业的出口变化会对市场价格造成影响。

（2）出口商品的企业在国内面临的需求弹性比在国外面临的需求弹性小，即出口企业在国内面临的需求曲线比在国外面临的需求曲线陡峭。这一条件往往是存在的，因为企业在国内市场面对的竞争对手一般比在国外市场少。

（3）出口国对国外商品设置足够高的贸易壁垒。这一条件是明显的，否则，国外售价低于国内价格的出口商品又会回流到出口国。只有贸易壁垒的高度相当于国内与国外市场的差价，才可能使这种差价得以保持。

（二）长期性倾销的图形分析

只要满足了以上三个条件，长期性倾销就不仅不会使出口国生产者遭受损失，而且是生产者追求最大利润的手段。图 6－13 说明了这种倾销产生的机制。假设已知某企业所面临的国内需求曲线与边际收益曲线分别如图 6－13（a）中的 D_d 与 MR_d 曲线所示，需求曲线 D_d 向下倾斜说明该企业具有一定的垄断地位，满足以上第一个条件。又知该企业所面临的国外需求曲线以及边际收益曲线分别如图 6－13（b）中的 D_f 与 MR_f 曲线所示，D_d 比 D_f 倾斜度大，表示国内需求弹性比国外需求弹性小，满足以上第二个条件。根据已知的国内与国外的需求情况，可求出该企业所面临的总的边际收益曲线，如图 6－13（c）中的 MR 曲线所示。再假设该企业的边际成本曲线如图 6－13（c）中的 MC 曲线所示。由于使垄断企业获得最大利润的生产均衡点由边际成本曲线与边际收益曲线的交点决定，故图 6－13（c）中 MR 与 MC 的交点 E 是使该企业获得最大利润的生产均衡点。在这一均衡点，该企业的产量为 Q^*，表示该企业在两个市场上的总销售量为 Q^* 时就能获得最大利润。而当企业产量为 Q^* 时，边际成本为 MC^*，用这条边际成本曲线分别与两个市场上的边际收益曲线相交，就可分别求出两个市场的生产均衡点。

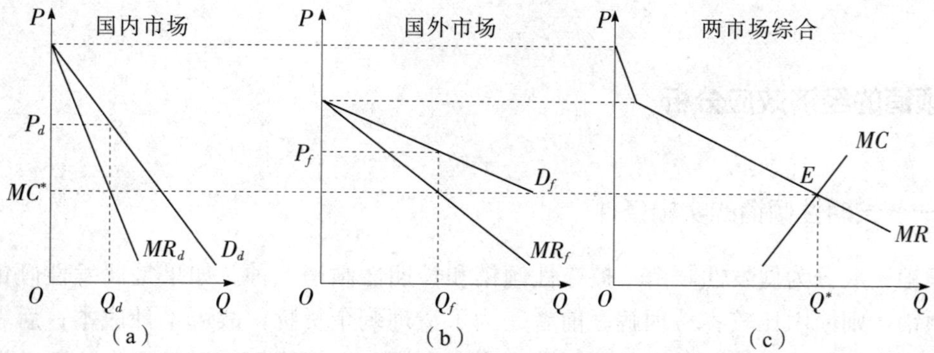

图 6－13　使企业利润最大化的倾销

说明：由图中所示的两个市场上的生产均衡点可知，使企业利润最大化的国内销售量为 Q_d，国外销售量为 Q_f，显然，$Q^*=Q_d+Q_f$；并且国内与国外的市场价格分别为 P_d 与 P_f，显然，$P_d>P_f$。这种国外价格低于国内价格的情况，就是一种倾销行为，图中 P_d-P_f 就是倾销幅度。

四、反倾销的经济效应分析

在一项反倾销调查中，如果进口商品被证明存在倾销价格、损害以及倾销价格与损害之间的因果关系，那么将导致进口国对倾销商品采取反倾销措施。通常的反倾销措施包括征收反倾销税与出口商承诺。

（一）反倾销措施

（1）征收反倾销税。倾销使产品在进口国的市场价格低于正常价格，进口国的消费者自然可以获利，但是，进口国的生产者必然会遭受某种程度的损失，而总的效果则要视倾销的不同类型而定。掠夺性倾销显然是对进口国生产者的极大威胁，而且，在出口国企业把进口国的生产者挤出市场后，进口国消费者就会处于"任人宰割"的境地。因此，对这种倾销行为，进口国政府是应该采取措施加以制止的。从这种意义上说，征收反倾销税是非常有必要的。

如果是偶发性倾销，则进口国生产者一般不会受到实质性损害，消费者却可以享受到物美价廉的进口商品，按理政府应允许这种倾销行为存在。

长期性倾销如果是获得了政府的补贴，则其影响以及政府征收反倾销税的经济效应与补贴和反补贴的效应是类似的。在此，我们就政府对垄断企业为追求利润最大化而实行的长期性倾销征收反倾销税的经济效应进行分析。

如图 6－14 所示，假设垄断企业在进口国征收反倾销税前所面临的需求曲线与边际收益曲线分别为 D 与 MR，则获得最大利润的生产均衡点应为边际成本 MC 与边际收益 MR 两曲线的交点。（设垄断企业在该国的市场份额在其总市场份额中仅占较小的比重，故 MC 为一条水平线。）此时垄断企业在该国的销售量为 Q^*，价格为 P^*。假设进口国政府对倾销商品征收额度为 SP' 的反倾销税，这意味着国内价格要比进口价格高出 SP'，垄断企业在该国所面临的需求就会相应减少，即需求曲线会向下移动一个 SP' 的垂直距离，由 D 变为 D'，边际收益曲线也相应由 MR 变为 MR'。这样，垄断企业就要针对减少的需求减少销售量，在边际成本曲线 MC 与新的边际收益曲线 MR' 的交点处，产量为 Q'，即表示垄断企业必须将在该国的销售量由 Q^* 减至 Q'，才能获得最大利润，这时对应的价格为 P'。

对垄断企业征收反倾销税，不论大国还是小国都有可能获得最大净收益。同时，如果进一步考虑到进口国生产者因国内价格上升而获得的收益，则征收反倾销税的净收益会更大。再者，征收反倾销税是一种抵制不公平竞争的正义之举，采取这一措施的政府更可以理直气壮，名利双收。因此，许多国家的政府都在反倾销问题上大做文章。事实上，从以上分析可以很容易地看出，无论倾销是否存在，只要存在垄断行为，征收关税就可以使本国得到净收益，故世界上许多国家的政府常常打着反倾销的旗号，对那些非倾销的进口商品征收反倾销税，致使当今的许多反倾销政策与其说是反不公平竞争的措施，不如说是一种最有效的、杀伤力最大的贸易保护武器。

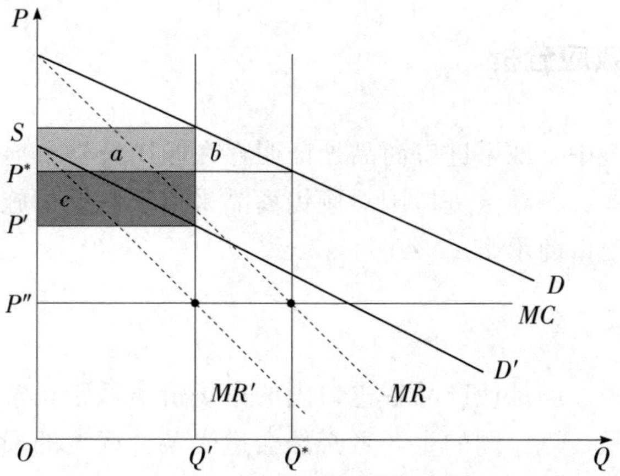

图 6-14　对垄断企业征收反倾销税

说明：从图中可知，征收反倾销税后，进口国政府获得了 $OQ'\times SP'=a+c$ 的收入即矩形面积 a 和矩形面积 c 的收益，国内消费者则损失了矩形面积 a（转移为税收）和三角形面积 b 的利益。政府收益减去消费者损失为面积 $c-b$，若 $c>b$，则为净收益，若 $c<b$，则为净损失。事实上，只要政府根据需求弹性适当调整反倾销税额 SP'，就可以像征收最优关税那样，使 $c-b$ 变得最大，即通过征收反倾销税使该国国民经济获得最大的净收益。并且，在征收一般进口税时，必须是进口贸易大国才能获得最大收益。

此外，从整个世界的角度来看，反倾销税也不过是一种损人利己的手段，结果是世界遭受损失。从图 6-14 可知，进口国征收反倾销税所获得的收益中，面积为 c 的那部分收益，实际上是出口国垄断企业损失的一部分，这是由价格降低造成的损失。除此以外，垄断企业还因销量减少了 Q^*Q' 而损失了数额为 $Q^*Q'\times(OP^*-OP'')$ 的收益，世界的净损失为：$b+Q^*Q'\times(OP^*-OP'')$。

（2）出口商承诺。倾销价格与损害的初步确定将导致进口国采取征收临时反倾销税的措施。但如果出口商承诺采取某种行动以消除倾销所造成的损害性影响，则进口国反倾销调查当局有可能中止正在进行的反倾销调查。

（二）中国的对外贸易与反倾销

在关税逐渐降低的今天，利用反倾销这种被世界贸易组织认定和许可的合法手段来保护本国产业和市场的做法，已被越来越多的国家频繁使用，并且成为一些国家进行新一轮贸易保护的有力工具。中国加入 WTO 以来，对外贸易飞速发展，2009 年，中国更是首次超过德国，成为世界第一大出口国。这样高速的发展必然给国外竞争者带来了一定的压力，贸易摩擦日益加剧，因而部分国家利用《反倾销协议》，频频对我国出口商品提起反倾销指控，使得反倾销问题变得十分严重。

中国是贸易保护主义的头号受害国。1979 年欧共体对我国出口的糖精和盐类进行首次反倾销立案调查。此后，我国企业不断遭到国外企业甚至政府的反倾销调查，遭受的反倾销案件数量急剧增加。2017 年中国共遭遇 21 个国家（地区）发起的贸易救济调查 75 起，涉案金额达 110 亿美元。自 1995 年至 2017 年，中国已连续 23 年成为全球遭遇反倾销调查最多的国家。

面对国际社会贸易保护主义抬头、对华反倾销的严峻局面，中国政府和企业应该如何应对呢？

应该看到，中国的对外开放总体水平还是较低的，中国企业走向国际市场为时尚短，在很多场合，我们的产品仅仅是刚刚“走出去”。如何稳固地占领市场，满足多元化的需求，以及如何在海外市场上创造新的需求，引导消费时尚，都还是有待研究的问题。同时应该看到，一个国家的出口贸易政策的背后是产业政策，而产业政策的背后则是科技政策，没有技术创新、产品创新，出口贸易是不会有起色的。而在这些方面，政府都是大有可为的。另外，笔者认为政府还应通过各种渠道，运用各种方式，对涉案企业进行力量整合，统一步调，规范行为，提供技术支持、信息和法律援助等。

对广大中国企业来说，只要将自己的产品打入国际市场，就有可能遭遇对方的反倾销诉讼，因此，必须防患于未然。首先要做的就是尽快熟悉和适应这种环境和氛围，深入理解和掌握反倾销的法律程序和内容，善于抓住处理和化解案情的关键处与关节点。即使在开始时不能应对，起码也要能够“应付”，譬如说有关出口产品成本、价格参数、数据的系统资料等。其次要进行典型案例的分析研究。特别是对中国近年来所遇到的几百起案例，要进行深入的分析研究，总结经验，吸取教训。要真正搞清楚我们的官司输的输在何处，赢的又赢在什么地方，在此基础上扬长避短，争取主动。最后，在技术创新、产品制造、价格制定、出口渠道、广告促销、售后服务等一系列环节做好反倾销的应对安排，消除隐患，摆脱困境。

即使我们今天所遭遇的国际社会对华反倾销的局面比较严峻，我们也应该坚信：世界贸易组织所积极推进的基本原则与主导潮流是对外开放，是贸易自由。中国今天之所以能够如此大踏步地走向世界，能够如此深入地参与经济全球化的进程，正是始终不渝地坚持和贯彻世界贸易组织原则的结果。而以反倾销为手段的贸易保护则有悖世界贸易组织的基本原则，是非主流的，新一轮谈判的基调依然是弘扬和促进贸易自由。

核心概念

贸易保护	自由贸易	关税	从价税	从量税
复合税	禁止性关税	肯尼迪回合	东京回合	生产者剩余
消费者剩余	配额	幼稚产业	有效保护率	倾销

复习与思考

1. 试用图形进行小国关税的局部均衡分析。
2. 试用图形进行小国关税的一般均衡分析。
3. 试用图形进行大国关税的局部均衡分析。
4. 试用图形进行大国关税的一般均衡分析。
5. 试进行进口关税与配额的比较分析。
6. 试述李斯特的贸易保护理论。
7. 试述幼稚产业的选择标准（M-B-K 标准）。

8. 试进行幼稚产业发展的局部均衡分析。
9. 试进行幼稚产业发展的一般均衡分析。
10. 试述关税有效保护的政策含义并予以评价。
11. 试述倾销对出口国和进口国的影响。
12. 试述实施长期性倾销的经济条件。
13. 试进行反倾销的经济效应分析。

第七章

国际收支分析

重点问题

- 国际收支的定义
- 国际收支平衡表
- 国际收支状况的经济含义
- 国际收支失衡
- 弹性法
- 吸收法
- 货币法

从历史与逻辑的角度看，国际金融问题产生自国际贸易。在历史上正是因为有了国际的商品交换关系，才产生了国际的债权债务关系，而有了国际的债权债务关系，就需要进行结算，债权方要收回债权，债务方要了结债务，金融的国际关系便由此产生，记录这种关系的需要也会产生，于是在17世纪诞生了国际收支的雏形。在今天的国际经济实际交流中，各个经济体之间的各项经济交易，包括贸易、金融、技术的交易，以及文化、艺术的交流，货币的汇入、汇出等，会形成各个经济体之间的国际货币收支、债权债务关系以及无债权债务的国际货币的单方面转移，这就是国际收支关系。本章将介绍国际经济中不同经济体之间的各种经济交易、国际收支平衡表的构成和国际收支状况的经济含义。此外，本章还要分析国际收支失衡的调节以及国际收支失衡调节的经济效应。

第一节　国际收支与国际收支平衡表

一、国际收支与国际收支平衡表概述

1945年国际货币基金组织（IMF）成立，1946年它组织编写并于1948年出版了《国际收支和国际投资头寸手册》（简称《国际收支手册》）（第一版），此后在1950年（第二版）、1961年（第三版）、1977年（第四版）、1993年（第五版）和2008年12月（第六版）进行了多次修改。在早期的国际收支平衡表中，国际收支反映的是以货币为媒介的国际的经济交易以及国际上经济体之间的债权债务关系。自1980年起，国际经济交

易的方式发生了巨大的变化，国际服务贸易的发展、金融市场的自由化、金融创新的不断涌现和外债结构的调整均出现了全新的情况，国际收支统计需要与之相适应，同时在1993年，联合国公布了新的国民账户体系（SNA），新国际收支平衡表的设计将国际收支统计与国民经济统计体系统一了起来。按照国际货币基金组织1993年出版的《国际收支手册》（第五版）的表述，国际收支平衡表是一张统计表，它系统地记载了在特定时期内一个经济体与世界其他地方的各项经济交易。国际货币基金组织为其管理者。从1949年起，国际货币基金组织根据各成员提供的数据汇编了《国际收支统计年鉴》，并对之进行了多次结构上的修订。

（一）广义的国际收支与狭义的国际收支

国际收支的概念有狭义与广义之分，在中国传统的国际金融教科书中，大都只阐述了狭义的国际收支概念，这是由当时政治经济学的基本理论和中国计划经济的实际所决定的。但是即便在今天，狭义的国际收支概念在判断一国货币的强弱趋势时，仍然具有重要的参考意义。

（1）狭义的国际收支概念是指：一个经济体在一定时期（一般为一年）内，同其他经济体的货物、服务、资本等往来所引起的资产转移。其特点是仅计入现在或将来有外汇收支的交易。

（2）广义的国际收支概念是指：在特定时期（通常为一年）内，一个经济体与世界其他地方的各项经济交易。大部分交易是在居民与非居民之间进行的。

在此，经济交易包括：货物、服务以及收入交易；金融资产和负债交易；无偿转让即一方向另一方无偿提供的实物或金融资产。

今天各个经济体使用的基本上都是广义的国际收支概念。广义国际收支强调全部的经济交易，即包含不用外汇支付的、无偿的交易或交流，而且这里的国际收支实际上指的是流量的概念，国际借贷则强调存量的概念。

国际收支强调居民的概念，即国际经济交易应该是不同国家的居民之间的交易，而居民除了包括在本国生活的公民外，还包括在该国居住一年以上的外国的特定个人与机构，一般包括特定意义上的个人、外国企业、非营利机构、政府以及地区性中央银行的分支机构五类，但留学生、外交人员、国际经济组织以及在飞机上过境的个人、机构不计入居民范畴。

国际收支中所强调的全部经济交易大多为商品交易、服务交易、金融资产交易以及无偿的金融资产、商品和服务的转移，等等。

（二）国际收支平衡表编制原则

根据国际货币基金组织《国际收支手册》（第六版）制定的标准，国际收支平衡表是反映某个时期内一个国家或地区与世界其他国家或地区间的经济交易的统计报表。国际收支统计以权责发生制为统计原则，并采用复式记账法。

中国国际收支平衡表是反映特定时期内我国与世界其他国家或地区的经济交易的统计报表。2021年中国国际收支平衡表见表7-1。

表 7-1 2021 年中国国际收支平衡表 单位：亿美元

项目	金额
1. 经常账户	3 173
贷方	38 780
借方	−35 607
1. A 货物和服务	4 628
贷方	35 543
借方	−30 915
1. A. a 货物	5 627
贷方	32 159
借方	−26 531
1. A. b 服务	−999
贷方	3 384
借方	−4 384
1. A. b. 1 加工服务	135
贷方	142
借方	−7
1. A. b. 2 维护和维修服务	40
贷方	79
借方	−38
1. A. b. 3 运输	−206
贷方	1 273
借方	−1 479
1. A. b. 4 旅行	−944
贷方	113
借方	−1 057
1. A. b. 5 建设	56
贷方	154
借方	−97
1. A. b. 6 保险和养老金服务	−144
贷方	49
借方	−193
1. A. b. 7 金融服务	4
贷方	52

续表

项目	金额
借方	−47
1. A. b. 8 知识产权使用费	−351
贷方	117
借方	−468
1. A. b. 9 电信、计算机和信息服务	106
贷方	507
借方	−401
1. A. b. 10 其他商业服务	339
贷方	869
借方	−531
1. A. b. 11 个人、文化和娱乐服务	−18
贷方	14
借方	−33
1. A. b. 12 别处未提及的政府服务	−17
贷方	16
借方	−32
1. B 初次收入	−1 620
贷方	2 745
借方	−4 365
1. B. 1 雇员报酬	−13
贷方	171
借方	−184
1. B. 2 投资收益	−1 638
贷方	2 536
借方	−4 174
1. B. 3 其他初次收入	31
贷方	38
借方	−7
1. C 二次收入	165
贷方	492
借方	−327
1. C. 1 个人转移	9

续表

项目	金额
贷方	54
借方	−45
1.C.2 其他二次收入	156
贷方	438
借方	−282
2. 资本和金融账户	−1 499
2.1 资本账户	1
贷方	3
借方	−2
2.2 金融账户	−1 500
资产	−8 116
负债	6 616
2.2.1 非储备性质的金融账户	382
资产	−6 234
负债	6 616
2.2.1.1 直接投资	2 059
2.2.1.1.1 资产	−1 280
2.2.1.1.1.1 股权	−992
2.2.1.1.1.2 关联企业债务	−288
2.2.1.1.1.a 金融部门	−370
2.2.1.1.1.1.a 股权	−338
2.2.1.1.1.2.a 关联企业债务	−32
2.2.1.1.1.b 非金融部门	−910
2.2.1.1.1.1.b 股权	−654
2.2.1.1.1.2.b 关联企业债务	−256
2.2.1.1.2 负债	3 340
2.2.1.1.2.1 股权	2 772
2.2.1.1.2.2 关联企业债务	568
2.2.1.1.2.a 金融部门	235
2.2.1.1.2.1.a 股权	185
2.2.1.1.2.2.a 关联企业债务	50
2.2.1.1.2.b 非金融部门	3 105

续表

项目	金额
2.2.1.1.2.1.b 股权	2 587
2.2.1.1.2.2.b 关联企业债务	518
2.2.1.2 证券投资	510
2.2.1.2.1 资产	−1 259
2.2.1.2.1.1 股权	−856
2.2.1.2.1.2 债券	−403
2.2.1.2.2 负债	1 769
2.2.1.2.2.1 股权	831
2.2.1.2.2.2 债券	938
2.2.1.3 金融衍生工具	111
2.2.1.3.1 资产	179
2.2.1.3.2 负债	−68
2.2.1.4 其他投资	−2 298
2.2.1.4.1 资产	−3 873
2.2.1.4.1.1 其他股权	−6
2.2.1.4.1.2 货币和存款	−1 525
2.2.1.4.1.3 贷款	−1 205
2.2.1.4.1.4 保险和养老金	−44
2.2.1.4.1.5 贸易信贷	−616
2.2.1.4.1.6 其他	−478
2.2.1.4.2 负债	1 576
2.2.1.4.2.1 其他股权	0
2.2.1.4.2.2 货币和存款	656
2.2.1.4.2.3 贷款	51
2.2.1.4.2.4 保险和养老金	33
2.2.1.4.2.5 贸易信贷	335
2.2.1.4.2.6 其他	85
2.2.1.4.2.7 特别提款权	416
2.2.2 储备资产	−1 882
2.2.2.1 货币黄金	0
2.2.2.2 特别提款权	−416
2.2.2.3 在国际货币基金组织的储备头寸	1

续表

项目	金额
2.2.2.4 外汇储备	−1 467
2.2.2.5 其他储备资产	0
3. 净误差与遗漏	−1 674

注：1. 本表计数采用四舍五入原则。

2. “贷方”按正值列示，“借方”按负值列示，差额等于“贷方”加上“借方”。本表除标注“贷方”和“借方”的项目外，其他项目均指差额。

3. 在金融账户下，对外金融资产的净增加用负值列示，净减少用正值列示。对外负债的净增加用正值列示，净减少用负值列示。

资料来源：国家外汇管理局网站。

(三) 国际收支平衡表主要指标说明

根据《国际收支手册》(第六版)，国际收支平衡表包括经常账户、资本和金融账户、净误差与遗漏。中国国际收支平衡表根据《国际收支手册》(第六版) 编制，各账户的具体项目的含义如下：

(1) 经常账户。经常账户包括货物和服务、初次收入以及二次收入。

1) 货物和服务包括货物和服务两部分。货物指经济所有权在我国居民与非居民之间发生转移的货物交易。国际收支中的货物只记录所有权发生了转移的货物 (如一般贸易、进料加工贸易等贸易方式中的货物)，所有权未发生转移的货物 (如来料加工或出料加工贸易等贸易方式中的货物) 不纳入货物贸易统计，而纳入服务贸易统计。服务包括加工服务，维护和维修服务，运输，旅行，建设，保险和养老金服务，金融服务，知识产权使用费，电信、计算机和信息服务，其他商业服务，个人、文化和娱乐服务，以及别处未提及的政府服务。

2) 初次收入指由于提供劳务、金融资产和出租自然资源而获得的回报，包括雇员报酬、投资收益和其他初次收入三部分。雇员报酬指根据企业与雇员的雇佣关系，雇员因在生产过程中的劳务投入而获得的酬金回报。投资收益指因金融资产投资而获得的利润、股息 (红利)、再投资收益和利息，但金融资产投资的资本利得或损失不是投资收益，而属于金融账户统计范畴。其他初次收入指将自然资源让渡给另一主体使用而获得的租金收入，以及跨境产品和生产的征税与补贴。

3) 二次收入指居民与非居民之间的经常转移，包括现金和实物。

(2) 资本和金融账户。资本和金融账户包括资本账户和金融账户。

1) 资本账户指居民与非居民之间的资本转移，以及居民与非居民之间非生产非金融资产的取得和处置。

2) 金融账户指发生在居民与非居民之间、涉及金融资产与负债的各类交易。金融账户细分为非储备性质的金融账户和储备资产两部分。

非储备性质的金融账户包括直接投资、证券投资、金融衍生工具和其他投资。直接投资指以投资者寻求在本国以外运行的企业获取有效发言权为目的的投资，包括直接投资资产和直接投资负债两部分。证券投资包括证券投资资产和证券投资负债，相关投资工具可划分为股权和债券。金融衍生工具的全称为金融衍生工具和雇员认股权，用于记录我国居民与非居民金融工具和雇员认股权交易情况。其他投资指除直接投资、证券投资、金融衍生工具和储备资产外，居民与非居民之间的其他金融交易。

储备资产指我国中央银行拥有的对外资产，包括货币黄金、特别提款权、在国际货币基金组织的储备头寸、外汇储备和其他储备资产。货币黄金指我国中央银行作为国际储备持有的黄金。特别提款权（SDR）是国际货币基金组织根据成员认缴的份额分配的，可用于偿还国际货币基金组织债务、弥补成员政府之间国际收支赤字的一种账面资产。在国际货币基金组织的储备头寸指在国际货币基金组织普通账户中成员可自由提取使用的资产。外汇储备指我国中央银行持有的可用于国际清偿的流动性资产和债权。其他储备资产指不包括在以上储备资产中的、我国中央银行持有的可用于国际清偿的流动性资产和债权。

（3）净误差与遗漏。国际收支平衡表采用复式记账法，由于统计资料来源和时点不同等原因，会形成经常账户与资本和金融账户不平衡，形成统计残差项，被称为净误差与遗漏。

（四）国际投资头寸表编制原则

根据《国际收支手册》（第六版）制定的标准，国际投资头寸表是反映特定时点上一个国家或地区对世界其他国家或地区金融资产和负债存量的统计报表。国际投资头寸的变动是由特定时期内的交易、价格变化、汇率变化和其他调整引起的。国际投资头寸表在计价、记账单位和折算等核算原则上均与国际收支平衡表保持一致，并与国际收支平衡表共同构成一个国家或地区完整的国际账户体系。

中国国际投资头寸表是反映特定时点上我国对世界其他国家或地区金融资产和负债存量的统计报表。2021 年末中国国际投资头寸表见表 7－2。

表 7－2　2021 年末中国国际投资头寸表　　单位：亿美元

项目	金额
净头寸	19 833
资产	93 243
1 直接投资	25 819
1.1 股权	22 341
1.2 关联企业债务	3 477
1.a 金融部门	3 722
1.1.a 股权	3 570
1.2.a 关联企业债务	152
1.b 非金融部门	22 097
1.1.b 股权	18 771
1.2.b 关联企业债务	3 325
2 证券投资	9 797

续表

项目	金额
2.1 股权	6 484
2.2 债券	3 313
3 金融衍生工具	154
4 其他投资	23 205
4.1 其他股权	95
4.2 货币和存款	5 489
4.3 贷款	9 628
4.4 保险和养老金	216
4.5 贸易信贷	6 587
4.6 其他	1 191
5 储备资产	34 269
5.1 货币黄金	1 131
5.2 特别提款权	531
5.3 在国际货币基金组织的储备头寸	107
5.4 外汇储备	32 502
5.5 其他储备资产	−1
负债	73 410
1 直接投资	36 238
1.1 股权	32 992
1.2 关联企业债务	3 246
1.a 金融部门	2 119
1.1.a 股权	1 839
1.2.a 关联企业债务	281
1.b 非金融部门	34 118
1.1.b 股权	31 153
1.2.b 关联企业债务	2 965
2 证券投资	21 554
2.1 股权	13 360
2.2 债券	8 194
3 金融衍生工具	103
4 其他投资	15 516
4.1 其他股权	0

续表

项目	金额
4.2 货币和存款	5 971
4.3 贷款	4 447
4.4 保险和养老金	235
4.5 贸易信贷	4 053
4.6 其他	304
4.7 特别提款权	507

1. 本表计数采用四舍五入原则。
2. 净头寸是指资产减负债，"＋"表示净资产，"－"表示净负债。

(五) 国际投资头寸表主要指标说明

根据国际货币基金组织的标准，国际投资头寸表的项目按对外金融资产和对外负债设置。资产细分为直接投资、证券投资、金融衍生工具、其他投资、储备资产五部分；负债细分为直接投资、证券投资、金融衍生工具、其他投资四部分。净头寸是指对外金融资产减去对外负债。具体项目的含义如下：

(1) 直接投资：以投资者寻求在本国以外运行的企业获取有效发言权为目的的投资，包括直接投资资产和直接投资负债两部分。相关投资工具可划分为股权和关联企业债务。股权包括股权和投资基金份额，以及再投资收益。关联企业债务包括关联企业间可流通和不可流通的债权和债务。

(2) 证券投资：包括证券投资资产和证券投资负债，相关投资工具可划分为股权和债券。

1) 股权：包括股权和投资基金份额，记录在证券投资项下的股权和投资基金份额均应可流通（可交易）。股权通常以股份、股票、参股、存托凭证或类似单据作为凭证。投资基金份额指投资者持有的共同基金等集合投资产品的份额。

2) 债券：包括可流通的债务工具，是证明其持有人（债权人）有权在未来某个（些）时点向其发行人（债务人）收回本金或收取利息的凭证，包括可转让存单、商业票据、公司债券、有资产担保的证券、货币市场工具以及通常在金融市场上交易的类似工具。

(3) 金融衍生工具：全称为金融衍生工具和雇员认股权。金融衍生工具是一种金融工具，该金融工具与另一特定的金融工具、指标或商品相联系，可以独立在金融市场上针对特定金融风险（例如，利率风险、外汇风险、股权和商品价格风险、信用风险等）进行交易；雇员认股权指向公司雇员提供的一种购买公司股权的期权，通常作为公司对其雇员的一种报酬。

(4) 其他投资：指除直接投资、证券投资、金融衍生工具和储备资产之外的金融资产/负债，包括其他股权、货币和存款、贷款、保险和养老金、贸易信贷、特别提款权等形式。其中长期指金融资产/负债的合同期为一年期以上，短期指金融资产/负债的合同期为一年期以下（含一年）。

1）其他股权：指不以证券投资形式（上市和非上市股份）存在的、未包括在直接投资项下的股权，通常包括：在准公司或非公司制企业中的、表决权小于10%的股权（如分支机构、信托、有限责任和其他合伙企业以及房地产和其他自然资源中的所有权名义单位）、在国际组织中认缴的股本金等。资产表示我国居民投资于非居民的其他股权；负债表示非居民投资于我国居民的其他股权。

2）货币和存款：资产表示我国金融机构存放在境外的资金和库存外汇现金；负债表示我国金融机构吸收的海外私人存款、国外银行短期资金及向国外出口商和私人的借款等短期资金。

3）贷款：资产表示我国境内机构通过向境外提供贷款和拆放等形式而持有的对外资产；负债表示我国机构借入的各类贷款，如外国政府贷款、国际组织贷款、国外银行贷款和卖方信贷。

4）保险和养老金：全称为保险、养老金和标准化担保计划，主要包括非人寿保险技术准备金、人寿保险和年金权益、养老金权益以及启动标准化担保的准备金。资产表示我国居民作为保单持有人或受益人所享有的资产或权益；负债表示我国作为保险公司、养老金或标准化担保发行者所承担的负债。

5）贸易信贷：全称为贸易信贷和预付款，指我国与世界其他国家或地区间，伴随货物进出口产生的直接商业信用。资产表示我国出口商的出口应收款以及我国进口商支付的进口预付款；负债表示我国进口商的进口应付款以及我国出口商预收的货款。

6）其他：指除其他股权、货币和存款、贷款、保险和养老金、贸易信贷、特别提款权以外的其他投资资产/负债等。

7）特别提款权：指作为国际货币基金组织成员被分配的特别提款权，是成员的负债。

（5）储备资产：指我国中央银行可随时动用和有效控制的对外资产，包括货币黄金、特别提款权、在国际货币基金组织的储备头寸、外汇储备和其他储备资产。

二、国际收支的盈余与赤字

国际收支平衡表的设计思想更为强调国际收支与国内经济的各种重要关系。国际收支表现为一个经济体向外与世界其他地方之间的经济关系，以及该经济体从外部引进的经济活动，还包括经济体融入世界经济的各项经济活动。

国际收支从会计账户设立的角度看，账面的余额因同一笔交易必须在借方、贷方记同样金额而为零，但实际上是有盈余和赤字的，即进出口的余额、金融账户流动的余额等。例如，如果一个经济体的政府部门的赤字不能为私人部门的储蓄所抵消，那么经常账户就会出现赤字，而经济体内增加税收大抵会使经常账户的状况得到改善。经常账户的顺差反映对于非居民债权净额的增加，赤字则表明该经济体从世界其他地方得到的资源净值是靠出卖在国外的资产或增加对非居民的负债偿还的。当投资大于储蓄时，金融资产的流入发生，会导致该经济体在国外的资产净头寸减少。

三、国际收支状况的含义与经济分析

国际收支与一个经济体的总体经济发展密不可分，国际收支平衡表的状况因此也反映一个经济体的基本经济状况，分析国际收支平衡表可以给学习者提供许多有帮助的内容与数据，同时可以使学习者对一个经济体有更为全面的看法。

（一）一个经济体的国际收支状况反映了该经济体的经济实力和其在世界经济中的地位

国际收支可以从经济总体规模和顺差逆差的角度反映一个经济体的实力、地位。在国际经济中，从国际经济交易规模的角度进行分析，人们会发现，一个经济体如果经济规模巨大，与外界经济交易、交流的数量巨大，那么它在国际经济中的地位自然就会较高。这是因为，较大的国际收支规模说明该经济体具有较大的经济资源的吸纳和输出能力，这有利于其使外界的经济要素为自己所用，经济运行和发展会相对较为顺利；同时也说明该经济体具有较大的经济产出的吸纳与输出能力，可以消费世界上有益的产品并在国际市场上实现自己的产品。这两个方面使得该经济体融入世界经济，可以受到更多的经济利益与竞争的推动，在世界经济中的地位得到进一步提高。一个经济规模有限的经济体的国际收支的流量较小，说明其在世界经济中的地位有限，这样的经济体一旦对外经济出现困难，调整的余地就较小，容易陷入困境。能够说明这一情况的较好的案例是美国与其近邻墨西哥，尽管国际收支同样呈现为贸易赤字，但两国的经济状况却极为不同，后者屡屡陷入困境。另外，如果一个经济体的国际收支处于较大的顺差状态，那么该经济体一般被认为经济状况较好，在世界经济中的竞争力较强，未来的经济发展也会被世界其他地方看好；而如果一个经济体的国际收支总是处于逆差状态，那么该经济体就会被认为经济状况存在问题，在世界经济中的竞争力不强，未来的发展势头也不被看好。

一般而言，一个国家国际收支的基本状况会在经济的发展中不断发生变化，其基本情况如表 7－3 所示。

表 7－3　某国国际收支的基本状况

阶段	贸易收支	长期资本收支	投资收益	长期资本收支＋投资收益	资本地位
第一阶段	逆差	顺差	逆差	顺差	债务国
第二阶段	顺差	顺差	逆差	逆差	债务国
第三阶段	顺差	逆差	逆差	逆差	债务国
第四阶段	顺差	逆差	顺差	逆差	债权国
第五阶段	逆差	逆差	顺差	逆差	债权国
第六阶段	逆差	顺差	顺差	顺差	债务国

这些国际收支转变的实际情况确实也反映出一个国家在国际交易中的地位演变。

（二）一个经济体的国际收支状况决定着该经济体货币与汇率的变化方向

国际收支是不同经济体之间经济往来的全部记录，国际收支状况除了不存在外汇支付的交易外，大体会因为经济体之间交易往来的“倾斜”程度而表现为一个经济体外汇的基本供求状况。在绝大多数情况下，当一个经济体的国际收支状况表现为逆差时，经济交易进大于出，对外汇的需求大于供给，表现为供不应求，但对本币的供求情况则正好相反，表现为供大于求，于是便会在国际金融市场上出现本币对外汇率的下浮趋势。反之，当一个经济体的国际收支状况表现为顺差时，经济交易出大于进，在国际金融市场上会出现对本币的追求，造成本币的供不应求，同时对外汇供大于求，本币的对外汇价会因此而出现上扬的趋势。在进行分析时，还要格外重视造成国际收支顺差的原因。如果一个经济体的国际收支顺差基本来源于大量吸收外部资金，那么结果可能会有所不同：若外资使用的效益好，未来该经济体货币的对外汇价乃至在世界经济中的地位都会得到较大改善；但若外资使用的效益较差，则这有可能表明该经济体正在背上某种负担，当前的国际收支顺差基础是不稳固的，只是未来逆差（由对外资的还本付息或付出利润造成）的前兆而已，因此该经济体未来的汇价走势乃至在世界经济中的地位的前景是不容乐观的。上述情况在 1997—1998 年的亚洲金融危机中可以很清楚地观察到，读者可以自行做出相应的分析。

（三）一个经济体的国际收支状况决定着该经济体的融资能力和资信地位

在国际资金与资本市场上，一个经济体的借贷能力往往是与它的偿还能力成正比的。一个经济体的偿还能力越强，它的借款能力就越强，能够借款的渠道也就越多，该经济体在国际资金与资本市场上的资信地位也就越高。从国际收支的角度看，一个经济体的偿还能力往往取决于该经济体的经常账户收支和官方储备的状况。如果一个经济体的经常账户有较大的盈余和官方储备充足，那么该经济体在国际资金与资本市场上就能够比较容易地借入更多的资金；如果该经济体的这两个方面的情况与前面正好相反，则该经济体的偿还能力较弱，因而在国际金融市场上借入更多的资金和款项就比较难，在极端的情况下，该经济体甚至会陷入告贷无门的境地。国际经济中往往出现这种较为尴尬的局面：急需金钱的穷国，由于其国际收支状况，很少有人愿意借钱给它们，而富国却从来不愁在国际市场上筹款。在 20 世纪 70 年代，相当多的发展中国家尤其是撒哈拉以南非洲地区的国家面临的就是这种状况，而 20 世纪 90 年代的美国则是国际资金愿意流入的场所。

（四）一个经济体的国际收支状况反映了该经济体经济结构的情况和变化

在今天的国际经济实践中，一个经济体的对外经济交易的内容既包括有形的经济产出（如商品），也包括无形的经济产出（如旅游、服务、金融、运输、专有权等）。目前，有的经济体对外经济交易的主要内容是有形的经济产出，如亚非拉广大的发展中国家和地区；有的经济体对外交易的内容则包括了更多的无形的经济产出，如欧美日等发达国家和地区。伴随经济发展的趋势，无形的经济产出在整个国际经济交易中的比重在不断上升，这反映了国际经济结构的变化。一般而言，这种过程在一个经济体中也有体现：随着一个经济体的经济发展和对外经济往来关系的深化，经济结构中初级产品的地位在不断下降，制成品和无形产出所占的比重会有较大的提高，该经济体对外经济交易的内容也就会出现从以初级产品为主，过渡到以制成品为主，最终过渡到有形、无形两种产出双向交流并重的局面，这表明了经济的发展与成熟。例如，当前美国计算机软件的出口收入，日本对外投资的收入，英国在金融、保险和服务业方面的收入，意大利、西班牙的旅游收益，都在各自的国际收支中占有重要的地位，平衡着其他项目的赤字，而中国出口结构的变化也反映了这样的进程。因此，一个经济体的国际收支状况确实可以很好地反映该经济体经济结构的变化。

（五）一个经济体的国际收支状况影响着该经济体的经济增长和发展

在世界经济中，一个经济体产出的输出往往会造成该经济体资源的流出，经济体内部市场的供给会因此相应下降，输出经济产出所收回来的外汇往往又会增加经济体内部的货币供给，从而有可能加大该经济体内部物价上涨的压力，而经济体内部的货币供给增加、物价上升一般会刺激经济的进一步发展。相反，一个经济体如果大量从外部输入经济产出，则大抵会造成该经济体内部市场的供给增加，其经济结果与大量输出经济产出是相反的。因此，人们总是强调，增加出口是在输出失业，刺激本国经济发展，而大量进口则是在输入失业，加大经济紧缩的压力。当然，上述结果在很大程度上取决于一个经济体的边际进口倾向，该倾向大则出口形成的所谓外贸乘数效应就小，反之则外贸乘数效应就大。此外，在国际资本流动日益活跃、流动规模日益加大的情况下，国际收支反映出的一个经济体长、短期资金流进流出的情况是绝对不容忽视的，因为今天短期资本流动给一些经济体造成的后果已经十分清楚。1997—1998 年亚洲金融危机的教训已经使人们对国际收支中资本流动给一个经济体造成的冲击有了深刻的认识。当然，人们对国际资本流动给一个经济体带来的利益以及引进国际资本的必要性也有了更为符合实际的认识。

第二节　国际收支的调节

国际收支平衡表按照会计的原则，每笔交易都要同时记入借贷双方，因此从形式上国际收支平衡表必然是平衡的。但是，在国际收支平衡表的各个具体项目上情况就不是这样了，具体项目的借方、贷方往往是不平衡的，收支相抵会出现差额。项目的收大于支，便会出现顺差，反之，支大于收，便会出现逆差，而各个项目差额的总和便形成国际收支的差额。在现代经济中，一个经济体的宏观经济目标包括经济增长、充分就业、物价稳定和国际收支平衡等方面，由于国际收支与一个经济体的宏观经济运行密切相关，当国际收支出现重大失衡（顺差或逆差）时，就需要对国际收支进行调节，使之恢复平衡。

一、国际收支失衡

(一) 国际收支失衡的含义

国际收支失衡是指经常账户、资本和金融账户的余额出现问题，经常账户出现的余额靠资本和金融账户的余额无法平衡掉，不得不进行调整的现象，即对外经济出现了必须进行调整的情况。在传统的1977年版的国际收支平衡表中，只要基本差额即经常账户与长期资本账户的差额出现不平衡，人们便认为国际收支需要进行调整了。

(二) 国际收支失衡的类型

(1) 临时性国际收支失衡。这主要是指由偶然因素引起的国际收支失衡，具有可逆性。它的出现往往是因为贸易的一时失衡，可以用国际储备来缓解。

(2) 周期性国际收支失衡。这主要是指由一个经济体经济周期变化引起的国际收支失衡，往往在经济萧条时国际收支呈现为顺差，而在经济高涨时国际收支呈现为逆差。

(3) 收入性国际收支失衡。这主要是指一个经济体的总体收入发生了较大的提高或下降，从而人们的需求产生了根本的变化，进出口受到影响，从而产生的国际收支失衡。

(4) 货币性国际收支失衡。这主要是指一个经济体的通货膨胀程度加重，或一个经济体的货币对外汇率发生变化，导致该经济体的进出口和国际资本流动发生变化，从而形成的国际收支失衡。

(5) 结构性国际收支失衡。这主要是指一个经济体产业结构的特点与国际经济的要求有较大差距，难以适应国际经济的变化而导致的国际收支失衡。

(6) 投资环境性国际收支失衡。这主要是指一个经济体投资环境的优劣造成资金的流入、流出从而导致的国际收支失衡。

(三) 国际收支失衡的经济影响

一个经济体的国际收支失衡会产生许多不同的影响。对外，国际收支失衡会造成汇率、资源配置、福利提高方面的困难。如果国际收支出现大量逆差，那么本币汇率会走软，形成本币的贬值压力。但如果国际收支出现大量顺差，那么本币汇率走强对出口会形成不利的压力。对内，国际收支失衡会造成经济增长与经济发展的困难，即对外的失衡会影响到经济体内部经济的均衡发展，因此需要进行调整。

二、国际收支失衡调节的若干理论

在国际经济学中对国际收支失衡进行调整的理论有许多种，但最为基本的有三种，即弹性调节法、吸收调节法和货币调节法。

(一) 弹性调节法

弹性调节法（以下简称“弹性法”）研究本币贬值对进出口商品相对价格的影响，

通过本币贬值来刺激出口、限制进口从而调节中、短期国际收支失衡。弹性法是一种局部均衡分析，往往在对外贸易发生较大赤字时使用。从西方经济学理论的角度来讲，弹性法分析的核心是需求弹性需满足的条件（即后面提到的马歇尔-勒纳条件）。我们将要讨论弹性法分析的假设条件、弹性法发挥作用的机制、弹性法机制发挥作用的条件、本币贬值对贸易条件产生的影响、弹性法的缺陷，等等。

（1）弹性法分析的假设条件。弹性法是在局部均衡条件下进行分析的，进行分析的假设条件如下：

1）该国国民收入不变，各种资源充分就业。

2）出口与进口的供给弹性无限。

3）分析的变量仅仅是汇率，其余是常量。

4）弹性法分析不考虑资本流动，本币对外贬值的货币效应忽略不计。

5）汇率变化是有限的。

（2）弹性法发挥作用的机制。弹性法是利用本币对外汇率的贬值和升值，造成商品相对价格的变化，使出口商品的外币价格下降或上升，从而增加或减少出口，同时促进进口商品的本币价格上升或下降，从而减少或增加进口，最终对国际收支产生影响的。例如，当本币对外贬值时，可以调整出口商品的外币价格和进口商品的本币价格，达到促进出口、限制进口的目的。当一国对外贸易出现逆差，即进口＞出口时，可通过本币对外贬值，使得本国出口商品的外币价格下降，出口的低价会促使出口量增长。同时，本币对外贬值也可以使得进口商品的本币价格上升，进口高价会限制消费，达到使进口下降的目的，这样便可以对对外贸易逆差进行调整。其机制流程如下：

贸易逆差→本币对外贬值→本国出口价格下降→出口量上升→国际收支改善
↘本国进口价格上升→进口量下降↗

贸易顺差→本币对外升值→本国出口价格上升→出口量下降→国际收支改善
↘本国进口价格下降→进口量上升↗

（3）弹性法机制发挥作用的条件。弹性法机制得以发挥作用，必须有以下先决条件：首先，贸易对手国对于上述流程的结果表示接受，不进行报复，即不通过同样的贬值来进行对抗，如果对方对抗，则双方都会遭受损失，贸易量不会扩大。其次，本币对外贬值的速度必须快于对内贬值的速度，即通货膨胀的速度不能快于本币对外贬值的速度，否则国内物价上涨将会抵消本币对外贬值的效果。最后，这一过程必须符合马歇尔-勒纳条件，即本国出口的需求弹性与本国进口的需求弹性之和必须大于 1，也即商品进出口的变化对于价格调整的反应程度要大，否则本币贬值，出口价格下降，但他国的进口却不会增加，结果是采用本币对外贬值的国家遭受损失。还必须加以考虑的是：在实践中，即便一国完全符合上述条件，从本币开始贬值到对外贸易逆差得到调整，由于种种原因，也会出现一段时间的滞后，在这段时间内一国的对外贸易逆差可能会更加严重，而且本币贬值总会造成贸易条件的恶化，引起其他经济问题。

在上面的论述中有一个问题，即需要对马歇尔-勒纳条件做出解释：一国通过本币对外汇率下调（贬值），如果出口收入因价格下降而增加，能够抵消出口价格下降对收入的负面影响且有余，则出口增加，国际收支得到改善，逆差减轻。从实践看，这一增加的程度取决于国外对本国商品的需求弹性。国外的需求弹性大，则本币对外贬值所引起的出口增加就会多。同样，因本币对外贬值，进口商品的国内价格上涨，进口数量从而用汇将会下降，也会改善国际收支，减轻逆差。因此，当一国的进口需求弹性与出口需求弹性之和大于 1 [进口需求弹性 $D_m=-(\Delta M/M)/(\Delta P/P)$，出口需求弹性 $D_x=-(\Delta X/X)/(\Delta P/P)$]时，一国变更本币对外汇率才能起到调节国际收支的作用。这就是马歇尔-勒纳条件，即利用调整汇率来调节国际收支的主要条件是：$D_m+D_x>1$。

在一国采用弹性法来调节国际收支时：

若 $D_x+D_m>1$，则国际收支趋于好转；

若 $D_x+D_m<1$，则国际收支趋于恶化；

若 $D_x+D_m=1$，则调整汇率对国际收支的状况不产生影响。

因此，在使用弹性法调整国际收支时，对各类商品的需求弹性必须有所估计，这样才有可能收到效果。在这方面，经济学界一直都存在着弹性乐观与弹性悲观的不同看法，因此对采用弹性法的效果估计也大相径庭。然而，尽管经济学家们的看法有差异，但弹性在本币对外贬值中的意义却是大家所公认的，在给出政策建议时也往往会对本国商品的弹性有所估计与计算。

关于弹性在分析中的作用可以从图 7-1 中得到分析。为了分析上的方便，我们比较了需求曲线的弹性为 0（即需求曲线垂直于横轴）和需求曲线具有较大弹性时价格变化的影响。

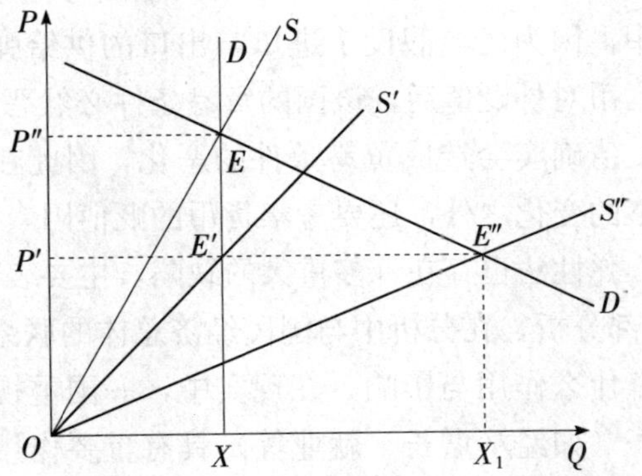

图 7-1 马歇尔-勒纳条件图解

说明：在图中，如果需求无弹性，需求曲线 D 垂直于横轴，则这时本币贬值反而会造成出口收入的下降，即矩形 $OP'E'X$ 小于矩形 $OP''EX$。但对于需求弹性大的需求曲线 D'，价格下降则会促使出口量增长，从而促进出口收入的提高（数量扩大带来的收入增加弥补了价格下降带来的收入损失且有余），即矩形 $OP'E''X_1$ 大于矩形 $OP''EX$。

如上所述，在经济实践中，一个国家的商品即便符合马歇尔-勒纳条件，在调整汇率后，国际收支状况也要经过先恶化后好转的过程，这就是所谓的 J 曲线效应（见图 7-2）。这就要求贬值国要有一定的外汇储备来减轻 J 曲线效应的影响。

图 7-2 展示了 J 曲线效应，贬值后国际收支先恶化后改善，原因在于，要扩大出口就需要扩大投资来增加生产，因而有时滞，而进口本身有惯性，认识、做出决策甚至找到进口商品的替代品以及生产出这些替代品都需要时间，因此贬值的作用难以即刻到位。

过去认为，从开始实施本币对外贬值，到贬值发挥作用，需要 6～12 个月的滞后时间，但目前由于信息的通畅，这一期间已大大缩短。

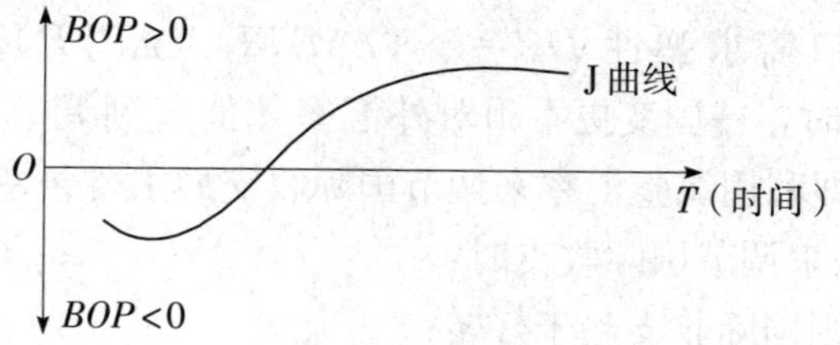

图 7-2 J 曲线效应

说明：BOP 表示国际收支。

（4）本币贬值对贸易条件产生的影响。贸易条件取决于供求弹性，具有如下特点：如果出口与进口的需求弹性 D_x、D_m 分别大于出口与进口的供给弹性 S_x、S_m，则本币对外贬值会促进出口、抑制进口，贸易条件会得到改善；如果出口与进口的需求弹性分别小于出口与进口的供给弹性，则贸易条件会恶化；如果出口与进口的需求弹性分别等于出口与进口的供给弹性，则贸易条件不变。即：

若 $D_x > S_x$，$D_m > S_m$，则贸易条件在本币对外贬值后好转；

若 $D_x = S_x$，$D_m = S_m$，则贸易条件在本币对外贬值后不变；

若 $D_x < S_x$，$D_m < S_m$，则贸易条件在本币对外贬值后恶化。

在我们的假设前提中，因为已经假设了进口与出口的供给弹性无限，所以这里的分析只能有一种结果，即本币对外贬值后，该国的贸易条件必然恶化。在国际贸易实践中，一般情况下，本币对外贬值确实会造成贸易条件的恶化，因此在考察贸易条件恶化的时候，除了要考察国际价格的变化之外，还要考察货币的贬值因素的影响。

（5）弹性法的缺陷。弹性法也存在许多重大的缺陷，主要表现为：

1）弹性法分析是局部分析，在分析中与国民经济总体的联系不好，看不出出口、进口变化对整个国民经济有什么作用与影响。在现实中，一国重视国际收支的调整，原因就在于它对整个国民经济（如经济增长、就业等）具有重要作用，因此只看到国际收支的变化而不考察国际收支变化与国民收入的关系是这一方法的缺陷。

2）在实践中采用弹性法存在着对商品弹性的实际估计，而这并不容易，因为商品种类有很多，很难测算，且供求因素受到各方的影响。同时弹性、供求因素都在不断变化中，而且在弹性法的实践中还存在着 J 曲线效应，一国的国际收支在本币对外贬值后，会出现先恶化再改善的过程。因此，实行弹性法必须具有相应的外汇储备，否则对外贸易和国际收支中就会出现实行本币贬值所造成的新困难。

3）从现实来看，弹性法在假设前提中排除了货币的影响是不切实际的，因为在经济中货币的作用是非常显著的。此外，弹性法没有考虑到通货膨胀的影响也是有缺陷的。

（二）吸收调节法

20 世纪 50 年代米德（J. Meade）和亚历山大（S. Alexander）提出了吸收调节法

（以下简称“吸收法”），采用凯恩斯的宏观分析，将国际收支与国民收入联系起来，从宏观经济关系的角度考察国际收支问题。在他们的分析中，根据宏观经济学的基本原理，偏重于建立商品市场均衡，在政策建议上则倾向于需求管理。

（1）吸收法的理论模型。

根据西方宏观经济学的分析，从需求角度出发，在封闭条件下，一国国民收入的基本关系式为：

国民收入＝消费＋投资＋政府开支

如果该经济并非封闭经济而是开放经济，则该经济的国民收入的基本关系式为：

国民收入＝消费＋投资＋政府开支＋(出口－进口)

即：

$$Y=C+I+G+(X-M)$$
$$X-M=Y-(C+I+G)$$

其中：

Y＝国民收入；

C＝消费；

I＝投资；

G＝政府开支；

X＝出口；

M＝进口。

我们可以粗略地认为 $X-M$ 为国际收支状况，令其为 B，则：

$$B=X-M$$

另外，令 $C+I+G$ 为一国经济的总支出即总吸收，令其为 A，则有：

国际收支＝国民收入－总支出(即 $B=Y-A$)

由这一公式可知：

当 $Y>A$ 时，B 为正值；

当 $Y<A$ 时，B 为负值；

当 $Y=A$ 时，B 为零，国际收支平衡。

（2）吸收法的经济含义。

该模型利用国民收入和总支出的差额来讨论国际收支的变化：当国民收入大于总支出时，国际收支处于顺差状态；当国民收入小于总支出时，国际收支处于逆差状态；而当国民收入等于总支出时，国际收支处于平衡状态。当国际收支失衡且处于逆差状态时，采用财政措施调节的做法有两个方面，或者是增加国民收入 Y（即采用支出转换政策），或者是减少总支出（总吸收）A（即采用吸收政策）。总之，吸收法是通过改变收入和吸收来调节失衡的国际收支，同时使总供给等于总需求，以达到内部与外部的共同平衡，实现经济的均衡发展。

吸收法在讨论本币对外贬值的实际效果时，认为本币贬值会造成生产的改变，进而改变吸收的情况。这是因为本币贬值引致的进出口变化会使得资源在一定范围内重新配置。另外，本币贬值会造成贸易条件的恶化，从而可能会导致国民收入的下降。再者，本币贬值有可能造成通货膨胀的出现，使人们产生一定的货币幻觉，有助于经济调整。

（3）对吸收法的基本评价。

1）吸收法的基础是凯恩斯的宏观经济学分析，它将国际收支状况与国民经济的各种因素结合起来，克服了局部均衡分析固有的局限性。在政策方面，吸收法强调各个方面的配合，从资源是否闲置出发，采用扩张性或紧缩性财政政策。

2）调整国民收入 Y 是改善国际收支的较好的办法，但这隐含着资源的重新配置或进一步提高总体生产能力。当存在资源闲置时，该做法就是使经济资源进一步实现充分就业，或者生产结构在重新配置中将得到改进，有的资源转而用于出口或进口替代。当资源已经得到充分利用时，减少吸收 A 的方法主要是紧缩开支，实行紧缩性财政政策。在总吸收中有进口成分，削减吸收 A，可以削减其中的进口。另外，削减吸收 A 之后出现的闲置的资源必须被投入出口或进口替代部门，最终改善国际收支。

3）国民收入本身受资源总量和资源重新配置难度的限制，若资源已经接近充分就业，则短期内没有办法提高收入。从实践来看，收入提高有赖于生产力的提升，极可能出现生产力提升与资源需求、机器进口之间的矛盾，由于进口机器或进口原材料、中间产品，此时对国际收支的调节会出现困难。

4）减少吸收 A 或提高收入 Y 在经济实践中都有时滞问题。这是因为资源的重新配置，即资源流向出口部门和进口替代部门，并非一蹴而就，很难马上见效。

5）吸收法侧重商品市场的均衡，完全忽视了货币在调节国际收支中的作用，如果货币的需求远大于供给，则在存在逆差时调节起来较为困难。另外，在吸收法中，对资本账户的内容并未予以考虑。

（三）货币调节法

货币调节法（以下简称“货币法”）是随着货币主义在 20 世纪 70 年代的兴起而出现的，主要由美国经济学家蒙代尔和约翰逊（H. Johnson）提出。该方法从长期的角度来考虑问题，不仅考虑到经常账户，而且考虑了资本和金融账户。其核心思想是通过调节国内货币供给来调控国内需求，进而调节国际收支的变动。即：国内货币供给是国际储备（可以视为出口与进口的差额）与国内信贷额之和，于是便有国际储备的变动（国际收支的变动）是国内货币供给减去国内信贷额的结果。如果信贷的发行额大于货币供给的需要，则国际收支便会恶化，反之则会改善。所以控制信贷发行、调节储备资产是调节国际收支的重要途径。但是该方法的使用存在副作用，如压低国内信贷会造成经济增长速度的下降，从而使就业出现问题，等等。

（1）货币法的假设条件。

1）该国处于长期的资源充分就业状态，货币需求是实际收入的函数。

2）在国际市场中存在一价定律，即经济体的价格与利率接近于世界市场的价格与利率。

3）货币供给的变化不影响实物生产。

（2）货币法的简单模型。

货币法的简单模型是从货币供给与货币需求以及货币市场均衡的角度来讨论国际收支失衡与恢复平衡的条件的，其简单公式如下：

货币供给公式：$M_s = m(D+F)$

货币需求公式：$M_d = kPY$

货币市场均衡公式：$M_d = M_s$

其中：

M_s＝货币供给；

M_d＝货币需求；

P＝国内物价水平；

Y＝实际国民收入；

D＝基础货币中的本国部分（可视为国内的信贷规模）；

F＝基础货币中的国外部分（即国际储备量）；

m＝货币乘数；

k＝常数。

在长期中，一国的货币供给会恒等于货币需求，而在一定的时期内，当经济的名义货币供给与名义货币需求不相等时，便会出现国际收支失衡。如果经济中的名义货币供给超过名义货币需求，则会出现国际收支逆差。反之，如果经济中的名义货币供给小于名义货币需求，则会出现国际收支顺差。其情况如下：

由

$$M_s = m(D+F)$$

有：

$$M_s = mD + mF$$

如果令 $m=1$，即货币乘数为 1，则有：

$$M_s = D + F$$

如果将国际储备 F 看成出口与进口的差额及净长期资本流动之和，则变换后有：

$$M_s - D = F$$

F 取决于 M_s 与 D 之间的关系。

从上述公式中可以看出，如果国内信贷规模大于名义货币供给（$D>M_s$），则国际收支会出现逆差，即 $F<0$；反之，若国内信贷规模小于名义货币供给（$D<M_s$），则国际收支会出现顺差，即 $F>0$。因此，国际收支失衡的根本原因在于名义货币供给与名义货币需求之间的失衡。

（3）货币法的政策意义与评价。

货币法的核心思想是将国际收支现象看作货币现象，而且指出国际收支的失衡与恢复最终取决于国内信贷规模与国内名义货币供给之间的关系。从理论基础分析，货币法是建立在货币数量论的基础上的。

1）货币法相信国际收支的自动恢复机制。假定一国出现国际收支逆差，该国的国际储备会下降，从而基础货币下降，导致货币供给的倍数下降。当货币供给下降到出现名义货币供给等于名义货币需求时，国际储备会停止流出，国际收支恢复平衡。当然，经济中会存在阻碍国际收支自动恢复机制发挥作用的力量，如宏观货币政策的失误、宏观经济调节失当。

2）货币法提醒人们注重一国内部通货膨胀的影响。货币法认为，本币对外贬值发挥作用的一个重要前提是，本币对外贬值的速度要快于对内贬值的速度，即只有当名义货币供给不变时，本币对外贬值才可能使国际收支得到调节，因此在实践中，保持名义货币供给的均衡增长是非常重要的。

3）货币法主张采用灵活的汇率措施。货币法认为浮动汇率有自动调节国际收支的机制，当一国出现国际收支逆差时，本币汇率会自动下浮，自动调节机制就有可能将国际收支调节到平衡状态。

4）从理论的角度看，货币法对国际收支的调节从过去的注重经常项目转移到注重整个国际收支，这具有很好的意义。但是，货币法的基础即货币数量论自身存在不足，在实质经济与货币现象之间的关系上与其他经济学派有非常不同的看法，而且，货币法的假设前提中的一些提法较为苛刻，与经济现实有一定的差距。

三、现实中国际收支失衡的其他调节措施

除了我们在上面谈到的三种调节国际收支的方法外，在国际经济的实际运行中还有一些用于调节国际收支的方法。

（一）外汇管制

外汇管制是一国政府通过法令对本国对外的国际结算和外汇买卖实行管制，用以实现国际收支平衡与本国货币汇率稳定的一种制度。这体现为出口所得需按照官方汇率出售给指定银行，进口用汇需得到有关当局的批准，本币出入境受到严格管理，个人用汇受到限制。实行外汇管制的目的在于集中使用外汇，控制进口数量，保持国际收支的平衡。

（二）进出口的严格审批制

这种方法是指国家对进口实行逐笔审批，对不同意进口的项目一律禁止进口，这对于恢复国际收支平衡具有特殊的效果，而且见效较快，但由于审批制度基本属于随意性较大的做法，因此在国际经济中主张自由贸易的人们坚决反对它的实施。

（三）实行贸易超保护主义

实行贸易超保护主义即采用诸如倾销、补贴的办法，向海外倾销性地扩大出口，以

占领对方市场为目的，而恢复国际收支平衡则往往是一种借口。

(四) 采用优惠政策吸引外资

这是从资本账户的角度来平衡国际收支。在今天的国际经济中，许多国家如广大的发展中国家都在大力吸引外资，这不仅可以增强一个国家的生产能力，而且对国际收支的调节也具有很好的成效。

(五) 调节国际收支的其他政策措施

其他政策措施包括自动出口限制、进口押汇、进口许可、进口审批、卫生检疫制度、进口垄断、国内歧视性采购、征收歧视性国内税收，等等。目的在于鼓励出口，限制进口，从贸易角度调节国际收支。另外，也可以从鼓励外资流入等方面调节国际收支。

核心概念

狭义的国际收支	广义的国际收支	经济交易	居民
国际收支平衡表	经常账户	资本和金融账户	国际投资头寸表
特别提款权	国际收支逆差	国际收支顺差	国际收支失衡
马歇尔-勒纳条件	J曲线效应		

复习与思考

1. 试述国际收支和国际收支平衡表的基本概念。
2. 试述国际收支平衡表的基本构成。
3. 试述一国的国际收支如何反映和影响该国的经济状况。
4. 试述国际收支失衡的概念及其类型。
5. 试述国际收支失衡的原因及其调节。
6. 试画图说明马歇尔-勒纳条件。
7. 试述J曲线效应的原理。
8. 试述弹性调节法的基本内容并进行评价。
9. 试推导吸收调节法的公式并说明其政策含义。
10. 试述货币调节法的基本内容并进行评价。

第八章

汇率决定理论

重点问题

- 外汇与汇率
- 汇率标价法
- 汇率决定的传统理论
- 二战后汇率决定的理论
- 购买力平价理论
- 布雷顿森林体系

在国际经济交往中，产生了大量的国际债权、债务关系，以及经济产出的单方面转移。对国际债权、债务的清算，以及国际上资产的单方面转移，形成了不同的结算方式。在过去的历史中，国际结算往往采用现金结算方式，即现金的运送。这种做法不仅成本高昂，而且风险很大，后来大多只是在极其特殊的环境下（如战争）才采用。国际结算的另一种方式是非现金方式，即双方采用共同接受的金融支付工具，通过委托支付或者债权转让等方式，实现不同经济体之间债权、债务的结清，以及资产的单方面转移，于是在国际经济活动中出现了外汇现象。

第一节 外汇与汇率

外汇是货币关系国际化的产物，在国际金融领域，外汇具有动态与静态两种含义：动态意义上的外汇是指通过汇兑方式进行不同经济体之间债权、债务的转让和支付的活动与过程；而静态意义上的外汇则是指把以一个经济体的货币表示的财产权利转变为以另一个经济体的货币表示的财产权利的手段与工具。汇率则是两种货币之间进行交换的比价。

一、外汇的定义、作用及国际储备

(一) 外汇的定义

一般意义上外汇的定义是：一国货币当局保有的以外币表示的可以在国际收支出现

逆差时进行支付的债权。按照国际货币基金组织对外汇所下的定义，外汇是一个经济概念，是货币行政当局（中央银行、货币机构、外汇平准基金组织以及财政部）以银行存款、财政部库券、长短期政府证券等形式保有的在国际收支出现逆差时可以使用的债权。外汇的这种定义至少包括了以下含义：

（1）上述定义反映的是外汇的静态含义，而不是外汇的动态含义，并未涉及债权、债务的转让与支付，外汇只是支付手段。

（2）外汇必须具有国际性，即外汇必须是以外币表示的资产。

（3）外汇必须具有可偿性，即该种外币债权资产必须能够在国外得到偿付，因此国际货币基金组织关于外汇的定义是以外币表示的债权，相当宽泛。

（4）外汇必须具有可兑换性，即该种货币资产必须能够自由兑换成其他外币资产或支付手段，并为其他经济体的人们所乐于接受。

（5）被称为外汇的货币的发行国至少要具有相当大规模的经济与实力，使其他国家的人们愿意接受该种货币，同时该种货币要能够自由地兑换成其他国家的货币，而可以自由兑换的货币也只有在发行国之外才能算作外汇。例如，美元、日元、英镑只有分别在美国、日本和英国之外才能被称为外汇。

（二）外汇的作用

（1）按照外汇的职能，外汇可以作为价值尺度，用来衡量不同国家的商品、劳务、金融产品的价值（价格）。执行这一职能的外汇，必须具有举世公认的价值地位，尽管执行该职能时外汇只是观念上的货币，但它必须具有自身的价值。

（2）外汇可以作为国际购买手段进行国际的货物、服务及金融资产等产出的买卖，但外汇作为直接的购买手段的职能在经济全球化过程中在逐渐弱化。

（3）外汇可以作为国际支付手段用于国际商品、国际金融、国际劳务、国际资金等方面债权、债务的清偿，外汇作为交换价值的独立存在形态，与商品、劳务换位时产生了时空的不一致，而进行将来的单方面转移才形成了支付手段，国际支付手段目前正在逐步成为外汇的最主要职能之一。

（4）外汇可以作为国际储备手段，用于支付一国必须偿付的债务，维持本币汇率稳定，促进经济增长与发展。同时外汇可以作为国际财富的象征，代表对国外债权的持有，并能转化为其他资产，具有极强的流动性（可兑换性）。这是因为外汇在被接受的一定范围内是一般等价物，是财富的独立存在形态，是该范围内社会财富的代表。

（三）国际储备与最佳外汇储备规模

储备资产是一国货币当局随时可以利用并控制的外币资产。按照国际惯例，储备资产的定义为：各国货币当局占有的那些在国际收支出现逆差时可以直接地或通过同其他资产有保障的兑换性来支持该国汇率的所有资产。外汇储备的作用是为国际收支失衡提供融资，通过干预外汇市场来影响汇率以间接地调整收支失衡，增加国际清偿力以及达到其他各种目的。外汇储备资产的构成包括一国货币当局集中掌握的黄金储备、外汇储备、该国在国际货币基金组织的储备头寸以及特别提款权。从目前的趋势来看，由于国际货币基金组织的决策、世界经济发展的趋势和黄金本身具有的特点等，黄金作为储备，其地位在不断下降；而作为外汇储备的货币，在世界经济中必须具有相当重要的地位，能够自由兑换并具有稳定的内在价值才行。

适度的储备资产规模由若干因素决定。美国的金融学家特里芬（R. Triffin）在20世纪60年代通过经验研究认为，一国的外汇储备一般要能够保持在维持三个月的进口支付的水平上，这一方法被认为简单易行，但也有人认为外汇储备只与进口挂钩有点过于简单了。另外有人提出外汇储备应该占有10%的国内生产总值，即国内生产总值中应该有10%的沉淀作为应付外部失衡时调整之用。还有人认为外汇储备应该为外债余额的30%，即可以应付支付外债的需要。储备资产少了会使经济安全受到影响，多了会影响外汇资金的经济效益。但由于各个国家在国际市场上融资难易程度的差异，各国的国际储备的数量具有一定的灵活性。不同国家经济结构的差异，如经济刚性的大小，也影响着一国国际储备应该具有的规模。因此，在今天的国际金融理论中，更多的人在研究适度储备的目标区间，以增加灵活性。

表8-1是中国历年的外汇储备情况。

表8-1 中国历年外汇储备（1950—2021年） 单位：亿美元

年份	储备	年份	储备	年份	储备	年份	储备
1950	1.57	1968	2.46	1986	20.72	2004	6 099.32
1951	0.45	1969	4.83	1987	29.23	2005	8 188.72
1952	1.08	1970	0.88	1988	33.72	2006	10 663.44
1953	0.90	1971	0.37	1989	55.50	2007	15 282.49
1954	0.88	1972	2.36	1990	110.93	2008	19 460.30
1955	1.80	1973	−0.81	1991	217.12	2009	23 991.52
1956	1.17	1974	0	1992	194.43	2010	28 473.38
1957	1.23	1975	1.83	1993	211.99	2011	31 811.48
1958	0.70	1976	5.81	1994	516.20	2012	33 115.89
1959	1.05	1977	9.52	1995	735.97	2013	38 213.15
1960	0.46	1978	1.67	1996	1 050.29	2014	38 430.18
1961	0.89	1979	8.40	1997	1 398.90	2015	33 303.62
1962	0.81	1980	−12.96	1998	1 449.59	2016	30 105.17
1963	1.19	1981	27.08	1999	1 546.75	2017	31 399.49
1964	1.66	1982	69.86	2000	1 655.74	2018	30 727.12
1965	1.05	1983	89.01	2001	2 121.65	2019	31 079.24
1966	2.11	1984	82.20	2002	2 864.07	2020	32 165.22
1967	2.15	1985	26.44	2003	4 032.51	2021	32 502.00

资料来源：国家外汇管理局。

在国际经济中，外汇储备的来源有：（1）国际收支的顺差，这是外汇储备的主要和直接来源，人们普遍认为通过经常项目盈余比通过资本项目盈余获得的外汇储备更为可靠与稳定；（2）一国在国内外市场上购入的货币黄金，这些货币黄金一般窖藏在一国的中央银行或货币当局；（3）为了干预外汇市场而出售和购入的外汇，这会引起外汇储备的变化；（4）通过国际借贷而获得的外汇储备，一国借入货币会增加自己的外汇储备，反之出借就会减少一国的外汇储备；（5）一国已有储备资产的收益，如买入国外国库券、债券所获得的利息，国外存款的利息，以及汇率变动的收益；（6）一国在国际货币基金组织的储备头寸和所分配到的特别提款权。

一国在外汇储备资产的管理中往往坚持三条原则，即安全性原则、流动性原则和盈利性原则，同时还要考虑外汇储备的货币币种、外汇储备的资产形式的选择，这样才可以将一国的外汇储备管理好。

二、汇率的定义、标价法及表现形式

国际经济往来会形成外汇的供给与需求，这种外汇的供求会引起货币的交换关系，外汇在市场中进行交易形成外汇买卖，就存在着外汇交换的比率（价格）问题。

（一）汇率的定义

汇率是本国货币与其他货币之间的等价关系。如果汇率是外汇在市场中形成的价格，那么汇率也可被称为汇价。总之，它是不同货币在外汇买卖过程中形成的交换比率。

（二）汇率的标价法

在分析汇率的标价法时，首先要确定的是，究竟是以本币为标准还是以外币为标准，由此出发，汇率的标价法可以表示为以下几种形式。

（1）直接标价法，又称应付标价法，是以一定单位的外币为标准，用一定本币来表示其价格，简言之，外币不动本币动。它说明的是银行在购买一定单位的某种外币时应该付出的本币数量。例如在中国，汇率的标价 ＄100＝RMB 629，即为直接标价法。

（2）间接标价法，又称应收标价法，是以一定单位的本币为标准，用外币来表示本币的价格，简言之，本币不动外币动。它说明的是银行在支出一定单位的本币时应该收回的某种外币的数量。如在美国，汇率的标价 ＄1＝HK$ 7.76，即为间接标价法。

（3）各个国际金融中心的汇率标价法是美元标价法，即外汇交易中以美元为基准来表示各国货币的价格。

（三）汇率的多种表现形式

从其他角度如外汇制度、资金用途、买卖对象等角度来看，汇率还有各种不同的表示方法，例如：

官方汇率与市场汇率：二者是从外汇汇率管理角度出发进行的划分，前者又称法定汇率，为政府规定的本币对外币的比价，后者是指在外汇市场买卖外汇的汇率，由外汇市场的外汇供求决定。

买入汇率与卖出汇率：按照银行外汇交易的性质划分，买入汇率是银行从客户手中买入外汇的价格，卖出汇率则指银行向客户出售外汇的价格。

基础汇率与套算汇率：以第三种货币为中介得出来的汇率为套算汇率，或称交叉汇率，而那些货币与中介货币形成的汇率则为基础汇率，或称基准汇率。各国大都以本国货币对美元的汇率为基础汇率。

电汇汇率：即期汇率的一种，银行通过电信方式通知国外付款时使用的外汇汇率，它是外汇市场交易中的基本汇率，其他汇率均以此为基础进行换算。

信汇汇率：即期汇率的一种，银行通过信函方式通知国外付款时使用的外汇汇率。

票汇汇率：即期汇率的一种，银行买卖外币票据时使用的外汇汇率。

固定汇率：按照汇率制度划分的汇率，指两国之间货币比价基本固定不变，汇率波动被限定在一定的范围之内。

浮动汇率：指根据市场的供求状况，国家任其自由涨落，货币当局没有义务进行干预的货币对外汇率。在实践中存在着自由浮动与有一定程度干预的有管理的浮动的情况。

单一汇率：一国只实行一种汇率制度时所使用的外汇汇率。

复合汇率：一国实行多种汇率制度时所使用的外汇汇率。

同业汇率：银行同业之间进行外汇交易往来时使用的外汇汇率。

即期汇率：成交后立即交割的，或最多在成交后两个交易日内进行交割的外汇交易所使用的汇率。

远期汇率：成交后在约定日期办理交割的交易所使用的外汇汇率。

贸易汇率：对外贸易购汇、结汇时所使用的外汇汇率。

金融汇率：进行非贸易交易时所使用的外汇汇率。

第二节　汇率决定的一般理论

在国际经济交易中，市场的法则是等价交换，货币之间的交换同样要遵循等价交换原则，汇率形成的基础是货币所含价值量之比，实际汇率的确定还要考虑市场中各方面的因素对汇率的影响。本节讨论汇率的确定与变化。

一、汇率决定的传统理论

汇率决定的理论从历史和逻辑的角度看，其早期的探讨应该是金本位制下的铸币平价说。

（一）铸币平价说

铸币平价说是金本位制即以黄金为货币制度基础的产物。这一学说认为两国货币的价值量之比表现为货币的法定含金量之比，即铸币平价，它是汇率决定的基础。例如，1925—1931 年期间，英国货币英镑的含金量为 1 英镑含纯金 7.322 38 克，而美国货币美元的含金量为1美元含纯金1.504 63克，由于7.322 38/1.504 63＝4.866 6，所以1英镑等于4.866 6美元，这是英镑与美元之间的法定平价。

本位货币是作为货币根本的货币。金本位制是以黄金作为本位货币的一种制度，世界上最初的国际货币体系就是国际金本位制。在这一制度下，黄金有着世界货币的性质与特点，执行着以国际价值尺度、国际支付手段为主的职能。1816年英国首先采用以黄金来界定货币价值的金本位制，到19世纪70年代至20世纪初，由于许多重要的国家都实行了金本位制，因此便自动形成了国际金本位制。这种制度从其诞生至今，经历了三种主要形式：第一种为金币本位制，这是一种纯粹意义上的金本位制，现实中很难实行。第二种为可兑换的银行券与金币同时流通的制度，这是19世纪末20世纪初所实行的金本位制。第三种为在流通中只能使用可兑换的银行券的制度。从以上三种形式可知，金本位制并非在流通中只使用黄金，而是金币、可兑换的银行券以及大量有限法偿的辅币（铜或其他合金的小面额硬币及纸票）同时流通。

在金本位制下，实际汇率由于外汇供求的变化而围绕铸币平价浮动，就这种制度而言，只要黄金自由流进、流出，对黄金的买卖不加以限制，不出现银行券超过黄金储备的过量发行，银行券便不会贬值，汇率就将在黄金输送点之间波动。仍以英镑与美元为例，假定英、美两国之间运送黄金的各种成本总和为1英镑的等值黄金需要的费用为0.03美元，这时美国对英国的黄金输出点为4.866 6美元加上0.03美元，即4.896 6美元，而美国对英国的黄金输入点则为4.866 6美元减去0.03美元，即4.836 6美元。如果供求变化使得汇率波动加大，比如1英镑超过4.896 6美元，超出黄金输送点，则英镑与美元的货币兑换就不如直接运送黄金再换取货币成本低，因此黄金输送点是实际汇率波动的范围。见图8-1的说明。

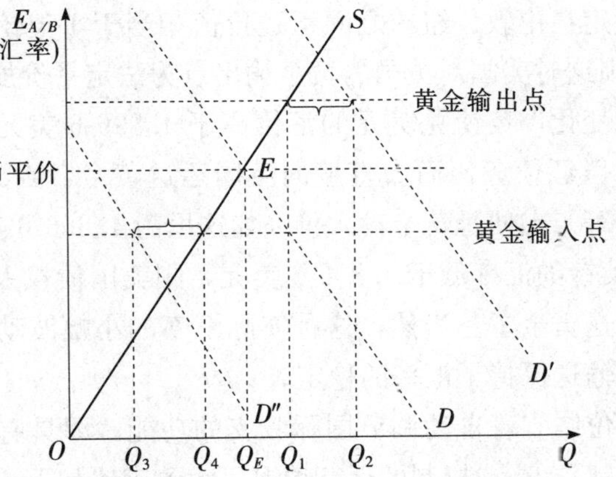

图8-1 黄金输送点

说明：图中Q_1Q_2的量，即为需要在本国购买黄金到对方国家去出售而换得外国货币的数量。Q_3Q_4的量则是要在外国购买黄金到本国出售而换得本币的数量。它们的存在使得实际汇率被限制在黄金输送点之间进行波动。

在金本位制下，汇率是比较稳定的，但如果银行券大量发行，其名义含金量与实际代表的黄金量不符，并且银行券与黄金之间的自由兑换遭到破坏，银行券退化为不可自由兑换的纸币，那么以黄金输送点为基础的汇率便也会因此而遭到破坏。

金本位制最初典型的形态是金币本位制，在这种制度下，每一货币单位都规定有法定的含金量，即用黄金来规定货币的价值量；金币具有无限法偿的地位，即金币具有无限支付的地位；各国的储备均为黄金。此外，金币本位制还具有金币的自由铸造、自由兑换、自由输出输入等特点。这样，金币本位制的这些性质使金币面值与其含金量一致，从而保证了币值的稳定。国际金本位制在上述特点的基础上，呈现出国际性，这一体制的特点可以大致归纳如下。

（1）黄金是典型的世界货币，是这种制度运转的根本保证。在这种制度下，国际债权、债务的结算采用黄金，由于黄金的自由输出输入，国内外的金融市场具有较好的统一性，国际结算、金融往来相对稳定。19 世纪末 20 世纪初，由于英国“世界工厂”的地位及其在世界贸易、海运、保险和金融中的核心作用，英镑作为关键货币，在国际经济交易中实际上代替黄金执行着世界货币的职能：国际贸易中计价大多采用英镑，结算时九成采用英镑。因把黄金作为储备资产既不生息又要付保管开支，故许多国家的储备也使用了在伦敦开设账户的方式，即储备是英镑。

（2）各国货币的含金量决定着彼此间兑换比率的基础。货币的含金量之比又称铸币平价，各国货币间汇率的基础就是铸币平价，这个平价就是汇率波动所围绕的中心。在金本位制下，各国货币通过黄金这一媒介建立起了彼此交换的关系。例如，1925—1931 年期间，每英镑的含金量为 7.322 38 克，每美元的含金量为 1.504 63 克，这样 1 英镑就等于4.866 6 美元，这也就是两种货币间的法定平价（法定汇率），外汇供求的变化将引起实际汇率围绕着法定平价上下波动。

（3）在金本位制下，汇率波动幅度较小，只能以黄金输送点为限。黄金输送点是黄金输出、输入的上下价格限，它限制着一国货币对外汇率的波动幅度。仍以上述英镑、美元比价为例，假定在伦敦、纽约之间运送价值相当于 1 英镑的黄金需用的各种开支之和为 0.03 美元，则这时美国对英国的黄金输出点为法定平价加上 0.03 美元，即 4.896 6 美元，如果因供求变化，英镑兑美元的汇价高于 4.896 6 美元，那么美国债务人便不会以美元购入英镑来偿还债务，而会直接向英国运送黄金，因为这样做更为划算。反之，法定平价减去运费等开支便是黄金输入价（如这里为 4.866 6 美元－0.03 美元＝4.836 6 美元），这时若 1 英镑的汇率低于 4.836 6 美元，则美国债权人也就不愿收取英镑，而宁愿从英国向美国运送黄金了。当然，这种实际汇率的小幅波动要求严格的黄金自由输出输入，即黄金自由输送保持了汇率的稳定。

（4）国际金本位制有着自动调节国际收支的功能，即具有英国经济学家休谟所说的“物价-铸币流动机制”。这一机制的运行情况可大致表述如下：当一国进口大于出口，国际收支呈逆差，即收支差额为赤字时，外汇供求发生变化，本币下浮，当变动幅度超过黄金输送点时，本国债务人便会直接向外运送黄金，黄金外流导致国内货币供给减少，物价下降，生产成本降低，这样就会收到奖出限入的效果，出口增加，进口减少，国际收支差额从赤转黑，黄金流入该国。相反，当一国出口大于进口，国际收支顺差（差额为黑字）时，由于握有债权，黄金从国外流入，这时国内货币供给量增加，物价因之上扬，成本提高，这就会扩大进口而不利于出口，使国际收支差额黑字消失，甚至可能造成黄金外流。通过这样的机制国际收支得到调节。

(5) 在金本位制下，资本的输出输入与黄金的流向正好相反。当一国国际收支产生变化时，黄金便会输出或输入，作为黄金输出国，其银行准备金（发行银行券的黄金准备）减少，货币发行量必然下降。这种情况的结果是：市场银根不足，利率上升，外国资金便会因追求高收入而流入。黄金输入国的情况正好相反，资金会流出。

国际金本位制尽管有着很多优点，也对世界经济的形成与发展起了重大的推动作用，但这种完全依靠黄金的体制也有着它的弱点：

(1) 这一体制的稳定、对国际收支的自动调节等，有赖于严格的条件，即货币以黄金来表示价值，纸币要有相应的黄金准备，黄金可以自由买卖、流出流入一国国境。没有这些条件，这一体制便会遭到破坏。事实上这些条件是很难完全具备并发挥作用的。

(2) 世界黄金产量、占有结构无法保障这一制度的稳定运转。世界黄金产量的增长与世界经济的增长在很长时间内并非同步，黄金只在少数国家和地区如南非、俄罗斯、澳大利亚、加拿大等地生产，而产量则被少数国家瓜分。在第一次世界大战前夕（1913年），世界黄金存量的2/3被英、法、德、俄、美持有，这就使得其他国家没有足够的黄金准备，货币的稳定基础遭到破坏。

(3) 这一货币体制的稳定有赖于价格体系的稳定，当价格体系波动幅度较大时，这一体系就很难正常运转。在19世纪末20世纪初，世界资本主义有过一个平稳的发展时期，物价相对稳定，金本位制也得以顺利运转，但在第一次世界大战爆发后，物价急剧变动，这一货币体系遇到了致命的困难。

(4) 黄金的自由兑换也是这一货币体制存在与发展的重要条件。只有黄金能够自由兑换，黄金的自由熔铸、输出输入才有可能，也才能保证币值的稳定。但在现实中，只要有一定的世界性政治、军事风波，人们就会加强对外汇和黄金的管理，停止黄金的自由兑换，这就使得这一体制存在的条件遭到破坏。

上面所述金本位制存在的条件与一国的经济状况是休戚相关的，当经济恶化时，该制度便会遇到困难，而当主要资本主义国家的金本位制都遇到困难时，国际金本位制便会处于岌岌可危的地位。

第一次世界大战期间，各国都实行严格的外汇管制，金本位制存在的条件完全被破坏，国际货币体系一度陷入混乱。一战结束后，1922年在意大利热那亚召开的世界货币会议上，各国均支持“节约黄金”的做法，陆续实行了金块本位制或金汇兑本位制（美国仍实行金币本位制），同时地区性货币集团开始出现（如英镑集团、美元集团、法郎集团等），英镑、美元、法郎成为储备货币，国际货币体系进入了以金汇兑为主、货币集团并立、统一性与松散性共存的阶段。

金块本位制是金本位制的一种形式，其主要特点为：

(1) 金铸币仍为本位货币，但在国内已不流通，流通的是具有无限法偿能力的银行券。

(2) 货币仍以黄金定值，即货币单位规定有含金量，但黄金已不能自由铸造。

(3) 银行券已不能自由兑换成黄金，只有当特殊需要产生时（如进行国际支付），才能以规定的限制数额为起点向中央银行兑换。

这一时期实行金块本位制的主要是英国和法国（美国在第一次世界大战后率先实行黄金自由兑换，保持了金币本位制）。英国1925年恢复金本位制，维持战前英镑平价（1英镑合4.866 6美元），但规定的一次最低黄金兑换额为400盎司，合1 700英镑；法国1928年恢复了金本位制，规定的一次最低黄金兑换额为12千克，合215 000法国法郎。金块本位制由于限制了黄金的自由兑换，削弱了黄金的货币作用，因而也就削弱了国际金本位制所具有的基础。

金汇兑本位制也是金本位制的一种形式，又称虚金本位制，其基本特点为：

（1）仍然规定银行券的含金量，但它不能兑换黄金，金币既不能自由铸造和熔毁，也不能自由输出输入和流通。

（2）银行券可以购买特定的外汇，用这些外汇可在该外汇发行国兑换黄金（该发行国实行金块或金汇兑本位制）。

（3）把本国银行券与外汇作为平准基金，以便通过无限制的外汇买卖来维持本币币值的稳定。

金汇兑本位制实际上是间接使货币与黄金联系起来的本位制度，1924年德国首先采用，随后有几十个国家（如奥地利、意大利、丹麦、挪威等）实行了这一制度。无论是金块本位制还是金汇兑本位制，都是不稳定的金本位制，这是因为金币退出流通后，银行券的兑换已经受到限制，黄金也不能发挥自发调节货币流通的作用，随着经济状况的变化以及由于货币体系中固有的矛盾，通货膨胀与货币贬值不可避免。就金汇兑本位制来讲，它实际上是令一个国家的货币钉住实行金币或金块本位制国家货币的一种制度，一旦那个被钉住的国家经济出现困难，就势必会产生连锁反应，影响钉住国的经济顺利发展，使经济非均衡从一个国家传导到另一个国家。

1929年10月，美国股市发生危机，造成1929—1933年大萧条的爆发，在大萧条中，出产原料的国家（如澳大利亚、巴西等）备受打击，率先放弃金本位制；1931年奥地利、德国金融陷入困境，资金实力很强的奥地利信用银行、德国国民银行等相继破产倒闭，两国停止兑换黄金，实行外汇管制，放弃金本位制；1931年因两家中欧的银行倒闭而掀起的向英国挤兑黄金的风潮，迫使英国于1931年9月在巨大压力下放弃金本位制；美国在1933年、法国在1936年也不得不停止实行金本位制，世界金本位制终于退出了历史舞台。

（二）国际借贷说

由英国经济学家戈森（G. Goshen）于1861年提出的国际借贷说，是经济学中供求说的产物。戈森曾经担任过英格兰银行的董事，从实践出发，他的国际借贷说认为，外汇与其他商品一样，价格（汇率）变动取决于市场供求，而后者又取决于国际商品、劳务和其他当期的债权、债务关系即所谓的国际借贷关系。

在他看来，国际借贷的内容范围广泛，既包括经常账户下的商品贸易，也包括资本账户下的资本交易，同时还包含捐赠等单方面转移的内容。国际借贷的差额是决定汇率变动的基础，该差额是由经常账户与资本账户的差额决定的。当一国对外收入大于支出，体现为债权大于债务时，国际市场对该国货币供不应求，汇率上升；反之则下降，而外国货币汇率上升。根据国际借贷的流动性，戈森将国际借贷分为固定与流动两种，前者形成了借贷关系但未进入实际支付，后者则进入了实际支付，在他看来只有后者即已经到期需要即刻清偿的借贷关系，才是决定汇率变动的因素，固定部分有时甚至会出现相反的汇率表现（固定借贷的发生有时会促使本币汇率上升）。此外，戈森还认为，经济中物价、利率、信用等的水平对一国货币的对外汇率具有相应的影响，但与国际借贷即国际收支相比，则是次要的因素。

一般认为该学说是用国际收支的变动来解释汇率的变动，这实际上是将关于汇率的学说从静态发展到了动态。在大多数情况下，尤其是在金本位制下，这是符合实际的（当然，也有国际收支平衡而汇率发生变动的情况），但这一学说只是解释了在金本位制下汇率的变动，并没有解释汇率的决定，更没有涉及非金本位制下汇率决定的解释。不过，国际借贷说的理论本身为后来的弹性法与吸收法的产生和发展提供了一定的基础。

（三）传统购买力平价说

这一理论是由瑞典经济学家卡塞尔（G. Cassel）总结创立的。购买力平价（PPP）说，又称购买力平价理论，是纸币本位制的产物，该理论的核心是解释纸币条件下汇率决定与汇率剧烈波动的原因。从历史上讲，购买力平价理论的萌芽可以追溯到 16 世纪，但它却是在第一次世界大战后逐渐成熟的，并成为至今最具有影响力的汇率学说之一。

卡塞尔从人们持有外币的原因入手，认为持有外币是因为这些外币在国外市场上具有购买商品、劳务的能力。同理，外国人持有本国货币，是因为本国货币在本国市场上可以购买商品和劳务。这样，货币所具有的购买商品、劳务的能力便决定了货币的价格，两国货币之间的比率则应该取决于它们之间的购买力之比。在卡塞尔的理论中，购买力平价被分为两类：绝对购买力平价和相对购买力平价。前者为在每一时点上汇率取决于两国一般物价水平之商，后者为当两国都存在通货膨胀时名义汇率等于过去的汇率乘以两国通货膨胀率之商。

其基本公式为：

$$E=P_a/P_b$$

$$E_t=E_o[(P_{at}/P_{ao})/(P_{bt}/P_{bo})]$$

其中：

E=绝对购买力平价下的汇率；

P_a=A 国的一般物价水平；

P_b=B 国的一般物价水平；

E_o=基期的汇率；

E_t=时间 t 时的汇率；

P_{ao}=A 国基期的物价指数；

P_{at}=A 国在 t 时的物价指数；

P_{bo}=B 国基期的物价指数；

P_{bt}=B 国在 t 时的物价指数。

例如，在时间 t 时，A 国发生通货膨胀，其货币购买力下降，这时若 B 国物价不变，则 A 国货币在 B 国的价值下降。从上面的例子可以看出，公式中基期的选择是十分重要的，基期应该是一个较为平和、正常的时期，即基期的汇率在理论上应该是符合绝对购买力平价时的汇率。

人们在评价该理论时认为，该理论认定汇率取决于两国货币的购买力之比，购买力取决于通货膨胀，而后者又取决于货币数量，故该购买力平价理论的基础为货币数量论。在当时金本位制走向灭亡、汇率动荡不已的情况下对于如何解释纸币之间的汇率决定，购买力平价理论还是提供了一个可以实际操作的基础，同时结合通货膨胀来考察汇率的决定与变动，是具有开创意义的。这是因为从长期来看，汇率的实际走势与物价的走势大体一致，是符合国际经济实际的。但是，卡塞尔提出的货币购买力决定货币价值，而不是货币价值决定货币购买力，在逻辑上存在着表象与本质倒置的问题。另外，他在分析汇率决定与变动时没有更多地从国民收入、贸易、资金流动等方面着手，对汇率决定的复杂性解释得不够，因而存在相应的缺陷。另外，这一理论所设定的假设前提，如一价定律等，即使在存在着很好的套利过程的今天，也是过于严格的，这样就限制了这一理论的普遍适用性。为了克服传统购买力平价理论存在的缺陷，后人在卡塞尔购买力平价理论的基础上发展了现代的汇率理论，使之能够更好地解释汇率的决定与变动。

（四）汇兑心理说

该学说是法国经济学家阿夫塔里昂（A. Aftalion）提出来的。这一理论实际上是国际借贷说与购买力平价说的结合。

汇兑心理说认为，人们必须从质和量两个方面来考察汇率。而国际借贷说只是从国际收支的变化即量上说明了汇率的变化，并未说明外汇的质在于它具有购买商品、劳务从而满足人们欲望的能力。购买力平价理论则只说明了外汇质的一面，即具有购买商品和劳务从而满足人们欲望的能力。汇兑心理说认为，人们需要外汇是因为要购买商品与劳务以满足人们的欲望（具有效用），效用是外汇的价值基础，外汇真正的价值在于其边际效用，而边际效用又是由人们的主观心理决定的，人们主观上对外汇的价值评价不同，会形成外汇的购入与售出，这又会引起外汇供求的变化，导致汇率变动。汇兑心理说认为，在实际中，人们的心理评价会受到外汇质和量两方面的影响：前者为货币的特定购买力、支付债务的能力和制度性因素等，后者为国际收支、货币数量和财政状况等，二者相结合才能构成对外汇的完全的主观评价。例如，如果外汇的供给增加，则它的边际效用会下降，人们对它的心理评价降低，于是该货币的对外汇率下浮，市场中无数个人的供求组成市场的外汇总供求，最终在供求的均衡点形成实际汇率。

汇兑心理说的基础是奥地利经济学派（简称奥国学派）的主观效用论，以主观判断代替客观过程是唯心的。但是，在世界经济中，尤其是在国际资本大量冲击金融市场的情况下，人们的心理因素对汇率走势的影响越来越大，应该给予相应的重视，以便趋利避害（1997—1998 年的亚洲金融危机就是很好的例子）。在今天的经济理论中，心理因素再次得到人们的重视，如理性预期学派的出现，而在国际经济理论中，心理预期的作用也得到了人们应有的研究。

二、二战后汇率决定的理论

第二次世界大战后，随着国际经济交往的日益频繁，以及经济全球化进程的日益发展，为了能够说明国际经济的实际运转，国际金融领域关于汇率的理论有了很大的发展，出现了一系列理论观点。

（一）流动资产选择说

流动资产选择说，又称资产组合理论，是由美国经济学家布兰逊（W. Branson）、多恩布什（R. Dornbusch）于20世纪70年代提出的。这一学说被认为是国际借贷说的发展。该理论认为汇率在某种程度上是资产的价格，而不仅仅是商品的价格，它的情况更多地取决于资产市场的均衡与变动。在今天国际金融市场一体化而又非完全一体化的前提下，各国资产之间具有高度的替代可能，人们可持有的本币和外汇资产的形式可以是多样化的，可以发生不同资产形式之间的转换。人们持有的资产种类与该资产的收益之间存在着密切的关系，与货币市场、国内外的债券市场的均衡即资产市场的均衡之间也存在着密切的关系，因而这又可能出现因人们的获益目的而形成的资产的多种组合。该理论认为，人们对于资产形式的选择即资产替换如果量大且过于频繁，那么就有可能引起资本的大规模流动，在短期甚至中期内对国际收支的影响要远大于经常账户。资本大量流出，国际收支逆差加大，汇率便会下跌，反之资本大量流入，汇率便会上浮。这一理论涉及了资本形式转换造成的影响，比较符合自20世纪70年代以来的实际情况，例如20世纪80年代初的美国、90年代后期的东南亚各个国家的金融状况。但从理论角度分析，资本流动只是国际收支各种交易中的一种，所以它只是国际借贷说的发展；并且，随着世界经济中资本流动冲击作用的加大，该理论将重点放到了资本流动上，因此该理论涉及的范围稍狭窄了些。

（二）目标汇率说

国际收支平衡是一个国家的宏观经济目标之一。为了达到平衡，人们总是将汇率变动作为一种政策手段，结合经济状况确定某一汇率，结合财政、金融等其他政策手段来实现经济的最终目标，即汇率应该由经济目标来决定，人为对其进行干预是有必要的。但由于宏观经济的四大目标的实现手段具有矛盾性，因此这种说法的适用性受到了限制，或者在实际使用中政府对四大目标只能有所侧重，必须放弃一定的经济目标以保证另外的经济目标的实现。

（三）货币主义的汇率理论

货币主义的汇率理论以货币主义理论为基础，产生于固定汇率制瓦解而浮动汇率制居主导地位的20世纪70年代中期，由美国经济学家约翰逊等提出。货币主义的汇率理论将侧重于汇率的流量的分析进一步发展成为重视汇率的流量与存量结构的分析，提出了汇率的货币存量-流量分析，同时将汇率分析从过于重视经常账户扭转到对资本账户的重视，强调了货币因素在汇率决定与变动中的作用。这一理论从购买力平价的绝对平价发展而来，认为汇率与货币供给之间存在着非常密切的关系，通货膨胀因素在汇率决定中具有重要的作用。货币主义认为汇率应该是浮动的而非固定的，因为固定汇率使控制货币总量成为不可能，浮动汇率则可以自动调节国际收支。汇率的稳定有待于世界通货膨胀问题的解决，而这又必须在各经济体共同努力的情况下才可能做到，因此货币主义的汇率理论特别强调国际经济中汇率在各个经济体之间的协调作用。但是，在实际中，只有金融大国在国际金融中才有影响力，即世界货币的发行国才应该对世界通货膨胀与汇率不稳定负责任，小国在国际经济实践中难以发挥作用。

货币主义的汇率理论过于强调一价定律的基础作用，同时认为不同经济体之间的资产具有完全的替代性，并且资产之间的套利可以使两国之间的利率之差等于两国之间的预期通货膨胀率之差等，这些理论前提和分析与金融实践中的情况有着较大的差距。

二战以后，出现了布雷顿森林体系，这一国际货币体系的根本格局建立在美元强大的基础之上，形成了一种特殊的国际货币体系即金汇兑本位制，通俗地讲就是“其他货币与美元挂钩，美元与黄金挂钩”，美元实际上成为国际货币体系中的关键货币，其基本状况见图 8－2。

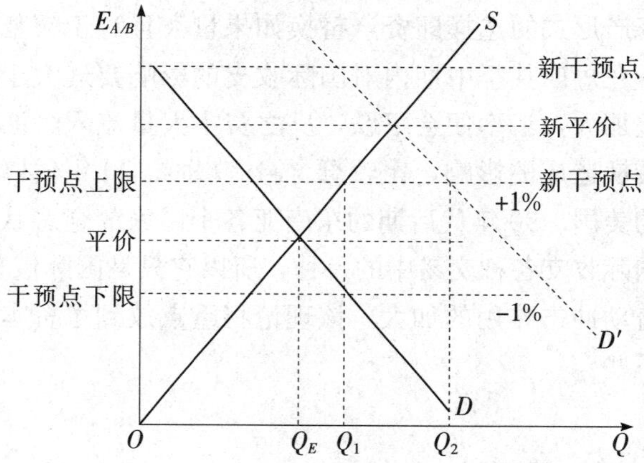

图 8－2　布雷顿森林体系图解

说明：图中的货币汇率形成了一个区域，与金本位制下的相比，该区域不是由黄金的输出、输入来决定的，而是由人为的货币购买与售卖来维持区域的稳定。在以美元为关键货币的情况下，美元被人为高估，于是其他货币会供不应求，出现缺口 Q_1Q_2，美国可以采用外汇管制来消除 Q_1Q_2 的缺口，或主动贬值以恢复均衡，产生新的均衡平价。

布雷顿森林体系的基础是美元的强大，按照美国经济学家特里芬提出的观点，美元之所以成为国际货币体系中的关键货币，是因为它具有相应的地位，但也存在着所谓的“特里芬两难”局面：如果美国在国际收支中存在大量的顺差，则其他国家要向美国支付美元，从而无法获得美元作为储备；若美国存在大量的国际收支逆差，则美元作为关键货币的地位就会受到威胁，无法胜任国际储备货币的重任。这一国际货币体系的内在矛盾被认为是布雷顿森林体系瓦解的重要原因之一。

第三节 汇率的决定

本节的内容建立在购买力平价的基础上，通过对传统购买力平价理论的扩展，考察新的购买力平价的基础，同时考察在国际经济中购买力平价的应用。

一、一价定律与远期汇率的决定

购买力平价理论的基础是货币主义，货币主义的汇率理论特别强调“一价定律”在分析中的前提作用。

（一）一价定律（同一价格律）

一价定律是购买力平价分析的理论前提和基础。经济中的一价定律是指，在有无数交易者的完全竞争市场上，相同的交易产品或金融资产，经过汇率调整后，在世界范围内的交易成本一定是相等的。这是因为在国际经济交易中，如果经济产出是自由流动的，那么当出现违背一价定律的情况时，便存在套利的机会，国际套利者将会通过相同或不同市场的“逢低吸纳、逢高减磅”即低买高卖的做法，消除与一价定律背离的现象。这个定律在经济中是通过诸如购买力平价、利率平价、远期汇率等经济关系表现出来的。

（二）不同国家汇率与通货膨胀之间的关系

在购买力平价理论中，一价定律是绝对购买力平价分析的出发点，简单地讲，这意味着在排除了其他条件如关税、运费、产品差别后，理论上本国货币在世界上不同的地方应该具有相同的购买力（绝对购买力平价），但如果考虑到现实中存在着的通货膨胀，则当本国与外国之间的价格比率发生变化时，两国货币之间的汇率就必然会发生调整（相对购买力平价）。回顾上一节中的相对购买力平价公式：

$$E_t = E_o[(P_{at}/P_{ao})/(P_{bt}/P_{bo})]$$

我们可以通过变换，用相对通货膨胀率来表示上面的关系式。如果用 I_{at} 和 I_{bt} 表示基期到报告期之间预期价格水平的上升幅度，即：

$$P_{at}/P_{ao} = 1 + I_{at}$$
$$P_{bt}/P_{bo} = 1 + I_{bt}$$

则从这两个公式可得：

$$E_t/E_o = (1 + I_{at})/(1 + I_{bt})$$

上式还可以简化为：

$$(E_t - E_o)/E_o = (I_{at} - I_{bt})/(1 + I_{bt})$$

例如，与基期价格水平 100 相比，A 国现在的物价水平为 120，而 B 国现在的物价水平为 110，则 A 国与 B 国货币之间的汇率的变化应该为：(20－10)/110＝0.091，即 B 国货币的 A 国价值会上升 9.1%。结论是：从基期到报告期，通货膨胀的差异应该等于汇率的差别。

因此，人们发现，一国货币具有相应的内在价值，即在货币的购买力、通货膨胀、利率和汇率之间存在着相关关系，如较高的通货膨胀必然为较高的利率所抵消，有利的利差会被不利的汇差所抵消（见图 8－3）。

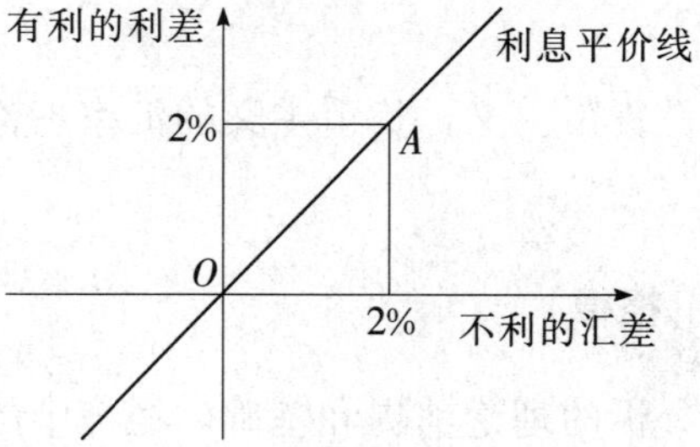

图 8－3　一价定律与远期汇率的决定

说明：图中 A 点反映的便是上面所叙述的情况。如果经济活动不在 A 点上，则套利活动会使之恢复均衡。

（三）远期汇率的计算

我们来看不同国家中利率与通货膨胀之间的关系。在名义利率 R 下，实际利率 A 与通货膨胀率 I 之间的关系为：$R=A+I+AI$，由于 A 与 I 在实际中数值很小，故 AI 可以忽略不计，所以该公式可以简化为 $R=A+I$，即通货膨胀、现在货币与未来货币交换的代价——利息都会被计入名义利率。而通货膨胀与汇率之间存在着密切的关系，我们可以利用这个关系来计算远期汇率。

考察利率平价与远期汇率的决定，必须了解货币的内在价值。所谓内在价值要基于对货币的购买力、面临的通货膨胀、利率、汇率以及其他情况的总体考虑，在不同国家之间比较货币的价值时更应该这样，这在货币关系中体现为费雪效应与国际费雪效应。由于一价定律，在交易后各国的实际收益应该趋同。如果令 n、f 分别为本国、外国，A、I、R 的经济含义与上面相同，考虑各国间利率、通货膨胀之间的关系，则有：

$$(1+R_{nt})/(1+R_{ft})=(1+I_{nt})/(1+I_{ft})$$

变换后为：

$$R_{nt}-R_{ft}=I_{nt}-I_{ft}$$

即我们在上面谈到的名义利率之差应等于预期通货膨胀之差的变换过程，也即所谓的费雪效应。通过考察利率、通货膨胀率、货币相对价值即汇率之间的关系，我们可以了解名义利率的相对变化对一国货币对外价值的影响。一国通货膨胀率相对于其他国家通货膨胀率的上升，将会伴随该国货币价值的下降，同时伴随该国名义利率相对于外国利率的提高，把两个过程放在一起，即把利率、通货膨胀与货币价值的关系结合在一起的考虑，即为国际费雪效应。基于一价定律的两个根本的效应在我们推导利率平价的远期汇率时是非常重要的。

为了推导远期汇率公式，假设 Y 为存入银行的一笔钱，R_n 代表国内利率，E_o 代表即期汇率，R_f 代表外币利率，E_f 代表远期汇率，在不考虑通货膨胀的条件下，根据一价定律，则有：

$$YE_o(1+R_f)/E_f=Y(1+R_n)$$
$$E_f=YE_o(1+R_f)/[Y(1+R_n)]$$

即：

$$E_f=E_o(1+R_f)/(1+R_n)$$

该公式反映的是汇率变化与利率之间的基本关系。

我们从上面的公式还可以推出外汇的升贴水公式：远期汇率与即期汇率的差额用升水、贴水和平价来表示，升水意味着远期汇率比即期汇率要高，贴水则反之。在一般情况下，利率较高的货币远期汇率大多为贴水，利率较低的货币远期汇率大多为升水。

由上述远期汇率公式，有：

$$E_f/E_o=(1+R_f)/(1+R_n)$$

令两边同时减 1，得到：

$$E_f/E_o-E_o/E_o=(1+R_f)/(1+R_n)-(1+R_n)/(1+R_n)$$

则有：

$$(E_f-E_o)/E_o=(R_f-R_n)/(1+R_n)$$

如果对 R_n 忽略不计，则得出远期升水（贴水）公式为：

$$E_f-E_o=E_o(R_f-R_n)$$

用下面的例子加以说明：假设即期汇率 1 英镑＝2 美元，在欧洲市场美元一年期的利率为 15%，英镑为 10%，一年后的远期汇率为 1 英镑等于多少美元?

根据上面的公式，远期汇率＝即期汇率×(1＋外币利率)/(1＋国内利率)，得出：

远期汇率＝2×(1＋15%)/(1＋10%)＝2.091

答：一年期远期汇率为 1 英镑等于 2.091 美元。

二、购买力平价理论的扩展

(一) 一价定律的缺陷

购买力平价理论关于汇率在长期中的变动与各经济体物价的长期变动相一致的思想

无疑是具有重要意义的。然而该理论成立的基本假设前提是一价定律，而人们一般认为，尽管存在经济全球化的趋势，但这个假设前提与国际贸易及国际金融的实践尤其是今天的实践仍然存在相当大的距离，这一距离从根本上影响着购买力平价的普遍适用性，这主要表现为：

（1）一价定律自身成立的前提过于严格，完全竞争、要素及产出自由流动在国际经济的现实中是很难做到的。现实中存在着诸如贸易壁垒、各种金融流动的限制、运输成本等，它们阻碍着商品、资本、劳动力和服务在国际上的交易。

（2）即便市场是完全竞争的，产出和要素可以自由流动，不同经济体、民族的需求偏好也无法趋同，消费的内容、形式也根本无法一致，因此我们也很难有理由认为它们可以只有一个价格。

（3）商品市场、货币市场中存在的垄断或寡头统治的现象已经使得市场的完全竞争成为不可能，垄断与寡头会进一步阻碍产出与要素的自由流动，造成不同经济体在交易相同产出与金融产品时价格出现差异。

因此，一价定律是一种在理想状态下的规律，在现实经济过程中只是表现为趋势与过程。

（二）不可贸易品不符合购买力平价条件时的平价公式

传统购买力平价理论在考察时结合长期汇率、长期价格水平是正确的，但我们在实践中注意到在商品被分为可贸易与不可贸易两种情况时，购买力平价公式需要有所修正才能更好地解释汇率的长期变动。因此我们首先考察如果存在着不可贸易的商品和服务，那么它们是如何影响汇率与各个经济体价格水平之间的长期关系的。我们假设全部商品和服务都可以被分成可贸易与不可贸易两大类，从长期角度看，可贸易商品和服务符合购买力平价条件，而不可贸易商品和服务被认为可能不符合购买力平价条件，是造成购买力平价失效的基本因素，而在分析中我们将说明情况并不是这样。

为了说明购买力平价，我们假设有两个国家 A、B，P_a 与 P_b 分别为 A、B 两国的一般物价水平，它们是由可贸易与不可贸易商品和服务的价格 P_t 与 P_n 构成的，u 为 A 国收入中用于不可贸易品的比重，$1-u$ 为 A 国收入中用于可贸易品的比重，v 为 B 国收入中用于不可贸易品的比重，$1-v$ 为 B 国收入中用于可贸易品的比重，$E_{a/b}$ 为汇率，则以可贸易与不可贸易商品和服务价格表示的总价格水平为两类商品和服务的加权平均，权重取决于两类商品和服务在总消费中的相对重要性。即 A、B 两国的价格水平分别为：

$$P_a = u P_{an} + (1-u) P_{at}$$
$$P_b = v P_{bn} + (1-v) P_{bt}$$

若有汇率 $E_{a/b}$ 公式在长期成立，则有：

$$E_{a/b} = P_{at} / P_{bt}$$

即由可贸易品交易决定的两国物价水平之比 P_{at}/P_{bt} 决定着长期汇率，也就是在一国的所有产出中，只有一部分在贸易中与他国的同类产出在价格上具有直接联系。

将上述公式相结合，即将 $P_{at} = E_{a/b} P_{bt}$ 代入 P_a 与 P_b，便可得出含有不可贸易品时汇率$E_{a/b}$的决定。即：

$$P_a/P_b=[u P_{an}+(1-u)P_{at}]/[vP_{bn}+(1-v)P_{bt}] \quad (1)$$

将$E_{a/b}=P_{at}/P_{bt}$移项，则有：

$$P_{at}=E_{a/b} P_{bt}$$

其经济含义为，两国可贸易产出的价格是相等的，是符合一价定律的。将其与P_a/P_b的公式相结合，用A国的可贸易产出的价格P_{at}去除式（1）右面的分子，用B国可贸易产出的A国货币价格$E_{a/b}P_{bt}$去除式（1）右面的分母，有：

$$P_a/P_b=E_{a/b}[u(P_{an}/P_{at})+(1-u)]/[v(P_{bn}/P_{bt})+(1-v)]$$

移项后得：

$$E_{a/b}=(P_a/P_b)[v(P_{bn}/P_{bt})+(1-v)]/[u(P_{an}/P_{at})+(1-u)]$$

上式实际上已经包含了两国可贸易与不可贸易产出的相对价格，因而扩展了购买力平价理论。其结论为：若P_{bn}/P_{bt}上升，则B国货币相对于A国贬值，A国货币升值，反之则B国货币升值。

（三）可贸易品不符合购买力平价条件时的平价公式

我们讨论的上述公式是以可贸易品符合购买力平价条件而不可贸易品不符合购买力平价条件为出发点的，现在探讨前者背离购买力平价条件的情况，这样可以使购买力平价公式得到进一步的扩展。为了进行讨论，我们将$E_{a/b}=P_{at}/P_{bt}$用如下式子来替代，即：

$$E_{a/b}=(P_{at}/P_{bt})K_{b;a}$$

经转换，有：

$$K_{b;a}=(E_{a/b}P_{bt})/P_{at}$$

从上式可以看出，$K_{b;a}$的含义为B国可贸易品的A国货币价格与A国可贸易品的A国货币价格之比；如果$K_{b;a}$上升，则B国可贸易品的价格相对于A国而言更高，影响了A、B两国可贸易品本国价格与汇率的长期关系，即可贸易品价格不变，而$K_{b;a}$发生变化，汇率仍然要发生变化。如美元对日元贬值，日商担心失去美国市场，坚持日货在美价格不变，即便该货在日本价格也不变，也意味着在日本购入该货与在美国购入相比贵了，汇率会发生变化。公式因之而变化为：

$$E_{a/b}=(P_a/P_b)[v(P_{bn}/P_{bt})+(1-v)]/[u(P_{an}/P_{at})+(1-u)]K_{b;a}$$

其经济含义为，在其他条件不变的情况下，任何使B国可贸易品价格与A国可贸易品价格之比$K_{b;a}$上升的因素，都会使A国货币相对于B国货币贬值。

（四）实际汇率分析

本节的论述是为了说明在实际市场的供求中实际汇率是如何决定的，即商品市场变化对相对价格的影响，也即实际汇率的变动。因此，实际汇率表现为：B国价格水平的A国货币价值除以A国价格水平的A国货币价值，得出实际汇率$Q_{a/b}$。实际的B国货币对A国货币的汇率为买一定量有代表性的A国商品所需要的有同样代表性的B国商品，也可以表示为B国价格水平的A国货币价值除以A国价格水平：

$$Q_{a/b}=(E_{a/b}P_b)/P_a$$

实际汇率可以进而表示为：A国商品/B国商品。它的变化表示：实际汇率可以衡量一国相对于另一国生活费用的变化，B国货币对A国货币的实际升值，表明B国生活水平（费用）的相对上升，而B国货币对A国货币的实际贬值，则表明A国生活水平（费用）的相对上升。

（五）货币变化与长期汇率分析

根据实际汇率的进一步分析，其公式可以变换为：

$$E_{a/b}=(P_a/P_b)Q_{a/b}$$

上式表示A国货币对B国货币的名义汇率，为A、B两国价格水平的比率乘以A国货币对B国货币的实际汇率。A国价格水平受该国货币供给的影响，货币供给的增加将提高所有的价格水平，包括外汇的汇率，结果是A国货币对外名义汇率的贬值。本节的基本结论如表8-2所示。

表8-2　货币与商品市场变动对A国货币对B国货币长期名义汇率（$E_{a/b}$）的影响

变动	对$E_{a/b}$的影响
货币变动：	
A国货币供给增加	A国货币对外名义汇率下浮或贬值
B国货币供给增加	B国货币对外名义汇率下浮或贬值
商品市场变动：	
（1）A国不可贸易产出需求增加	A国货币对外名义汇率上浮或升值
B国不可贸易产出需求增加	B国货币对外名义汇率上浮或升值
（2）B国对A国可贸易产出需求增加	A国货币对外名义汇率上浮或升值
A国对B国可贸易产出需求增加	B国货币对外名义汇率上浮或升值
（3）A国不可贸易产出的生产率提高	汇率变动趋势不确定
B国不可贸易产出的生产率提高	汇率变动趋势不确定
（4）A国可贸易产出的生产率提高	A国货币对外名义汇率上浮或升值
B国可贸易产出的生产率提高	B国货币对外名义汇率上浮或升值

资料来源：本表参考克鲁格曼《国际经济学》（北京，中国人民大学出版社，2002）的相关章节做出。

三、购买力平价法的实际应用

购买力平价法主要是在国民收入的国际比较中以及其他经济状况的国际比较中有实际的应用。尤其是世界银行、国际货币基金组织等国际经济组织编写的出版物中经常采用购买力平价法进行国际比较。

购买力平价的计算步骤为：首先，选定所谓核心商品。按照联合国的分类，国内生产总值（GDP）共分为448项共2 000多种核心商品。其次，收集核心商品在不同国家中的价格。最后，列出各国GDP的分类，以GDP在各种商品上的支出为权数，进行国际比较。

（一）购买力平价法应用的案例分析（发达国家与发展中国家）

1992年世界银行所做的国际比较显示，中国的人民币与美元的汇率为＄1＝RMB 1.07，于是1993年中国的GDP按PPP法计算，为29 330亿美元，列世界第3名。而在20世纪末21世纪初，有人认为中国的货币——人民币的价值被低估，被低估了10％～15％，但也有人认为人民币被高估，需要贬值才能够符合购买力平价。

（二）对购买力平价法应用的评价

（1）购买力平价法为国民经济的国际比较提供了一种比过去更为科学的方法，使国际比较较为实际。但购买力平价法没有反映出不同国家的同种商品的质量差异，这一方法强调“土豆就是土豆”，不同国家的相同商品在计算时具有相同的质量。

（2）不同经济体的社会经济结构的差异、消费结构的差异、价格政策的区别，以及这些差异对价格、汇率的影响，在购买力平价法中均没有得到反映。

（3）人们在使用这种方法估算发展中国家的经济值和其他经济数量时，大多会高估实际数量，而在估算发达国家时大多会低估，这就影响了它的普遍适用性。

四、人民币对外汇率政策

我国目前基本上采取的是独立的货币政策与汇率稳定性的政策目标组合，这是一种符合我国现实的选择，实践中它使我国有效地抵御了1997年亚洲金融危机的冲击。但是要想使该政策目标组合行之有效，就必须实行完全的资本控制。而中国的进一步开放是必然的，我们最终的目标是实现资本账户下的自由兑换和开放广义的金融市场。

从中长期来看，我国的政策目标是独立的货币政策与金融一体化的组合，这意味着我们将放弃固定汇率的目标，国家放弃对外汇市场的过多干预。也就是说，汇率的形成更多地由市场决定，它不仅仅由商品市场中的进出口情况决定，更重要的是由资本市场中的资金流动状况决定，从而实现汇率的真正浮动。

一般而言，浮动汇率制具有以下优点：

（1）均衡汇率水平完全由市场供求决定，因而不会出现外汇的超额供给与超额需求的问题。外汇资金的利用服从边际成本等于边际收益的原理，从而更有效率。

（2）由于汇率取决于市场的供求，因此资本的流进与流出只会引起汇率水平的升降，而不会改变货币供给量，可以保证货币政策的独立性。

（3）汇率本身的价值尺度作用可以得到更好的发挥，而且浮动汇率制并不意味着我们要放弃汇率的稳定，只要国内经济状况良好，汇率就不会出现剧烈震荡。

很明显，浮动汇率制的诸多好处满足我国建设社会主义市场经济的目标，但我们同时也注意到，要得到浮动汇率制的好处需要具备一定的条件。从现实的角度来看，一国的汇率制度安排还要考虑到国际情况，在目前国际汇率制度还不明朗的条件下，我们只能说我国的汇率形成机制会更加市场化、更加自由，而不承诺完全自由浮动。

五、人民币汇率的历史演变

历史上，人民币汇率制度的演变经历了五个阶段。

（一）第一阶段：1949 年至 1952 年底

1948 年 12 月 1 日，中国人民银行成立并发行了我国统一的货币——人民币。

1949 年，天津、上海、厦门、广州等口岸相继解放。1949 年 1 月 18 日，天津首次报出人民币对美元的汇价 1 美元等于人民币 80 元（旧币）。

1950 年全国统一财经工作会议召开后，人民币实行了统一汇价，由中国人民银行总行公布。

本阶段人民币汇率决定与调整的特点是：

（1）汇率的安排采取钉住美元的方法。

（2）汇率的制定有较大的自主性和灵活性。

（3）汇率的调整在很大程度上反映了国内外物价水平的变化。

（4）人民币币值随着国民经济的好转而提高。

（二）第二阶段：1953 年初至 1973 年 2 月

本阶段的人民币汇率处于稳定状态，其特征是：

（1）汇率的安排采用与西方个别主要国家货币挂钩的方法，只是在某种外国货币贬值或升值时才做相应的调整，缺乏主动性。

（2）调整汇率使之稳定，汇率保持在 1 美元兑换 2.46 元人民币的水平上。

（3）汇率的价格信号和经济杠杆的功能退化，不再对进出口贸易和国民经济运行产生较大的影响。

（三）第三阶段：1973 年 2 月至 1985 年底

1973 年 2 月美元对外实行二战后第二次法定贬值，贬值幅度达 10%，同时美国的黄金“官价”也相应地从每盎司 38 美元调整为 42.22 美元。人民币汇率的制定和调整由原来以美元为基准货币改为钉住一篮子货币的办法，即选用与我国对外贸易有关的若干种重要货币，根据这些货币的加权平均汇价的变动情况，计算出人民币对某种货币的汇率（如对美元的汇率），然后按国际市场上的外汇牌价折算出与其他外币的汇率。1973—1984 年，人民币汇率曾做过 7 次调整。实践表明，美元、人民币、英镑、联邦德国马克和瑞士法郎在货币篮子中一直占有重要的地位。

1979 年 8 月，国务院决定改变人民币汇率制度，除继续保留人民币的公开牌价之外，另外制定内部结算价，从 1981 年 1 月 1 日起实行人民币的双重汇价。人民币的内部结算价定为1美元等于人民币2.8元，主要运用于进出口贸易的外汇结算和成本核算，其定值方法是1978年全国出口平均换汇成本1美元兑人民币2.53元再加上10%的利润。1984年，人民币汇率又从双重汇价走向单一汇价。

这一阶段人民币汇率的决定具有如下几个特点：

(1) 汇率的安排采取钉住一篮子货币的方法，而不是以某种主要货币为基准。

(2) 实行汇价制度的改变，人民币汇价由单一汇价走向双重汇价，又从双重汇价走向单一汇价。

(3) 汇率调整的次数增多，汇率变化的幅度加大。

(四) 第四阶段：1986年1月至1993年12月

从1986年1月起，人民币汇率实行管理浮动，以取代原来的钉住一篮子货币的制度。实行管理浮动后，人民币汇率呈下跌趋势，一方面是为了消除人民币币值的高估，另一方面也反映了经济发展中各种因素对外汇供求的影响。在这一阶段我国的外汇管制有所放松，外汇市场开始发育。从1986年起，国家允许在外商来华投资的企业之间进行外汇调剂，之后又允许在外商来华投资的企业、国内民营企业、国内国营企业之间进行外汇调剂，同时按规定让一些居民参与外汇调剂。到1988年底，全国共有90个外汇调剂中心，成交额大约为63亿美元，从而使我国外汇市场初具规模。1992年全国80%以上的外汇交易是在外汇调剂市场达成的，外汇调剂价已成为人民币公开牌价之外的一种汇率安排，并且较好地反映了我国外汇市场的供求关系。

本阶段人民币汇率决定变化的特点是：

(1) 汇率的安排逐步从钉住一篮子货币迈向管理浮动，表现出较高的弹性。

(2) 多重汇率并存，外汇的公开牌价、调剂价等相互影响，相互制约。

(3) 人民币汇率公开牌价与外汇市场调剂价之间存在差额。

(4) 人民币汇率的管理浮动体现了外汇市场的供求关系和主要西方国家货币的汇率变化，但国家的计划管理和美元的汇率涨落还主要地决定着人民币的汇率水平。

(五) 第五阶段：1994年1月1日至今

从1994年1月1日起，我国进一步改变外汇管理体制，实行以市场供求为基础的、单一的、有管理的浮动汇率制。从1994年1月1日起，我国对进出口商实行结售汇制，在原有的外汇调剂市场的基础上建立外汇指定银行间外汇市场。银行间外汇市场是建立在现代化技术基础上的、以银行和非银行金融机构为交易主体的外汇交易系统，其中介机构为中国外汇交易中心。

我国自1994年1月1日起实行外汇公开牌价与调剂价并轨，汇率为1美元兑8.6元人民币，从此以后人民币汇率随市场供求而波动。

本阶段人民币汇率变化较小，呈现稳中有升的态势。它的特点是：

(1) 汇率的安排以市场供求为基础，理论上不再由中国人民银行通过行政方式制定。

(2) 取消双重汇率制，全国所有外汇收支活动都以中国人民银行公布的汇率为基准来进行结算。

（3）允许汇率在中国人民银行公布的基准汇率的一定幅度内上下浮动。

（4）中国人民银行通过国家外汇管理局和外汇交易中心对人民币汇率实行宏观调控与监管，主要利用法律和经济手段来干预汇率。

（5）实行人民币经常账户下的自由兑换，我国基本成为国际货币基金组织第八条款国。

历年人民币对外汇率如表 8－3 所示。

表 8－3　历年人民币对外汇率（1979—2021 年）　　单位：人民币/美元

年份	年均汇率	年份	年均汇率	年份	年均汇率	年份	年均汇率
1979	1.554 9	1990	4.783 2	2001	8.277 0	2012	6.312 5
1980	1.498 4	1991	5.323 3	2002	8.277 0	2013	6.193 2
1981	1.705 0	1992	5.514 6	2003	8.277 0	2014	6.142 8
1982	1.892 5	1993	5.762 0	2004	8.276 8	2015	6.228 4
1983	1.975 7	1994	8.618 7	2005	8.191 7	2016	6.642 3
1984	2.327 0	1995	8.351 0	2006	7.971 8	2017	6.751 8
1985	2.936 6	1996	8.314 2	2007	7.604 0	2018	6.617 4
1986	3.452 8	1997	8.289 8	2008	6.945 1	2019	6.898 5
1987	3.722 1	1998	8.279 1	2009	6.831 0	2020	6.897 6
1988	3.722 1	1999	8.278 3	2010	6.769 5	2021	6.451 5
1989	3.765 1	2000	8.278 4	2011	6.458 8		

资料来源：国家外汇管理局。

核心概念

外汇	储备资产	外汇汇率	外汇储备
汇率	直接标价法	间接标价法	美元标价法
浮动汇率	金本位制	黄金输出点	黄金输入点
金块本位制	金汇兑本位制	绝对购买力平价	相对购买力平价
一价定律	费雪效应	升水	贴水

复习与思考

1. 试述铸币平价说。
2. 试述国际借贷说。
3. 试述购买力平价说的基本内容并予以评价。
4. 试述汇兑心理说的主要内容并予以分析。
5. 试述流动资产选择说。
6. 试述货币主义的汇率理论。
7. 试推导不考虑通货膨胀条件的远期汇率公式。
8. 试推导远期升水（贴水）公式。

第九章

国际货币危机与国际货币体系

重点问题

- 货币危机理论
- 国际货币体系
- 布雷顿森林体系
- 牙买加体系
- 亚洲金融危机

20 世纪 70 年代以来，随着英镑危机、美元危机的出现，有关货币危机的理论和实证文献数量急剧增加，1982 年的国际债务危机推动了国际货币危机的讨论，1997—1998 年的亚洲金融危机进一步使得国际货币危机理论的重要性得到凸显，这一理论已经成为国际经济学的一个前沿内容。与此同时，关于国际货币体系的讨论也愈发引起理论界的高度重视。本章将讨论国际货币危机的理论发展，以及国际货币体系的历史、现状和发展。

第一节　货币危机理论①

一、第一代货币危机理论

第一代货币危机理论的代表人物是保罗·克鲁格曼（Paul Krugman）、罗伯特·P. 弗勒德（Robert P. Flood）和彼得·M. 加伯（Peter M. Garber）。克鲁格曼在其 1979 年发表的《一个国际收支危机的模型》（A Model of Balance-of-Payments Crises）一文中所构造的模型是关于货币危机的最早的理论模型。弗勒德和加伯则在 1984 年发表了《正在崩溃的汇率制度：一些线性实例》（Collapsing Exchange-Rate Regimes：Some Linear Examples）一文，对克鲁格曼提出的模型加以扩展与简化。这两篇文献是第一代货币危机理论的代表性文章。第一代货币危机理论假定政府为解决赤字问题会不顾外汇储备而无限制地发行纸币，央行为维持固定汇率制会无限制地抛出外汇直至消耗殆尽。该理论

① 本节的撰写参用了孙玥的博士学位论文，编著者在此表示感谢。

的基础在于当经济的内部均衡与外部均衡发生冲突时，政府为维持内部均衡而采取的特定政策必然会导致外部均衡丧失，这一均衡丧失的累积将持续消耗政府外汇，在到达临界点时，投机者的冲击将导致货币危机的爆发。

该理论认为一国的经济基本面（economic fundamentals）决定了货币的对外价值稳定与否，决定了货币危机是否会爆发、何时爆发。当一国的外汇储备不足以支撑其固定汇率的长期稳定时，该国储备是可耗尽的，在内部均衡与外部均衡发生冲突时，政府为维持内部均衡而干预外汇市场的必然结果是外汇影子汇率与目标汇率发生持续的偏差，而这为外汇投机者提供了牟取暴利的机会。第一代货币危机理论认为一国内部均衡与外部均衡的矛盾，即一国固定汇率制面临的问题源于为弥补不断扩大的政府财政赤字而过度扩张的国内信贷。公共部门的赤字持续货币化，利率平价条件会诱使资本流出，导致本国外汇储备不断减少。在储备减少到某个临界点时，投资者出于规避资本损失（或是获得资本收益）的考虑，会向该国货币发起投机冲击。由于一国的外汇储备是可耗尽的，因此政府剩余的外汇储备将在极短的一段时间内被投机者全部购入，政府将被迫放弃固定汇率制，货币危机就会爆发。事实上，由于投机者的冲击，政府被迫放弃固定汇率制的时间将早于政府主动放弃的时间，因此，社会成本会更大。

第一代货币危机理论表明，投机冲击和汇率崩溃是微观投资者在经济基本面和汇率制度间存在矛盾的情况下理性选择的结果，并非所谓的非道德行为，因而这类模型也被称为理性冲击模型（ration attack model）。从该理论的模型分析中可以得出一些政策主张。例如，通过监测一国宏观经济的运行状况可以对货币危机进行预测，并在此基础上及时调整经济运行，避免货币危机的爆发或减轻其冲击强度。避免货币危机的有效方法是实施恰当的财政、货币政策，保持经济基本面的健康运行，从而维持民众对固定汇率制的信心。否则，投机活动将迫使政府放弃固定汇率制，调整政策，市场借此起到了惩罚先前错误决策的作用。从这个角度看，资本管制将扭曲市场信号，应该予以放弃。

二、第二代货币危机理论

第二代货币危机理论的主要代表人物是茅瑞斯·奥伯斯法尔德（Maurice Obstfeld）、杰拉多·埃斯奎韦尔（Gerardo Esquivel）和菲利普·拉腊因（Felipe Larrain）。

第一代货币危机理论的缺陷在于其理论假定与实际偏离较大，对政府在内、外均衡上的取舍与政策制定问题的论述存在很大的不足，而且经济基本面的稳定可能并不是维持汇率稳定的充分条件，单纯依靠基本经济变量来预测与解释危机，显得单薄。20 世纪 80 年代中后期，经济学家开始从经济基本面没有出现持续恶化这一角度来解释危机，并探讨货币危机爆发的可能性，这就是第二代货币危机理论。这一代理论有两个重要的假定：

（1）在该理论中，政府是主动的行为主体，最大化其目标函数，放弃汇率制度是央行在维持和放弃之间权衡之后做出的选择，而不一定是储备耗尽之后的结果。政府会出于一定的原因维护固定汇率制，也会因某种原因而放弃固定汇率制。当公众预期或怀疑政府将弃守固定汇率制时，保卫固定汇率制的成本将会大大增加。

（2）引入博弈。在动态博弈过程中，央行和市场投资者的收益函数相互包含，双方均根据对方的行为或有关对方的信息不断修正自己的行为选择，而自身的这种修正又将影响对方的行为，因此经济可能存在一个循环过程，出现“多重均衡”。其特点在于自我实现（self-fulfilling）的危机存在的可能性，即一国经济基本面可能比较好，但是其中某些经济变量并不是很理想，由于种种原因，公众会发生观点、理念、信心上的偏差，而公众信心不足会通过市场机制扩散，导致市场共振，危机自动实现。所以，这类理论模型也被称为自我实现式危机模型。这个理论的典型代表是奥伯斯法尔德。他在其《自我实现特征的通货危机模型》（Models of Currency Crises with Self-Fulfilling Features）一文中设计了一个博弈模型，以简洁明了的形式展示了动态博弈下自我实现式危机模型的特点及其“多重均衡”的性质。

以奥伯斯法尔德为首的一些学者在模型中仍然注重经济基本面，在其理论论述中勾勒出了基本经济变量的中间地带。他们认为，在经济未进入该地带时，经济基本面决定了危机爆发的可能性，此时，危机完全不可能发生或必然发生。而当经济处于这一中间地带时，主导因素就会变成投资者的主观预期，危机是否爆发就不是经济基本面的变化所能解释的。该理论认为问题主要在于内外均衡的矛盾，政府维持固定汇率制是有可能的，但是成本可能会很高，政府的愿望与公众的预期偏离越大，维持固定汇率制的成本就越高。因此，当公众产生不利于政府的预期时，投机者的行为将导致公众丧失信心，从而使政府对固定汇率制的保卫失败，危机将提前到来。该理论认为，从这一角度而言，投机者的行为是不公正的，特别是对东道国的公众来说，是不公正和不道德的。

除了这类主流理论外，另有少数学者认为货币危机可能根本不受经济基本面的影响，受冲击国家所出现的宏观经济的种种问题是投机行为带来的结果而非投机行为的原因。总的说来，这类文献对危机的解释一般从两个角度出发，这就是通常所说的羊群行为和传染效应。

（1）羊群行为（herding behavior）理论提出，市场参与者在信息不对称下的非理性行为（指投资者倾向于忽略自己的有价值的私有信息，而跟从市场中大多数人的决策方式）使金融市场不完全有效（这是该理论与第一代货币危机理论以及第二代货币危机的主流理论的区别所在，第一代货币危机理论与第二代货币危机的主流理论均假定市场参与者拥有完全信息，从而金融市场是有效的），花车效应（bandwagon effect）以及市场收益与惩罚的不对称容易造成羊群行为。由于存在信息成本，因此投资者的行为建立在有限的信息基础上，投资者各有其信息优势，投资者对市场上的各种信息（包括谣言）的敏感度极高，任何一个信号的出现都可能改变投资者的预期。花车效应会导致经济基本面可能没有问题的经济遭受突然的货币冲击；同时，花车效应会人为地创造出热钱（hot money），加剧危机。此外，市场收益与惩罚的不对称会造成投资基金代理人规避风险，市场的任何风吹草动都会导致羊群行为。政府在考虑是否保卫固定汇率制时应充分估计到这一点。

（2）传染效应（contagion effect）理论主要从国家间的关联角度出发解释危机。由于全球一体化以及区域一体化不断加强，特别是后者，因此区域内国家之间的经济依存度逐渐增高，危机将首先在经济依存度高的国家之间扩散。一国发生货币危机会给出一定的市场信号，改变投资者对与其经济依存度高或者与其经济特征相类似国家的货币的信心，加大这些国家货币危机发生的可能性，甚至导致完全意义上的自我实现式危机的发生。

经济学家认为，在金融市场中存在着市场操纵（market manipulation）。不论是在由理性预期导致的自我实现的危机中，还是在由非理性的羊群行为造成的危机中，都存在大投机者操纵市场从而获利的可能，大投机者利用羊群行为使热钱剧增，加速了危机的爆发，加剧了危机的深度与危害。

概括起来，第二代货币危机理论注重危机的“自我实现”性质，该理论认为仅仅依靠稳健的国内经济政策是不足以抵御货币危机的，固定汇率制的先天不足使其易受投机冲击，选择固定汇率制，必须配之以资本管制或限制资本市场交易。

三、第三代货币危机理论

1997 年下半年爆发的亚洲金融危机引起了学术界的关注。卡明斯基（Kaminsky）认为就其本质而言，这并非一场“新”危机，原有的理论成果仍具有说服力。而另一些学者例如克鲁格曼则认为，这次货币危机在传染的广度与深度、转移及国际收支平衡等方面与以往的货币危机均有显著的区别，原有的货币理论解释力不足，应有所突破。第三代货币危机理论因此产生。

克鲁格曼认为，这次货币危机对远在千里之外、彼此联系很少的经济都造成了影响，因此多重均衡是存在的，某些经济对于公众的信心的敏感度很高，这些经济的货币危机可能由外部的与自己关联并不大的经济中发生的货币危机所带来的公众信心问题诱发。东亚经济体经常账户逆转的原因主要在于危机中货币大幅度贬值和严重的经济衰退所带来的进口的大量减少，因此，存在一个转移问题，这是为以往的货币危机理论所忽略的。在以往的货币危机理论中，模型的构造者将注意力放在投资行为而非实际经济上，单商品的假定忽视了贸易和实际汇率变动的影响。因此，货币理论模型的中心应该是讨论由实际贬值或者经济衰退所带来的经常账户逆转以及与之相对应的资本流动逆转的需求问题。他认为，这场货币危机的关键问题并不在于银行，而在于企业。本币贬值、高利率以及销售的下降恶化了企业的资产负债状况和财务状况，这一问题并非银行本身的问题。即使银行重组，对金融状况大大恶化了的公司来说也是于事无补的。克鲁格曼在单商品的假定之下，建立了一个开放的小国经济模型，在这一模型中，克鲁格曼增加了国内商品对进口商品的不完全替代性，分析了贸易及实际汇率变动的影响与效应。总的说来，克鲁格曼在他的第三代货币危机理论中强调了以下几个方面。

（1）克鲁格曼在其于亚洲金融危机发生以后发表的一系列文章中提出了金融过度（financial excess）的概念，这一概念主要是针对金融中介机构而言的。在金融机构无法进入国际市场时，过度的投资需求并不导致大规模的过度投资，而是导致市场利率升高。当金融机构可以自由进出国际金融市场时，金融中介机构的道德冒险会转化成证券等金融资产和房地产的过度积累，这就是金融过度。金融过度加剧了一国金融体系的脆弱性，当外部条件合适时，将导致泡沫破裂，发生危机。

（2）亲缘政治的存在提高了金融过度的程度。发生亚洲金融危机的这些国家的财政状况从表面上看是健康的，实际上存在大量的隐含赤字：政府对与政客们有裙带关系的银行、企业提供各种隐性担保，增加了金融中介机构和企业进行道德冒险的可能性，它们的不良资产就反映出政府的隐性财政赤字。亚洲国家持续了几十年的亲缘政治使这些国家的经济在20世纪90年代大规模的对外借款中处于一种金融崩溃的风险之中，这种风险来自它们所采用的准固定汇率贬值的可能性。

（3）与亚洲金融危机类似的危机爆发的关键在于企业。由于销售疲软、利息升高和本币贬值，企业的资产负债表出现财务困难，这种困难限制了企业的投资行为。企业的资产负债表出现的财务困难还包括由前期资本流入带来的实际汇率变化的影响。这一分析从表面上看是论述货币贬值对企业乃至整个实体经济的影响，实际上，在危机爆发前投资者的行为函数里可能就已经包含了对这种变化的预期，这就加强了他们抛售本币的决心，这也是一种自我实现的现象。

（4）克鲁格曼理论模型表明存在三个均衡，中间均衡是不稳定的，可以不用考虑，另外两个均衡是本国回报率等于外国回报率的高水平均衡及低水平均衡。在低水平均衡上，贷款者不相信本国企业有任何担保，不对它们提供贷款，这一行为意味着实际汇率将可能贬值，实际汇率的不利影响意味着企业的破产，而这又在实际中对先前的悲观态度做出了佐证，形成一种恶性循环。因此，克鲁格曼认为，金融体系在货币危机中发生崩溃并不是由于先前投资行为的失误，而是由于金融体系的脆弱性。导致金融体系可能发生崩溃的因素有：高债务因素、低边际进口倾向和相对于出口而言大规模的外币债务。

（5）保持汇率稳定实际上是一个两难选择，因为保持汇率稳定在关闭一个潜在的引发金融崩溃的渠道的同时打开了另外一个渠道。如果债务较大，杠杆效应较明显，那么维持实际汇率的成本就是产出的下降，而且这种下降是自我加强的。这对企业而言，仍然会带来相同的不良后果。

（6）克鲁格曼的理论模型分析所蕴含的政策建议有三部分。

1）预防措施。克鲁格曼认为银行的道德冒险并不足以解释危机，一个谨慎的银行体系并不足以保持开放经济不受自我加强式金融崩溃风险的威胁。而当一国的资本账户可自由兑换时，对短期债务加以限制的作用不大，因为短期债务只是众多资本外逃方式中的一种。即使外债全是长期的，如果公众预期将发生货币危机，国内的短期债务的债权人拒绝将信贷延期也会导致汇率贬值，带来企业破产。因此，最好的方式是企业不持有任何期限的外币债务，因为对于金融体系不完善的国家来说，国际融资存在着外部不经济，它会放大实际汇率变动的负面冲击的影响，从而导致经济衰退。

2）对付危机。克鲁格曼认为存在两种可能性：一种是紧急贷款条款，紧急贷款的额度必须足够大，以加强投资者的信心；另一种是实施紧急资本管制，因为这样做可以有效地、最大限度地避免资本外逃。

3）危机后重建经济。克鲁格曼认为关键在于恢复企业和企业家的投资能力。为此，可以在私人部门实施一定的计划，以帮助本国的企业家或者培养新的企业家，或者两者同时实施。培养新的企业家有一个迅速有效的办法，就是通过引进外商直接投资（FDI）来引进企业家。

四、三代货币危机理论的比较

三代货币危机理论都是在单商品的假定下展开的，但研究的侧重点各有不同。

第一代货币危机理论着重讨论经济基本面，第二代货币危机理论将重点放在危机本身的性质、信息与公众的信心上，而到第三代货币危机理论，焦点则是金融体系与私人部门，特别是企业。

第一代货币危机理论认为，一国货币和汇率制度的崩溃是由政府经济政策之间的冲突造成的，这一代理论用于解释 20 世纪 70 年代末 80 年代初的拉美式货币危机最有说服力，对 1998 年以来俄罗斯与巴西由财政问题引发的货币波动同样适用。

第二代货币危机理论认为，政府在固定汇率制上始终存在动机冲突，在公众认识到政府的摇摆不定后，如果公众丧失信心，金融市场并非天生有效，而是存在种种缺陷，这时，市场投机以及羊群行为会使固定汇率制崩溃，政府维持固定汇率制的代价会随着时间的延长而增大。第二代理论应用于实践的最好例证是 1992 年英镑退出欧洲汇率机制的情况。

第三代货币危机理论认为，企业、脆弱的金融体系以及亲缘政治是亚洲金融危机发生的原因所在。在对亚洲金融危机的解释上，理论界存在着两种看法：一种认为这并非新的危机，已有的货币危机理论足以解释；另一种则认为已有的危机理论无法充分解释，并导致第三代货币危机理论的发展。事实上，这两种观点之间没有本质的分歧，各自从不同的侧重点出发回答了这次危机是不是一次新的危机的问题。前者强调原有两代理论的思路和方法仍适用于本次危机，特别是第二代货币危机理论既给予基本面以重要地位又承认多重均衡、自我实现式冲击的存在使这一模型具有良好的解释力，与此同时持有此观点的人并不否认亚洲金融危机前的特征与历史上货币危机前的特征的差异。至于后者，他们更强调本次危机发生前的新表现，认为应寻找新的危机的形成和传导机制，用主流方法建立模型，但其建模的方法和对诸如自我实现、多重均衡等核心概念的认识和应用与已有的文献仍然是一致的。

这三代货币危机理论的发展表明，货币危机理论的发展取决于有关货币危机的实证研究的发展和其他相关领域研究工具或建立模型的方法的引入与融合。这三代货币危机理论虽然从不同的角度回答了货币危机的发生、传导等问题，但是，这些问题还远不是三代危机理论所能解决的。例如，这三代货币危机理论对各种基本经济变量在货币危机积累、传导机制中的作用，对信息、新闻、政治等短期影响投资者交易心理预期的因素的研究都显得有很大的欠缺；同时，这三代货币危机理论对于资本管制下货币危机爆发的可能性、传导渠道等均未涉及，其中第三代货币危机理论认为紧急资本管制是应付货币危机的手段之一。

第二节　现代国际货币体系

现代国际货币体系大约产生于19世纪末20世纪初，随着国际贸易与世界经济的发展，经历了若干阶段的变化，并对整个世界经济产生了极大的影响。

一、健全理想的国际货币体系

从宏观角度看，一个健全的国际货币体系应具有以下特点：它应能够促使国际贸易在数量、结构、地理几个方面协调发展，能够促进国际资本较为自由地流动，以使资源在全球得到更为有效的配置，让世界经济稳定地向前发展。从金融角度看，它应该能为世界经济提供与其发展速度相匹配、行之有效的国际清偿力，既要避免这种清偿力不足而使世界经济陷入衰退，同时，这一体系又应具有较好的国际收支调节机制，即对国际收支失衡进行调节所付出的成本最低，且各国（收支顺差国及逆差国）认为自己所承担的调节责任是合理的，不发生关于应由谁（黑字方或赤字方）承担更多责任的争吵。另外，一个健全的国际货币体系应能使人们对国际金融局势保持乐观态度，不致出现因抛售某种资产、抢购另一种资产而造成的货币危机，或能将这种抢购控制在一定的范围和程度内。近年来，也有许多学者认为，一个理想的国际货币体系应能对相对落后国家的经济发展承担更多的义务，使它的运转与发展中国家经济的发展更为紧密地结合起来。

二、国际货币体系的类型

国际货币体系可以根据不同的标准划分为不同的类型：从是否有意识地进行组织安排角度划分，可分为自发存在的（准）国际货币体系和人为安排组织的国际货币体系；从储备资产的一般性质角度划分，即从货币本位或储备货币角度划分，可分为金本位制、不兑换纸币本位制（信用本位制）和介于二者之间的金汇兑本位制；从汇率制度角度划分，可分为固定汇率制、有管理的浮动汇率制和自由浮动汇率制。

三、布雷顿森林体系

（一）布雷顿森林体系的诞生

第二次世界大战尚在进行时，英、美便在协商战后的世界经济体制的重建了。1944年7月1日至22日，包括美、英、法、中、苏等在内的44个国家在美国新罕布什尔州的布雷顿森林召开专家会议（联合国和联盟国家国际货币金融会议），商讨战后国际货币体系的重建问题。由于会议是在布雷顿森林召开的，故会议所决定建立的国际货币体系便被称为布雷顿森林体系。在这次会议上，由于议题广泛且具有争议性，因此直到预订该酒店的下一个会议的住客即将入住时仍未能形成统一决定，几乎是在酒店的最后通牒中，与会者终于签署通过了《布雷顿森林协定》，即《国际货币基金组织协定》和《国际复兴开发银行协定》，后者又称《世界银行协定》。《布雷顿森林协定》于1945年12月由占国际货币基金组织总份额65%以上的成员政府批准后生效，国际货币基金组织于1945年12月成立，于1947年3月向法国贷款而正式运转。截至2022年6月该组织共有成员190个。国际复兴开发银行（又称世界银行）于1945年12月27日正式成立。1947年11月15日国际货币基金组织和世界银行成为联合国的专门机构。中国是国际货币基金组织和世界银行的创始成员，1980年4月17日我国恢复了在国际货币基金组织的合法席位，1980年5月我国恢复了在世界银行的合法席位。

（二）布雷顿森林体系的内容

（1）国际货币基金组织（IMF）是进行国际货币协商合作的永久性机构，是二战后国际货币体系的核心。国际货币基金组织的宗旨是稳定汇率，促进国际贸易的发展，提高就业水平与促进国民收入的增长。为完成上述任务，国际货币基金组织以向成员提供短期信用为手段，对国际收支失衡进行调节，同时要求各成员取消外汇管制，避免竞争性的货币贬值。为了保证措施得以实施，国际货币基金组织制定了一整套的规定，国际货币基金组织的活动由成员投票决定：每个成员有基本票250票，而对于它们向国际货币基金组织缴纳的份额，则是每10万特别提款权（SDR）增加1票，同时要根据它们向国际货币基金组织借贷的情况进行调整。事实上，国际货币基金组织在运转上类似于股份公司，最初时美国在总份额（88亿美元）中占31%，而国际货币基金组织的重大活动要求有80%的选票通过，特别重大者需要85%的选票，这意味着若得不到美国的同意，国际货币基金组织的任何重大决议都无法通过、执行。份额每5年调整一次，以反映成员经济、贸易状况的相对变化。截至20世纪80年代末，美国在总份额（1 200亿美元）中所占的比重已降到21%，英国为7%，德国为6%，法国、日本各为5%。由此可见，发达经济体在国际货币基金组织中仍居决定性地位。21世纪初，美国的份额仍然在15%以上，对于国际金融的重大事务的决定仍然具有否定的能力。

（2）国际收支失衡主要由逆差成员从国际货币基金组织取得短期资金融通来解决。国际货币基金组织规定，当成员因国际收支失衡而产生需要时，可用本币向国际货币基金组织按照规定的方法和程序购买一定数量的外汇，但所借入的外汇要在一定期限内偿还，其方式为用外汇或黄金购回最初用于购买外汇的本币。因此，在调节国际收支时，认缴份额越多，从国际货币基金组织借款的能力也就越强。为调节国际收支，国际货币基金组织对贷款的档次、方法曾进行过多次调整，以适应日益复杂的国际经济交易。

（3）实行以美元为中心的固定汇率制。这一制度简言之便是美元与黄金挂钩，其他货币与美元挂钩。

1）美元与黄金挂钩。国际货币基金组织各成员的政府均承认美国政府所规定的1盎司黄金为35美元，即1美元等于0.888 671克黄金。各成员的政府有义务协助美国维持这一黄金的官价，而美国政府要承担其他成员的政府或货币当局用美元兑换黄金的义务，通过这样一种机制，使得美元等同于黄金，二者挂钩提供了稳定汇率的基础。

2）其他成员的货币与美元挂钩。这里所讲的挂钩，是指其他成员的货币与美元之间建立起一种固定比价关系。各成员的政府规定本币与黄金的平价，然后比照 1 美元等于 0.888 671 克黄金的比价，换算出同美元的比价，这一比价便是各成员的货币与美元的中心汇率。

3）实行可调整的固定汇率。布雷顿森林体系的固定汇率制，使成员的货币与美元建立平价（汇率），再通过美元与黄金的固定平价关系而间接地与黄金建立关系，各成员的货币之间的平价关系也是在这一基础上确定的。为维持各成员货币间比价的稳定，《国际货币基金组织协定》进一步明确了各成员的货币与美元间的比价关系，只能在±1%（多数成员定为±0.75%）的范围内浮动，各成员官方有义务通过对外汇市场的干预（买卖外汇以调节供求）来使之在规定的范围内波动。当然，国际货币基金组织也允许成员在国际收支出现根本性失衡时进行本币对外汇率的贬值或升值，但要经过国际货币基金组织的讨论批准。（实际上平价变动±10%以内成员可以自行决定，超出 10%就需国际货币基金组织批准了。）

通过这种双挂钩的固定汇率制，各成员的货币与黄金失去了直接联系，而是间接通过美元与黄金联系，美元不仅起着关键货币的作用，成为这一体系的基础，而且有着等同于黄金的地位。这样就使美元高居于各成员的货币之上，行使世界货币的职能，美元的发行者美国可以从中获取极大的好处。

（4）关于外汇管制的废止。《国际货币基金组织协定》第八条款要求成员不得实行针对国际收支经常账户的外汇管制，但可以实行针对资本流动的外汇管制，要求成员实现货币的经常账户的可兑换，承担这一义务的国家被称为“第八条款国”。对于条件不具备的国家，也可暂缓实现货币的可兑换，这些国家被称为“第十四条款国”。主要工业化国家大多在 20 世纪 60 年代前期完成了货币的可兑换，而多数发展中国家则依然实行外汇管制。

布雷顿森林体系是二战后各方协调的产物，这一体系以美元可以兑换黄金、各成员货币实行可调整的固定汇率、用短期信贷帮助成员调节国际收支为基础，国际货币基金组织是这一体系的协调机构，具有协商、借贷、管理的功能，另外还有一些国际货币组织（如世界银行）协助它履行其他职能（如帮助相对落后的国家发展）。国际货币基金组织的出现为第二次世界大战后世界经济的平稳发展提供了相对稳定的货币金融条件。

（三）布雷顿森林体系的崩溃

布雷顿森林体系既然是以美元为关键货币的，美国对于这一体系的平稳运转就负有重要的责任，但是美国在这方面存在着两难局面，其他成员也因维持美元的地位而面临选择的困难，布雷顿森林体系内部自其产生之日起，便存在着令其崩溃的种种因素。

1. 布雷顿森林体系的内在矛盾

布雷顿森林体系自问世起，就存在着内在的矛盾：

（1）“特里芬两难”。以美元为中心的布雷顿森林体系如果要稳定运行，就必须提供足够的国际清偿力（美元），同时又必须保证美元与黄金的可兑换性（按官价 1 盎司黄金等于 35 美元兑换）。但这二者是一对矛盾：美元供给太少则国际清偿力不足，美元供给太多则很难保证它与黄金按官价的兑换性。因为随着国际贸易与世界经济的发展，国际储备必须相应增长，所以这就要求储备货币的发行国（这里是美国）必须处于国际收支逆差状态，只有这样，其他成员才可能从美国获得美元。但各成员因美国的国际收支逆差而持有的美元越多，美元就越会因美国的国际收支逆差而失去稳定，从而美元与黄金的可兑换性就会受到威胁，人们对于这一点的信心将越发不足，便会出现挤兑现象。这就是由美国耶鲁大学教授特里芬 1960 年在其《黄金与美元的危机》一书中提出的布雷顿森林体系固有的内在矛盾，他的观点被人们称为“特里芬两难”。

(2) 其他成员维持固定汇率的两难。按照《国际货币基金组织协定》，当一成员的货币对美元的汇价浮动超过 1%的幅度时，该成员就需进行干预。若美元汇率下降，则该成员就需在外汇市场上购进美元，以调节市场供求，扳回美元供大于求的局面，促使美元汇率上升。这样做会使该成员投放大量本币，从而引发通货膨胀，该成员在保持对内均衡（无通货膨胀、无失业）与对外均衡（汇率平稳）上陷入了选择的困境——鱼和熊掌不可兼得，这时绝大多数成员将会放弃对美元的义务而追求国内的经济平稳。另外，该成员收进的大量美元也遇到了两难问题：向美国大量兑换黄金势必加大人们对美元的不信任，给美元的可兑换性带来压力；不兑换而持有美元，则该成员会面临美元贬值而产生的损失。

(3) 该体系中各成员的协调合作难以顺利开展。由于美元等同于黄金，具有世界货币的职能，因而美国能够利用美元对外投资，购买他国的资产，同时用美元弥补自己的国际收支逆差。这就造成美元持有得越多，真实资产、资源向美国转移得就越多，利益为美国所占有，其他成员则处于吃亏的地位。在这种情况下，布雷顿森林体系的协调、合作就因利益的天平过分向美国倾斜而很难进行。

2. 美元危机

第二次世界大战结束时，美国的黄金储备曾达 200.8 亿美元，占资本主义世界当时全部储备的 59%，1947 年又跃升至 246 亿美元，约占资本主义世界的 3/4。当时因战争的破坏，资本主义世界中只有美国具有强大的工农业生产和出口能力，美国国际收支呈现顺差而其他各国大多呈现逆差，美元无法从国际渠道转到其他国家，国际清偿力不足，出现了“美元荒”。国际货币基金组织的贷款也是杯水车薪，于是便有了 1947 年“马歇尔计划”的出台，美国为西欧的恢复提供无偿援助，赠予数额约为 300 亿美元，以使西欧各国具有支付能力，也促使美元回流。

20 世纪 50 年代随着西欧、日本经济的恢复，它们的货币逐步实行了自由兑换，美国的黄金储备开始外流。到 1960 年美国的黄金储备数量已低于它所欠的短期对外债务，人们对于美元兑换黄金的信心发生动摇。1960 年 10 月，西方主要金融市场爆发了第一次抛售美元抢购黄金的风潮，致使美国的黄金储备不足以抵偿债务，黄金的价格在伦敦市场上升到每盎司 41.50 美元，美元的国际地位受到挑战，靠美元一家独挑国际货币体系已经很困难，于是欧、美为稳定国际货币关系，联手制定了一系列措施：首先，为了平息抢购黄金的风潮，美国向英格兰银行提供黄金，并与英国、法国、意大利、荷兰、比利时、联邦德国、瑞士建立了黄金总库，共同来维持黄金官价；其次，依靠主要发达国家的合作来保持国际货币体系的稳定，美国与英国、法国、联邦德国、意大利、荷兰、比利时、瑞典、日本、加拿大组成10国集团（巴黎俱乐部），共同筹资60亿美元的贷款以平抑对美元的冲击；再次，1962年3月，美国与14个主要发达国家的中央银行签订了双边“互惠借款协定”，相互提供短期信贷资金来干预市场以稳定美元；最后，美国运用其政治力量，说服其他成员持有美元，不向美国兑换黄金，同时发行债券（罗萨债券）换回外国政府手中的美元。

从以上措施可以看出，到20世纪60年代国际货币领域中的矛盾已从美元稀缺的“美元荒”转为美元过剩的“美元灾”。人们对于美元的信心已极度下降。60年代中后期，由于越南战争的开支和连年财政亏空，国际收支状况恶化，到1968年第1季度末，美国的黄金储备约为121亿美元，只及它短期对外负债（331亿美元）的1/3，引发了世界主要金融市场（伦敦、苏黎世、巴黎）空前的抛售美元、抢购黄金的风潮，金价在欧洲一度涨至44美元1盎司，在两周内美国流失黄金14亿美元，只好要求英国自1968年3月15日起暂时关闭伦敦黄金市场，停止按官价出售黄金，同时宣布解散黄金总库，对金价实行双轨制，只承担官方按官价进行的黄金兑换，私人市场金价则听任市场决定。这样，由于黄金官价低，所以新增产的黄金会流入私人市场而不会流入官方成为储备，各国的储备水平等于被冻结，使得黄金、美元出现了两个双轨隔离市场，私人抢购的部分只局限于新增产的黄金部分，美元对黄金的依赖相对减轻。但是，由于各国官方黄金储备事实上被冻结，所以美元日益成为主要储备资产，更易受到外界因素的冲击。

3. 布雷顿森林体系最后的瓦解过程

20世纪60年代末70年代初，美元的地位并未因采取了上述措施而得以稳定。1971年美国贸易出现逆差，黄金储备在5月、7月的两次冲击下仅剩102亿美元，而短期对外债务高达520亿美元。面临巨大的压力和美元的大量外逃，一些国家的银行甚至对外国存款倒收利息。1971年8月15日，当时的美国总统尼克松迫于形势，宣布实行“新经济政策”，停止以35美元1盎司的价格兑换黄金；对外国商品输美征收10%的附加税；对内冻结工资、物价90天。美元停兑黄金实际上动摇了布雷顿森林体系的基础，固定汇率制（钉住美元）在这一情况下也已处于无法维持的地步。1971年12月，10国集团在美国华盛顿史密森学会大厦举行会议，经讨论达成《史密森协议》：美元对黄金贬值7.9%，从35美元1盎司调整为38美元1盎司；各国货币对美元汇率的波动幅度从不超过平价的±1%上调为±2.25%，各国货币对美元的平价本身也做了调整。这一协议本身并未能够恢复黄金的可兑换性，但却力图保住固定汇率制，各国货币对美元纷纷升值，日元升值达17%，联邦德国马克升值达14%。由于美元不能兑换黄金，所以这一货币体系保持稳定的基础已经丧失，靠出售黄金维持美元汇率稳定的机制再也无法运转，而美国本身的经济实力也无法独立支撑一个真正的美元本位制了。

《史密森协议》并未能阻止美元的颓势，1973年1月美国政府宣布部分解除价格管制，致使通货膨胀率上扬，市场出现抛售美元而购入日元、联邦德国马克、瑞士法郎等货币的风潮，瑞士这时步英国（1972年6月）的后尘宣布本国货币自由浮动，放弃中心汇率。1973年2月12日美国政府宣布美元对黄金再次贬值10%，每盎司黄金价格从38美元上升为42.22美元。此后几乎所有国家均无法维持固定汇率，1973年3月金价曾爬到96美元1盎司（伦敦），主要金融市场被迫关闭半个多月，这时固定汇率制最终被多数国家放弃，浮动汇率制成为主要汇价制度。布雷顿森林体系力图维持的美元与黄金自由兑换、各国实行固定汇率制两大内容均已不存在，这一制度终于寿终正寝，彻底崩溃。

(四) 对布雷顿森林体系的评价

(1) 布雷顿森林体系是历史的产物，在促进世界经济稳定和发展中功不可没。第二次世界大战后世界经济平稳发展了近 20 年，除了其他原因外，与国际货币领域布雷顿森林体系的存在与运转机制产生的作用是分不开的。

1) 该体系所实行的固定汇率制，使汇率相对稳定，这样在进出口、对外投资中易于匡算成本，为国际贸易和国际资金流动的增长创造了有利条件。

2) 布雷顿森林体系所具有的国际收支调节机制，对各国经济增长、稳定做出了贡献，国际货币基金组织设立了各种期限的贷款机制，向国际收支处于逆差的成员提供贷款，帮助其渡过难关。这有利于成员在一定范围内通过向国际货币基金组织借款、还款来调节其国际收支，并通过国际收支调节促进国内经济的成长。

3) 储备资产以黄金为主，美元与黄金挂钩，有益于国际货币关系基础的稳定，不易出现大的起伏与波动，使人们对世界经济发展抱有信心。

4) 布雷顿森林体系是对第二次世界大战前无序的国际货币关系的调整，是国际金本位制的替代体系，国际经济关系有序总比无序要好得多，会更有利于各国经济的平稳发展。

(2) 布雷顿森林体系以一国货币（美元）为中心，必然也只能是一种过渡体系。布雷顿森林体系是在第二次世界大战后初期其他国家的国民经济遭受巨大破坏和损失，美国一枝独秀的情况下建立起来的。美国当时拥有占世界工业生产近一半、占世界贸易额近1/3、占黄金储备近 60%的巨大实力，因而具有负担国际货币体系运转的能力，其他国家这时也不得不买美国的账。另外，它们也希望有一个稳定的货币体系来促进经济早日恢复。在这些条件下才有美元等同于黄金的货币体系的诞生。

在世界经济格局发生变化，美国一家独大的情况变为经济多极化，其他国家经济已具有向美国挑战的实力后，以美元为中心的体系必然会让位于以多种货币为中心或以多种货币定值的观念货币为中心的体系，一国独霸天下的情况并不是世界经济的常态，多国共同在世界经济中起作用才是常态。因此，布雷顿森林体系从世界经济本身固有的规律角度看也只能是个过渡，国际货币体系随着经济发展的不平衡必然要从一国主宰过渡到“集体”负责的体系上来。

以美元与黄金的挂钩关系为基础，以一国货币为中心，以固定汇率和短期融资为机制的体系，确实存在着内在的不稳定性（“特里芬两难”）。另外，美国以纸币获取其他国家的真实资产，因在国际货币基金组织中占有最大的份额和表决权而时时表现出的颐指气使，不仅引起了发展中经济体的不满，其他发达经济体也常有微词，以致当美元处于危难中时，常常发生盟国“落井下石”挤兑黄金的情况。上述问题在美国经济实力居于绝对优势地位、美元基本稳定时还可以说得过去，但当美国经济地位相对下降、其他经济地位相对上升的国家要顽强展示自己的力量时，国际货币体系必然要从以一国为中心过渡到多国共同协调。布雷顿森林体系已成为历史，但对后来国际货币体系改革的大方向起着借鉴作用。该体系硕果仅存的协调、信贷、执行机构——国际货币基金组织、世界银行等，却未随布雷顿森林体系一同消亡，反而在国际贸易、国际货币领域乃至整个世界经济中发挥着更为重要的作用。

第三节　当前的国际货币体系

《国际货币基金组织协定》自 1944 年 7 月 22 日通过后，在过渡时期主要经过了两次修改。第一次修改是在 1969 年 7 月，主要是关于设置、分配特别提款权（SDR）的规定。SDR 是与普通提款权（成员可用本币按照所缴份额情况向国际货币基金组织购买外汇来解决收支逆差问题的权利）相对的一种提款权。它是国际货币基金组织人为设置的一种储备资产和记账单位，按成员所缴份额分配，不用偿还给国际货币基金组织，成员可用它清偿官方债权、债务，与黄金、外汇共同组成一国的国际储备，它的定值最初为 1 SDR 等于 0.888 671 克黄金（即 1944 年国际货币基金组织认定的美元与黄金的比价），后根据一篮子货币（现为 5 种）定值，人称纸黄金。第一次修改对国际货币基金组织来讲，主要解决的是国际清偿力不足的问题。第二次修改于 1976 年 4 月通过、1978 年 4 月生效。第二次修改对《国际货币基金组织协定》的运行指导思想、基础、机制做了根本性的变更。人们大多认为它开启了国际货币关系的一个新时代，被称为“后布雷顿森林时代”，或因关于进行第二次修改的协定是“国际货币体系临时委员会”在牙买加举行的第 5 次会议上达成的，故该协定亦被称为《牙买加协定》，由该协定规范的货币体系也就被称为“牙买加体系”。

一、布雷顿森林体系崩溃后国际货币领域存在的主要问题

布雷顿森林体系崩溃后，国际货币领域长期存在的三大问题并未得到解决，反而成了日益困扰世界经济正常发展的因素。

（一）汇率制度

布雷顿森林体系下的固定汇率制瓦解后，各国实行了浮动汇率，致使各国汇率不稳定，经常造成国际金融动荡。国际社会对于汇率制度争论不休，一些国家主张实行浮动汇率制，而另一些国家仍主张恢复固定汇率制，双方最终达成了要建立一个既追求汇率稳定又具有弹性的汇率制度的共识。

（二）国际储备

这一问题的关键是在布雷顿森林体系瓦解后，应当实行什么样的货币本位，即美元本位、特别提款权本位抑或金本位。因为各国利害关系不同，因此主张也就很不一样，存在着恢复金本位、多种货币共同充当国际储备以及其他主张，但讨论这一问题的基础是黄金的货币作用被大大削弱，几个大国的货币在国际储备中的地位日益增强。

（三）国际收支调节

造成一国国际收支出现巨额赤字的原因既有国内需求过旺，进口过多，也有国际价格体系不合理，贸易条件恶性循环，还有一国产业竞争力出现问题等。在各国保护本国利益的情况下，各国追求顺差的动机很强，因而国际收支不平衡应由谁负责调节——赤字方、黑字方抑或双方，是一个极有争议的问题。同时，清偿力的创造也是很需要讨论的问题。

除以上三个主要问题外，国际货币体系还存在成员在国际货币基金组织中的份额的增长、特别提款权的分配、国际货币领域南北关系等问题。

二、《牙买加协定》及牙买加体系

（一）《牙买加协定》形成的过程

在布雷顿森林体系陷入极其困难的局面时，1971 年 10 月 1 日国际货币基金组织理事会，即这一组织的最高权力机构，便开会决定委托各位执行董事研究国际货币体系改革的方案和做法了。1972 年 7 月 26 日，国际货币基金组织为在其组织机构范围内进行国际货币体系的改革，成立了“国际货币体系改革及有关问题委员会”，因其成员共有 20 个，故又称“20 国委员会”，除美国、英国、法国等发达国家外，巴西、阿根廷、印度、墨西哥、扎伊尔等也参加了该委员会。该委员会自 1972 年 9 月开始活动，由于南北双方利益差别较大，争论和分歧较多，因此一年后才拿出了所谓的“第一个改革提纲草案”，又经过一年的讨论磋商，于 1974 年 6 月在美国华盛顿举行的会议上发表了一份《改革纲要》，结束了国际货币体系改革的最初阶段的工作。该纲要共有三个部分的内容：

（1）改革后的体系。它指出了未来国际货币体系发展的方向。

（2）即刻采取的措施与步骤。它反映了委员会成员关于为改进国际货币体系而采取行动的意见。

（3）附录。其内容为委员会成员在货币体系方面所存在的不同观点和看法（10 个方面）。纲要完成之后，20 国委员会随其使命的完成而宣告解散。

1974 年 9 月，在国际货币基金组织年会上，国际货币基金组织决定成立“国际货币体系临时委员会”（其成员仍是 20 个，其中 5 个是在国际货币基金组织中占有份额最大者），考虑修改《国际货币基金组织协定》。临时委员会中南北矛盾依然存在，双方在汇率体制与黄金问题上看法相左，尤其是在汇率体制问题上，美国等工业化国家强调汇率的弹性而发展中国家（包括法国）则强调汇率体制的稳定性。临时委员会经多次协商，最后于 1976 年 1 月 8 日在牙买加首都金斯敦举行的第 5 次会议上达成了《牙买加协定》，为布雷顿森林体系之后的体系奠定了基础。

（二）牙买加体系的主要内容及特点

1976 年 4 月 30 日经国际货币基金组织理事会通过，后又经 60%以上成员的 85%以上投票权通过，《国际货币基金组织协定第二次修正案》于 1978 年 4 月 1 日生效，标志着一种不同于布雷顿森林体系的新国际货币体系诞生了。这一体系的基本特点是以美元为中心的国际储备多元化、浮动汇率制及黄金的货币作用的削弱。

(1)《牙买加协定》的基本内容。《牙买加协定》的主要内容大致为：成员可以自由选择实行浮动汇率制还是固定汇率制，但应受到国际货币基金组织的监督，当世界经济条件允许时，经国际货币基金组织 85%的投票权通过，可以恢复稳定但可调整的汇率制度；废除有关黄金的条款，取消黄金官价，国际货币基金组织原持有的黄金（约 1.5 亿盎司）中 1/6 出售，溢价部分为援助发展中国家的资金，1/6 由缴纳方购回，2/3 由 85%的投票权决定其处理方式；提高特别提款权的作用，使之与黄金、外汇共同构成国际储备，并扩大它的使用范围和交易范围；增加成员在国际货币基金组织中所缴纳的份额，从 292 亿特别提款权提高到 390 亿特别提款权，且各成员所占比例亦有所调整；贷款融通资金的额度也有较大幅度的提高。

(2) 牙买加体系的基本情况，包括储备资产、汇率制度和国际收支调节等。

1) 国际储备资产多元化。美元的地位虽然有所下降，但仍是世界的主要货币，日元、联邦德国马克和特别提款权的地位加强，黄金的货币作用被进一步削弱，但仍未退出历史舞台。自 1976 年以来，各国官方储备已明显多元化，美元从布雷顿森林体系崩溃时占各国官方储备的 3/4 强，降至 20 世纪 90 年代初的 1/2 弱，联邦德国马克则从 7%升至近 20%，而日元则更从 0.1%上升至近 9%。但到 20 世纪 90 年代世界进出口额仍有六成以上用美元结算，各国的国内生产总值、外贸额等除用本币表示外，对外仍用美元表示。1997 年第 1 季度各国在确定汇率时，钉住美元的有 21 个国家，钉住特别提款权的有 2 个，钉住法国法郎的有 14 个，对于货币篮子中的 20 种货币，没有一个国家钉住日元，这说明了美元在国际货币体系中仍然很重要。

2) 实行以浮动汇率为中心的多种汇率制度。《牙买加协定》实施后，全部发达国家均实行了浮动汇率制，美国、日本、加拿大、澳大利亚、新西兰实行单独浮动，欧共体国家大多实行联合浮动，其他国家和地区则实行多种汇率制度，主要有钉住单一货币（如美元、法国法郎、联邦德国马克等）、钉住特别提款权、钉住一篮子货币、按一组经济指标进行调整、有管理的浮动、单独浮动、联合浮动等 9 种。从目前的趋势看，钉住美元的在减少，而实行按自选一篮子货币安排汇率、有管理的浮动汇率制的日益增加，这表明各国或地区在追求自己的货币汇率具有弹性的同时，也希望汇率尽量保持相对稳定，汇率大起大落给各国或地区带来的教训已被吸取。

3) 国际收支的调节趋向多元化，用多因素、多轨并行的办法进行协调。20 世纪 70 年代中期以来，世界各国的国际收支失衡状况日益严重，美国贸易赤字问题严重，而联邦德国、日本则一直保持较大的顺差，发展中国家除产油国和部分新兴工业化国家外，国际收支也多处于逆差状态，整个世界国际收支严重倾斜。牙买加体系对这一问题通过以下几种机制来进行调节：第一，浮动汇率制提供了调节国际收支的机制。如果一国经常账户逆差较大或持续时间较长，则该国货币对外汇率便会下浮，出口货物的外币价格下降，进口货物的本币价格上涨，国际收支状况会因出口增加、进口减少而得到改善；反之，当一国经常账户出现较大或持续时间较长的顺差时，便会出现与上述相反的情况，国际收支也会得到相应的调节。第二，利用各国间的利率差异来调节国际收支失衡，国家间的利率差（实际利率差，实际利率等于名义利率减去通货膨胀率）是导致资本在国际上流动的重要因素，资金为了逐利必然从低利率国家流向高利率国家，这样就可以通过国际收支资本账户的资金流入、流出来调节经常账户的赤字或黑字，当经常账户为赤字时可用引进资金来平衡收支，反之则用输出资金来平衡收支。第三，国际货币基金组织进行干预的调节。在布雷顿森林体系下，国际货币基金组织大多通过向国际收支逆差方提供贷款的方式来纠正国际收支失衡；在牙买加体系下，除了贷款之外，国际货币基金组织更多地监督指导国际收支失衡国家或地区所进行的调节，包括制定一系列调节政策并帮助落实，尽量使顺差、逆差双方均承担相应的义务，以避免对世界经济的不利冲击。应该说国际货币基金组织在这方面尤其是帮助发展中国家渡过 1982 年 7 月爆发的债务危机方面还是起到了很大的作用。但是，在 1997—1998 年的亚洲金融危机中，牙买加体系应对国际货币危机的弱点暴露了出来，它反应迟钝、要求危机国家进行经济调整等也遭到了许多国家的批评，国际货币体系新改革的要求再次被提到议事日程上来。

(三) 对牙买加体系的评价

人们对牙买加体系的看法很不一样，有人将这一体系说得尽善尽美，有人则将它批判得一无是处，但它对于 20 世纪 70 年代中后期以来维持和推动世界经济发展的作用，却得到了多数学者和金融界、世界经济界人士的赞同。

(1) 牙买加体系的多种货币储备体系克服了“特里芬两难”。“特里芬两难”证明，任何一国货币单独充当国际储备资产都回避不了“顺差——无清偿力释放，逆差——货币信心动摇”的困境。而牙买加体系多种货币充当国际储备资产的做法却可以较好地避免这一难题：多种货币共同分担风险，当某种货币发生问题时，它的储备货币地位便会下降，别的货币地位上升，而当某国因持续顺差无法提供充足的清偿力时，其他货币便会补位。在这种体系下，当世界经济高涨时，多种货币可以弥补清偿力的不足；当衰退来临时，也不会因某几种货币出问题而造成整个世界经济的混乱。从这一点出发，牙买加体系是优于布雷顿森林体系的。

(2) 多种汇率制度并存可以适应一国、国家集团或世界经济的变化。以浮动汇率为主的体制具有极大的灵活性，当市场信号出现时，汇率可根据市场供求变化及时做出反应，这不仅可以使一国的对外经济交易（贸易与金融）得到调节，而且由于这种汇率变动是适应市场信号的，因此在一定程度上反映了一国对内、对外均衡的基本情况，这样该国就可以协调其宏观经济政策，保持对内、对外均衡，克服出现的矛盾，不会为维持汇率稳定而放弃国内经济增长、物价稳定、充分就业的目标。例如，在固定汇率下，当一国出现顺差时，外币流入，需投放本币以吸收外币，其结果往往是造成通货膨胀压力，在浮动汇率下，这种情况将使本币对外汇率上升，为吸收外币而投放的本币减少，这样就可以减轻通货膨胀压力。此外，牙买加体系下的汇率制度是开放的，各国可以根据自己的情况选择汇率制度并做出必要的调整。

(3) 多因素的国际收支调节在一定程度上适应了世界经济发展的不平衡。由于各个国家所处的经济发展阶段不同，产生国际收支失衡的原因不同，采取的发展战略、措施各异，所处的条件有区别，因而采用多种因素相结合的国际收支调节办法更灵活、更有效。同为国际收支失衡，撒哈拉以南非洲国家、拉美国家与发达国家的情况就极为不同，采取的调控办法也很不同。拉美国家大多是信贷与战略、政策调整并行，发达国家则是实行经济结构转换，这主要是因为拉美国家国际收支失衡是由于债务缠身，而债务的产生又源于国内发展战略的失误，发达国家则是因产品在市场上的竞争力有差异而产生国际收支失衡，因此调节的办法是截然不同的。

从牙买加体系的另一个方面分析，则会发现这一体系是对布雷顿森林体系后出现的一系列国际货币关系的事后承认（如浮动汇率、黄金与货币脱钩），是对现实情况的一种适应，而不是对国际货币体系的改革。从运行机制方面看，这一体系灵活有余，稳定不够，多元化储备缺乏统一的货币标准，汇率波动较难控制，美元因 1980 年里根政府实行高利率政策，在五年间汇率上浮了 60%，1985 年后的两年内又下跌了 50%，这种不稳定使各国政府无法进行协调，给世界经济带来了一定的不利影响。1997—1998 年的亚洲金融危机更是暴露了这一体系的缺点：反应迟缓、政策不符合实际。同时，这一体系对国际收支的调节尽管增大了适应性，但却明显缺乏制约能力，导致国际收支失衡问题无法得到解决，造成有些发达国家和发展中国家的国际收支失衡问题日趋严重。

三、亚洲金融危机

1997—1998 年亚洲金融危机爆发，它给国际货币体系带来了巨大的冲击。对危机爆发的原因存在着不同的分析，综合起来讲，大约可以归纳为以下几种。

(一) 阴谋论

持这种看法的学者大多为发展中国家和发达国家中的激进学派。东亚相对落后的国家和地区在 1980—1990 年经历了经济的高速发展，实力不断增强，产业不断提升，产品在国际市场中的竞争力也在不断提高。这被发达国家认为构成了对自己海内外市场份额的竞争与威胁，必须予以消除。1997—1998 年的亚洲金融危机被一些相对落后国家认定为发达国家的阴谋使然。发达国家先是大规模“抢滩”投资东南亚国家的市场，促使东南亚经济繁荣，形成“虚肿”，然后在东南亚经济出现问题时，迅速撤出这些资本，也就是在东南亚国家最需要资金之时，釜底抽薪，使得东南亚经济陷入资金的极度缺乏状态，最终经济出现大倒退。这种说法将亚洲金融危机说成是发达国家有意识的“阴谋”行为的后果，目的在于减轻相对落后的国家对发达国家形成的竞争力威胁。

(二) 国际投机说

在 1997—1998 年的亚洲金融危机中，这种看法在东南亚的一些国家，尤其是一些东南亚国家政要的言论中常常可以看到，例如时任马来西亚总理的马哈蒂尔多次怒斥国际金融投机家索罗斯便是典型的例子。在 1980—1990 年间，在国际金融领域，各种基金发展得很快，聚集了大量的资金，以投机获利为目标的对冲基金如罗伯逊的“老虎基金”、索罗斯的“量子基金”便是世界上非常有名的投机基金。对冲基金在其运行中常常做的是所谓“杠杆”投机，也即利用贷款（有时借入比重达95%）从事超规模的全方位投机炒作，如狙击货币、股票、债券等。对冲基金选择好市场或项目后，便可以在极短期内集中大量资金，从事低进高出、高出低补、各种互换的业务，很快就可以获利。在1997—1998年亚洲金融危机时，一些对冲基金可以在一天动员上千亿美元发动对一个国家汇市、股市的狙击，而这些国家的中央银行能够动用的干预市场的资金不过数十亿、几百亿美元。当国际炒家出手时，这数十亿、几百亿美元就如杯水车薪，无济于事。泰国、马来西亚都是在这种情况下被迫放弃对本国货币的护盘，眼睁睁地看着国际炒家从本国金融市场将资金虹吸而去的，尽管愤怒，却无可奈何。马来西亚总理马哈蒂尔在1997—1998年的亚洲金融危机中，每抨击国际炒家一次，马来西亚货币林吉特就会被迫贬值一次，凸显了国际炒家所给出的“下马威”。

（三）日元过度贬值说

日本在亚太地区的经济中一直是“领头雁”，是这一地区经济发展的资金、技术、设备、中间产品的重要来源地，同时是东南亚国家产品的重要实现场所之一。日本经济在经历了1970—1980年的高速增长之后，90年代一直处于经济不景气的状态中，这给已经形成了“雁行模式”的东亚经济造成了很大的压力。日本在经济困难中，多次使日元对外贬值，形成了日本本土产品对东南亚国家类似产品的竞争压力。一般而言，当日元对美元升值时，日本产品在美国市场乃至国际市场上的竞争力会有所下降，东南亚国家的类似产品的日子就会好过一点，经济就会逐渐繁荣起来。但当日元对美元贬值时，东南亚国家的出口就会面临竞争压力，经济就会陷入相对的不景气之中。自1995年以来，日元对美元处于不断贬值的状态中，在东南亚经济最困难的时候，日元也对美元贬值到了140多日元兑换1美元的低点，这对东南亚国家对美出口造成了巨大的压力，对于亚洲金融危机来说不啻于雪上加霜，日本的这一做法被指责为“不负责任”，受到了东南亚国家和其他东亚国家的一致批评。

（四）东南亚经济泡沫论

自20世纪90年代以来，东南亚国家的经济虽然出现了高速增长，但同时也出现了严重的“泡沫”现象。由于经济奇迹，各国的资金大量流入东南亚地区，该地区为了能够更好地引进外资，甚至出现了印度尼西亚的国际收支经常账户没有开放却先将资本账户开放的反常做法。大量外资涌入东南亚地区，但在加工产业吸收能力不足、回报率较低的情况下，资金过度向房地产投入，泰国在金融危机前，私人外债的大部分、外国直接投资的1/3、银行贷款的31%流入了房地产开发项目，同时资金还盲目流入资本市场以追求高回报，一时东南亚地区股市飙升、房地产价格暴涨、投机之风盛行。然而，房地产价格超过本地中产阶级的购买力所导致的销售不力、股市投机的盛行，最终造成了银行的巨额呆账，使金融机构陷入困境。金融的困境动摇了外资对东南亚经济前景的信心，于是外资大量撤出，而东南亚经济在很大程度上要靠外资来运转，因而外资的撤出使得东南亚经济困境进一步加深，最终形成了严重的经济危机。

（五）短期资金长期投资说

在一个国家国际收支的资本账户开放的情况下，当经济、金融、政治、社会的局势发生动荡时，短期资金会很快地从有问题的国家转移到另一个国家，从而造成对资金撤出国和资金涌入国的各种影响。但短期资金被发展中国家作为长期资金使用的情况并不在少数，这增加了它们产生金融动荡的风险。20 世纪 90 年代墨西哥金融危机的教训之一便是较为严重地依赖短期资金的流入来弥补国际收支经常账户的逆差，由于短期资金尤其是间接投资的短期资金对政治局势、市场尤其是股市的变化极其敏感，稍有风吹草动便会以安全第一为由撤出动荡地区，因此造成了越是需要这些资金来稳定金融局势，它们就跑得越快的困难局面。1997—1998 年的亚洲金融危机在这方面也有教训，与墨西哥不同，东南亚国家并没有超前消费从而形成经常账户逆差的情况，但通过本地银行将短期资金用于长期投资却是存在的，银行通过短期外债来筹资，向本国企业发放贷款，如果负债企业无力偿债，则放贷的金融机构便会陷入困境，呆账比例上升，造成金融困境。

（六）"裙带资本主义"说

在一些学者的眼中，"裙带资本主义"几乎是东南亚经济发展模式的一个代名词。在东南亚的一些国家中，政府与商界的关系很深，官商不分，相互渗透，或者至少是官商关系过从甚密，形成经济利益的关系网。这样做的直接后果是，一些经商者具有特权，有些人可以将世界银行贷款中饱私囊，有些人则可以轻松地从国家所有、国家控股的银行拿到甚至是无担保的贷款，政府和经商者在项目的承揽、建设中更是沆瀣一气，不仅盲目、无效率地乱上项目，而且浪费严重，这样的情况造成金融机构的呆账大幅度增加，最终酿成了金融危机的苦果。在这方面，菲律宾的马科斯家族的腐败和贪污、印度尼西亚的苏哈托家族的侵吞国家资财以及一些国家政要的"寻租"丑闻导致世人认为东南亚的"裙带资本主义"的发展模式是造成该地区金融危机的重要原因。

四、国际货币体系改革的方向和问题

布雷顿森林体系瓦解后，牙买加体系取而代之，国际货币体系尽管从无序再到有序，但 1997—1998 年亚洲金融危机表明，其所面临的问题和要改革的内容还是相当多的，国际货币体系改革与健全将是一个长期的过程。

（一）国际货币体系改革所涉及的方方面面

目前，国际货币体系改革涉及了以下几方面的问题：

（1）汇率体制应怎样建立？公认的目标是既灵活又稳定，这本身就是一对矛盾，有关的建议包括实行有管理的浮动汇率制、恢复固定汇率制、实行协调汇率制度和建立汇率目标区等。从总体上看，稳定汇率、缩小汇率波动的幅度是各国的普遍愿望。

（2）国际货币的基础应该是什么？有人认为是美元本位制或是恢复金本位制、金汇兑本位制，也有人主张特别提款权本位制或建立以多种货币为基础的国际货币制度。

（3）国际货币基金组织份额尤其是特别提款权应如何分配？人们普遍认为目前的份额过于集中，特别提款权的分配按照份额进行对发展中成员极为不利。

（4）国际收支失衡应该由赤字方单独来调节，还是应该由双方协调调节？

（二）国际货币体系改革中的南北矛盾

发达国家与发展中国家在国际货币体系改革的方向、措施方面，既有一致的地方，也存在着较大的分歧与矛盾，在发达国家中，美国与日、欧之间也存在着一定的分歧。美国对于国际货币体系改革的意见为，汇率体制应自主浮动，国际收支调节应由黑字、赤字双方共同承担，在出现巨额逆差的情况下，反对强制性资产结算，反对将特别提款权的创设和分配与发展援助联系起来。日、欧则希望汇率制度成为一种可调整的、稳定的体制，对美元的泛滥表示关注，在特别提款权与发展援助的联系上表现出较为灵活的态度。发展中国家大多赞同汇率应较稳定，发展中国家在国际货币体系中应有更大的发言权，新的国际货币体系应更为关心经济发展问题，主张将特别提款权与经济发展援助紧密联系起来，希望建立国际货币新秩序。

从20世纪80年代的实际情况看，牙买加体系虽然有种种不足，但毕竟仍然在有效地运转。1982年发展中国家的债务危机、80年代初美国的高利率冲击、1987年的股市风潮等都在这一体系下较平稳地渡过或得到缓解。但是，在20世纪末，随着短期金融资产形式转换速度的加快，它对不同国家和地区产生的冲击和负面影响日益显现，各个国家和地区在处理对内、对外均衡时的时间、空间的回旋余地被压缩，在危机中国际货币基金组织的反应受到了各个国家和地区的质疑，如何对国际货币体系进行更深刻的改革，被再一次提上议事日程。从发展趋势看，现实可行的国际货币体系将在牙买加体系的基础上通过改革逐步产生，这将是一个渐进的发展过程。一个国际货币体系的崩溃可能需时较短，但一个国际货币体系的诞生在今天却只能是一个长期的过程。

核心概念

理性冲击模型	自我实现式危机模型	羊群行为	花车效应
传染效应	金融过度	亲缘政治	布雷顿森林体系
“特里芬两难”	《牙买加协定》	阴谋论	“裙带资本主义”说

复习与思考

1. 试述货币危机理论。
2. 试对三代货币危机理论做出评价。
3. 试阐述什么是健全理想的国际货币体系。
4. 试述布雷顿森林体系的主要内容。

5. 试分析布雷顿森林体系崩溃的原因。
6. 试对布雷顿森林体系进行评价。
7. 试述《牙买加协定》的主要内容及其特点。
8. 试对牙买加体系进行评价。

第十章
要素的国际流动

重点问题

- 资本国际流动
- 国际生产折中理论
- 劳动力国际流动
- 技术国际转移
- 两缺口模型
- 外债

要素的国际流动是国际经济学的重要组成部分，在传统的国际经济学教科书中，这部分内容曾经与国际金融的内容放在一起。随着 20 世纪 70 年代开始的经济全球化进程的不断深化，国际要素流动已经成为影响世界经济发展的根本因素，加上自第二次世界大战以来跨国公司的兴起和不断壮大，以及 20 世纪 80 年代后要素国际流动冲击各国所形成的巨大影响，要素的国际流动便成为人们不得不关注的问题，在国际经济学中也逐渐成为独立的篇章，成为国际经济学的重要组成部分。国际要素流动是指资本、劳动力、技术等要素的国际流动。本章要求掌握要素国际流动的原因、要素国际流动的经济含义、要素国际流动对流出国及流入国的不同影响以及要素国际流动所造成的福利再分配和变化等。本章还将对外资引进特别是外债进行基本分析。

第一节　资本国际流动及其经济效应

本节将分析资本国际流动的情况，包括资本国际流动的动因、形式和其所引起的经济福利变化，以及其他影响等。

一、资本国际流动

(一) 资本国际流动的动因

资本国际流动是指资本从一个经济体转移到另一个经济体的过程。资本国际流动的根本原因在于追逐收益，尤其是经济收益。二战后生产和资本的国际化过程促使资本在国际上流动的规模加大、速度加快。在国际收支平衡表中，资本的国际流动反映在资本和金融账户中。从广义的角度讲，资本的国际流动实际上既包含着资本的国际单向流动，又包含着国际收支平衡过程中的经济交易过程，如黄金的流动。在具体的逐笔国际资本的跨国流动中，人们会发现，它们的原因是有所区别的。

（1）不同国家间收益率的差异造成的资本跨国流动。资本会从收益率低的地方向收益率高的地方流动。如果在国际上不存在阻碍要素自由流动的障碍，则要素总会在能够发挥最高效率的地方相互结合进行生产，这意味着能够得到最高的要素回报。在国际经济的实践中，资本总是从资本相对丰裕（但收益相对较低）的场所流向资本相对稀缺（但收益相对较高）的场所。然而在现实的国际经济生活中，阻碍资本自由流动的因素总是存在，因此资本很难完全自由地流向具有最高回报的场所，但资本收益以及利率的相对差异却总会使得资本从低收益的地方向高收益的地方流动，使得资本流出国的收益率上升，而资本流入国的收益率下降，直到两国的资本收益率接近，资本流动才会放缓直至停止。

（2）由于汇率变动而产生的资本国际流动以及国际收支造成的资本国际流动。在国际金融市场中，人们总是抛售汇率趋势走软的货币而追捧汇率趋势走强的货币以避免汇率风险，或在汇率变动的过程中逐利。在人们的货币持有的转换过程中，会发生资金在不同币种间的流动，而国际收支的大量顺差或逆差会造成资金的跨国流动，以清偿不同国家间的债权、债务，同时国际收支的不平衡会促使形成逆差国的货币走软、顺差国的货币走强的趋势。在上述过程中，资本的跨国流动便会由于抛售和追捧货币而发生。在这种资本的国际流动中，短期资本的大规模跨国流动会对汇率造成很强的冲击，而汇率的剧烈波动又会造成短期资本的大规模跨国流动，这在 20 世纪 90 年代末期的亚洲金融危机中表现得非常清楚。

（3）由各种风险因素如汇率风险、市场风险等造成的资本国际流动。风险与收益的关系是投资者极为重视的。一般而言，资本在运动中遵循的是安全性、流动性和盈利性原则，但排在第一位的是将风险降到最低程度，即安全性。在风险相同时投资者追求更高的回报率，在回报率相同时则追求更好的安全性。人们对相同的风险如经济风险、政治风险、金融风险等有不同的认识，于是在国际经济运行中，风险厌恶者就会在追求资本的安全时，使其从高风险的地方流向低风险的地方，形成资本的国际流动。同时，在经济中有的投资者是风险喜好者，他们希望在高风险的场合谋利，因此会将资本从其他地方调入高风险区域，从而也会形成资本的国际流动。在今天的国际经济中，发达国家通常具有较好的投资环境，资本的收益较好而安全性较高，因此国际资本在 20 世纪末期大都流向了发达国家。

（4）由其他因素如投机、规避贸易保护、国际分工等造成的资本国际流动。在国际经济中，由于贸易保护主义的限制，存在着贸易壁垒，人们为了绕过贸易壁垒，往往会进行国际的直接投资，即厂商会在市场所在地投资办厂从事生产，就地出售产品，这一过程会引起资本的国际流动。另外，第二次世界大战后高速发展起来的跨国公司在跨国经营的过程中，不管是进行垂直型国际分工的投资，还是进行水平型国际分工的投资，都极大地推动了资本的国际流动。同时，二战后发展起来的经济一体化进程在一体化经济体中消除了成员国之间的贸易、资本流动和人员交流的障碍，使得要素以前所未有的可能性在国与国之间流动，加速了资本国际流动的进程。例如，欧洲经济一体化的进程不仅推动了资本在欧盟范围内的流动，而且推动了资本在与欧盟有着密切经济往来的地区的流动。

（二）资本国际流动的主要形式

资本国际流动从不同的角度可以区分为：国家资本的输出入、私人资本的输出入；长期资本的国际流动、短期资本的国际流动；直接投资、间接投资；等等。

（1）长期资本的国际流动。长期资本的国际流动是指使用期限在一年以上，或未规定使用期限的资本的国际流动。一般而言，长期资本的国际流动包括国际直接投资、国际间接投资等。国际直接投资是将资金投入采矿业、工商企业、农业生产中，即股权投资，以及利润再投资、跨国公司的资金转移等，但国际直接投资总是要求企业的所有权和经营管理权。按照国际货币基金组织的定义，国际直接投资应该拥有国外厂矿企业股权的25%以上。而美国对国际直接投资的定义规定的标准为控制股权的10%以上。当然从来源讲，长期资本可能是私人、企业所有，也可能是国家政府所有，或国际经济组织所有。国际间接投资大都属于证券投资，包括各个国家之间借贷款、国外企业或政府发行债券、不是出于追求经营管理权的目的而购买股票等。人们买入证券意味着进行投资，对于一个经济体而言，投资意味着资本流出，而企业、国家发行或售出证券则意味着筹措资金，即资本流入。从第二次世界大战后到20世纪80年代之前，国际直接投资在世界经济中占有重要的地位，但是在20世纪后期，国际间接投资，尤其是这种投资所造成的发展中国家的债务危机对世界经济的冲击引起了人们的特别关注。目前，国际间接投资的作用与影响已经超过了国际直接投资。

（2）短期资本的国际流动。短期资本的国际流动是指使用期限在一年或一年以内的资本的国际流动。短期资本的国际流动包含许多形式，但大都属于间接资本流动的范畴。在国际经济实践中，短期资本的国际流动可以大致分为以下几类：与国际贸易有关的资本流动，即在国际贸易过程中存在的资金融通或结算所造成的资本国际流动；保值性的资本流动，即资本的跨国抽逃，这是为了避免经济状况恶化带来的损失；投机性的资本流动，即利用利率、汇率的变化或证券、商品的价格变化，跨国转移资金所造成的资本的国际流动。短期资本的国际流动大都以各种商业票据、短期政府债券、可转让存单、银行承兑汇票以及活期存款等形式存在。短期资本的国际流动类型复杂、转移频繁、流向多变。在一国开放程度高、外汇管制松弛时，短期资本的国际流动对经济的影响不仅深远，而且后果难以预料。1997—1998年亚洲金融危机的整个过程，尤其是韩国、泰国在危机中遭受的短期资本冲击的困扰，就是极好的证明。

二、资本国际流动的经济分析

（一）资本国际流动的图形分析

图10-1为资本国际流动的经济（福利）分析。设有A、B两国，坐标图中的横轴

为资本的存量，纵轴为资本的边际收益率（资本的边际产品），即在技术、劳动投入不变时，增量资本投入所增加的产量。左面为A国资本的代表性边际收益率，右面为B国资本的代表性边际收益率，可以看出，B国的资本边际收益率高于A国，资本将从边际收益率低的A国流向边际收益率高的B国，当两国资本的边际收益率一致时，资本流动停止。

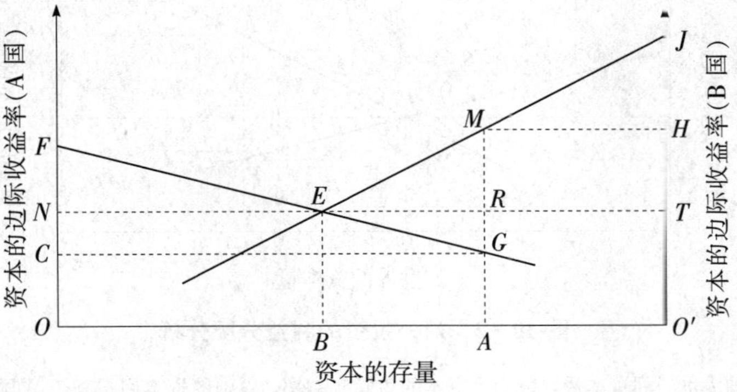

图 10-1 资本国际流动的产出与福利效应

说明：A国的资本存量为OA，B国为$O'A$，资本的边际收益率在A国为OC，总产出为$FOAG$，其中$OCGA$为资本的收入，CFG为其他要素的收入。B国资本的边际收益率为$O'H$，总产出为$O'JMA$，其中$O'HMA$为资本的收入，HJM为其他要素的收入。由于A国资本的边际收益率低于B国，在资本自由流动的条件下，便会产生资本从A国向B国的流动，当资本的边际收益率$ON=O'T$，即两国资本的边际收益率相等，在E点达到均衡时，资本便会停止流动，这时A国的总产出为$OFEB$，B国的总产出为$O'JEB$，A国的总产出减少$EBAG$，B国的总产出增加$EBAM$，两国的总产出净增EGM。因A国投资要有收益，A国的总收入为$AOFER$，B国的总收入为$O'JERA$，A国的总收入净增EGR，B国的总收入净增ERM。资本跨国流动后产生了福利的增量，这是B国相对富余的劳动与A国相对富余的资本相结合而进行生产的结果。

(二) 对外投资的利益分配分析

一个国家对于外资在本国的投资，可以运用某些手段进行调节。对外资在东道国的收入（包括直接投资与间接投资的收入）征收所得税，是这些调节手段的重要措施之一。这里我们运用两国之间的贷款来分析税收对于外国投资的调节。这一情况可以由下面的图形（见图10-2）给予解释。

(三) 资本国际流动的政策含义及案例分析

资本国际流动的利益分配是该流动理论的重大课题，因此而产生的跨国公司在今天的世界经济中有着重大的影响。资本的跨国流动往往与国际分工紧密结合，资本的国际流动意味着生产力、技术、设备、管理经验的跨国流动（即国际分工造成的软、硬件的流动），同时也意味着市场的转移和市场份额的变化。资本的国际流动还意味着资源在国际上更为合理的配置。各个国家自身因为禀赋等原因，无法获得资源的最佳配置，而资本的国际流动意味着资源的重新配置与组合，它会突破一国之内限制经济发展的某些因素，使得经济结构更为合理，从而节约社会劳动，提高劳动生产率，促进经济的发展。东亚地区通过引进外国资本和技术，经济获得了高速发展就是一例。但资本输出国尤其是日本在一定程度上发生了所谓的“产业空心化”现象，而资本引进国在利用外资中又出现了问题，因此在一定程度上加重了 1997 年在这一地区发生的金融危机。

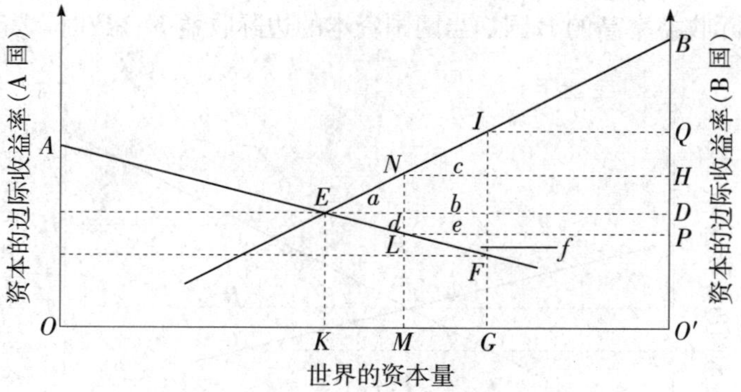

图 10-2　对外投资的利益分配分析

说明：图形的横轴为世界的资本量，纵轴为资本的边际收益率，B 国的资本回报高于 A 国，因此 A 国属于资本相对丰裕国，向 B 国提供贷款，其数量为 KG，利率为 $O'D$。若 A 国对于资本流出征收利息税 LN，则这时利率上升至 $O'H$，A 国的实际利率为 $O'P$，PH 为税率，贷款数量下降至 MG。这时借款国的利益从 $a+b+c$ 降低为 c，A 国的利益则从 $d+e+f$ 改变为 $b+e+f$，少了 d 增加了 b。征税后，借款国需求降低，利率降低（从 $O'D$ 到 $O'P$），而世界产值的增减由 $INLF$ 界定，减少了 $a+d$。

三、国际生产折中理论

国际生产折中理论是英国经济学家邓宁（J. Dunning）于 1977 年总结而成的，这一理论从国际经济的现实出发，对资本跨国流动的所有方面均有所涉及。邓宁将其他经济学家如海默（S. Hymer）于 1960 年提出的垄断优势论，巴克利（P. Buckley）、卡森（M. Casson）于 20 世纪 70 年代中期提出的市场内部化理论，韦伯（A. Weber）提出的工业区位理论等关于资本国际流动的理论综合、总结到一起，形成了他自己的关于跨国公司对外直接投资的理论。

（一）国际生产折中理论的提出

国际生产折中理论研究的出发点是 20 世纪 60 年代之后国际经济格局的变化、国际资本的迅速流动和跨国公司的高速发展。70 年代迅速兴起的国际资本流动、跨国公司的发展对国际资源的配置产生了极大的影响。邓宁看到了国际经济的迅速变化，并认为任何单一的理论都已经很难对国际经济的现实予以科学的说明，他认为只有综合性的研究才可能有意义。在注重资本流动的目的、条件和能力的同时，他将直接投资、国际贸易、区位选择综合起来进行了研究。

（二）国际生产折中理论的基本内容

邓宁认为，企业在国际经济中可以有至少三种方式从事活动，即出口、直接投资和技术转移。而一个企业的所有权特定优势、市场内部化优势、区位特定优势三者结合决定了该企业与其他企业相比是否具有对外投资的优势，或者是否可以通过出口、技术转移来开拓该优势。所有权特定优势与市场内部化优势是跨国公司对外投资的必要条件，但它们并不能决定一个企业一定要通过直接投资参与国际经济活动，而区位特定优势则是跨国公司进行对外投资的充分条件，二者的结合决定了直接投资的发生。

国际生产折中理论的具体内容为：所有权特定优势是指，企业具有特殊的组织管理能力、金融融资方面的优势、技术方面的特点和优势、规模经济、垄断地位、其他能力以及获得产品差异的优势。这些优势构成了企业与投资所在国公司相比更大的优势，可以使企业克服在国外生产碰到的附加成本、制度以及文化方面的风险。市场内部化优势是指，企业具有将所有权特定优势进行内部化的能力。由于外部市场存在的不完全性，如新产品缺乏价格可比性、在寡头市场的情况下难以议价，企业的所有权特定优势可能会受到打击而丧失。内部化是指企业扩大生产经营体系，形成内部的经营空间，在内部实行资源的更好配置，克服在外部市场进行交易的不利条件。但是，上述两种优势并不能决定企业必然实行直接投资（具有所有权特定优势及市场内部化优势时可以通过出口获利，而只具有所有权特定优势时可以通过技术转移加入国际经济而获利）。因此区位特定优势很重要，是投资的充分条件。区位特定优势是指东道国的劳动力成本情况、市场的条件与需求状况、关税与非关税壁垒、东道国政府的各种政策，等等，即国际投资的软硬条件具有优势。它解释了企业为什么一定要到该国进行投资。对邓宁的国际生产折中理论的简单理解即为：

对外直接投资＝所有权特定优势＋市场内部化优势＋区位特定优势

当三种优势都具备时，企业便会采取对外直接投资的形式从事国际经济活动。

（三）对国际生产折中理论的评价

该理论在较大程度上反映了20世纪60年代之后形成的新的国际经济发展格局，克服了国际贸易理论假设国际上资本不流动的缺点，也弥补了国际投资研究只解释资本的流动的不足。同时该理论把国际贸易、直接投资和技术转移结合起来，较全面地解释了新的国际经济现象，具有相应的实践性。但这一理论在很大程度上是以前（尤其是20世纪60年代）的国际贸易与投资理论的综合与折中，并没有很重要的理论突破，同时该理论也没有更好地说明中小企业的国际投资现象。当然，这并不妨碍该理论在政策和实践上的重要程度和参考意义。1982年，邓宁将他的理论动态化，提出了国际经济学中的直接投资发展周期的思想，即对一国从引进资本、资本双向流动到最终向外输出资本的变化过程的研究，使得他的理论进一步向实践靠拢。

第二节 劳动力国际流动及其经济效应

一、劳动力的国际流动

劳动力的国际流动是国际经济关系的一个方面，本节将对劳动力国际流动的原因、形式以及劳动力国际流动的福利状况等内容进行讨论。在人类发展的历史进程中，曾经出现过三次人口迁徙。第一次是15—19世纪初以贩卖奴隶为主要形式的人口迁徙，根据1987年中国大百科全书出版社出版的《世界经济百科全书》的描述，在15—19世纪大规模贩奴的罪恶的“三角贸易”过程中，非洲人口减少了近一亿，但这并不是本节所要探讨的人口或劳动力的流动。第二次世界人口迁徙发生于19世纪至20世纪初，主要是从欧洲流入美洲，而自第二次世界大战后开始的第三次人口迁徙则主要是流向中东地区、美洲地区和欧洲地区。这两次人口流动体现了现代劳动力跨国流动的特点。

（一）劳动力国际流动的原因

真正意义上的劳动力的国际流动，是指因经济原因而产生的劳动力的跨国流动。其原因主要是国民收入的国际差异，即相同质量的劳动力在不同国家中的收入是不同的，劳动力总是从低劳动报酬的地方流向高劳动报酬的地方，短期流动的劳动力看重的是货币工资收入的差异，长期移居的劳动力看重的则是实际报酬的差异。各国劳动力供求的不平衡也会造成劳动力的国际流动，这种流动大都从工业化程度较低的国家流向工业化程度较高的国家，这是因为前者相对于后者创造的就业岗位较少，当无法向劳动人口提供充足的就业机会时，劳动力就会产生国际流动。经济周期也是引起劳动力跨国流动的一个重要原因，例如当一个国家陷入经济危机时，该国将首先解雇国外的劳工，这将造成劳动力的回流，形成劳动力的跨国流动。伴随国际贸易和国际投资及其他国际经济活动，也会产生劳动力的国际流动，这是因为跨国的经济活动总要有本国的雇员随着资本、商品流动，以使资本和商品的跨国流动产生更好的效益。各国一般会在一定程度上鼓励劳动力的流动，除了经济方面的收益外，这种流动也会使流动者学习到劳动力输出国所需要的无形的经验或其他知识。当然，今天劳动力日益具有跨国流动的必要条件（如技能、人身自由等）也是促成劳动力国际流动的重要原因之一。

（二）劳动力国际流动的形式

劳动力的国际流动有若干种流动形式，如永久移民式的劳动力国际流动，这部分劳动力包括大量居住在国外的持有外国永久居民身份的打工者，如工程技术人员、科技人员、知识分子和其他长期工作者。在今天的劳动力国际流动中，中短期国际劳务出口（工程、服务等的工作人员）已经成为劳动力跨国流动的最重要的形式之一，占有的比重日益提高。另外，留学人员、技术性劳务合作人员（人才流动）、在外资机构的工作人员（未跨国界的流动）等为外国利用的本国劳动力都可以算作劳动力的跨国流动。

二、劳动力国际流动的经济分析

（一）劳动力国际流动的图形分析

劳动力的国际流动具有重要的作用，图 10-3 对劳动力国际流动进行了经济（福利）分析。设有 A、B 两国，坐标图中的横轴为两国劳动力的存量，纵轴为劳动的边际收益率，即在技术、资金状况不变时，增加每单位劳动投入所增加的产量，左面为A国劳动的代表性边际收益率，右面为B国劳动的代表性边际收益率。从图10－3中可以看出，B国的劳动的边际收益率高于A国，劳动力将从边际收益率低的A国流向边际收益率高的B国，当两国劳动的边际收益率一致时，劳动力流动停止。

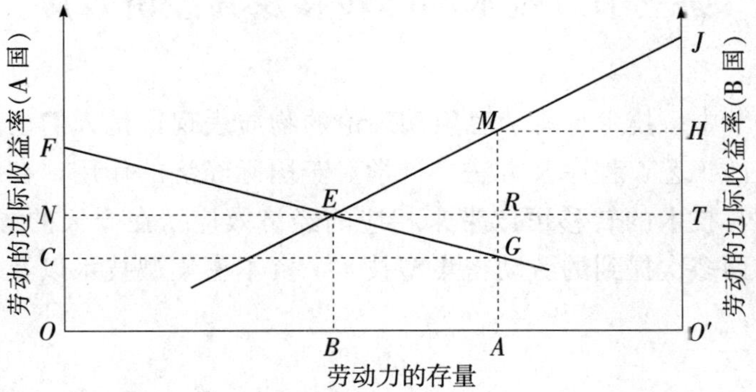

图10－3　劳动力国际流动的产出与福利效应

说明：有A、B两国，A国的劳动量从左原点出发，为OA，B国从右原点出发，为$O'A$，A国的总产出为$FOAG$，其中$OCGA$为劳动的收入，CFG为其他要素的收入，劳动的边际收益率为OC。B国的总产出为$O'JMA$，其中$O'HMA$为劳动的收入，HJM为其他要素的收入，劳动的边际收益率为$O'H$。在劳动力自由流动的条件下，劳动力由边际收益率较低的A国流向边际收益率较高的B国。劳动力产生流动（AB的量）．在E点达到均衡，边际收益率为$ON=O'T$，A国的总产出为$OFEB$，B国的总产出为$O'JEB$，总的情况从$FOAG+O'JMA$增为$OFEB+O'JEB$，净增EGM。

（二）劳动力国际流动的福利分析

在新增的EGM中，ERG为劳动力流出国所得，MER为劳动力流入国所得，A国的总收入为$OAREF$，劳动的收入为$ONRA$，B国的总收入为$O'JERA$，劳动的收入为$O'TRA$，A国其他要素的收入为NFE，B国其他要素的收入为TEJ。新增部分EGM是劳动力国际流动的利益。

三、劳动力国际流动的政策含义及案例分析

劳动力的国际流动对流入国来说是吸引人才，同时可以节约大量的劳动力教育、培训、保健等费用。在今天，引进高科技人才，是真正地引进创新，引进一种全新的生产力，因为在所有的生产要素中，人才是第一要素。因此人才的争夺实际上已经成为21世纪各国保持国际竞争力的根本方法，也是建立相对于其他国家的经济领先地位的根本基础。美国在20世纪后期吸引了大量其他国家的高级人才，这是美国经济建立在新基础上的重要因素，也是美国高科技保持领先地位的重要原因之一。但对劳动力的流出国来说，高科技人才的国际流动实际上是智力外流，同时包含在劳动力身上的人力资本也会随之流到国外，这对流出国的经济的影响是很大的。国际劳工的侨汇汇回是今天发展中国家的重要外汇收入来源，同时也可以使流出者得到国外技术、管理方面的培训。另外，从

发达国家流向发展中国家的劳动力也是一种对发展中国家所需人才的补充。从政策角度看，如何引进人才、留住本国的人才都是各国极为重视的问题。而如何将本国的人才派出去学习，并使其在学成后回国，已经成为政策制定者的重要任务。

第三节　技术国际转移及其经济效应

在国际经济学中，技术是科学思想和理论的物质表现，是人们已知的、用于生产有形产品和服务的工艺、程序及方法。科学对于国际经济的作用，在多数情况下是通过技术来体现的，技术的转移可以带来相应的经济效应。在今天的国际技术结构中，存在着我们在前面多次提到的劳动密集型技术、资本密集型技术以及智力密集型技术的区分。

一、技术的国际转移

（一）技术国际转移的动因

我们已经谈到，技术是指用于生产的工艺、程序和方法，是科学理论的物质表现。技术转移是指这些工艺、程序和方法等系统知识的转移。在国际经济中，尽管技术对经济的作用需要通过物质进步和人的素质提高来表现，但是，国际经济学所研究的技术转移却大都不涉及物质内容如产品、设备的转移。技术国际转移的原因在于技术的引进对经济的促进作用和带给引进技术的企业的经济收益，同时技术的引进会使产业结构发生变化，以及会促进引进技术的企业在国际市场中的竞争力提高。从技术输出者的角度看，技术转移也是转移行将过时的技术、延长某种技术的生命周期的手段，同时其也会获得转移技术的经济收益。总之，经济利益的驱动是一个经济体和企业引进技术的根本动因，在具体过程中有产量目标、效益目标、积累目标和提升结构的目标，但成本-效益分析则是人们在进行技术转移时所必须考虑的。

（二）技术国际转移的形式

技术转移属于软件的流动，技术转移的形式包括专利的使用、技术秘密的使用、制造技术的传播等，具体的转移形式则有垂直型、水平型、混合型、简单型、吸收型、有偿与无偿转移等。垂直型技术转移是指一个国家的基础研究成果被另一个国家在应用型研究中采用，或一个国家的应用型研究成果被另一个国家的生产采用。水平型技术转移是指一个国家已经应用的技术被另一个国家的生产采用。在实践中还存在着混合型技术转移，即一个国家的技术转移同时存在着垂直型与水平型技术转移的情况。简单型技术转移是指一个国家的技术转移到另一个国家，但并不理会该国是否能将该技术复制出来。而吸收型技术转移即真正的技术转移则要求被转移国家能够复制出所转移的技术。有偿技术转移即技术贸易，是技术国际转移的商业形式，是指国际贸易的一方把技术作为商品，按一定的贸易方式转移给国际贸易的另一方。无偿技术转移是技术国际转移的非商业方式，是指两国政府、法人或自然人通过政府援助、技术交流、技术培训等多种形式进行技术的无偿转移。

二、技术国际转移的经济分析

（一）技术转移的新古典价格刺激模型

如果市场具有完全竞争的特点，则讨论技术选择时可以只做经济方面的考虑，不讨论其他因素。设只有两种技术可供选择，即同一种产品既可以用资本密集型技术生产，也可以用劳动密集型技术生产，即假设只存在着资本（K）密集型生产与劳动（L）密集型生产，使用资本密集型与劳动密集型两种技术，并且这两种技术间具有可转换的关系。图 10-4 中 F 为等产量线，资本 K 和劳动 L 的价格无扭曲。

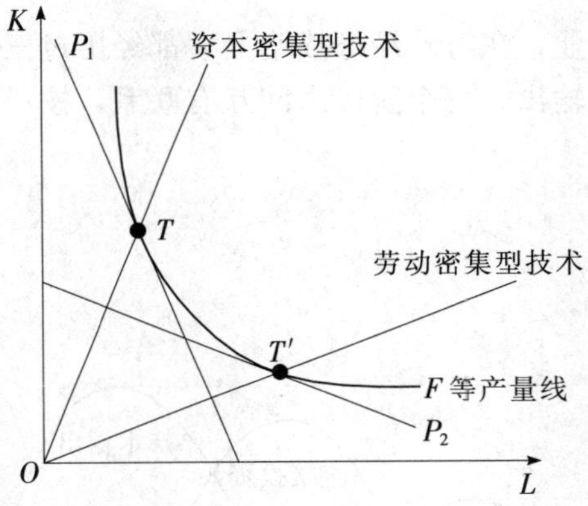

图 10-4 技术选择图解

说明：资本与劳动的价格无扭曲，则影响技术选择的因素只是价格。P_1、P_2 是价格线，即同量货币所能购买的 K 与 L 的量。切点 T 表示 K 相对于 L 更廉价，故选择资本密集型技术，T' 点则相反，表示选择劳动密集型技术。

图 10-4 隐含着进行技术选择，政策上要求价格扭曲必须被消除。如果以补助等形式人为地提高人员的工资，则会掩盖实际中资本的稀缺，人们会去选择相对廉价的资本密集型技术，这种做法对微观企业有利，而对宏观经济来说，实际上是资源的浪费。

（二）中性技术进步说

中性技术进步说利用考察生产中的资本-产出比的变化来考察技术进步的作用。资本-产出比（K/Y）既可以反映资本本身的变化，又可以间接反映劳动供给的变化。技术进步在实际中有三种情况，如图 10-5 所示，图中横轴代表劳动，纵轴代表资本，斜线为 K 与 L 之比，即资本-劳动比。

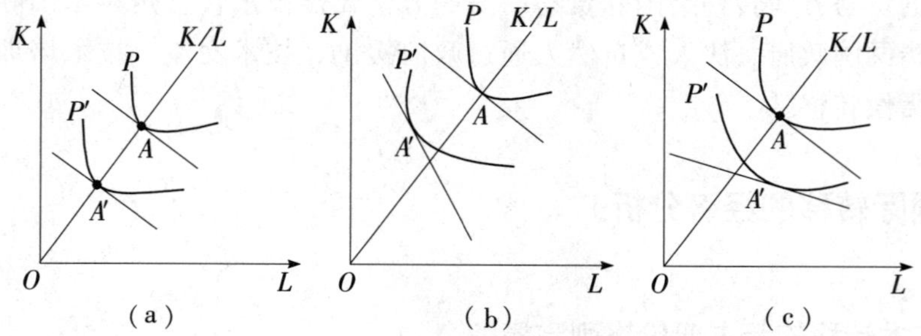

图 10-5　不同类型的技术进步

说明：第一种情况即图（a）在技术进步中没有引起要素投入比例的变化，即此技术进步既未节约劳动也未节约资本，属于中性技术进步。第二种情况即图（b）由于技术变动导致了 K 与 L 之比上升，因此是劳动节约型技术进步。第三种情况即图（c）由于技术变动导致了 K 与 L 之比下降，因此属于资本节约型技术进步。由此可见，在经济实际中事实上可以有多种选择。除了价格因素外，还存在着结构转换因素（资本-劳动比的变化意味着生产中的结构性变化）。

（三）技术转移的周期理论

占有新技术优势的企业，在对外经济战略上大都经历过三个阶段：新产品出口、直接投资生产该产品和技术输出。三个阶段之间互有联系，按一定规律进行周期循环，见图 10-6。

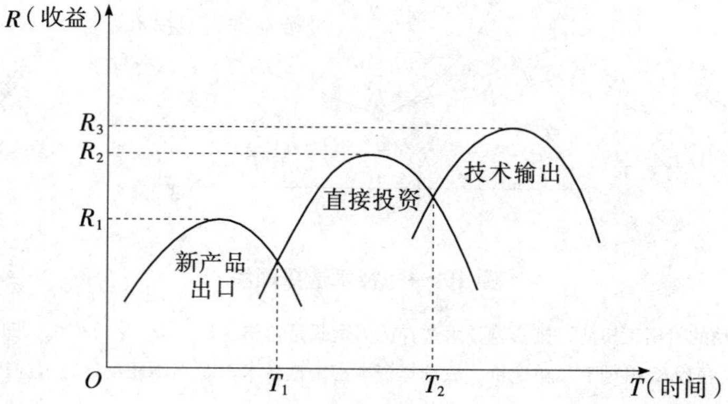

图 10-6　技术转移的周期理论

说明：具有新技术优势的企业，第一步总是以新产品出口获利，有着独占市场的性质，当出口市场开始生产该产品时（T_1），该企业可以用东道国的资源直接投资以获利，当东道国生产扩大、收益下降时（T_2），企业可以通过输出技术维持收益。不同国家的需求与资源的关系不同，而在不同的发展阶段需求与资源的关系也不同，这样技术便产生流动。这种技术转移的周期过程对于解释今天跨国公司在东道国的行为是有一定的参考意义的。一般而言，在今天的国际经济条件下，跨国公司大都是遵循着上述的周期过程来处理新产品出口、直接投资和技术输出以谋取最大的收益，即实现利益最大化的。

三、技术国际转移的政策含义及案例分析

技术引进可以加速经济发展，进行技术转移可以获利，这是为世界经济实际所证明

的，日本在第二次世界大战后经济迅速恢复、崛起，就是得益于大量从美国、欧洲引进先进技术，这样做不仅节约了大量的资金投入，而且节约了大量的时间。一般而言，在今天的国际经济中，引进技术对发展中国家具有更为重要的作用。但发展中国家在引进技术中，应强调适用技术的引进，因为适用技术会更为适合国情。适用技术不是落后技术，而是与一个国家的经济发展目标、要素禀赋特点、技术吸收能力相适应的技术。在实践中，引进技术的国家应把引进与消化结合起来考虑，尤其要注重对引进技术的消化；同时应在深入研究方面努力，不仅应对引进的技术进行适应性的改造，而且应努力增强技术开发的自主性并尽快跟上世界的先进水平，即追求技术变动的最佳动态效益。

第四节 要素国际流动的其他经济分析

两缺口模型是 20 世纪 60 年代美国经济学家钱纳里（H. Chenery）和斯特劳特（A. Strout）提出来的，从理论上说明了发展中国家利用外资来弥补国内资金短缺的必要性。

在宏观经济学中，为了维持经济的一定增长速度，投资和储蓄之间的差额（储蓄缺口）同进口和出口之间的差额（外汇缺口）必须保持平衡。由于投资、储蓄、进口和出口都是独立不变的，因此，这两个缺口不一定能平衡。为使其达到平衡，可以有两种调节方法。

一种是不利用外资的方法。当国内储蓄缺口大于外汇缺口时，就必须压缩投资或增加储蓄；当外汇缺口大于储蓄缺口时，就必须减少进口或增加出口。按这种方法，除非有可能增加储蓄和出口，否则，经济增长速度就会减缓。

另一种调节方法是在缺口以外寻找资金，这就是利用外资资源。例如，利用外资进口机器设备，一方面，这项进口暂时不用出口来抵付；另一方面，这项投资品又不需要国内的储蓄来弥补。可见，利用外资可以同时弥补两个缺口，既可以满足投资需要，又可以减轻支付进口费用的压力，从而保证经济的增长。虽然外资是实现经济快速增长的重要途径之一，可以解决发展中国家的资金“瓶颈”问题，但是，利用外资最终还是要偿还的。因此，必须提高外资的利用率，使其能直接或间接地促进出口的增长，促进储蓄的增加，增强偿还能力。

一、缺口的概念

经济发展的约束是很多的，如储蓄规模、外汇储备、技术能力和财政资金等。根据哈罗德-多马模型，在宏观经济学中，隐含着一个基本的前提，即 $S=I$ 是经济增长的基本条件，但当国内资源（储蓄）不足以支持理想的增长速度时，便会出现储蓄缺口，当缺口即资金不足阻碍了经济发展时，引进外部资源弥补这些缺口便成为必要。

二、两缺口模型

该模型主要考虑的是储蓄缺口与外汇缺口在国民经济发展中的作用，从国民经济的基本恒等式总需求等于总供给可以得出：

$$Y=C+S+T+M$$

其中：

Y=总供给；

C=消费；

S=储蓄；

T=税收；

M=进口。

$$Y=C+I+G+X$$

其中：

Y=总需求；

C=消费；

I=投资；

G=政府支出；

X=出口。

若税收等于政府支出：$T=G$，则有：

$$S+M=I+X \text{ 或 } I-S=M-X$$

公式左边 $I-S$ 是投资与储蓄的差额，为储蓄缺口；右边 $M-X$ 是进口与出口的差额，为外汇缺口。由于有投资、储蓄、进口、出口四个独立的变量，因此进行调节的目的是使上述公式平衡。

三、两缺口模型的政策含义

模型强调了发展中国家利用外部资源的必要性。引进外部资源，可以提高一国的出口能力，使得高收入高储蓄的良性循环出现，更加合理地配置资源。在引进外部资源时，国内的经济结构需要进行调整以适应引进外部资源的要求，同时应该发挥政府在调控经济活动中的作用。积极引进外部资源具有重要意义，在1970—1990年，东亚的发展中国家与地区通过引进外部资源，实现了高速的经济发展。我国的案例也告诉我们，引进外部资源必须重视使用该资源的效益，只有获得高效益，才能实现引进外部资源的初衷。

四、外资引进的经济分析

(一) 国际因素的恶性循环

恶性循环是指发展中国家人均收入低，导致储蓄低，低储蓄造成资本形成不足，这又导致了生产率低下和收入不高；低收入意味着低购买力，又引致投资不足，这使得生产率低下，进而造成收入低下。用一句通俗的话说就是：之所以穷，是因为穷。当这种循环加入国际不平等因素时，便加重了发展中国家的困难。人们普遍认为，这时如果能够有资金注入，便有可能打破这种循环。因此，从外部引进资源，如资金、技术，注入生产过程，是打破恶性循环的有效方法之一。

(二) 最佳外资引进分析

一个经济体在引进外部资源时，是否存在着界限，是否越多越好？从人们的常识角度讲似乎这不应该成为问题，显然应该尽量吸引外部资源。但从理论上讲，引进外部资源存在着最佳的规模，超过最佳规模，引进外部资源就意味着损失。从图 10－7 中可以看出，最佳引进量 OQ_2 是 $MC=MR$ 时吸引的外部资金量，即对应边际收益等于边际成本的点。这时，该社会所有的富余资源与引进的外部资源相结合，可以创造出最大的经济效益。图中 A 点所对应的外部资源引进量，其单位外部资源可以产出最大的收益，A 点是产出效率最佳点，却不是总的经济效益最大的点，因为此时仍然存在闲置的国内资源（如劳动）等待与引进的外部资源（如资金）结合。

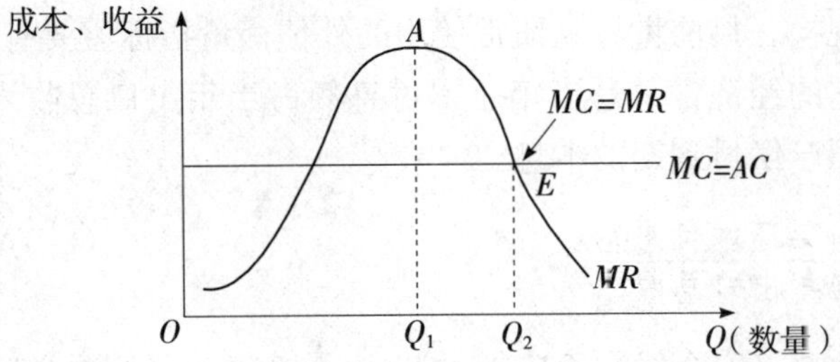

图 10－7　引进外资最佳规模图

说明：OQ_2 为最佳引进外资水平，该点符合 $MC=MR$ 的原则。在 A 点的左边，边际收益大于边际成本且边际收益在上升，有较高的回报率，同时社会仍然有富余的其他资源。在 A 点的右边，尽管边际收益在降低，但引进的外部资金尚未吸收完该社会的其他富余资源。只有在 E 点，各种资源才结合得最为充分，总收益最大。

(三) 案例分析

在经济发展过程中，确实有着因为外资引进过量，超过经济可以承受的能力而使经济陷入困境的先例，那便是 20 世纪 80 年代的拉美债务危机。1982 年从墨西哥开始的债务危机很快传导到了全球，最后有将近 34%的发展中国家陷入了债务危机。这些国家大都是在 20 世纪 70 年代为了促进国内经济发展而大量借入外债的。由于借入的外债额超过了其偿还能力，同时国际经济环境发生了较大的变化，国际利率在 80 年代又大幅度提高，因而它们陷入了债务危机。国际社会为了解决发展中国家的债务危机，花费了大量的精力和财力，出现了如宫泽计划、布雷迪计划等援救方案。这一情况引起了国际经济学界的重视，许多学者提出了一系列衡量引进外资的界限的标准。

五、一国外债的数量界限及结构

一般来讲，一国可以借入和利用外债的水平（界限）主要应该从以下几个方面考虑：

（1）该国经济发展对外汇资金的需求。

（2）经济对外债的承受能力。

（3）国际资本市场的资金供求情况。

（4）该国外债使用的经济效益。

具体而言，主要从以下两个方面进行分析。

（一）外债规模（数量界限）

在 1982 年发展中国家发生严重的债务危机之后，国际社会根据发展中国家的经验教训，并结合过去的研究成果，提出了外债适度规模的问题。从理论上讲，外债的引入数量不能只从供给与需求的角度考虑，更重要的是要考虑外债使用的经济效益。其最佳理论规模是使外债的边际收益等于外债的边际成本时的外债使用量。（外债的边际收益是指每新增一单位外债使用所能产生的国民收入增量。外债的边际成本则是每新增一单位外债使用而使贷出者移交的国民收入增量。）外债最佳规模总是一种理论推演，生活中只能力求达到次优债务规模。目前世界上惯常使用的外债衡量指标主要有三个：

（1）偿债率。它的经济含义是当年还本付息额占当年出口总收入的比重，即每年出口收入中有多少被用于偿付到期的本息。

$$偿债率=\frac{当年还本付息额}{当年出口总收入}$$

一般认为这一比率（安全线）不应超过 20%，超过 30%则是危险的。

（2）出口债务率。它的经济含义是当年外债余额与当年出口总收入之比，表示所欠外债额与出口收入之间的关系。

$$出口债务率=\frac{当年外债余额}{当年出口总收入}$$

一般认为这一比率（安全线）不应超过 100%。

（3）经济债务率。它的经济含义是当年外债余额占当年国民生产总值的比重，表示所欠外债额与整体经济的关系。

$$经济债务率=\frac{当年外债余额}{当年国民生产总值}$$

一般认为这一比率的安全线为30%。

除了以上指标外，还有一些其他外债衡量指标：一国当年外债还本付息额占当年国民生产总值的比重（安全值为5%）、一国外债总额与该国黄金外汇储备额的比率（一般控制在3倍以内）等。此外，为了更好地衡量外债的使用界限，还存在着一系列辅助性的结构指标，如内外债还本付息额占财政开支的比重、贸易差额占国民生产总值的比重、短期债务占全部债务的比重、外汇储备持有额等等。

从1995年起，世界银行变更了对外债规模的衡量办法。在绝大多数国家外债承受能力有所增强的情况下，开始采用现值法，即用债务的现值代替债务的名义值来衡量债务水平。

$$经济现值债务率=\frac{未偿还债务现值}{国民生产总值}$$

世界银行认为这一比率的临界值为80%。

(二) 外债结构

外债结构管理是在外债规模基本确定的前提下，根据经济建设对外汇资金的实际需要和具体要求、国际资本市场行情及其发展趋势等，对外债结构的各个要素的构成比例进行合理配置，优化组合，以达到降低成本、减少风险、保证偿还的目的。

利率和币种结构管理在外债结构管理中占有相当重要的地位。利率和币种结构的优化源于对利率和汇率风险的认识。利率风险是指从外债借入到偿还期间，由借款利率波动造成的外债增加或减少的可能性。汇率风险又称外汇风险，是指在外债借、用、还过程中，有关货币汇率波动而使债务人蒙受损失或获利的可能性。

(1) 利率结构管理。不同类型的外债具有不同的利率水平。利率是影响借款项目成本和国家外债总体成本的重要因素。进行利率结构管理就是要合理安排、适时调整债务利率结构，以降低或稳定外债成本，避免风险。

在进行利率结构管理时，要注意：第一，争夺优惠利率，降低外债成本。具体来讲，应尽量争取外国政府贷款、国际金融组织贷款和出口信贷等利率水平较低、贷款条件较为优惠的国际贷款。第二，根据市场总体利率水平选择固定利率或浮动利率。一般来讲，当国际金融市场利率普遍较低时，可选择固定利率贷款，或增加固定利率债务在国家总体外债中的比重。当国际金融市场利率水平较高时，可选择浮动利率贷款，或增加浮动利率债务在国家总体外债中的比重，以获得利率可能下浮的好处。

(2) 币种结构管理。一般根据利用外资中对各种货币的实际需要、国际货币的汇率走势、国家外汇收支和外汇储备的状况等来安排和调整外债币种结构。进行币种结构管理的目的就是通过合理搭配，适时调换币种来防范和减少汇率风险。进行币种结构管理应力争做到：第一，债务币种多样化；第二，合理搭配币种结构的比例；第三，币种结构的调整要及时、有效；第四，外债币种在借、用、还三个环节要互相衔接和适应，原则上使所借货币和所用货币以及所还货币相一致。一般而言，一个国家的出口收入主要是什么货币，在借入外债时应该考虑尽量借入该种货币，以便于将来偿还。

（3）期限结构管理。外债有短期和中长期之分，前者指负债期限为一年或一年以下的债务，后者指一年期以上的债务。进行期限结构管理的目的在于合理安排短期外债和中长期外债的比例，以保证到期如数还本付息。进行期限结构管理应把握以下三个原则：第一，保持以中长期外债为主，力争将短期外债控制在外债总额的20%以下；第二，保持短期外债的增长在总体上低于中长期外债的增长；第三，保证债务偿还期限的均衡分布，尽量避免同期借入大量期限相同的外债，防止还本付息过于集中而加重国家和企业的偿债压力。同时在借入外债的使用上，短期外债应主要用于能够尽快收回本息的项目，而长期外债则可以考虑安排基础建设使用。

（4）借款市场与国别结构管理。市场与国别结构的优化在于筹资场所多元化。由于各资金市场的资金来源、金融工具和币种不同，各资金提供国的外汇管制程度不同，政治意向时有变化，因此为防范筹资中的国家风险和政治风险，保证借款来源的稳定，要分散筹资市场和国家。这对于更好地利用外部资金是最为有利的。表10－1是中国1983—2020年利用外资的情况。

表10－1　中国1983—2020年实际利用外资额

年份	实际金额（亿美元）	同比增长（%）	年份	实际金额（亿美元）	同比增长（%）
1983	19.81	—	2002	550.11	10.75
1984	27.05	36.55	2003	561.40	2.05
1985	47.60	75.97	2004	640.72	14.13
1986	76.28	60.25	2005	638.05	－0.42
1987	84.52	10.80	2006	670.76	5.13
1988	102.26	20.99	2007	783.39	16.79
1989	100.60	－1.62	2008	952.53	21.59
1990	102.89	2.28	2009	918.04	－3.62
1991	115.54	12.29	2010	1 088.21	18.54
1992	192.03	66.20	2011	1 176.98	8.16
1993	389.60	102.88	2012	1 132.94	－3.74
1994	432.13	10.92	2013	1 187.21	4.79
1995	481.33	11.39	2014	1 197.05	0.83
1996	548.05	13.86	2015	1 262.67	5.48
1997	644.08	17.52	2016	1 260.01	－0.21
1998	585.57	－9.08	2017	1 310.35	4.00
1999	526.59	－10.07	2018	1 349.66	3.00
2000	593.56	12.72	2019	1 381.35	2.35
2001	496.72	－16.32	2020	1 443.69	4.51

资料来源：根据国家统计局历年资料编制。

六、外债编制方法说明

(一) 数据来源

按照《外债统计监测暂行规定》(1987 年 6 月 17 日国务院批准，1987 年 8 月 27 日国家外汇管理局发布，根据 2020 年 11 月 29 日《国务院关于修改和废止部分行政法规的决定》修订）和《外债统计监测实施细则》(1997 年 9 月 8 日中国人民银行批准，1997 年 9 月 24 日国家外汇管理局发布）的规定，国家外汇管理局及其分支机构依法履行外债统计监测的职能。国家对外债实行登记管理制度，所有债务人在签订对外借款协议之后，均必须到所在地外汇管理局办理外债登记手续。外债登记分为定期登记和逐笔登记。国务院各部委和境内中资金融机构的外债实行定期登记。其他境内机构的外债实行逐笔登记。国家对外债的偿还实行审核制度。偿还金额不得超过实际借入外债本息和费用之和。没有办理登记手续的外债偿还，外汇管理局不予核准。实行定期登记的债务人，偿还外债本息和费用时，应当凭外汇管理局核发的外债登记凭证和债权人还本付息通知单直接从其外汇账户中支付或者到外汇指定银行兑付。实行逐笔登记的债务人，偿还外债本息和费用，应当事先持外债登记凭证、外债合同、债权人还本付息通知单（还本付息通知单上应当写明偿还本息总额、计息本金额、利率、计息方法、计息天数等内容）向外汇管理局申请，经外汇管理局核准后方可从其外汇账户中支付或者到外汇指定银行兑付。在债务人报送相关外债信息的基础上，国家外汇管理局定期编制并对外公布全国外债情况。

(二) 指标说明

(1) 外债定义。根据《外债统计监测暂行规定》和 2001 年中国外债口径调整的有关内容，中国的外债是指中国境内的机关、团体、企业、事业单位、金融机构（包括境内外资、合资金融机构）或者其他机构对中国境外的国际金融组织、外国政府、金融机构、企业或者其他机构承担的以外币表示的全部债务。

(2) 债务类型。按照债务类型对中国的外债进行分类，主要分为外国政府贷款、国际金融组织贷款和国际商业贷款三大类。其中，国际商业贷款又可以进一步细分为：向境外银行和其他金融机构借款；向境外企业、其他机构和自然人借款；境外发行中长期债券（含可转换债券）和短期债券（含商业票据、大额可转让存单等)；买方信贷、延期付款（贸易信贷）和其他形式的贸易融资；非居民（外币）存款（海外私人存款)；国际金融租赁；补偿贸易中用现汇偿还的债务；其他种类的国际商业贷款。各项的具体定义如下：

1）外国政府贷款：是指外国政府向中国官方提供的官方信贷。

2）国际金融组织贷款：是指国际货币基金组织、世界银行（集团)、亚洲开发银行、联合国国际农业发展基金和其他国际性、地区性金融组织提供的贷款。

3）向境外银行和其他金融机构借款：是指境外的金融机构（包括银行、非银行金融机构）及中资金融机构海外分支机构提供的贷款，包括国际银团贷款（境内机构份额除外)。

4）向境外企业、其他机构和自然人借款：是指境外非金融机构和自然人提供的贷款，包括外商投资企业与其境外母（子）公司的债务（应付账款除外），不包括境内外资银行与其境外联行之间的借款。

5）境外发行中长期债券（含可转换债券）和短期债券（含商业票据、大额可转让存单等）：是指在境外金融市场上发行的、以外币表示的、构成债权债务关系的有价证券。可转换债券、商业票据、大额可转让存单等被视同外币债券。

6）买方信贷：是指境外发放出口信贷的金融机构向中国进口部门或金融机构提供的用于购买出口国设备的信贷。

7）延期付款（贸易信贷）：是指在正常的即期结算期后付款的进口项下贸易融资。延期付款是指3个月以上（不含90天）的贸易信贷，属于登记外债范畴。

8）非居民（外币）存款（海外私人存款）：是指有吸收存款业务的金融机构吸收的境外机构或个人的外汇存款。

9）国际金融租赁：是指由境外机构提供，境内机构以获得租赁物所有权为目的，并且租金包含租赁物成本的租赁。

10）补偿贸易中用现汇偿还的债务：是指补偿贸易项下合同规定以外汇偿还或者经批准改为以外汇偿还的债务。补偿贸易是指由外商提供技术、设备和必要的材料，中方进行生产，然后用生产的产品或现汇分期偿还外商提供的设备、技术等的价款。

核心概念

资本国际流动	长期资本的国际流动	短期资本的国际流动
国际直接投资	国际间接投资	国际生产折中理论
所有权特定优势	市场内部化优势	区位特定优势
劳动力国际流动	技术国际转移	技术进步
外债	偿债率	出口债务率
经济债务率	经济现值债务率	

复习与思考

1. 试分析资本国际流动的原因。
2. 试述资本国际流动的主要形式。
3. 试用图形解释资本国际流动的经济效应。
4. 试述国际生产折中理论的基本内容并进行评价。
5. 试分析劳动力国际流动的原因。
6. 试用图形解释劳动力国际流动的经济效应。
7. 试用图形进行技术国际转移的经济分析。
8. 试推导两缺口模型并分析它的理论与实践意义。
9. 试说明国际上用于衡量一国外债负担的主要指标及其含义。

第十一章
国际经济非均衡传导

重点问题

- 国际商品交换领域中的传导机制
- 国际资金流动领域中的传导机制
- 国际劳动力流动领域中的传导机制
- 其他国际经济领域中的非均衡传导机制

一个经济体的开放过程，就是不断地将自己融入世界经济的过程，并在这一过程中，使自身的经济发展尽可能地充分利用国际经济环境所发挥的促进作用。这就需要考虑微观的效率与宏观的供求均衡，以便趋利避害，加速经济的发展。然而在国际经济领域中，一个国家经济的均衡是把国内经济状况与国际收支综合起来考虑的均衡，即该国的国际收支状况允许其维持经济的开放性，同时国内经济运行也不存在严重的通货膨胀或衰退、失业。经济失衡则是一个国家无法维持其开放性或国内经济出现了严重的通货膨胀、衰退或失业。随着社会经济生活国际化的发展，开放国家彼此建立了广泛而深入的经济联系，一个国家出现的经济失衡会通过若干途径传导到另一个国家，引起其他国家经济失衡。本章将探讨世界经济中经济失衡是如何从一个国家传导到另一个国家的，这种传导机制是怎样运行的，即一个国家的经济失衡是通过什么途径、在什么条件下在世界经济中扩散开的，最终又是怎样在世界经济中恢复均衡的，经济失衡对接受传导的国家的经济有哪些影响，我们应该如何认识这种失衡传导对一国经济发展的各个方面的正面和负面影响。

第一节　国际商品交换领域中的传导机制

俗语云，“一石激起千层浪”。世界经济中的失衡从一国传导至另一国的情况，有些类似于将石块投入水中后水波扩散的过程。在这里所说的传导机制，主要是指通货膨胀、失业、衰退、国际收支逆差是怎样在国际上通过贸易、资金、技术、人力、制度因素的有形和无形渠道传导的。本节首先分析失衡通过国际贸易进行传导的机制。

一、加入国际商品交换因素的经济均衡与失衡

所谓加入国际商品交换因素，就是指在封闭的宏观经济模型中加入进口和出口两个

因素。我们将讨论存在国际贸易时，非均衡是如何在国与国之间传导的。开放条件下的宏观经济的收入均衡公式总是服务于总供给与总需求的均衡，尽管这种均衡大都为事后的结果而非起始状态：

$$Y=C+I+G+X$$
$$Y=C+S+T+M$$

经过变换，可以得到：

$$S-I=X-M$$

这一公式的经济含义为，在开放条件下，若一国的投资与储蓄相等，即储蓄都能有效地转换为投资，而投资规模也恰恰与储蓄额相等，则要求一国的进口与出口也必须相等（假定本币对外汇率既不被高估也不被低估）。

从动态角度看，上述加入国际商品交换因素的均衡只能是相对的和短暂的，均衡的短暂性和失衡的长期性在上述公式所代表的经济含义中是并存的。

（一）均衡下的经济增长

假定在 $S-I=X-M$ 的均衡中，出现了出口大于进口的情况，但储蓄与投资仍然保持相等，这时国际收支出现顺差。由于出口属于国民收入均衡公式中需求方的一项，因此总需求大于总供给，在其他条件不变的情况下，将产生通货膨胀。如果进口大于出口，而储蓄与投资仍然保持相等，则由于进口属于国民收入均衡公式中供给方的一项，因此总供给大于总需求，国际收支出现逆差，经济出现衰退，失业增加。在进出口变化（汇率、利率、价格、偏好诸因素的任何变化，都必然会导致进出口变化）而产生经济失衡时，可以通过调节投资、储蓄、出口、进口中的任何一项，使经济恢复均衡。例如，在出口大于进口时，可以采取减少出口或增加进口从而缩小国际收支顺差的做法来暂时恢复均衡，但长期、动态地来看，非均衡仍然是经常出现的。

（二）国际商品交换中的乘数效应

一国经济达到了内外均衡，即有 $S-I=X-M$，只是表明经济处于某种状态，它本身并不说明一国经济已经达到了稳定的增长、稳定的物价和充分就业等宏观经济目标。要达到宏观经济目标，在存在国际商品交换的条件下，人们可以通过进出口来进行调节。例如，扩大出口提高总需求来推动国内就业的增加，扩大或减小国际收支差额来稳定国内物价水平，等等。而这些方法的使用又无一不在造成经济的失衡→均衡→失衡的动态过程。这里所讨论的乘数效应，是指对经济增长进行传导的动态过程。宏观经济学中的乘数效应是凯恩斯学派关于投资引起国民收入增长的倍增关系的分析，即投资增加一单位，可以引发国民收入增加若干单位的分析。

投资乘数分析的是投资与国民收入、就业之间的相互影响、相互制约关系，描述经济体内部投资促进经济增长传导的动态过程。乘数理论的公式推导过程如下：

从宏观经济学的供给和需求方面可以得到收入的决定公式：

$$Y=C+I+G$$
$$Y=C+S+T$$

若 $G=T$，则有：

$$I=S$$

其增量为：

$$\mathrm{d}I=\mathrm{d}S$$

变形后为：

$$\mathrm{d}I=(\mathrm{d}S/\mathrm{d}Y)\mathrm{d}Y$$
$$\mathrm{d}Y=\mathrm{d}I/(\mathrm{d}S/\mathrm{d}Y)$$

乘数的政策含义是：投资会引致收入的成倍增长，因此投资在国民经济中的作用远比投资本身要大得多，用投资刺激需求，能同时提高下一期的生产能力，使经济进一步增长。

国际商品交换中的乘数效应反映的是，一个国家的出口增长代表了有效需求的增长，它将一轮一轮地引起与这一出口增量直接和间接有关的国内其他产业的连锁反应，从而使国民收入呈现倍数扩大的效果，即在一定条件下，国民收入增长的幅度远大于出口增长的幅度的事实。乘数效应分析的是在边际进口倾向与边际储蓄倾向之和小于1时，每增加一单位出口能使国民收入产生数倍于该增量的增长，从而带动国内就业增长的情况。

假定已知 $S-I=X-M$，为保证国民收入的动态平衡，就必须有：

$$\mathrm{d}S-\mathrm{d}I=\mathrm{d}X-\mathrm{d}M$$

其中 d 为增量符号。通过恒等变换可得：

$$\mathrm{d}I+\mathrm{d}X=\mathrm{d}S+\mathrm{d}M$$
$$\mathrm{d}I+\mathrm{d}X=(\mathrm{d}S/\mathrm{d}Y+\mathrm{d}M/\mathrm{d}Y)\mathrm{d}Y$$
$$\mathrm{d}Y=[1/(\mathrm{d}S/\mathrm{d}Y+\mathrm{d}M/\mathrm{d}Y)](\mathrm{d}I+\mathrm{d}X)$$

若令 $\mathrm{d}I=0$，即不考虑国内投资因素，只考虑出口的影响，则有：

$$\mathrm{d}S=\mathrm{d}I=0$$

乘数公式可以改写为：

$$\mathrm{d}Y=[1/(\mathrm{d}M/\mathrm{d}Y)]\mathrm{d}X$$

该式即为贸易乘数公式，式中 $\mathrm{d}M/\mathrm{d}Y$ 为单位增量收入中用于进口的比重，即边际进口倾向，$1/(\mathrm{d}M/\mathrm{d}Y)$为出口乘数。因为边际储蓄倾向与边际进口倾向之和小于1，所以 $\mathrm{d}Y$ 为 $\mathrm{d}X$ 的大于1的倍数。它表明扩大出口对增加国民收入的乘数作用，而边际进口倾向越小，即单位国民收入中用于进口的部分越小，出口对经济发展的刺激作用就越大。这一关系用于进口也是成立的，即进口也存在乘数效应，它可以对经济产生倍增的收缩作用。

二、通过国际商品交换进行的传导

在今天的世界经济中，由于经济生活国际化的不断发展，各国对于世界市场和外部经济环境的依赖也在不断加深。世界经济的较大变动、世界市场的较大波动都可能对一国国民经济造成冲击，引起国民收入的变动。一般来讲，一个开放型经济，如果国内市场规模有限，则在原料来源和产品实现方面与世界市场联系得越密切，该国经济受外部经济条件变动的影响就越大。世界市场中的价格或供求的波动会通过国际商品交换逐步在该国的各个部门间扩散，最终影响整个国民经济。当然，如果世界经济处于繁荣状态，则通过国际商品交换渠道传导的大多是经济稳定与持续增长；如果世界经济不景气，传导的则是负面的内容，即通货膨胀、经济衰退或失业。

（一）国内开放部门与非开放部门

把一个国家的经济划分为开放部门与非开放部门不仅符合事实，而且对于分析世界经济中的传导机制十分重要。所谓开放部门是指一国经济中与世界市场（国外市场）有着直接联系的部门，非开放部门则相反，是指那些与世界市场没有直接联系的部门。世界经济的一般传导过程是：首先，与世界市场有着直接联系的部门因世界经济波动的冲击而产生变化。其次，国内与世界市场没有直接联系的部门，通过开放部门间接受到非均衡的冲击而发生变动。最后，两类部门在新的已经变化了的基础上达到新的均衡，同时酝酿着受外部冲击而再次产生失衡的可能。

（二）通过国际商品价格传导的过程和机制（价格效应）

在传导过程与机制的模式中，世界经济的变化是自变量，国内开放部门既是因变量也是传导介质，国内非开放部门则是因变量。从世界经济的角度看，如果世界市场的总供给与总需求发生了变化，破坏了旧的均衡，则这一情况会通过一国开放部门而最终影响一国国内经济。如果世界市场中总供给与总需求并未发生变化，但某些具有世界意义的商品（例如粮食、能源、重要矿物原料）供求产生了根本性的结构变化，世界市场因而出现了这些商品的较为严重的短缺或过剩，造成价格相应的上升或下跌，则这种情况也会通过一国的开放部门影响其国内经济。

在世界经济有较大波动，世界市场价格发生了较大幅度的上升或下跌后，一个国家内首先受到影响的是开放部门，开放部门便会做出相应的、合乎理性的反应，提高或降低本部门的商品价格，增加或减少本部门的生产供应量，等等。传导的作用通过开放部门向非开放部门渗透，那些向开放部门提供原料、燃料、辅料、中间产品，提供工人消费品，吸收开放部门商品的部门，也会随之调整自己商品的生产与价格。这样，一国的经济总体便会受到世界经济变化的影响。这种传导机制可简单归纳如下（见图 11－1）。

图 11-1　一国经济受世界经济变化影响的传导机制

(三) 通过贸易乘数的国际传导（收入效应）

我们在上面以一个国家为例，分析了贸易乘数（出口乘数）对经济增长的作用，以及它在一国经济的均衡→失衡→均衡的动态过程中的作用。实际上，贸易乘数本身也存在着在国际经济中的传导问题，分析这一传导机制也是很重要的。我们假设世界是由两部分组成的——甲国和乙国，以此为出发点，研究甲、乙两国的进出口对国民收入的作用，以及通过国际商品交换渠道，甲、乙两国国民收入扩张与收缩过程的传导（两国间因贸易而产生的国民收入变化的相互作用）。

(1) 国民收入扩张的传导过程。甲国首先发生自发性出口增加，由于贸易乘数的作用，甲国国民收入相应产生了倍数增加。甲国国民收入的增量中，有一部分按照甲国既定的边际进口倾向而用于从乙国的进口，导致乙国的诱发性出口增加，它又通过贸易乘数效应，带动乙国国民收入的增加。而乙国国民收入的增量中，也必然有一部分按照乙国既定的边际进口倾向用于从甲国进口商品，与上述过程一样，它促使甲国产生诱发性出口增加，这种出口增加又会在甲国产生第二轮乘数效应，从而造成甲国国民收入再一次的倍数增加（这次增加的幅度将大大小于甲国第一轮自发性出口增加的乘数效应），以及甲国诱发性进口的再次发生……经过若干次这种循环，甲、乙两国（实际上就是世界经济）的扩张性收入效应逐渐趋于零，但两国国民收入增量的总和必然大于两国出口增量的总和，形成收入变化的国际传导。其传导过程可以用图 11-2 简要描述如下。

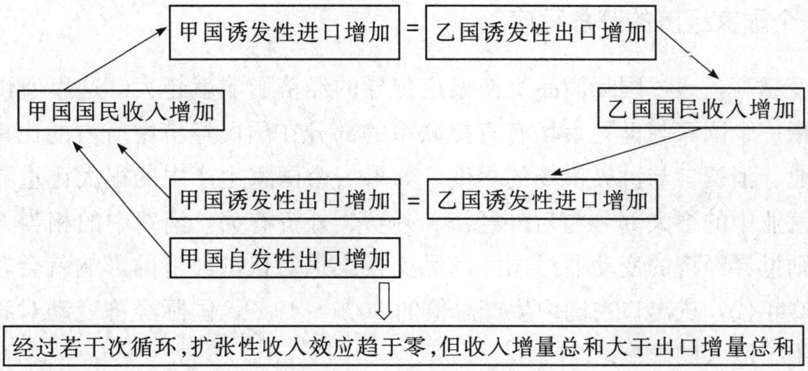

图 11-2　国民收入扩张的传导过程

此外，上述两个国家相互作用的贸易乘数过程表示，通过定量计算，只要知道甲国自发性出口增加的幅度，以及甲、乙两国的边际进口倾向和边际储蓄倾向，就可以算出通过乘数效应产生的扩张性收入传导的定量值。

(2) 国民收入收缩的传导过程。国民收入的收缩过程是与国民收入的扩张过程同时在甲、乙两国间发生的，其作用机制与上述扩张过程相反。甲国首先发生自发性出口增加，这种自发性出口增加对乙国来讲就是自发性进口增加，乙国增加进口会通过贸易乘数效应使其国民收入下降，这又会通过边际进口倾向作用于进口，引起乙国诱发性进口下降。乙国诱发性进口下降即为甲国诱发性出口下降，会导致甲国国民收入下降，进而引起甲国诱发性进口下降，即使乙国诱发性出口下降……经过若干次这种循环，甲、乙两国（即世界经济）国民收入的收缩力度趋于减弱，直至为零，但两国国民收入收缩量之和要大于两国出口收缩量之和，这也是一种乘数效应的国际传导。这一传导过程的情况与图 11－2 正好相反，可以利用图 11－2 的相反过程来说明。

由于有传导作用，两国的贸易乘数公式发生了一些变化：

$$\text{甲国的贸易乘数}=1/[s_A+m_A+m_B\times(s_A/s_B)]$$

$$\text{乙国的贸易乘数}=1/[s_B+m_B+m_A\times(s_A/s_B)]$$

其中，s 为边际储蓄倾向；m 为边际进口倾向；A、B 分别代表甲、乙两个国家。在世界经济相互作用日益密切的情况下，一个国家出口所产生的国民收入增长作用，不仅取决于本国的边际储蓄倾向和边际进口倾向，而且还受其他国家边际储蓄倾向和边际进口倾向的影响。

三、影响国际商品交换领域中传导机制的因素

不同国家对国际市场的价格有着不同的影响，因而被分成大国与小国，大国意味着它不仅仅是价格的接受者，更是价格的决定者，小国则只能是价格的接受者。大国、小国在国际经济中的地位是非常不同的，从而在传导国际经济非均衡方面的影响因素也不一样，但一般会具有以下一些特点。

（一）一个国家经济的开放程度

开放程度越高，通过国际商品交换渠道传导的经济影响就越大。这里所讲的开放程度，主要是指一个国家与世界市场有直接联系的部分在国民经济中所占的比重，即一国的生产、就业、消费参与世界市场的程度。如果一个国家生产中的很大比重靠“两头在外”维持，就业中的很大部分与对外经济、外贸、外资有关，消费中的相当大比例来自国外进口，则世界经济的变动通过国际商品交换渠道对该国经济的影响就会较大。我国在 20 世纪 90 年代，进出口占国内生产总值的 30%～40%，国际经济变动对我国国内经济发展就产生了巨大的影响。

（二）一个国家的贸易地位

贸易地位是指一个国家的贸易额在世界贸易额中的比重，以及一个国家的某种商品在世界该种商品的总供给和总需求中的比重。如果一个国家的贸易额在世界贸易额中的比重大，某种商品在世界总供给或总需求中的比重大，则世界经济的变动通过国际商品交换渠道对该国的影响就会较大。我国的某些制成品，如成衣、玩具，在世界市场中所

占的份额极大，国际市场的变动会对我国国内经济产生相当大的影响。

（三）一个国家的贸易地区结构

贸易地区结构主要是指贸易额的地区、国别分布，它反映一国同其他国家、地区间贸易联系的紧密程度。如果两国之间的贸易相互依赖程度高，一国的贸易活动在另一国中占有重要地位，则另一国的经济波动通过国际商品交换渠道对该国的影响就会较大。在现实中，原料输出国的经济在很大程度上依赖于世界市场的供求变化即是一例。1997—1998 年亚洲金融危机期间，亚洲经济发展受到打击，世界经济受到拖累，石油需求急剧下滑，石油价格大幅受挫，但 2000 年亚洲经济复苏，世界经济好转，石油需求急升，石油价格暴涨，就是对这一情况很好的诠释。

（四）各国的经济政策

对外均衡历来是一个国家的主要经济目标之一，为了防止国际经济波动对本国经济的冲击，各国总要采取一定的政策来避免或者转嫁这种冲击。另外，国内的经济政策如扩张性财政政策或紧缩性货币政策等，也可以通过边际进口倾向、汇率、国民收入变化等因素调节外部经济的影响程度。例如，当一国改变本币对外汇率时，必然会对进出口和引进外资造成各方面的影响，外资流入某国便意味着另一国外资流入的减少，而外资减少又意味着经济增长受到影响。因此，不同的经济政策对传导机制和过程具有一定的影响。

第二节　国际资金流动领域中的传导机制

世界经济中不仅有商品交换活动，而且有资金的流动。资金的国际流动同样具有把世界经济的变动从一国传导到另一国的功能。随着国际金融流动重要性的提高，它所具有的传导功能日趋增强。本节将在已有的国际商品交换的基础上，加入国际资金流动因素，进一步考察世界经济的传导机制。

一、加入国际资金流动因素的经济均衡与失衡

这里考察的是包括国际商品流动和国际资金流动在内的经济均衡与失衡，即在宏观经济模型中纳入进出口和资金流出入等项内容后对宏观经济变化的描述。从一个国家的角度来看，资金的国际流动是由资金的跨国流入与流出组成的，资金的跨国流入包括外国在本国的投资（IF）和本国在外国的投资收益的汇回（RF），资金的跨国流出包括本国在外国的投资（if）和外国在本国的投资收益的汇出（rf）。加入国际资金流动后国民收入模型改变为：

总需求：$Y=C+I+G+X+IF+RF$

总供给：$Y=C+S+T+M+if+rf$

如果我们假设 $G=T$，即该国没有财政赤字也没有财政盈余，则总需求等于总供给的均衡条件为：

$$S-I=(X-M)+(IF-if)+(RF-rf)$$

式中，外国在本国的投资 IF 对本国的投资品与劳务（机器、原料、劳动力、技术服务等）是一种需求与消耗，在这一点上它与本国国内的投资 I、消费 C、政府支出 G 是一样的，故应被列入总需求；本国在外国的投资收益的汇回 RF，实质上是增加了对国内商品与劳务的需求与消耗，故也应被列入总需求。本国在外国的投资 if 减少了对本国商品、劳务的需求，作为 IF 的负项被列入总供给，外国在本国的投资收益的汇出 rf 本质上是生产要素的一种报酬，故与国内生产要素的报酬一样，被列入总供给。

在公式 $S-I=(X-M)+(IF-if)+(RF-rf)$ 中，$(IF-if)$ 是外国在本国的投资与本国在外国的投资的差额，$(RF-rf)$ 是本国在外国的投资收益的汇回与外国在本国的投资收益的汇出之差。为了保持收入均衡，可以对公式右边的三个差额进行调整，如果对公式再变形（令 $S=I$），则这时公式为：

$$X-M=(if-IF)+(rf-RF)$$

在这种情况下，调节资本流动差额是使经济达到均衡状态的有效途径。例如，如果商品交易出现顺差，则会造成总需求的增加，很可能会引起通货膨胀，这时可以通过加大资本输出来调节。反之，如果出现贸易逆差，则会造成总需求不足，很可能会导致失业增加，这时可以通过引进外资来调节。

从另外的角度来分析，国际投资收益的跨国流动也是国际资金的流动，调节 $(rf-RF)$ 也可以促进经济达到均衡状态。在实际生活中，各国往往对外国在本国的投资收益的汇出有所限制，对本国在外国的投资收益往往通过各种手段将其调回，并希望这些收益再转化为投资，对经济起到促进增长的作用。

二、通过资金国际流动进行的非均衡传导

与通过国际商品交换渠道进行的传导不同，通过国际资金渠道进行的传导不是从一个国家的开放部门通向非开放部门从而影响整个经济。经济失衡通过资金的国际流动进行传导的情况大体有以下几种。

（一）通过国际资金的借贷变化进行的非均衡传导

一个国家为了进行经济建设从国外借入债务，因某种原因而无法按时还本付息，会使债权国陷入困境，如果拖欠资金数目较大，则还可能会引起债权国因资金问题而产生的经济困难（如投资不足），更严重地，会使国际金融市场产生混乱，影响若干国家的经济增长，或形成世界范围的债务危机，危及世界经济的稳定。从 1982 年 8 月墨西哥无力偿债开始，在之后的一年中，有将近 1/3 的发展中国家陷入债务困境，从而引发的世界债务危机，便属于这种情况。

当一个国家产生经济危机、资金缺乏且银行无法维持正常资金周转时，它将停止向

国外提供信贷，甚至要从国际市场上抽回并取得资金，这会使其他国家的资金供给也相应发生短缺，出现货币市场的供给紧张、支付困难，从而影响其他国家经济的稳定增长。如果发生经济危机的国家是向国际市场提供巨额资金者，则它的经济困难会引起国际市场资金匮乏，影响世界经济的稳定增长。1998—1999 年日本经济的状况便基本上属于这种情况，日资从东南亚国家的抽回造成了当地许多国家的经济困境，尽管日本也是不得已才这样做的。

(二) 通过不同国家的利率差异和变动进行的非均衡传导

一个国家经济失衡（衰退或通货膨胀）时，总会引起国内资金的过剩或短缺，因而造成国内利率的变动。一国在开放条件下，如果利率有较大变动，则会造成资本的流动，即资金将从利率较低的市场流向利率较高的市场，这种流动若达到一定规模，必将影响国际市场利率，从而使其他国家经济受到影响。20 世纪 80 年代初，美国实行高利率政策，美元坚挺，大量外国资本流向美国，使其他市场资金供求发生变化，实际利率（名义利率与通货膨胀率的差额）大幅度上升，造成了其他国家在使用资金方面的困难，尤其是使发展中国家债务负担加重，经济陷入困境。一般来讲，在国际利率变化之后，世界其他国家为了自己的利益，利率也必然会发生变化，国内通货膨胀率也要随着世界通货膨胀的变化而波动，最终形成同步变动，通货膨胀或通货紧缩因而得到传导。

(三) 通过国际收支差额变动进行的非均衡传导

一个国家出现国际收支顺差或逆差即意味着非均衡的发生，非均衡产生的原因有很多，但总要集中反映在经常账户或资本和金融账户的变动上。以国际收支顺差为例，发生顺差的原因可能是，出口大于进口，即经常账户产生顺差，也可能是外部资金流入超过本国资金流出，即资本和金融账户产生顺差，两种原因导致的顺差都可能将世界其他国家经济的失衡传导进来，也可能把本国经济的失衡传导出去。

大量的国际收支顺差或者是引起大量外汇流入，增加本国的货币供给而导致通货膨胀，或者是使得本国为避免通货膨胀而使本币升值，从而伤害本国的出口，使进口增加，两者都会影响本国经济的发展，实质上是将外界的通货膨胀传导到了国内，见图 11－3。大量的国际收支逆差意味着国内资金的外流，为改变这一状况，一国往往要实行紧缩政策，减少信贷，提高利率，这将对国外市场的资金供给产生影响，对其他国家的经济是不利的。

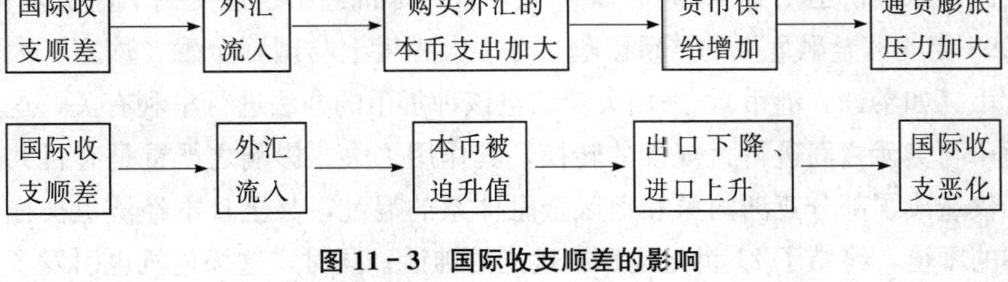

图 11－3　国际收支顺差的影响

国际收支失衡的影响主要集中在通货膨胀的传导和对国际市场资金供求的影响上。第二次世界大战后布雷顿森林体系的内在矛盾就很好地说明了这种传导机制：美元作为中心货币是各国的主要储备资产，如果美国出现大量顺差，则世界其他国家对美国进行支付，美元根本不可能流入其他国家而成为储备，从而就会形成“美元荒”而使其他国家经济受损，世界经济利益失衡（利益偏向美国）。如果美国出现大量逆差，则美国大量使用美元向外支付，又会出现“美元灾”，美元作为中心货币的地位将因美元疲软而动摇，美国通过输出通货膨胀转嫁危机，也会使他国经济受损，世界经济利益仍然失衡（利益偏向美国）。这就是布雷顿森林体系的内在矛盾，即曾经被许多教科书所描绘的“特里芬两难”问题。

（四）通过汇率变动进行的非均衡传导

在今天的世界经济中，多数国家都实行政府干预下的浮动汇率制，即有管理的浮动汇率制。浮动汇率因其灵活性而被称道，但也由于其灵活性而易于传导经济的非均衡。它传导世界经济失衡的作用机制是：当一国汇率因各种原因而出现持续下降时，人们的预期往往倾向于该种货币汇率会继续下降，这时持有大量该国货币的国家就会进行抛售，这种做法一方面使金融市场出现混乱，另一方面将加重市场上该种货币的供过于求的局面，促使该货币汇率进一步下降，加剧市场的压力，甚至形成混乱，从而把该国产生本币汇率下降的经济因素传导到国际市场和其他国家。此外，汇率的下降本身具有扩大出口、抑制进口的作用，从乘数角度分析，这等于把本国的失业传导给了其他国家。如果其他国家也如法炮制，则世界经济就将在众多国家竞相贬值中陷入混乱。第一次世界大战之前（1913—1914 年）和大萧条期间（1929—1933 年）以及布雷顿森林体系走向瓦解的过程中（1969—1973 年），这种传导机制的作用非常明显。

（五）通过大规模资产结构转换进行的非均衡传导

金融资产结构包括各国所有者持有的外国有价证券与其他外币资产的种类和数量，有价证券的国别结构，银行存款中来自国外部分的比重、国别构成等。大规模的金融资产结构转换，会形成短期资金在国际上的大规模转移，严重时会出现游资对经济的冲击，最终会造成世界经济的混乱。1980—1985 年期间，美国实行高利率、高汇率政策，造成大量外汇追捧美元，美元汇率高企，这一方面伤及了美国的出口，另一方面美元利率较高对发展中国家偿还外债造成了巨大的压力，引发了 1982 年的世界性债务危机，危机使得拉丁美洲国家经济退回到 20 世纪 60 年代，同时非洲经济也遭受到了前所未有的打击。1997—1998 年亚洲金融危机的严重影响，在很大程度上与国际金融“炒家”大规模投机于某种货币（如泰铢、港币），采用大量沽空该种货币的办法进行牟利有关，这实际上是在该种货币与美元之间进行大规模的转换，其作用之大、影响之严重是有目共睹的，这场危机不仅造成了部分亚洲国家和地区金融体系的混乱，甚至日本经济也被拖下水，陷入了极端的困境，终结了 21 世纪是日本世纪的神话；同时，这场危机也引发了人们对于国际金融体系改革的争论。

三、影响国际资金流动领域中传导机制的因素

能够影响国际资金流动领域中传导机制的因素，除了上面谈到的一个国家的对外开放程度外，还有以下几个方面。

（一）一国引进的外资数量、结构以及向外国投放的资本数量与结构

一国引进的外资数量越大，流向结构转换越容易（资金的流动性即变现能力加强），就越易受世界经济波动的影响。一国在外国的投资数量越大，流向结构转换越容易，就越易将本国的经济失衡传导给接受投资的国家。如果一个国家在世界各国的投资面大，数量可观，投资流向结构流动性大，则该国国内发生的经济失衡甚至可能会造成世界经济的波动与失衡。例如，20 世纪 70 年代美国在全球有着巨额的投资，那时美元疲软，美国经济处于所谓“滞胀”状态，经济的方方面面非常困难，石油冲击的出现最先使得美国经济陷入衰退，它的传导最终引发了1973—1974 年世界经济的严重衰退。

（二）一国国内金融市场的利率与国际金融市场利率之间的差异以及相互变动的时间差

一国国内利率与国际市场利率的差距越大，其变动（向国际市场利率看齐）越慢，就越容易将本国经济的失衡传导出去，把世界经济的失衡传导进来。为了避免这种情况的发生，近年来各个国家和地区的利率大都会同时进行调整，尤其是开放程度高的国家和地区更是如此。如中国香港，由于金融的高度开放，一旦美联储宣布利率发生变动，几乎同时香港银行的利率就会跟进，以保护自己的利益。即便是欧元区，尽管有着单一货币欧元，各个成员彼此之间的货币关系相对稳定，但美联储的利率调整也常常迫使欧洲银行的利率跟进，以避免资金大量外流等不利于欧元区经济的情况发生。

（三）一国汇率下降的幅度与国内通货膨胀的关系

若一国货币对外汇率下降的幅度大于国内通货膨胀的程度，则本国出口增加，进口受到抑制，这在某种程度上等于向国外输出了失业。反之，如果通货膨胀的幅度大于本国货币对外贬值的幅度，则这种效果就不会很明显。另外，如果一国进出口的需求弹性符合马歇尔-勒纳条件，即国内外市场对于本币的贬值反应强烈，则该国货币对外贬值向外传导失业和衰退的能量就会较大。如果不符合上述条件（缺乏弹性，本币对外贬值后国内外市场的供求不发生什么实质性的变动），则本币的贬值会伤害本国的对外贸易，这等于将外部失衡传导进了国内。

（四）世界各国所采取的金融、汇率、外资、对外投资方面的政策

各国采取不同的政策，对传导机制有着不同的影响。如果一国对金融、汇率、投资方面控制得紧，金融开放程度较低，则外部失衡就不容易影响该国内部经济，该国的经济失衡也不容易传导出去。反之，如果金融政策宽松，听任汇率浮动，对外资流入给予

优惠，对本国资本外流予以鼓励，则传导能量会加大，内外失衡很容易相互传导。在1997—1998年的亚洲金融危机中，国际上有一种说法，即中国之所以没有受到金融危机的剧烈冲击，原因在于中国的金融开放程度相对较低，国际资金流动受到控制，无法进行炒作，因而“躲过”了一场金融灾难。这种说法虽有失偏颇，但在一定程度上反映了某种事实。相反，印度尼西亚在国际收支经常账户尚未开放时便开放了资本账户，结果印度尼西亚盾受到冲击而大幅贬值，产生了灾难性的后果，使经济受到了巨大的打击。

第三节　国际劳动力流动领域中的传导机制

与国际商品交换、国际资金流动相比较，国际劳动力流动对世界经济的影响要弱一些。目前随着国际劳动力的流动，超过2亿人口在为他国资本工作，大量高素质、具有创新能力的劳动力流入发达国家，这种国际劳动力流动的作用正在加强。本节将分析在国际商品交换、国际资金流动的基础上，加入国际劳动力流动因素的世界经济传导机制。

一、加入国际劳动力流动因素的经济均衡与失衡

在前述国民收入均衡公式

$$S-I=(X-M)+(IF-if)+(RF-rf)$$

中加入国际劳动力的流动，情况会产生变化。劳动力国际流动的定量分析之一是对劳动力在世界上的不同地点所获报酬以及这种报酬的国际转移进行比较。为了进行这种比较，往往要做一些比较严格的假设：首先，在国际上流动的是合格的劳动力，即在定量分析中只考虑有报酬的劳动力，不考虑其他无劳动能力、无报酬收入者。其次，考虑劳动力国际流动的经济影响时，只分析一国劳动力在其他国家获得的报酬收入，不考虑其他经济或技术影响（如智力外流，以及这些劳动力的创新等）。最后，为简单起见，假设参与国际流动的劳动力总是将在外国所获得的收入全部汇回母国，不在获得收入地进行支出，或者这些合格的劳动力是按固定比例汇回其收入的。当然，这些假设条件只在一定程度上符合世界经济现实，但为了进行分析，这种假设是必要的。在上述条件下，进一步的复杂的开放经济的国民收入均衡公式被扩大为：

总需求：$Y=C+I+G+X+IF+RF+WF$

总供给：$Y=C+S+T+M+if+rf+wf$

式中，WF 为本国居民在国外工作所汇回的报酬收入，wf 为外国居民在本国工作所汇出的报酬收入。如果令 $G=T$，即该国既没有财政盈余，也没有财政赤字，则有：

$$S-I=(X-M)+(IF-if)+(RF-rf)+(WF-wf)$$

本国居民得自国外的工资收入 WF 等于从国外向本国注入了新的消费需求（即用取自国外的收入购买本国国内的消费品），wf 则是外国居民在本国提供劳动所获得的报

酬，是与国内工资一样列入总供给的（这部分收入原本应当用于国内消费，它的汇出使之成为需求的一个减项）。$(WF-wf)$ 与公式右侧的其他三个差额一样，为了维持收入均衡，均可进行调整，以适应公式左侧出现的变动。在实际中，这往往是通过劳务出口（派送国际劳工出国工作）、限制外国劳动力在本国就业、从国外吸引劳动力来补充国内劳动力不足、限制本国劳动力外流、限制工资收入汇出、吸引侨汇汇回等进行的，其机制是，通过各国间工资支付差额的变动使收入达到均衡。假设这时 $S=I$，即内部处于均衡，则整个经济的均衡取决于外部均衡：

$$X-M=(if-IF)+(rf-RF)+(wf-WF)$$

对于商品交换即进出口产生的失衡，仍可用资金、投资收益以及内外工资相互转移的差额的变动来调节。当然，在这种调节过程中，工资额的国际转移所能起的作用是有限的（至少在当前是这样），只是在一些劳务输出大国，如韩国、印度、巴基斯坦、菲律宾等，每年劳工汇回的外汇对该国调节外部均衡发挥了较大作用。这些国家的劳工收入汇回占其国际收支经常账户的比重相当大。这些国家有关部门相当重视劳工的出口，在培训、办理手续、保护劳工在国外的利益方面做了大量的工作，甚至将派出劳工作为一种产业来予以鼓励。

二、通过国际劳动力流动进行的非均衡传导

在当今的世界经济中，劳动力的国际流动主要有两种情况：一种是发展中国家向发达国家的永久性劳动力迁移；另一种是以临时赚取较高工资收入为目的的劳动力国际流动，即“国际临时工”，目前主要集中于中东产油的阿拉伯国家。不同的流动模式对世界经济失衡的传导是有区别的。从整体上讲，劳动力的国际流动同国际商品流动、国际资金流动相比，与经济周期的关系不是那么密切，反而受某些重大突发性政治军事事件的影响很大。如 1991 年初的海湾战争及其后的重建，对那一阶段的劳动力的国际流动产生了巨大的影响。通过国际劳动力流动进行非均衡传导的情况主要有以下几种。

（一）通过跨国就业进行的非均衡传导

甲国在乙国有大量劳动力就业，且乙国很难找到替代甲国工人的人才（主要指技术水准、技能的替代），如果甲国工人在乙国总就业人数中占到相当大的比重，则会形成较强大的“讨价还价”力量。这时，若甲国国内物价上涨，则甲国在乙国工作的工人因为赡养在国内的家属的费用上涨，便会要求提高工资。因甲国工人在乙国就业中占有相当大的比重，因此这种讨价还价的力量会相当大。在被迫给甲国工人增加工资时，乙国的工资水平可能会因此而普遍上涨，出现工资推动型通货膨胀。

（二）通过国际收支进行的非均衡传导

甲国在乙国有大量劳动力就业，但乙国可以在国内或从其他国家找到更为廉价的劳动力来替代甲国工人。这时，如果乙国对外经济失衡（国际收支产生逆差）而国内经济

却需求旺盛，则甲国工人暂时不会失业，但工资水平会被压低或在乙国所获收入的汇回会受到限制。如果甲国要依靠劳工收入汇回维持本国国际收支平衡，那么其国际收支也将产生逆差，出现国际收支失衡的国际传导，即国际收支逆差从乙国传到了甲国。

（三）通过失业进行的非均衡传导

甲国在乙国有大量劳动力就业，且甲国经济因此而处于均衡，尤其是对内均衡之中。如果在这种条件下乙国发生经济危机，出现本国工人的失业，则乙国会不得不解雇来自甲国的工人，而甲国工人在乙国若没有其他维持生计的办法，就只得返回甲国，这必将造成甲国失业增加，使甲国经济受到打击，这等于将经济衰退和失业通过劳动力的国际流动从乙国传到了甲国。

（四）通过人力资本进行的非均衡传导

甲国向乙国流动的是具有较高素质的劳动力（受过高等教育或具有特殊技艺的人才），这些劳动力不仅将技艺、科学知识从甲国带到了乙国，并且为乙国带去了未来的创造能力。同时，在他们身上凝结的、甲国为这些人支付的教育费也被带到了乙国，为乙国节约了这方面的投资，从而将甲国的投资所应得到的促进经济增长的效果传导到了乙国。

三、影响国际劳动力流动领域中传导机制的因素

通过劳动力的国际流动进行非均衡传导的力度，在今天的世界经济中是有限的，不会像上面所述的国际商品交换或国际资金流动那样造成世界性的通货膨胀或经济衰退。但就个别国家来说，其影响却是不可忽视的，有时甚至会引起国际麻烦，如在德国的土耳其劳工的去留就曾经影响了两国的关系。因此，分析影响国际劳动力流动领域中传导机制的因素依然具有一定意义。有关影响因素包括以下几个。

（一）流动的劳动力的数量与素质

一个国家外流的劳动力数量和劳动力的结构、素质是影响国际劳动力流动领域中传导机制的一个重要因素。如果外流劳动力的规模巨大，劳动力素质又较低，则输出国就比较容易因他国经济波动、遣返劳工、压低工资而受影响。相反，如果输出的劳动力有限，素质较高，则这些人在国外的就业就会较稳定，输出国也就不会受输入国经济波动的影响。这些人大多为高技术的移民，即便劳动力输入国经济发生困难，也会由于他们就业的部门与层次结构的特点，大多不会被解雇而回到劳动力输出国。

（二）一个国家输出的劳动力在国外的就业结构

如果一国劳动力输出数量巨大，输出劳动力所在行业属对方要害部门或基础部门，则由于这些部门属于国家扶植的部门，其产品或有补贴，或为国家采购的对象，因此在衰退中受影响较小，输出国受国际传导的影响也会比较小。如果输出劳动力数量巨大，

停留的部门是受经济周期影响较大的建筑业、航运业等部门，则输出国容易受输入国经济波动的影响。

(三) 不同国家之间的报酬收入差距

世界各国人员流动的开放程度越高，彼此之间工资水平差异越大，劳动力的国际流动就越频繁，通过国际劳动力流动进行经济失衡的传导就越容易。但是这种劳动力传导非均衡的过程也包含着缩小劳动力收入的国际差别的趋势，国际劳动力流动量越大，这一趋势就越明显，对非均衡传导的作用也就越明显。

(四) 外国劳动力所在部门结构

一国接受的外国劳动力越多，安置的部门越重要，该国就越易受到这些劳动力流动的影响。反之，一国接受的外国劳动力越少，安置部门的重要性越低，则该国受到劳动力国际流动所传导的外国经济波动的影响就越小，甚至可以通过调节外国劳工滞留数量来调整本国经济。

(五) 劳动力的可替代性

对劳动力输出国而言，大量输出高质量、高教育程度的劳动力，就等于放弃了培养这部分人的投资（尤其是当这些人作为永久性移民输出时）。如果这部分人具有不可替代性，则会对本国经济的发展产生进一步的不利影响。目前发展中国家的智力外流就属于这种情况。高质量劳动力的输入国则由此获得了输出国的人力投资，同时获得了这部分人所具有的特长。在今天，高智力的人意味着明天的创新和新的生产力，他们是未来新生产力的代表，因此他们的流动的影响对于流入国和流出国来讲可能是决定性的，尤其是对流出国的发展不利，因为这部分高级劳动力的创造力不能为本国经济发展服务，相反，却被转移给了输入国。

(六) 世界各国关于劳动力输出与输入的政策

这些政策包括鼓励或限制本国劳动力的输出，鼓励或限制外国劳动力在本国特定行业的就业，控制外国劳动力所获收入的汇出数量，控制外国劳动力加入本国国籍，等等。例如目前相当大数量的发展中国家限制本国高级人才外流，规定本国高等院校毕业生有为国家服务一定时期的义务，等等。实行这些措施的目的就是要使本国所需要的高级劳动力能够留在国内，用其所具有的特殊技能服务于本国的经济建设。

第四节 其他国际经济领域中的非均衡传导机制

上面所阐述的经济非均衡的国际传导，都是通过有形渠道进行的，并且大都可以用绝对数量和金额予以体现。在今天的世界经济中，除了有形的传导渠道外，经济失衡还可以通过各种无形渠道进行传导，而且其作用的重要性日益提高，正在引起人们的关注。

一、经济非均衡的无形传导渠道

经济非均衡的无形传导渠道目前主要有技术转让、信息交流（主要指商情交流）和示范效应。这三种渠道很难像上面谈到的渠道那样，通过国民收入均衡公式予以表达，无形传导的机制也不像已谈及的渠道那样明了。随着电子商务的发展，这种经济非均衡的传导将会产生巨大的影响。

（一）技术转让

技术转让可以是有偿的，也可以是无偿的。有偿的技术转让，在国际经济交流中往往被列入经常账户，属于无形贸易的一部分，它对国民收入均衡的影响在一定范围内与商品进出口是一样的。但是，我们知道，技术的输出并不减少技术所有者所持有的技术存量，即他所拥有的技术所能创造的财富并不因技术的输出而减少，这与商品、资金的输出很不一样。技术输入者获得的技术所能创造的财富，在大多数情况下，肯定要超过他所付出的技术转让费（这是技术贸易的前提），因此，技术转让对一国国民收入均衡（公式）的实际作用一定会大于计入进出口的技术转让费对一国国民收入均衡的影响。在今天的世界经济中，高技术、适用技术对经济发展所起的作用尤其是这样。在无偿技术转让情况下，由于引进技术并未付出任何代价，因此这种技术投入对国民经济所起的作用，在国民收入公式中更是无法直观体现出来，只能通过其他途径来表明，如采用余值法来计量。总之，技术（包括经济管理技术）转让具有的特点是，它所起的作用远非国民收入公式能够涵盖，这是由前面所叙述过的技术市场的不完全性导致的。

（二）信息交流

从机制角度分析，世界经济中的信息是指可以创造价值并能进行交换的无形资源，它是各种经济状态、关系、活动规律的反映，具有可创性、可传递性、可存储性、可加工性、可共享性、可再生性和可增值性。对信息资源的搜集、开发、整理、分类、变换、分析都需要耗费人力、物力，因而信息本身具有价值和价格。但是，与技术不一样，信息的价值在使用中并不会被消耗掉，信息的使用价值在投入生产过程时所创造的价值明显大于信息本身的价值。因此，在国民收入均衡公式中，信息交易往往也被列入经常账户的无形贸易中，表现为进出口影响国民经济的均衡与失衡。从商品交换的实际过程看，信息是当今世界贸易发生的条件之一，捕捉不到信息就不会有新的交易发生。因此，信息既是交易内容之一，即交易的对象，又是促成其他交易的条件，它对国民收入均衡所起的作用远大于表现在无形贸易项目中的交易额。

（三）示范效应

示范是指某种行为有人先行做出，之后有大量后续者进行模仿，从而产生对经济的影响。示范效应虽然在国民收入均衡公式中没有任何体现，但它的影响却随着经济生活国际化程度的提高而加大。今天，区域经济一体化（如欧盟）程度的提高，以及经济一体化影响的日益显现，引起了人们的普遍关注，在全世界出现了经济一体化的仿效过程。其中有的地区经济一体化，如亚太地区的亚太经合组织（APEC）会议、拉丁美洲的南锥体一体化，不仅模仿欧盟的经济一体化，并且具有自己的特点，已经将经济一体化过程推向了多样性的新阶段。再如，当金融危机发生时，股市恐慌，股票大量被抛售而使得人心浮动，此时人们大多彼此观望，有人抛售则会引发连锁反应，造成新的、更大的危机。

二、经济非均衡的无形传导过程

通过无形渠道进行的经济非均衡传导与通过商品交换、资金流动、劳动力流动进行的传导不同。一般来讲，这种传导对输出方在短期内的影响不像其他三种传导那么明确（因为技术、信息、示范过程的传导、转移，并不影响输出方所持有技术、信息等的存量），如果说有影响，也多是输入方利用技术、信息等，使得本国经济产生变化所造成的与输出方进行竞争的结果。对输入方来说，它们接受了技术、信息后，这些技术、信息是否会对本国经济发挥作用，受到输入国吸收能力、利用技术与信息时投入的资金等条件的约束。如果不具备技术、信息发挥作用的条件，技术、信息对输入国的作用是很小的。因此，我们在进行分析之前，要假设输入国接受技术、信息等后会产生相应的变化，技术、信息对输入国所起的作用与对输出国所起的作用在质和量（力度）的方面是一样的。尽管这样的假设条件十分苛刻，而且不大符合实际，但在我们的分析中是十分有必要的。

（一）信息复制、扩散的作用

甲国经济发达，具有先进的技术，乙国通过相应的渠道获取了这种先进的技术，该种技术在乙国不仅正常发挥了作用，而且被复制、扩散开来，对整个经济产生了积极的影响。这样甲国经济（至少是使用该种技术的部门）的状况便通过技术转让传导到了乙国，促进了乙国的经济发展。

（二）信息回授的作用

如果上述情况进展顺利，乙国不仅能够成功地利用从甲国引进的技术，而且能在此基础上有所创新发明，通过技术“回授”（向甲国进行技术输出），使甲国也获得改良后的技术，则这样就会促进两国经济乃至世界经济的发展。

（三）信息的竞争与创新

乙国从甲国引进技术并进行大规模仿制性生产，且乙国因某些条件优越（如区位条件即原料、市场等条件优越，劳动力价格低廉等）而使其商品有相当大的竞争力，这样甲、乙双方将首先会在第三国市场上进行竞争，争夺市场，进而会发生乙国对甲国市场的占领，使甲国该种商品的生产受到打击，甚至退出市场。甲国在被迫放弃用该种技术所生产的商品的市场的同时，将转向新的技术开发，以保持在技术领域的领先地位，世界技术水平、世界经济也因而得到相应的进步和发展。

（四）信息的理性预期作用

当世界经济繁荣时，各种交易活跃，有关经济的信息量增大，某国获得经济信息后交易机会增加，收入也因此而提高。当出现世界经济衰退或通货膨胀迹象时，有关信息在国际上传递，人们出于自己的理性预期而做出预防性反应，结果会推动衰退或通货膨胀的实际发生。

（五）信息的示范效应

甲国流行某种新的消费品或消费方式（如汽车、家用电器、旅游等），这种消费品或消费方式因受到其他国家消费者的喜欢而被模仿，例如其他国家通过电影、电视、报刊、书籍、广播、游客等途径，了解到甲国的流行商品和消费方式，最终使这些消费流入本国，刺激国内相应产业的发展。

（六）行为模仿效应

甲国物价上升，工会为维持本国工人的利益而迫使资方同意增加工资。乙国工会因甲国工会斗争的胜利而受到鼓舞，同样通过斗争使工资水平提高，由于供求失衡，因而带动了乙国物价的上升，形成工资成本推动型通货膨胀，使通货膨胀在国际上得到传导。

（七）经济政策的示范效应

在经济生活日益国际化的今天，一个国家经济政策的变化往往会通过各种渠道造成对其他国家经济的影响，这势必会使其他国家根据自己的利益和条件做出相应的政策反应，以减少对自己的不利影响或加大对自己的有利影响。例如，当甲国变动汇率、进口税率、外汇管制或移民政策时，乙国出于维护自己利益的需要也要对有关政策做出相应调整，或对甲国采取报复措施。经济政策的示范效应既可以推动经济失衡的国际传导，也可以抵制经济失衡的国际传导。

（八）信息的控制效应

占有信息意味着可以创造新的生产力和新的比较优势，信息占有者如果把信息的传导作为一种手段，使得对于经济发展十分重要的信息无法传导，使需要方无法获得相应的信息，那么需要方就有可能因此而落后，无法跟上时代的步伐，这属于资源流向的控制。作为无形资源的信息，如果无法被有效获得和利用，那么有形资源所能够产生的作用便会受到影响。在今天，只有大国才具备信息流向控制能力，这是它们的力量的一种体现。

三、影响经济非均衡无形传导的因素

经济非均衡的无形传导一般要受到以下若干因素的影响，当然，这些因素的影响与作用并不是一样的。

（一）从搜集、加工信息到把信息运用于经济中的时滞

信息往往具有时效性，错过机会后信息将丧失其价值，对经济也会丝毫不起作用。对信息能迅速做出反应是一个国家技术能力、经济实力的综合反映，尤其是一个国家的企业将信息转化为产出的能力和一个国家的企业家精神的综合反映。

（二）对技术的吸收、应用和改造，使之适应引进国国情的能力

在一般的经济发展过程中，一个国家会相继遇到技术吸收能力的约束、国内投资的约束、外汇约束和财政约束，这是经济发展的四个缺口。如果一个国家吸收、应用引进技术的能力强，则先进技术对该国经济的影响就大。如果一个国家这方面的能力弱，从引进到应用、掌握技术的时滞长，则技术可能发挥作用的时间就短，甚至可能引进国尚未完全掌握它的使用，这种技术就已经在世界经济中被淘汰，因而对经济的作用就小。正因为如此，一个国家在经济起飞的初期必须克服技术吸收能力的约束。其情况可以从图 11－4 中得到反映，只有在技术生命周期结束之前掌握它，才可能对经济产生巨大影响。

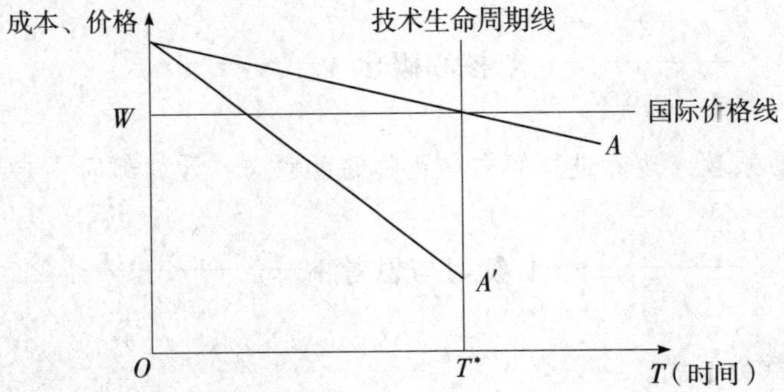

图 11－4　技术吸收与技术生命周期

说明：W 线是国际价格线，A 与 A' 是该国的国内价格线。A 线达到国际价格时，技术生命周期已经结束。A' 线的情况则不同，在技术生命周期结束之前便已经低于国际价格线而使该国获利了。

（三）一个国家的民族开放性

一个国家的民族开放性对示范效应有着重要的影响。如果一个民族是内向性的，对外来事物并不感兴趣，那么通过示范效应传导消费方式的作用就不十分明显。反之，若一个民族开放性强，非常愿意接受新事物，愿意模仿其他民族的东西，则示范效应传导的力度就会大一些。

本章在分析经济失衡的传导时，是以商品、资金、劳动力、技术、信息的跨国流动不受任何限制的完全自由竞争为条件的。如果这些要素的跨国流动受到限制，如世界经济的集团化趋势加强、贸易保护主义抬头等，则通过国际经济有形渠道或无形渠道进行

传导的力度将会遭到削弱（有时甚至会停滞）。但不管怎样，这种削弱大多反映在量上，而在质的方面，本章所分析的传导机制仍然是存在的。

经济失衡在国际上的传导过程，由于渠道较多，每种渠道的机制各不相同，各种机制相互影响，因此既有可能使传导速度加快，使经济振幅加大，也有可能阻碍传导的顺利进行，甚至破坏某些传导因素。世界经济传导机制的作用结果就是这种多渠道、多方向、多因素的有机合成。虽然在具体分析某些渠道时，能够一一列明其中的各种因素，但将若干渠道、若干因素的作用叠加后，其结果就不那么清晰和确定了，这是因为结果并不是诸渠道、诸因素作用的简单算术和，而是需要进行多方面的考虑、多因素的分析和多机制的比较，国际经济状况就是通过各种渠道，在多种机制因素的作用下，从一个国家传导到另一个国家的。如果在传导中加速的机制占主导，则某一经济过程就可能扩散到各个国家；如果减速机制发挥了更大的作用，则某一经济过程就有可能局限于个别国家。在这里值得注意的是，世界经济的传导机制并不是造成或消除经济失衡的第一位的因素，它只是将已有的失衡传导出去，即便传导具有阻碍作用，也只是将失衡振幅减小，真正造成或消除失衡的关键仍然在于世界经济中的各个主体以及它们的经济状况。

总结本章已有的内容，我们可以大致从中得出世界经济非均衡传导机制的粗略轮廓，这里只是传导的算术叠加，但是在接受传导的效果上，大国、小国并不一样，同时传导渠道的叠加所产生的效果往往会大于其算术和。

核心概念

投资乘数　贸易乘数　边际进口倾向　边际储蓄倾向　开放部门　非开放部门

复习与思考

1. 试推导贸易乘数公式。
2. 试述国际经济非均衡的传导机制以及政策意义。
3. 影响国际商品交换领域中传导机制的因素有哪些？
4. 试述资金国际流动所导致的非均衡的传导渠道。
5. 劳动力国际流动是怎样进行国际经济的非均衡传导的？
6. 试述经济非均衡的无形传导过程。

第十二章

宏观经济的内外均衡

重点问题

- 蒙代尔-弗莱明模型
- 宏观经济的对内与对外均衡
- 宏观经济目标
- 宏观经济政策手段
- 斯旺图表与蒙代尔的政策搭配
- 蒙代尔不可能三角形

在国际经济领域中，一个国家经济的均衡是把国内经济状况与国际收支结合起来考虑的均衡，即国际收支状况允许该国维持其开放性，同时国内经济也不存在严重的通货膨胀、衰退或失业。失衡则是一个国家无法维持其开放性或国内经济出现了严重的通货膨胀、衰退或失业。我们在上一章分析过，随着社会经济生活国际化的发展，开放国家彼此建立起了广泛而深入的经济联系，一个国家出现的经济失衡会通过若干途径传导到另一个国家，引起其他国家的经济失衡。本章将探讨国际经济中经济失衡最终是怎样恢复到内外均衡的，以及若干种宏观经济政策手段彼此之间的互动关系是怎样的。

第一节　蒙代尔-弗莱明模型

对固定汇率制下对内、对外经济均衡进行分析的是由罗伯特·蒙代尔和J. 马库斯·弗莱明（J. Marcus Fleming）提出的蒙代尔-弗莱明模型，即开放经济下的 *IS*－*LM* 模型。1963年，蒙代尔在《加拿大经济学杂志》上发表了《固定和浮动汇率下的资本流动和稳定政策》一文。在这篇具有划时代意义的论文中，蒙代尔分析了开放经济中货币政策和财政政策的短期效应。他的基本结论是：宏观稳定政策的效果将随着国际资本流动的程度发生变化。在不同的汇率体制下，宏观政策的效果是完全不同的。在浮动汇率制下，货币政策有效而财政政策无效；而在固定汇率制下，财政政策有效而货币政策无效。在20世纪60年代，蒙代尔在国际货币基金组织的一位同事弗莱明也对开放经济中的稳定政策进行了相似的研究，所以在教科书中，他们的思想被称为“蒙代尔-弗莱明模型”。该模型指出：固定汇率对政府政策制定者提出了挑战，这些政策制定者既要实现本国经济的外部均衡（国际收支的总体平衡），又要实现经济的内部均衡（实际产出等于经济的供给潜力，或高就业率——不存在使通货膨胀率上升的压力）。在短期和中期内，内部均衡和外部均衡往往难以兼顾，一国政府如果只追求外部均衡而置国内通货膨胀和失业于不顾，那么，即使国际收支达到了完美的平衡，国内压力也仍然很大；反之，一国政府如果只考虑用货币政策控制国内产出，则可能会扩大国际收支逆差或顺差，进而破坏保持汇率不变的承诺。固定汇率以及对固定汇率的维护措施限制了国家实行独立的货币政策。如果一国国际收支为赤字，则为了维护固定汇率，国家最终将不得不减少货币供给。如果一国国际收支为盈余，则国家必须增加货币供给。如果一国的国际收支处于平衡状态，那么货币政策及货币供给的任何变化都将导致外部失衡，为维护固定汇率而进行的政府干预将纠正这种失衡。

第二节　宏观经济的对内与对外均衡

本节的中心内容是，一个经济体需要通过政策的变更与调整，以使经济同时达到国内的均衡运转和国际收支的平衡，从而使整个经济能够平稳增长，并达到经济所能够达到的较为理想的状态。

一、经济的宏观目标

（一）宏观经济的四个目标

在宏观经济的运转中，一般认为共有四个目标是非常重要并且应该争取同时达到的，那就是经济增长目标、就业目标、物价目标和国际收支目标。即国民经济需要维持一定的增长速度；就业应该达到充分的水平，既不过度就业引发通货膨胀，也不出现衰退和就业不足；经济不应该出现较为严重的通货膨胀；同时国际收支达到平衡，既没有赤字，也没有盈余。只有四个目标同时达到，一个国家的经济才处于最佳的增长状态。20 世纪 80 年代，各个国家开始重视财政问题，因此经济学也开始把财政收支平衡作为一个重要的宏观经济目标予以研究。

（二）宏观经济的对内与对外均衡的内涵

就一个国家而言，宏观经济目标可以分为两大类，即一个国家的国内经济目标和对外经济目标。一个国家为了使自己的经济能够平稳运转，就必须同时实现经济的对内均衡和对外均衡。所谓实现宏观经济的对内均衡，主要是指国内的总供给等于总需求，既实现资源的充分就业，物价稳定，同时又可以获得有保证的经济增长。所谓实现宏观经济的对外均衡，主要是指一国与外部经济体之间的经济流入量和流出量相等，国际收支处于平衡状态。这时经济处于一种适宜的、良性的增长过程。但是，应该看到的是，一个国家同时达到对内、对外的均衡是较为困难的，如果经济背离了这样的经济状态，即宏观经济的内部存在通货膨胀或经济衰退，而在对外经济中存在国际收支的盈余或赤字，当背离的情况达到一定程度时，一个国家就需要进行调整，来恢复经济对内和对外的均衡，以求实现经济的平稳增长。

(三) 经济均衡的调整

为了达到宏观经济的对内和对外均衡，一个国家可以采取诸如支出变化（调整）政策、支出转换政策和经济管制的方法。

(1) 支出变化政策强调通过政府改变社会总支出来对需求进行调节，具体的做法包括：

1）财政手段。例如扩大、紧缩财政支出，增、减各种税收，加强或削弱国家采购等。这些做法可以调节就业量和经济增长速度，也会影响一个国家的进出口，等等。如果政府减少公共开支，提高国内各种税收的税率，则经济增长放缓、就业减少、进口下降，可以使经济过热得到调整。反之，如果政府增加公共开支，降低国内各种税收的税率，则经济增长加快、就业增加、进口增加，可以使经济增长加速。

2）货币手段。例如调整利率、调控存款准备金率和采用公开市场业务等。这些政策可以直接控制货币供给量，进而间接调控国内市场的需求、进出口等。如果提高利率，减少国内货币供给，在公开市场中发售债券，则国内投资增速将放缓，就业将受到控制，进口下降，这可以使经济中的通货膨胀得到控制。但如果降低利率，增加国内的货币供给，在公开市场中回购债券，则国内投资增加，就业增长，经济得到发展。

(2) 支出转换政策是指不改变社会总需求而改变需求和支出方向的政策，如汇率政策。通过货币对外汇率的变换，如本币对外贬值，可以使一国出口的外币价格下降和进口的本币价格上升，从而控制进口，扩大出口，使国内的产业部门得到扩大，国际收支逆差得到调整，经济得到发展。当本币对外升值的时候，上述过程相反，效果也将相反，即出口的外币价格上升，进口的本币价格下降，出口下降，进口上升，国际收支顺差得到调整。

(3) 经济管制是采用各种法律、法规、法令、行政、管制手段，直接控制经济的运行，以使经济向预定的方向发展。例如，当一国实行外汇管制时，由于进口用汇、出口收汇、其他用汇等全部被控制起来，一般情况下国际收支可以因此而迅速得到改善。当经济手段调整效果不明显时，采用行政手段直接进行控制，一般会产生较显著的成效。

通过上述经济调整，宏观经济的失衡一般可以得到调整，逐步恢复均衡，达到较为理想的增长或发展状态。

二、宏观经济内外均衡的经济分析

(一) 开放条件下财政与货币政策的搭配

为了同时达到经济对内与对外的均衡，一国可以采取多种政策手段进行调整，但由于“丁伯根法则”（Tinbergen law）的存在，人们要为不同的经济目标制定不同的政策调整手段，而且要达到多少经济目标，就需要有多少相应的经济政策手段，即目标与手段应该一一对应。我们在这里强调的是经济对内、对外目标的同时达到，因此对应两个经济目标就必须同时具备两种经济政策手段。这就是英国经济学家米德（T. Meade）所提出的“两个目标，两种手段”以求得对内、对外均衡的模型。

（二）斯旺图表与蒙代尔的政策搭配

我们反复强调：一国在进行经济建设时，总是在追求经济发展的同时追求对内与对外的均衡，即平稳的经济增长、物价的稳定、充分就业和国际收支平衡。但是，在经济的实践中，经济大抵会有如下四类情况：

（1）宏观经济对内、对外同时处于均衡状态，这是理想的状态。

（2）宏观经济对内均衡，但对外不均衡，体现为充分就业、物价稳定，但国际收支失衡（顺差或逆差）。

（3）宏观经济对内不均衡，但对外均衡，体现为国际收支平衡，但就业或不足或过度，物价或上涨较多或出现通货紧缩。

（4）宏观经济对内、对外同时处于不均衡的状态，这时经济必须得到调整，以恢复平稳增长。

上述四种情况可以从澳大利亚经济学家斯旺（T. Swan）所创的图形中得到解释，即用“斯旺图表”来予以表述。

在斯旺图表中，*BOP* 线代表的是在一定的汇率及国内支出下的一国对外的均衡，*BOP* 线的上面代表该国存在对外顺差的状况，而 *BOP* 线的下面代表该国存在对外逆差的状况。*F* 线代表在一定的汇率与国内支出情况下的国内经济均衡的情况，*F* 线的左面意味着存在衰退和失业，*F* 线的右面则意味着存在过度就业与通货膨胀的情况。只有在 *BOP* 线与 *F* 线的交点，才体现着一国经济对内、对外的均衡同时达到，见图 12－1。

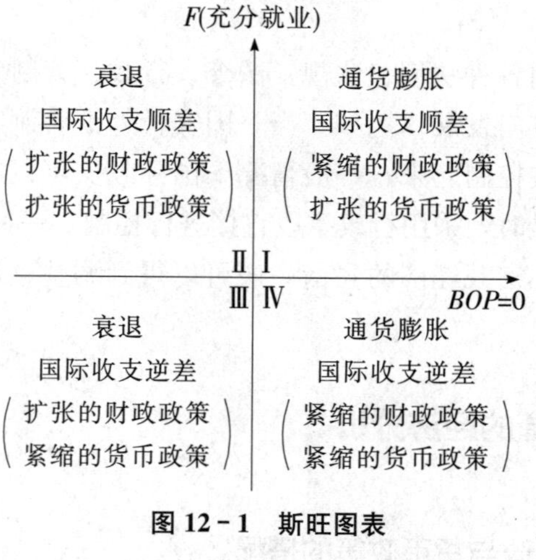

图 12－1　斯旺图表

按照蒙代尔的政策搭配主张，采用财政手段来调节国内的均衡，即当经济出现衰退时，采用扩张的财政政策加以治理，当经济出现通货膨胀时，采用紧缩的财政政策加以治理；采用货币手段来调控对外均衡，即当国际收支出现顺差时，采用扩张的货币政策加以调整，当国际收支出现逆差时，采用紧缩的货币政策加以调整，这样比较容易达到对内、对外的同时均衡。如果政策搭配不适宜，就有可能出现事与愿违的情况。在图 12-1 中，第Ⅰ象限的经济状况是通货膨胀与国际收支顺差并存，按照蒙代尔的政策搭配，应该采用紧缩的财政政策和扩张的货币政策。在第Ⅱ象限，经济状况是衰退与国际收支顺差并存，按照蒙代尔的政策搭配，应该采用扩张的财政政策和扩张的货币政策。在第Ⅲ象限，经济状况是衰退与国际收支逆差并存，按照蒙代尔的政策搭配，应该是扩张的财政政策与紧缩的货币政策并用。在第Ⅳ象限，经济状况是通货膨胀与国际收支逆差并存，按照蒙代尔的政策搭配，应该是紧缩的财政政策与紧缩的货币政策并用。在这两种政策的搭配下，经济的内外均衡是可以达到的。

(三) 经济内外均衡的同时达到

假定我们排除资本因素的影响，即假定一国经济的内外均衡只取决于有形商品贸易的变化，利用 *IS*-*LM*-*BOP* 模型来调整经济的对内、对外均衡。在理论上，只有当一国的商品市场、资本市场和外汇市场同时满足达到均衡的条件时，该国的经济才有可能同时达到对内、对外的均衡。但是，上述均衡的达到，在一国实行固定汇率与浮动汇率的情况下是非常不同的，我们首先考察在固定汇率的条件下，运用财政政策与货币政策使经济恢复对内、对外均衡的过程，见图 12-2。

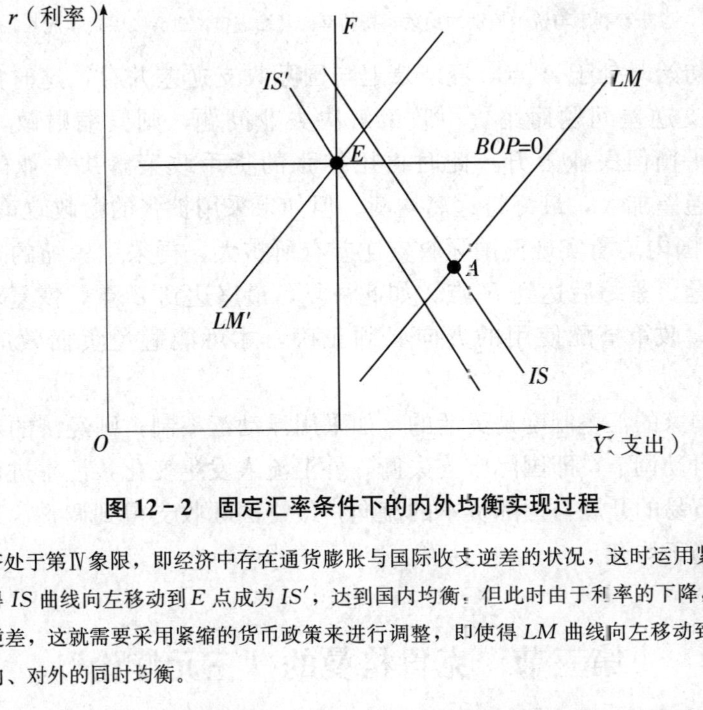

图 12-2　固定汇率条件下的内外均衡实现过程

说明：假定经济处于第Ⅳ象限，即经济中存在通货膨胀与国际收支逆差的状况，这时运用紧缩的财政政策来克服通货膨胀，即使得 *IS* 曲线向左移动到 *E* 点成为 *IS′*，达到国内均衡。但此时由于利率的下降，资本会流出，反而加大了国际收支的逆差，这就需要采用紧缩的货币政策来进行调整，即使得 *LM* 曲线向左移动到 *E* 点成为 *LM′*，于是经济恢复到了对内、对外的同时均衡。

如果该国实行浮动汇率，则与实行较为严格的固定汇率相比，调节方式是不同的。当经济发生对内、对外的不均衡时，浮动汇率制可以产生自动调节过程，汇率的变化能够引起商品市场、资本市场的变化，即浮动汇率可以使商品市场、资本市场和外汇市场三个市场经过一定的过程自动达到均衡，从而实现对内、对外的均衡。

在蒙代尔的政策搭配中，强调财政政策与货币政策的有效搭配，但如果搭配不适宜，政策的效果将会是负面的，这一情况可以用图 12－3 予以说明。

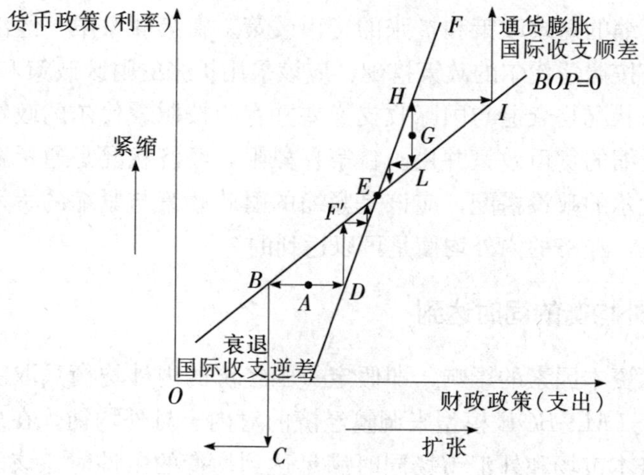

图 12－3　有效的市场分类和政策搭配

说明：图中横轴为财政支出，纵轴为利率。F 线为对内均衡线，即充分就业线，表明在一定的利率与财政支出的结合下实现的国内均衡。BOP 线为对外均衡线，即在一定的利率与财政支出的结合下国际收支取得的均衡。F 线的左方意味着经济衰退，右方意味着通货膨胀，BOP 线的左方意味着国际收支顺差，右方意味着国际收支逆差，BOP 线较 F 线低平，意味着利率与资本流动的关系，高利率会紧缩进口，也会吸引资本流入。

假设经济初始时处于 A 点，经济衰退与国际收支逆差并存，这时如果采用财政政策解决国际收支逆差问题而用货币政策解决失业问题，则紧缩财政，使经济达到 B 点，国际收支平衡但失业上升，此时再用扩张的货币政策解决失业问题，则达到 C 点，国际收支逆差加大，最终将远离均衡。但如果采用扩张的财政政策解决失业问题，则达到 D 点，国内均衡实现但国际收支逆差有所扩大，再采用紧缩的货币政策解决国际收支逆差问题，紧缩后达到 F'点，如此往复，最终达到 E 点，恢复对内、对外的同时均衡。因此，政策搭配使用的方向必须正确，才可能避免负面效应，产生积极的结果。

如果一个国家的汇率制度是灵活的，如采用浮动汇率制，则经济的对外均衡会在一定程度上得到自动调节，即国际收支失衡，外汇流入发生变化，汇率进而产生变化，它又会影响国际贸易的开展与国际资本的流向，最终国际收支得到调整，进而会使上面的三个市场逐渐趋于均衡。

第三节　克鲁格曼的“三元悖论”

蒙代尔与弗莱明通过蒙代尔-弗莱明模型（即 M-F 模型）为不同汇率制度下内外均衡政策的运用提供了一个非常有用的分析框架。M-F 模型的一个重要结论是：对于开放经济体而言，在资本高度流动的情况下，如果采取固定汇率制度安排，则货币政策是无效的；如果采取浮动汇率制度安排，则货币政策是有效的。

蒙代尔-弗莱明模型给我们带来的另一个启发是，不同的政策目标间存在冲突。根据蒙代尔-弗莱明模型，经济学家提出了开放条件下宏观经济学中的一个著名观点，即一国不可能同时实现维护固定的汇率制度、开放资本市场和实行积极有效的国内货币政策这三个目标。一般来说，一国只能选择其中的两个目标，而不得不放弃第三个目标。这被称为“不平衡三角形”（unbalanced trinity）或“开放经济的三难选择”（open-economy trilemma)。例如，如果一国政府决意实行积极有效的国内货币政策，则它要么放弃资本市场的开放，要么舍弃汇率稳定的目标。如果一国政府决意开放资本市场并要在开放过程中维护汇率稳定，则必须舍弃国内货币政策这一原本有效的政策工具。克鲁格曼就是在蒙代尔-弗莱明模型的基础上提出了本节后面将要讲到的“三元悖论”。

一、蒙代尔不可能三角形

蒙代尔不可能三角形，又被称为克鲁格曼不可能三角定律，见图 12-4。

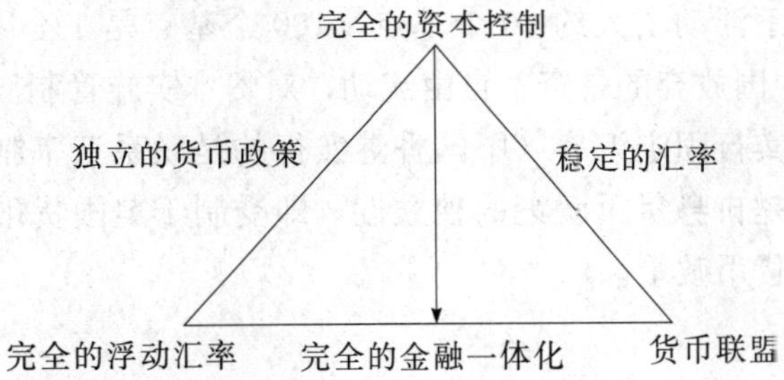

图 12-4　不可能三角定律

图 12-4 是对不可能三角定律的简单描述。三角的每条边——独立的货币政策、稳定的汇率（实践操作中指固定汇率）以及完全的金融一体化——各有其吸引力。三角的任何两条边可以进行组合，组合的结果分别由三角形的三个顶点表示：完全的资本控制、货币联盟和完全的浮动汇率。然而，三条边不可能同时实现。20 世纪 70 年代以来，国际汇率制度安排出现了金融一体化的趋势，在实践中有着各种汇率制度安排，如货币局制度、完全的自由浮动制度、对于货币的较为严格的控制等情况，如图 12-5 所示。

蒙代尔-弗莱明模型假定资本是完全自由流动的，在资本完全自由流动的情况下，模型讨论了汇率和货币政策独立性的关系，得出一个结论——如果货币政策是完全独立的，则肯定不能够实行固定汇率，汇率必须浮动。也就是说，在资本完全自由流动的条件给定以后，固定汇率和货币政策的独立这二者只能取其一。这就是蒙代尔-弗莱明模型，这个模型实际上是二元模型，即把第三个变量也就是资本的自由流动性假定为资本是完全自由流动的。

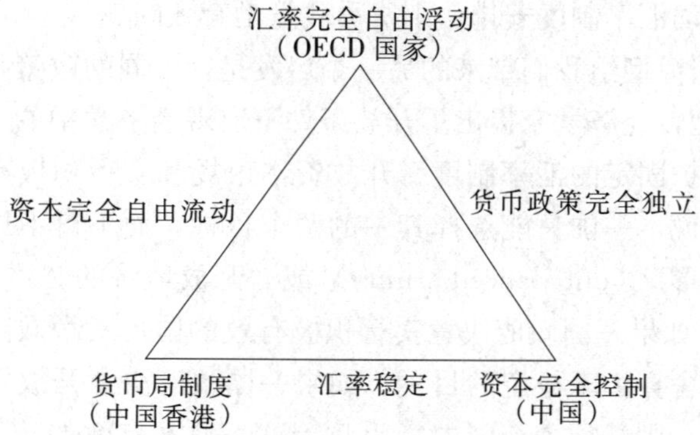

图 12-5　蒙代尔（克鲁格曼）不可能三角形的应用

从现实分析，经济合作与发展组织（OECD）的成员国实行资本的自由流动，要求具有独立的货币政策，因此就必须实行浮动汇率制，放弃货币对外汇率的稳定。中国具有完全独立的货币政策，可以自主制定利率，中国的汇率制度是稳定的，虽然实行的是有管理的浮动汇率制度，但实际上汇率长期基本不变，在 1997—1998 年亚洲金融危机前后，人民币汇率只上下浮动了大约 10 个基点（100 个基点是 1%，所以人民币汇率基本上没有大的变化），中国放弃的是资本自由流动，对资本实施管制。中国香港的资本可以完全自由流动，同时实行固定汇率（中国香港实行的是联系汇率制度，港元钉住美元），但中国香港所放弃的是自身货币政策的独立性，即受制于美国货币政策的变化，基本不能够独立自主地制定货币政策。

二、三元悖论

1997 年，克鲁格曼统筹考虑货币政策的独立性、资本的自由流动性、汇率的稳定性这三个变量，同时并不事先假定资本是完全自由流动的，即资本可以流动也可以不流动。货币政策完全独立、资本完全自由流动、汇率稳定这三者之间存在着怎样的关系？克鲁格曼从理论与政策的角度，集中探讨了它们之间的互动关系。

蒙代尔不可能三角形的三条边分别代表一国宏观经济管理者希望获得的最优政策运行状态。其一是货币政策完全独立，即中央银行可以完全自主地制定货币政策。政策的主要代表是可以完全自主地实行利率政策，即利率政策不受外国经济、金融变化的影响，可以根据国内的情况独立地制定利率政策。例如当国内经济过热出现通货膨胀时，便可以把利率提高；当经济疲软出现失业时，便可以把利率降低，刺激经济增长。其二是资本完全自由流动，在国际经济的现实中，绝大多数发达国家都实行这样的政策。例如，经济合作与发展组织便要求其所有成员国资本自由流动。韩国 1996 年加入 OECD 的时候，资本账户便按照要求达到了放开标准，否则便不能够成为该组织的成员国，因为一国必须把资本账户放开才能够加入 OECD。资本完全自由流动意味着不进行外汇管制，这是一国中央银行最终期望达到的目标。其三是汇率稳定，这也是一国宏观经济管理者期望达到的目标。任何国家的中央银行都不愿意看到本国货币的对外汇率大幅波动，而是希望保持汇率稳定，因为汇率的剧烈波动会给本国企业和居民带来很多风险。因此，蒙代尔不可能三角形的三条边是任何一国的宏观经济管理者都渴望达到的状态。

蒙代尔不可能三角形的三个顶点可以表示三种制度安排：汇率完全自由浮动；资本完全控制，即通过外汇管制不让资本自由流动；以及货币局制度或者货币联盟（欧盟就是货币联盟的例子，中国香港就是货币局制度的例子）。

克鲁格曼的贡献在于把蒙代尔的资本自由流动与否假设变成了一个变量，把它内生化了。蒙代尔的模型假定资本的自由流动是外生给定的（蒙代尔认为，作为市场经济国家，资本自由流动是必需的），克鲁格曼将其变成了一个内生变量，把蒙代尔的两元模型变成了三元模型。克鲁格曼的贡献是证明了三者之间只能取二，一个国家在货币政策的独立性、汇率的稳定性与资本的自由流动性三个要素中，只能三选二，即“三元悖论”(trilemma)，也被称为“三元冲突理论”。所谓三元悖论，指的是一国货币体系的构建旨在达到下述三个目标，即货币政策完全独立、汇率稳定、资本完全自由流动，而这三个目标从理论上讲只能同时达到两个，不能三个目标同时实现。货币政策完全独立是指一国执行宏观稳定政策进行反周期调节的能力，这里主要是指一国具有使用货币政策影响其产出和就业的能力；汇率稳定是指保护本国汇率免受投机性冲击、货币危机等冲击，从而保持汇率的稳定；资本完全自由流动即不限制短期资本的自由流动。

核心概念

蒙代尔-弗莱明模型　支出变化政策　支出转换政策　经济管制
斯旺图表　蒙代尔不可能三角形　三元悖论

复习与思考

1. 试述蒙代尔-弗莱明模型的主要内容。
2. 试述宏观经济目标的内容。
3. 试述实现宏观经济目标的政策手段。
4. 试用图形说明斯旺图表与蒙代尔的政策搭配。
5. 试用图形分析一国达到宏观经济内外均衡的过程及其政策搭配。
6. 试述蒙代尔不可能三角形。

第十三章

经济一体化与国际经济秩序

重点问题

- 经济一体化分析
- 关税同盟
- 贸易创造与贸易转移
- 最优货币区
- 单一货币区的成本与收益分析
- 国际经济组织及其作用
- 国际经济秩序

经济全球化和区域经济一体化是从第二次世界大战结束后到目前，尤其是20世纪80年代以来国际经济中的重要现象。各国之间的经济相互依赖程度空前提高，经济的闭关自守已经无法存在，经济矛盾与经济合作同时出现，世界经济正在日益向“地球村”经济发展。一国经济正在转变成世界经济的有机组成部分，成为全球经济的微观基础。在这样的国际经济趋势下，在南北、南南经济关系中各国更加将利益作为自己的出发点与归宿，在竞争中的合作、在合作中的竞争正在成为国际经济中的重要现象。各国在这种经济条件与环境下，都希望有符合经济发展要求的新的游戏规则诞生，盼望产生新的国际经济秩序，并促进已有的国际经济三大支柱即国际货币基金组织、世界银行和世界贸易组织为世界经济的进步做出新的贡献。本章将讨论经济一体化的基本理论、基本形式，以及国际经济秩序的一般问题。

第一节　经济一体化分析

国际经济一体化是国际经济学研究的较新的内容，尽管它的出现是在第二次世界大战后初期，但发展得非常迅速。当今最为人们所称道、最为成熟的区域经济一体化实践是欧盟。而区域经济一体化的进程在世界各地以各种形式［如亚太经济合作组织(APEC)、北美自由贸易区（NAFTA)］在不断发展，在世界经济中发挥着日益重要的作用，并成为国际经济学中需要研究的重要现象。但是，国际经济学对经济一体化的研究应该说正在发展之中，许多学说也有待证实。

一、关税同盟与经济一体化分析

关税同盟在很长时间内被认为是经济一体化的基础与逻辑起点，在世界经济史中，关税同盟的有关记载可以追溯到很久远的时代，在今天也被许多经济一体化组织追求和落实，在国际经济学的一体化研究中具有重要的地位，被作为经济一体化研究的出发点。

(一) 关税同盟的提出与发展

在历史上，自由贸易总被认为可以提高福利，而在相当长的一段时间内，各国之间结成的关税同盟在一定程度上表现得比自由贸易更能提高成员国的福利水平。关税同盟既是贸易保护主义的工具，表现为关税同盟整体对外的高关税的一致性，同时又是贸易自由化的重要过程，表现为关税同盟内部关税的减免。在这样的情况下，关于关税同盟的研究不断加深，于是关税同盟的理论便出现了。一般认为，关税同盟理论是经济一体化研究的起点，也是经济一体化研究中较为成熟的理论之一。

(二) 国际贸易的次优理论：贸易创造与贸易转移

关税同盟是结成同盟的成员国之间降低甚至免除彼此的关税，从而使成员国居民可以享受比过去更低成本的产品，同时使可供选择的机会也增加了，因此成员国乃至关税同盟整体的经济福利会得到提高，其基本的经济思想见图 13－1。

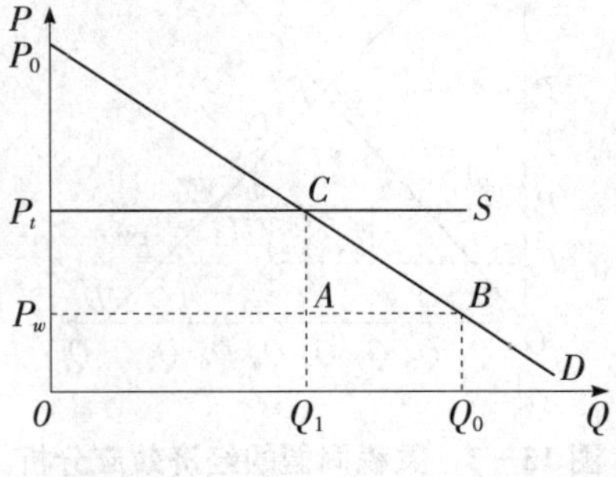

图 13－1　关税同盟与福利增长

说明：在自由贸易下，一国的供给曲线为 S，需求曲线为 D，如果国际价格为 P_w，则消费量为 Q_0，消费者剩余为 P_0P_wB。如果征收关税，价格为 P_t，则消费量减少为 Q_1，消费者剩余减少梯形 P_uP_tCB，其中 P_tP_wAC 成为政府的税收，ABC 为净损失。如果反过来思考，即原来该国征收进口关税，而现在免除关税，则该国福利会产生净增长，结成关税同盟的过程即是免除彼此关税的过程，因此，结成关税同盟的国家的福利会得到增长。

但是后人的研究表明，关税同盟的经济效应主要集中在贸易创造与贸易转移这两个方面，而关税同盟的实践显示出，它有可能增加一国的经济福利，也有可能降低一国的经济福利。为了说明这一情况，我们首先来考察贸易创造与贸易转移的定义。

（1）贸易创造指产品从生产成本较高的国内生产转向生产成本较低的关税同盟中贸易对象国生产，从而本国从贸易对象国进口的一种过程和现象。这一过程还会出现以较低价格的产品消费取代原来较高价格的国内生产的相关产品消费而获得的利益。

（2）贸易转移指产品从过去进口自较低生产成本国转向进口自较高生产成本国的过程和现象。这一过程还会产生消费者为降低成本而转向其他相关（替代）产品进行消费的情况。

贸易创造对经济发展有积极的促进意义，而贸易转移则是在一体化过程中应予以注意的情况。除了贸易创造和贸易转移这两个主要的效应之外，结成关税同盟还会产生所谓贸易抑制效应，即结成关税同盟后贸易总量下降的现象，这一现象对所有关税同盟成员国的生产与消费以及其他的福利都会产生相应的影响。

二、关税同盟的经济分析

（一）关税同盟的图形分析

为了进行分析，我们假设：所涉及的国家是小国，即市场既定价格的被动接受者，分析是在局部均衡的基础上进行的。图中 D 曲线与 S 曲线分别为该国的需求曲线与供给曲线。无关税时，该国从成本低的A国进口，在 P_a 下进口 Q_1Q_2，此时，B国因成本高被排除在贸易之外。征收 P_t 的关税后，进口减为 Q_3Q_4，若此时该国与B国结成关税同盟，则两国间无关税，A国被排除出贸易，该国以 P_b 价格进口 Q_5Q_6 的商品，见图13－2。

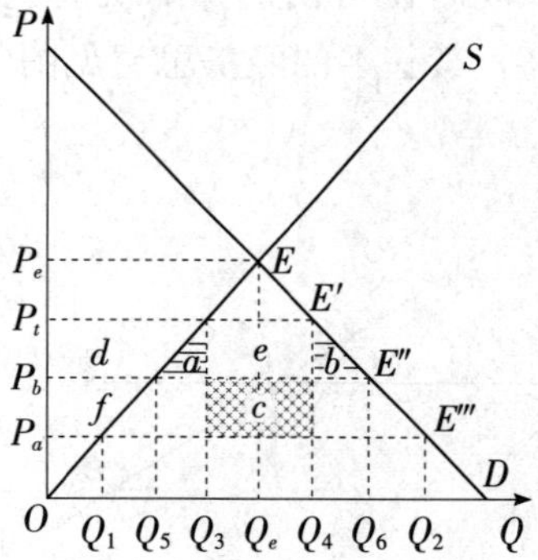

图13－2　关税同盟的经济效应分析

说明：该国与B国结成关税同盟时，消费者比在关税价格下获得更多的福利，但却不如与A国结成关税同盟时获得的利益多。

（二）关税同盟的福利分析

与B国结盟时，与 P_t 相比，由于消费者的价格降低到 P_b，所以产生净福利 a、b，消费者剩余增加 $a+b+d+e$，即 $P_bP_tE'E''$，生产者剩余降低 d，e 是税收转移。但同与A国结盟相比消费者剩余却减少了 $P_aP_bE''E'''$，因为自由贸易的进口（从A国）必须转向B国，当然增加了作为生产者剩余的 f，但也因此损失了作为税收的 c。如果该国与A国结成关税同盟，则该国只有贸易创造而不会发生贸易转移。

(三) 关税同盟的政策含义

关税同盟的成员国通过参加同盟能否获得更大利益，取决于若干条件。例如：若关税同盟成员国与外部世界国家生产成本相差小，则结成关税同盟后获得的利益大；若结成关税同盟前，成员国间关税高，则结成关税同盟后税收减免，获得的利益大；若关税同盟成员国与非成员国之间的贸易壁垒低，成员国仍然有机会从外部进口，则贸易创造多；若关税同盟成员国数目多，则低成本成员国存在的可能性就大，结成关税同盟后产生贸易创造的机会就多；若关税同盟成员国间竞争性大于互补性，便会产生成本更低者，则结成关税同盟后获得的利益就大；若关税同盟成员国间地理位置近、运输方便，则结成关税同盟后获得的利益就会变大；若结成关税同盟前成员国间贸易量大、关系密切，则结成关税同盟后贸易创造就会变大；等等。

三、经济一体化的经济分析

经济一体化的定义随着该经济现象的不断发展而在不断深化和发展。一般认为，经济一体化最早的定义来源于第一位诺贝尔经济学奖获得者丁伯根（J. Tinbergen）。丁伯根认为，所谓经济一体化，就是将阻碍经济运行的人为因素消除，通过相互协作与统一，创造最适宜的国际经济结构。巴拉萨认为经济一体化是产品和要素的转移不受政府的任何歧视。而金德尔伯格（C. Kindleberger）则认为，经济一体化就是要素的价格均等化。上述关于经济一体化的说法虽然还未获得经济学界的普遍认同，但人们基本上认为经济一体化是指有关国家消除相关的歧视，实现经济合作与协调的过程。

根据当前人们的普遍看法，经济一体化是指参加的有关国家，为了一体化组织的共同经济利益而将部分经济权力转让给一体化组织，根据共同利益，按照一定的规则来行使的过程与情况。从经济学理性化的角度分析，参加者加入经济一体化组织一定要比不加入获得更大的利益，或者加入后尽管会遭受一定的损失，但这一损失肯定比不加入要小，否则作为经济理性的结果，一国是不会加入经济一体化组织的。经济一体化是当前世界经济中的重大事件，突出的一体化组织有欧盟、北美自由贸易区。从历史与逻辑的角度出发，经济一体化的基本形态大约有以下几类。

(1) 自由贸易区。自由贸易区是经济一体化组织层次较低的一种形式，即一体化程度较低的一种形式。在自由贸易区内，各个成员国之间存在的各种贸易壁垒和障碍被取消，但每一成员国对于自由贸易区之外的其他国家仍然维持自己原有的独立的关税，正是由于这样，自由贸易区的一体化程度是最低的。

(2) 关税同盟。关税同盟是经济一体化最原始的形式，或者是经济一体化在发展过程中的一个阶段。尽管并不是所有的经济一体化组织都必然以关税同盟作为自己的出发点，但大多数经济一体化组织都存在关税同盟的正式安排，或将关税同盟作为经济一体化组织所要争取达到的目标之一。在今天，关税同盟的经济一体化程度高于自由贸易区，它除了在成员国之间取消关税壁垒，还采取一致的对外关税，或实行逐步统一的对外关税，关税收入按照既定的比例进行分配。

(3) 共同市场。在经济一体化中，共同市场以关税同盟为基础，在取消经济一体化组织成员国之间的关税壁垒、建立共同对外关税之后，还要求资本与劳动力在成员国之间自由流动，同时还要在各国的货币之间建立逐步统一的制度，尤其是一致的汇率制度。

(4) 经济联盟。经济联盟是经济一体化的高级形态，在这种形态下，商品、资本、劳动力可以自由流动，各个成员国之间的金融、经济、社会政策进行进一步的协调，在成员国之间反对各种歧视的存在，对于非成员国，经济一体化组织基本上已经形成一个经济实体，一体化组织内部各国之间的事务被看成国内事务来处理。

(5) 完全的经济一体化。这是经济一体化的最高级形态，除了商品、资本和劳动力在成员国之间自由流动外，经济一体化组织要建立统一的货币，实行统一的货币政策、财政政策和社会政策，并且逐步建立统一调控的中央机构，对一体化组织的经济、社会事务进行调控，同时，在政治领域中，一体化的进程也会显现出来，“用一个声音说话”是所有成员国的共同要求。

第二节　最优货币区理论与实践

在欧洲经济一体化过程中，货币的统一是由 1999 年诺贝尔经济学奖获得者罗伯特·蒙代尔首先从理论上予以说明的。1999 年 1 月 1 日世界第二大货币——欧元诞生，从 2002 年开始逐步取代欧元成员国本国的货币成为唯一的流通货币，蒙代尔也因此被誉为“欧元之父”。2000 年，在中国人民大学的一次演讲中，蒙代尔提出了美元、欧元、日元、人民币之间的汇率应首先建立较为稳定的比价关系，最终走向世界货币的设想。他的这些设想是建立在最优货币区理论的基础上的。

最优货币区理论对货币一体化的进程提供了理论依据。这一理论探讨了经济一体化成员国参加单一货币区所应当具备的若干条件——价格与工资具有弹性，要素市场融合，金融市场融合，商品市场高度融合，宏观经济和政治政策融合；并分析了成员国加入单一货币区的成本与收益。该理论认为，采用浮动汇率制或固定汇率制是在存在市场摩擦条件下的次优选择，如果产出市场、生产要素及金融资产可以在全世界范围内完全融合，相对价格和实际工资对于供求变化有充分弹性，市场上也不存在对贸易、资本流动及外汇交易的人为限制，那么最优货币区的范围应是整个世界。

一、单一货币区理论研究

(一) 问题的提出

如何实现一体化组织和成员国的对内与对外均衡是单一货币区的重要任务。单一货币区建立的条件是理论的重要组成部分，它分析了成立单一货币区的原因，在什么样的条件下一个国家适合加入单一货币区。

加入单一货币区，成员国便丧失了独立制定货币政策的权力，这是成员国加入单一货币区的最大成本。此外，为了保持单一货币区要求的固定汇率，成员国可能要被迫牺牲对内均衡。当一国经济对于失业承受力很低，价格和工资由于大工业的垄断、强大的劳工组织等压力而无法灵活调整时，保持固定汇率而牺牲独立货币政策的成本是极高的。反之，如果一国经济的菲利普斯曲线相对较直，即给定的失业率对应着较高的物价上涨率，则由于经济没有很大的空间来选择最佳的失业率与通货膨胀率的结合点，所以这时丧失独立货币政策的损失相对较小。一般而言，一个货币区内各成员国的情况越贴近成立单一货币区的条件，加入单一货币区的成本就越小、收益就越大；反之，成本就越大、收益就越小。

这一理论的主要创始人蒙代尔、麦金农、金德尔伯格等都指出，对于单个成员国来说，参加单一货币区的最大利益在于货币的有用性将随着使用范围的扩大而提高。单一的货币将消除汇率波动的风险，使交易的最大化和分工的收益得以实现，从而提高资源配置的效率。此外，加入单一货币区意味着成员国的币值将与整个货币区的代表性商品联系起来，因此，金融状况不稳、币值波动较大、通货膨胀率较高的国家将会因为加入一个执行谨慎货币政策的货币区而享受到价格稳定、货币流动性增强的收益。同时金融市场高度一体化提供了风险分摊机制，区内各地区间的收支失衡可立即由金融交易来弥补，且由于成员国可以减少国际储备的持有，因此资源闲置的成本降低了。

（二）最优货币区的基本概念

最优货币区是指采用单一货币，或几种货币之间的汇率永久固定、对外统一浮动的经济区域。“最优”是从宏观经济目标——经济的内外均衡角度来衡量的。内部均衡是指经济增长、物价稳定和充分就业之间的均衡关系，外部均衡是指国际收支平衡。货币一体化则是指采用单一货币的最优货币区，区域内流通单一货币，建立超国家的统一的中央银行来执行货币政策职能。因此，最优货币区理论是单一货币区理论的基础和核心。

最早提出“最优货币区”概念的是美国经济学家罗伯特·蒙代尔（时任国际货币基金组织特别研究处研究员），随后英格拉姆、麦金农等共同开创了最优货币区这一研究领域。20世纪70年代，最优货币区的研究吸引了更多的国际经济学家，如格鲁贝尔等，他们关注的是加入最优货币区的成本和收益。随着欧洲经济与货币联盟的发展，经济学家基于最优货币区理论着重考察了欧盟是否符合建立单一货币区的条件以及实现货币联盟的途径和模式安排。

（三）最优货币区条件分析

最优货币区理论最初是在关于固定汇率制与浮动汇率制优劣的辩论中发展起来的。20世纪50年代，以米尔顿·弗里德曼为代表的浮动汇率制的拥护者提出，一个国家如果价格和工资具有很强的刚性，那么保持宏观经济内外均衡的汇率制度应采用浮动汇率安排。在固定汇率制下，价格和工资的刚性将造成为消除国际收支失衡所采取的政策要么导致通货膨胀，要么加剧失业。如果采用浮动汇率制，则本币对外汇率的变动将通过贸易条件和实际工资的改变来减轻资源重新配置的成本。由于现实世界中各国的价格和工资都存在一定程度的刚性，因此人们大多认为不管经济条件如何，采用浮动汇率制的结果总是正面的，但最优货币区理论则认为这是不对的。

（1）价格与工资具有弹性。价格和工资缺乏弹性的假定是弗里德曼建立浮动汇率制的立论基础。假设有一个由一组国家或地区组成的区域，如果区域内价格和工资具有充足的弹性，即工资和价格可以对市场供给、需求的变化做出及时、充分的反应，那么区域内各个国家或地区应该采用固定汇率制，在彼此的货币间建立起相应的关系。因为价格和工资具有完全弹性，即相对价格和工资的调整可使整个区域内的市场随时出清，从而使各个国家或地区间收支差额的平衡过程不会引起失业率上升，所以区域内（即国家或地区间）汇率的浮动是不必要的。而且，通过固定汇率将整个区域联在一起还可以提高货币的有用性。

如果上述区域内价格与工资是完全刚性的，则区域内各个国家或地区间收支不平衡的调整过程将会使一个国家或地区出现失业或者另一个国家或地区出现通货膨胀。在这种条件下，各个国家或地区间汇率的浮动可以部分具有真实经济调整过程中工资和价格具有弹性时所起的作用。弗里德曼由现实生活中各国经济都带有不同程度的工资和价格刚性出发，得出了各国应采用浮动汇率制的结论。而蒙代尔等最优货币区理论的开创者则提出只要符合一定的条件，即使在工资和价格无弹性时采用固定汇率制，也可使经济达到内外均衡。

（2）要素市场融合。蒙代尔关于最优货币区的定义是：内部要素充分流动（包括国家或地区间和产业间劳动力、资本的流动）但对外则生产要素完全不流动的区域。这样的区域可以采用单一货币或固定汇率来组成最优货币区。蒙代尔的论述是，组成货币区的两国在面对需求转移引致的收支失衡时，除了汇率政策外还有其他的平衡机制，如生产要素的完全流动。若 A、B 两国组成一个货币区，两国货币比价固定或者采用了单一货币，那么当需求由 B 国产品转移到 A 国产品时，A 国将出现通货膨胀，B 国将出现失业。如果假设价格与工资完全无弹性，但两国劳动力可以自由流动，那么 B 国过剩的劳动力将转移到 A 国，在 A 国生产出更多产品，提高 A 国的供给水平，汇率便无须调整，真实经济的最终均衡可部分由生产要素的流动来实现。由于要素流动的速度一般较慢，因此它对于缓解长期或永久性需求转移所造成的收支失衡将更有效，而对于短期、暂时的经济冲击所造成的收支失衡，如果仅通过生产要素在产业间和国家或地区间的转移进行调节，则区域内各个国家或地区仍将出现通货膨胀或者失业。

（3）金融市场融合。国际收支理论告诉我们，除了长期实际收益率的差异引发的资本流动外，一般来讲，金融资本的转移不能无限维持结构失衡导致的国际收支赤字。但是，资本流入弥补贸易赤字的做法却可以延长经济结构调整的时间。在相当长的时期中，价格和工资的弹性以及货币区内生产要素的流动性会提高。因此，经济调整的成本会因金融市场高度融合而有所减少。资本流动调整经济失衡的另一个渠道是“财富效应”，贸易顺差国同时也大多是资本流出国，即金融资产的净债权持有国，财富增加会提高人们的边际消费倾向，增加开支，这样将会减少该国的国际收支盈余。与之相反，贸易逆差国也是净债务国，财富减少会使人们减少开支，从而有助于减少该国的国际收支逆差。

由此可见，货币区内金融市场的融合可以降低通过汇率来改变贸易条件从而消除区内收支失衡的必要性。另外，汇率波动会引起不确定性的增加，加大交易成本，造成一国国内金融市场和对外金融市场的分割，因此，在区内金融市场完全一体化的情况下采用固定汇率（或者单一货币）是一个好的选择。

（4）商品市场高度融合。美国各州之间的收支失衡之所以能够顺利解决，经济学家将其归因于美国的内部开放性，即各州间商品市场完全一体化。经济学家由此认为，一个成功的货币区应该具有高度的内部开放性，即区内商品的广泛交易。“开放性”一般由几个指标来衡量，如在生产或消费中可贸易商品与不可贸易商品的比率，进出口总值占国民生产总值的比重，边际进口倾向（单位收入增量中用于进口的比例）。这几个指标越高，表明经济的开放程度越高。

1963年，美国经济学家麦金农提出了这样的问题：一个高度对外开放的国家应该采用浮动汇率制，还是应该与贸易伙伴国一起组成一个货币区（区内货币汇率固定或者采用单一货币）？首先，假定该国对外高度开放，即可贸易商品在总产出和总消费中占有极大的比重。在这种情况下，该国采用对外币值调整（比如说对外贬值）来纠正对外收支失衡，会引起进口商品的国内价格上升，从而引起国内价格水平的全面波动。这时，如果要限制不可贸易商品国内价格的上升，则必然会带来需求紧缩和失业。其次，由于开放经济中人们缺少“货币幻觉”，本国货币贬值后，人们会明显地感到消费支出的增加和实际收入的减少，所以人们会要求相应地增加工资。这会引起生产成本的增加，抵消汇率变动对贸易条件的改善。最后，开放经济的消费对进口依赖很大，所以需求弹性较小。这样为纠正某一水平的对外失衡所需汇率变动的幅度也就相对较大。因此麦金农认为，浮动汇率制对开放经济来讲并不是最有利的选择。一些相互间贸易关系密切的开放经济体，组成一个相对封闭的货币区，对外实行共同浮动的汇率制，对于宏观经济目标的实现可能更为有利。

（5）宏观经济和政治政策融合。除上述几个适于组成货币区的条件外，生产多样化程度较高的国家对于需求转移所造成的外部冲击更具抵抗力，因而可对外实行固定汇率制。而生产多样化程度较低的国家则应联合起来，组成货币区，对外实行浮动汇率制。哈伯勒和弗莱明则提出，菲利普斯曲线性质类似的国家可以组成单一货币区。他们认为，国际收支失衡的原因在于各国对于通货膨胀和失业的政策选择不一致，因此具有相同政策态度即所谓“政策一体化”的国家可以组成单一货币区。

很明显，对于一个各成员国之间汇率完全固定的货币区来讲，货币制度运转良好的关键在于公众对于固定汇率的信心。这要求各国货币当局放弃货币主权，密切配合，甚至成立超国家的中央银行。

除了货币政策的配合外，货币区的运转还需要财政政策和税收政策的协调。当货币区面临着对区内各国有不同影响的非对称冲击时，强大的财政转移支付制度可发挥作用，将财力由相对繁荣的国家转移到相对衰退的国家，从而缓解衰退国家进行经济结构调整的负担。税收政策也应在货币区内进行协调。税收结构如果有很大差异，将导致人们的税收套利行为，从而造成市场的分割。

二、单一货币区的成本分析及评价

通常的观点认为，一国加入单一货币区后最重要的损失在于丧失了独立的货币政策和外汇政策手段，从而在遇到区内来自供求的非对称冲击时，将缺乏行之有效的经济手段来平抑经济失衡，使国内经济遭受损失，这是单一货币区成本分析的核心内容。

(一) 缺乏对需求转移的调节手段

以欧元区形成前的法国和德国为例加以说明。假定法国和德国建立了单一货币区，由于消费偏好的转移，消费者更趋向于消费德国产品，如图 13－3 所示。

需求的转移在图 13－3 中表现为德国的需求曲线上移，法国的需求曲线下移。其结果是法国的产出下降，失业增加；对应的德国的产出上升，就业增加。在国际收支方面，由于经常账户等于国内产出与国内消费之差（参见国际收支调节的吸收法），因此当需求转移引起法国产出下降时，如果其国内消费没有同步等幅下降，则会出现经常账户赤字，相反，德国会出现经常账户盈余。

其结果是，需求转移引发的经济非均衡冲击表现为法国的高失业和经常账户赤字，德国则表现为经常账户盈余和通货膨胀压力。一般地，如果价格、工资弹性较大，或者两国间劳动力流动比较充分，则这种非均衡会自动消失。而在工资、价格弹性较小和劳动力流动性较弱的情况下，这种非均衡可以通过德国马克对法国法郎升值来消除。

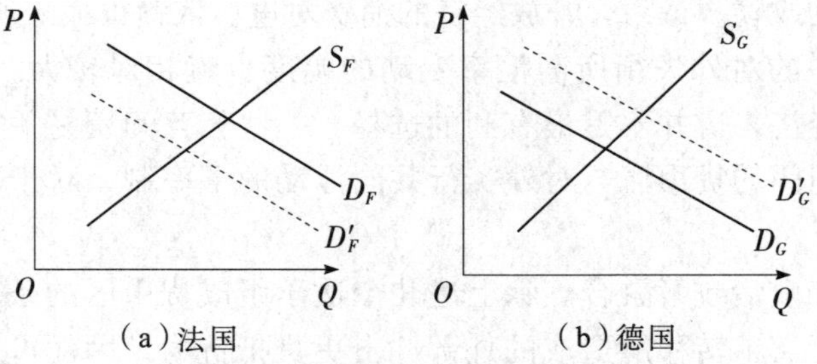

图 13－3　对需求转移的调节手段

说明：在图中，消费偏好的转移使得德国需求曲线上移，法国需求曲线下移，出现了非均衡。但若实行德国马克对法国法郎升值，则德国马克升值使法国产品更具竞争力，从而使得对德国产品的需求减少，需求曲线向下移动；相反，法国法郎贬值使得对法国产品的需求增加，需求曲线向上移动。这样就会达到初始的均衡状态，法国解决了失业问题，而德国也消除了通货膨胀的压力。

从上面的分析可以看出，汇率政策是调节两国经济非均衡的重要工具，尤其是在工资和劳动力调节作用较弱时，这一手段显得更重要。而德、法两国一旦建立单一货币区，实行单一货币，就意味着永久地放弃了这一政策工具，法国承受失业和贸易赤字的压力，而德国则面临通货膨胀的压力，这就是形成单一货币区的成本。这也是当前欧元区国家的现实情况。

(二) 改变国内的非均衡偏好带来的成本

不同的国家有着不同的通货膨胀和失业偏好，一些国家对通货膨胀敏感，而另一些国家对失业敏感。这就可能为建立单一货币区带来成本，使本国的通货膨胀、失业均衡搭配失调。我们用菲利普斯曲线对这一问题做出说明，仍以欧元区形成前的两个国家为例（见图 13－4）。

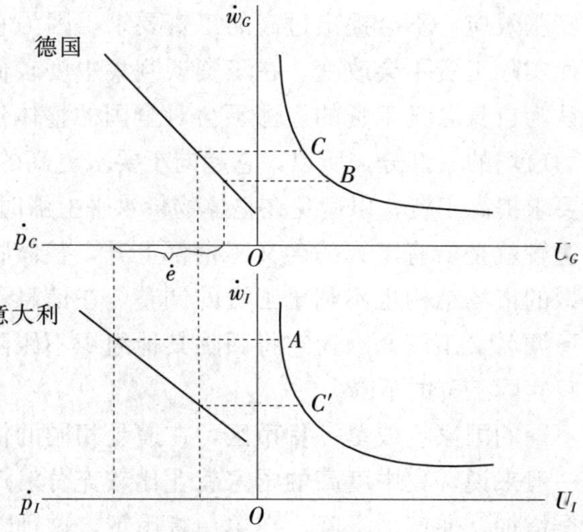

图 13-4　改变国内非均衡偏好的成本

横轴左边为通货膨胀率，右边为失业率，纵轴为工资增长率。这里假设菲利普斯曲线不随着通货膨胀预期的变化而变化。图中左边的曲线表示工资变化和价格变化的关系，其表达式可写作：

$$\dot{p}_I=\dot{w}_I-\dot{q}_I \tag{1}$$

$$\dot{p}_G=\dot{w}_G-\dot{q}_G \tag{2}$$

式中，$\dot{p}_I$ 和 $\dot{p}_G$ 分别为意大利和德国的通货膨胀率，$\dot{w}_I$ 和 $\dot{w}_G$ 分别为两国的工资增长率，$\dot{q}_I$ 和 $\dot{q}_G$ 分别为两国的劳动生产率增长率，在图中它们分别等于两条直线的纵轴截距。通过购买力平价把两国的通货膨胀率联系起来：

$$\dot{e}=\dot{p}_I-\dot{p}_G \tag{3}$$

式中，$\dot{e}$ 为意大利里拉对德国马克的贬值（或增值）率。公式（3）表示一种均衡状态，如果意大利有较高的国内通货膨胀率，则为了保证意大利产品竞争力不变，只有通过意大利里拉的贬值来实现。而一旦德、意两国间实现单一货币，就意味着将没有汇率变动，$\dot{e}=0$，这时要达到均衡，必须要求两国通货膨胀率相同。设定意大利和德国在失业和通货膨胀上偏好不同，意大利选择 A 点作为其均衡通货膨胀、失业组合，而德国选择 B 点。建立单一货币区后，由于 $\dot{e}=0$，因此要求两国有相同的通货膨胀率，在图中分别为 C'和 C 点。在 C 点，德国不得不接受更多的通货膨胀，而在 C'点，意大利不得不接受更多的失业，两国的国内均衡均遭到破坏，这就是单一货币区给成员国带来的成本。

（三）劳动力市场结构差异造成的成本

各国有着不同的劳动力市场结构，在有些国家里，劳工组织的工资谈判集中度较高，而在另一些国家里，集中度较低。劳动力市场结构不同的国家组成单一货币区，容易造成较大的成本，因为不同的市场结构使成员国在面临相同的供给冲击时工资的变化不一致，从而使两国经济出现非均衡。当一国工资谈判集中度较高时，统一的劳工组织会考虑到工资增长的通货膨胀效应，不会提出过高的工资要求，因为它知道过高的工资要求只会增加名义工资，而实际工资不会改变。在工资谈判集中度较低时，情况则相反。单个独立的劳工组织都认为自身名义工资的上涨不会对全国的整体价格水平产生影响，因为它仅仅是整个劳动力市场的一部分，所以，它趋向于要求更高的名义工资。其结果是，每个劳工组织都竞相要求提高工资，以避免在整体物价水平上涨时自己的实际工资下降。这种非合作博弈的均衡解就是所有工人的名义工资都上升，整体物价水平上扬。在遇到供给冲击时，这种分散的市场结构也不利于工资的调整，在信息不充分的情况下，没有单个组织愿意第一个下调名义工资，因为它将面临其他组织不跟随的风险，在无跟随者的情况下，就意味自身实际工资的下降。

劳工组织集中度不同的国家组成单一货币区，在遭受相同的供给冲击时，各国对冲击的吸纳能力不同，一般来说，集中度高的国家就业比较充分，产出受影响不大，而集中度低的国家失业就会增加，使产出下降。在单一货币下，这种非均衡因缺乏汇率工具而变得较难调整。然而劳工组织的工资谈判集中度过高容易形成垄断，同样不利于增加就业，也会减弱对冲击的吸纳能力。

（四）单一货币下财政体制不同造成的成本

各国拥有不同的财政体制，为财政赤字融资的方式也不相同。一般地，财税制度不发达的国家倾向于通过通货膨胀的方式为财政融资，因为在国内通过增税的方式融资的成本较大。相反，财税制度较完善的国家倾向于通过提高税收为其赤字融资，因为健全的财税制度使融资成本降低。合乎理性的政府在选择赤字融资方式时，会使各种融资方式的边际成本相同：当增税的边际成本大于通货膨胀的边际成本时，趋向于通货膨胀融资；反之，则倾向于税收融资。然而，一旦两国组成单一货币区，成本最小的赤字融资方式的选择将受到限制。为了保证与其他成员国相似的通货膨胀率，财税制度不完善的国家将被迫放弃通货膨胀融资方式而转向增加税收（假定政府开支不变），而对于该国来说，税收融资的边际成本大于通货膨胀融资的边际成本，这显然不符合帕累托最优，是一种社会福利的净损失。

（五）国家间经济增长率不同导致贸易不平衡

以两国为例，设初始状态下两国经济规模相同，$Y_a=Y_b$，两国的经济增长率分别为 R_a 和 R_b，A 国的经济增长率大于 B 国，$R_a>R_b$，A 国的收入进口弹性等于 B 国的收入进口弹性，$E_a=E_b=k$，则 A 国从 B 国增加的进口为 Y_aR_ak，B 国从 A 国增加的进口为 Y_bR_bk，由于 $R_a>R_b$，所以，Y_aR_ak 即 A 国从 B 国增加的进口大于 B 国从 A 国增加的进口，这将导致 A 国的贸易逆差。为了消除经常账户的长期逆差，A 国只有改变两国产品的相对价格，以使其产品比 B 国产品更具竞争力。为达到目标，通常有两条途径：一是 A 国货币贬值；二是紧缩国内经济，降低国内吸收水平。但是，在单一货币下，只能选择第二条途径，即采取紧缩性经济政策以降低国内价格水平，但其负面作用是抑制了经济的增长。这是单一货币区给经济发展较快的国家带来的损失。

以上讨论分析了单一货币区的成本，其核心在于说明，加入单一货币区后，面对非均衡冲击（来自需求或供给），在汇率调节手段消失的情况下，成员国缺乏有效的政策手段来调整经济，恢复均衡，这无疑是单一货币区的最大成本，其他成本都从其中衍生出来。事实上，决定单一货币区的成本的因素主要有两个：一是单一货币区内成员国之间发生非对称冲击的可能性；二是汇率工具对于调节经济非均衡的效果。理论分析表明，在单一货币区内，随着要素流动的日益充分，经济的均质趋向将得到加强，非对称冲击的概率会减小；在经济开放度较大的情况下，汇率工具在长期内趋于无效，在短期内效应也相当有限。所以，总的来说，建立单一货币区，实行单一货币的成本不会很大。

三、单一货币区的收益分析及评价

单一货币区的收益主要来自经济效率的提高，这一收益既体现在微观经济方面，也体现在宏观经济方面。

（一）消除交易成本所带来的收益

这方面的收益可以区分为直接收益与间接收益。

直接收益是指，成立了单一货币区后，货币区内流通完全相同的货币，这就消除了成员国货币之间的汇兑成本——消除汇兑成本是单一货币区最直接的收益。根据欧盟委员会的估计，这笔费用每年高达200多亿美元，约占欧盟GDP的0.5%。汇兑成本通常为金融服务的手续费，是银行表外收入的重要组成部分，汇兑成本的消失意味着银行收入的损失。也许有人会问，公众收入的增加正好与银行的损失相抵，收益从何而来？问题的关键在于，虽然银行汇兑收入减少了，但与此同时，大量的银行资源可以被释放出来从事其他盈利项目，从而提高社会的净福利水平。

间接收益是指，在市场被分割的情况下，由于汇兑成本、管理成本以及税收差异等原因，价格歧视普遍存在，在欧洲汽车价格的差异是较大的，1995年意大利同款汽车的价格与德国相差大约28%，与法国相差21%，与英国相差20%。在单一货币区内，交易成本的消除将减少区内各成员国市场的价格歧视，使同款商品在不同的市场上价格趋于一致，而且汇兑成本的消除便于消费者比较不同国家市场上同种商品的价格，并选择最便宜的市场购买自己所需要的商品，从而提高了消费者的福利。

（二）消除汇率不确定性所带来的收益

汇率变动的不确定性必然会影响到投资者未来收益的变化，在国际贸易和跨国投资中，汇率变动的不确定性影响了人们的信心，加大了贸易和投资的风险。对风险厌恶者来说，汇率风险的增加将减少他们从事生产经营的动力，使其慎于贸易和投资，从而降低社会福利。单一货币消除了汇率的变动，使未来收益更加确定，将刺激投资者提高经济活动的水平，增加产出。这是传统最优货币区理论关于单一货币区收益的最重要的观点。

汇率风险是如何影响国际贸易的呢？在任何一种贸易行为中，从签订合同到出口商拿到货款存在时间间隔，在这段时间中，汇率会有波动，而出口商的记账单位与成本核算以本币进行，外币折合为本币的汇率变动就使出口商面临着汇率风险。虽然出口商可以在合同中要求以本币为结算货币而消除这种风险，但汇率风险并没有完全消除，而是转移到了进口商身上。而对进口商来讲，从订货到收到货物有时间间隔，在这段时间里外币价格（出口国货币）也会有波动，汇率变动使其面临着受损的风险。可见，贸易合同中结算币种的选择只能起到在进出口商之间分配风险的作用，并不能消除汇率变动给某方带来的意外损失。

单一货币的出现消除了汇率波动产生的原因，实际上为各国货币提供了无成本的、无限制的保值。换句话说，多种货币的消失意味着汇率不确定性风险的消失。

（三）单一货币有助于形成更健全的价格机制和降低实际利率水平

价格是引导生产者和消费者行为的重要信号。如果汇率不稳定，则汇率波动将导致商品和劳务价格的波动，进而影响经济主体的经济决策，增加调整成本。而单一货币的引入可以消除由汇率因素造成的价格波动，使价格机制更有效地指导市场行为，减少调整成本。

价格不确定所引起的风险会导致实际利率水平的上涨。因为当一个投资项目的预期收益变得不确定时，风险厌恶者就会要求一个较高的风险升水以对其承担的风险进行补偿。投资者在进行项目预算时，会对未来的现金流量使用一个较高的贴现率。这些动机和行为都将抬高实际利率水平。而过高的实际利率水平会引起道德风险和逆向选择，降低选择投资项目的效率，浪费社会资源。

而单一货币的引入将降低各国的资金使用成本——利息。在欧元出现前，欧洲货币体系（EMS）约 20 年的运行经验证明，即使两个国家间汇率实际上已经固定，由于市场对汇率变化有疑虑，彼此的利率也仍会存在很大差异，不会完全均等。例如德国马克[①]与荷兰盾，两者自 1983 年起双边汇率波动再未超过平价的＋0.5％，但在欧洲货币市场上，3 个月荷兰盾存款利率仍比同期德国马克存款利率高 50 个基点。单一货币会消除市场忧虑的根源——多种货币的共存，从而实现利率均等化（利率向下靠拢），而资金使用成本的降低有助于投资和贸易的发展。

（四）信用延伸收益

两个通货膨胀率差异较大的国家建成单一货币区，实行单一货币后，控制通货膨胀信用较差的国家将从控制通货膨胀信用较好的国家获得信用，从而降低其通货膨胀，增进社会福利。

我们用开放条件下的巴罗-戈登模型（Barro-Gordon model）对这一收益做出说明，仍以欧元区形成前的两个国家为例（见图 13－5）。

---

① 1990 年 10 月之前指联邦德国马克，余同。

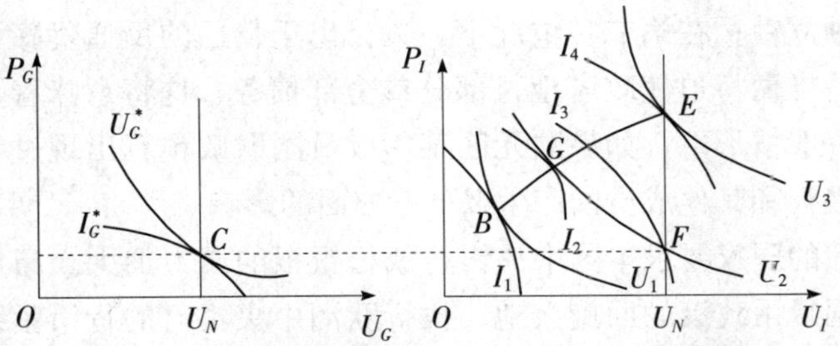

德国(反通货膨胀信用好)　　意大利(反通货膨胀信用差)

(a)　　(b)

图 13－5　开放条件下的巴罗-戈登模型

说明：在图中，U_1、U_2、U_3 分别表示不同通货膨胀预期下的菲利普斯曲线，经过标准预期调整后的菲利普斯曲线为：$U=U_N+a(P_e-P)$，U_N 为自然失业率。在理性预期下，$P_e=P$，即预期的通货膨胀率等于实际通货膨胀率，则过 U_N 的垂线代表长期菲利普斯曲线。I_1、I_2、I_3、I_4 分别代表货币当局的通货膨胀-失业无差异曲线，因为随着通货膨胀的下降，货币当局将更多地关注失业问题，反之亦然，所以无差异曲线外凸。无差异曲线越靠近原点，社会福利损失越小。

假定德国更关注通货膨胀而意大利更关注失业，这样，德国的无差异曲线比较平缓，意大利的无差异曲线相对陡直。C 点和 E 点分别为德国和意大利的通货膨胀-失业均衡点。C 点表示自然失业率下较低的通货膨胀率，而 E 点表示自然失业率下较高的通货膨胀率。意大利的社会福利损失较大。这时，如果意大利和德国成立单一货币区，就意味着意大利货币当局（当然，也包括德国货币当局）丧失了控制货币的权力，不能以意料之外的通货贬值来提高就业率。意大利公众由于对统一的中央银行反通货膨胀的信任，对通货膨胀的预期逐渐下降，直到等于德国的通货膨胀水平（假定统一的中央银行与德国货币当局有相同的反通货膨胀信用）。表示在图 13－5 中，F 点为加入货币区后意大利的通货膨胀-失业均衡点，过 F 点的无差异曲线为 I_3，过 E 点的无差异曲线为 I_4，显然，意大利的社会福利损失减少了，而同时，德国的社会福利并没有减少，这是一种典型的帕累托改进。

当然，要取得这种收益，有一个很重要的前提，即统一的中央银行必须和德国中央银行一样执行严厉的反通货膨胀货币政策，否则，不但意大利的社会福利得不到改进，德国的社会福利也将遭受损失。在现实的欧元区中，德国之所以坚持欧洲央行必须执行偏紧的货币政策，原因即在于此。

(五) 稳健的政府财政

在现行的经济一体化中，欧洲经济与货币联盟是一个拥有统一中央银行、单一货币而财政政策仍分散在各成员国手中的货币区，单一货币对个别成员国的财政必然会产生影响。

(1) 财政自律的重要性。政府预算的可持续性是货币政策不得不考虑的一个问题。从长期来看，持续的财政赤字将会导致政府债务规模逐渐增大、还本付息（刚性支出）占预算支出的比例越来越大，从而导致政府预算难以维系。这种问题只能以两种方式加以解决：或是债务的货币化，或是政府破产。在第一种情况下，中央银行为了拯救本国政府不得不放弃独立性；在第二种情况下，央行忠于自己的反通货膨胀目标而不对政府伸出援助之手，这样做将迫使政府拒付部分或全部债务，这将意味着金融危机乃至政治动荡。当然，在一般情形下，如果欧元区某一成员国财政预算出现过量赤字，则将会对独立的欧洲中央银行和其他成员国产生以下三方面的影响。

首先，高负债的国家要求本国中央银行放松银根的压力加大。高负债的国家在统一货币下缩小了本国货币政策的回旋余地。执行欧洲中央银行的货币紧缩政策一方面将减少本国的需求，使本国经济增长的速度放慢或产生衰退，减少税收收入；另一方面紧缩货币产生的高利率将加重公债还本付息的成本。由于中央银行执行统一的紧缩政策对财政有上述影响，所以当政府面临不可持续的债务状况时，必然要对本国中央银行施加强大的压力，要求其放松银根。即使中央银行在法律上可以独立于这种压力，货币紧缩也将可能导致一场金融危机甚至政治动荡，从而形成对中央银行实施独立货币政策的事实上的约束。当资本市场预计该国中央银行会被迫实施通货膨胀政策来缓解财政困难时，利率中的风险溢价将会上升。同时，该国中央银行反通货膨胀的信誉将会受到怀疑，而且这种影响将是长期的。

其次，当某国面临财政困难时，将影响整个欧元区的稳定。欧元启动后，欧元区内任何国家都失去了独立的货币政策。当某国无法以其他方式获得资助来渡过债务危机或维持政府运转时，很可能会被迫宣布不予偿债甚至退出欧洲经济与货币联盟以便将债务货币化。这会动摇公众对欧洲经济与货币联盟的信心，而当人们对各国发行的债券赋予不同的信用等级时，一个统一的欧元公债市场将不会出现。分割的金融市场不利于欧洲经济的融合，也使欧洲中央银行无法开展公开市场业务。

最后，某国财政困难会加大欧洲经济与货币联盟其他成员国解救它的压力。这种压力和前述对央行的压力一样，会引起市场的疑虑，对内会导致市场利率升高，不利于贸易和投资的开展，对外会降低欧元汇率，引起资金外流。

各国缺乏财政自律会为欧元区和欧元的稳定留下后患。正是基于这种考虑，再加上启动欧元存在使各国放松财政自律的可能性（统一的金融市场会为各国发债创造更便利的机会，中央银行或其他政府被迫提供援助的可能性会使每个政府都产生“搭便车”的思想），欧盟对各国的财政状况均做了严格约束。

（2）欧盟有关财政约束的实践。《马斯特里赫特条约》（以下简称《马约》）对各国财政的约束是严格的，这些规定主要体现在对欧洲经济与货币联盟第三阶段设置的标准中。《马约》规定了建设欧洲经济与货币联盟的三个阶段，第三阶段就是启动欧元，实施统一的货币政策。这一阶段有四条标准，其中一条就是关于政府财政状况的规定。内容是：第一，欧盟成员国在加入欧元区前一年，财政赤字不得超过当年 GDP 的 3%，除非出现以下两种情况，一是该比例（虽超过了 3%）正持续和大幅缩减到参照值，二是该比例（虽超过了 3%）仅是例外和暂时的情况，过去一直低于参照值。第二，公债占 GDP 的比重不得超过 60%，除非该比例正明显地下降或迅速地接近参照值。

自 20 世纪 60 年代以来，欧盟（欧共体）各国的预算赤字占 GDP 的比重一直在上升。石油危机以后，该比重更是超过了 3%，1993 年达到了最高峰（6.1%）。《马约》规定了财政趋向的标准后，各国都力图短时间达标，争取成为第一批欧元国。

削减赤字，无非是增收、节支或双管齐下。节支又分两种：削减经常项目开支和资本性开支。如果预算平衡的取得主要依靠增收（出卖国有企业等），则会减少家庭和企业的可支配收入，引起总需求下降，并且会改变社会需求结构，引起社会总储蓄率下降。节支如果依靠削减资本性开支，则会减少社会总的固定资产的形成。只有削减经常项目开支，才是平衡预算的“正道”，但此举会面临强大的政治压力。欧盟各国早有整顿财政的想法，但由于福利国家的传统，加上结构性失业问题（1998 年欧盟共有 1 800 万失业人口，平均失业率为 11.4%），各国无法大刀阔斧地紧缩财政。《马约》规定的预算纪律正好提供了一个契机，使各国政府易于获得公众的理解，紧缩措施面临的政治压力少了很多。

1997 年欧盟各国赤字占 GDP 的比重从 1996 年的 4.2%下降到了 2.4%，除了希腊的赤字比例为 4.0%而超过了 3%的标准外，欧盟其余 14 国全部达标。公债方面也有显著进步。随着 1999 年欧元的诞生，以及欧元世界货币地位的确立，欧元区国家获得了大量免息或低息融资。单一货币增强了欧盟的经济实力，提高了其国际竞争力。据统计，2020 年欧盟成员国的 GDP 超过 15 万亿美元，约占世界 GDP 总额的 18%，欧盟为世界第二大经济体。欧元已经成为一种被广泛接受的世界货币。一种货币一旦作为世界货币被广泛接受，将被大量用于国际储备和贸易支付。无论这种被国外持有的货币以何种形态存在（债券或现汇），都相当于对货币发行主体提供了一种廉价或免费的融资。这对欧盟来说无疑是一笔巨大的收益。

四、经济一体化的案例分析

目前，最典型的经济一体化案例应属欧盟。1951 年欧洲 6 国建成煤钢联营，1957 年《罗马条约》签署，1958 年欧洲共同市场诞生。此后，欧洲在经济一体化的道路上努力前进，经济实力与美国相当。20 世纪 90 年代，欧洲形成统一大市场，1999 年欧洲货币在支付中使用，欧盟在经济一体化的道路上继续努力。

1957 年签订的《罗马条约》和 1958 年开始的欧洲一体化进程，是世界经济与政治领域中具有历史意义的重大事件，影响是深远的。

根据国际经济学的理论，任何国际经济往来、交流和国际经济活动的参与都是创造经济利益的行为（经济利益的福利效应可能是正值，也可能是负值），也是已有的和新产生的经济利益在不同交往者、参与者之间进行分配与再分配的过程。欧洲一体化进程的各个环节概莫能外，即利益的创造、分配与再分配。

我们在上面分析过，经济一体化是一个过程，它的最终目标是建立起包括各参与者在内的一个范围更加广泛的经济单位。（如果可能，这一经济单位将用一个“声音”说话，从而形成一个范围更加广泛的政治单位。）一体化的参与者们在行为上的表现是：为了获得共同利益或共同利益中的一部分而让渡民族国家的部分经济主权，由一体化的参与者们集体行使。在实质上，经济一体化是具有排他性的商品、资金、劳动力和信息的自由流动（一体化参与者之间）与保护主义（一体化参与者和外部世界之间）的有机结合，以便更深、更广地开拓一体化内部的资源。历史地看，从《罗马条约》到《马约》，从共同市场到欧洲共同体又到欧洲联盟的过程，一体化的参与者们总是在考虑，让渡民族、国家的部分经济主权而由参与者们集体行使是否有必要。利益原则告诉人们，如果通过一体化的经济联合过程，参与者们可以拥有更多的机会，比不参加一体化联合能够获得更多的利益，那么一体化联合就可能出现。这里的关键是，通过一体化而产生的共同利益中一国所能获得的部分，一定要大于不参与一体化自己可能获得的利益。或者换言之，如果参与一体化要使一国付出一定的代价（如让渡民族国家的部分经济主权），则其程度一定要小于该国因不参与一体化进程所需付出的发展代价。总之，这里贯彻的是“两利相权取其重，两弊相衡取其轻”的比较利益原则。如果我们把欧洲一体化进程看作参与者之间利益创造、分配与再分配的关系，那么就会对 20 世纪 90 年代以来欧洲一体化进程中的种种现象，如欧元的诞生，有很好的理解。

（1）从历史上看，20 世纪 50 年代西欧面对美国和苏联的（军事、政治、经济）夹击与竞争，面临着必须通过共同协商、努力和联合才能克服的矛盾与困难，这些矛盾与困难的存在（如在经济上与美国相比只处于二等国家的地位，在政治、军事上也无法与美国及苏联匹敌），不仅使欧洲国家在国际经济、政治中难以获益，甚至连经济、政治的正常运转都发生了困难，只有走联合、一体化之路，才能争得与美苏平等的地位。西欧各国在权衡利弊之后，基本上都积极地加入了一体化的行列。20 世纪 70 年代中期，发生了战后严重的、由石油大幅度提价引发的经济衰退，廉价能源时代的结束使欧洲各国被迫对产业结构进行了彻底的改造和变革，将产业发展建立在了高技术的基础上。经过 20 年的调整实践，西欧各国的产业已经适应了能源高价，高劳动生产率使能源占产值的比重极大地降低，但新的、建立在高技术竞争基础上的矛盾又将一体化进一步向前推进。1986 年 5 月欧洲共同体各国签订了《单一欧洲文件》，使得当时 12 个成员国之间商品、资本、劳务、人员的自由流动在 1992 年底成为现实，西欧形成了统一的大市场。20 世纪 80 年代末 90 年代初，世界格局剧变，冷战的结束和雅尔塔时代的完结促使欧洲于 1991 年底达成了《欧洲经济区协议》及《马约》，同时欧洲共同体与波兰、匈牙利、捷克斯洛伐克签订了《联系国协议》（到 1993 年已经有 6 个东欧国家签订了该协议），以便从一体化的扩大中获得更多的利益。1992 年 5 月，欧洲共同体与欧洲自由贸易联盟签订协议，决定到 1997 年建成一个由 19 个国家组成，人口近 4 亿，占世界贸易额 45％的商品、资本、人员自由流动的大市场。然而，1992 年世界性衰退从北美波及欧洲后，西欧各国在本国利益受到冲击时做出了不同的反应，欧洲一体化因各国被迫进行调整以维护各自的利益而受挫。在此期间出现了英国、意大利相继退出汇率安排以及《马约》在丹麦被否决的情况，各国巨大的预算赤字和公共债务使它们难以达到《马约》所规定的宏观经济指标。但这些情况都得到了根本的调整，欧洲一体化的目标终于如期实现。另外，由于利益的使然，欧洲联盟（1993 年 11 月欧洲共同体改名为欧洲联盟）各国在如何进一步扩大、深化自身的问题上存在着矛盾，统一后的德国为了使自己成为欧洲联盟的中心，积极鼓吹东进，主张与原东欧社会主义国家结盟，而法国出于自己的利益考虑则主张南下，希望将欧洲联盟扩大到地中海沿岸国家以抗衡德国的势力扩张。

（2）欧洲一体化进程自 1958 年（甚至可以追溯到 1951 年，该年根据《巴黎条约》

建立了欧洲煤钢联营）以来，《罗马条约》所规定的目标早已达到：欧洲共同体成员国之间的工业品进口限额和关税壁垒已被逐步取消，统一了共同体的对外关税税率，实行了共同农业政策，统一了主要农产品的价格，出口农产品实行了补贴制度，成员国之间的农产品贸易取消了关税，对非成员国农产品的进口征收“门槛税”，制定了共同对外贸易政策，欧洲货币体系也建立了起来。此外，成员国在政治领域加强了合作，对外政策得到了协调。1991 年 12 月，欧洲共同体 12 个成员国的首脑在荷兰马斯特里赫特市举行会议并达成协议，签署了《欧洲经济与货币联盟条约》《政治联盟条约》（统称《欧洲联盟条约》，即《马约》），虽然经历了丹麦的风波，但最后《马约》还是相继在各成员国投票得到了通过。欧洲一体化的基本框架在《马约》中得到了体现：协调并建立共同的经济政策，实行单一货币，规定成员国之间货币兑换率的变化幅度，建立欧洲统一的中央银行体系。

根据《马约》的时间表，欧洲经济与货币联盟将分三个阶段逐步实现：1990 年 7 月 1 日—1993 年 12 月 31 日，这一阶段的主要任务是实现欧洲共同体内部资本的自由流动；1994 年 1 月 1 日—1996 年 12 月 31 日，在这一阶段成员国应进一步协调货币政策并为成立统一的中央银行做好准备；1997 年 1 月 1 日，最迟不超过 1999 年 1 月 1 日，开始形成、完成经济与货币联盟。为了如期完成一体化时间表所规定的任务，欧洲共同体在经济、科技、社会、能源、环境保护、外交等方面达成了几百项协议，如资本自由流动、统一海关检查、相互开放公共采购市场、相互承认学历资格、统一毕业文凭、相互承认驾驶执照、取消边境检查等等。欧洲共同体的两个“老大难”问题——成员国预算分摊和农业发展巨额开支问题也得到了初步、原则性的解决。在欧洲共同体的决策程序上，欧洲共同体也获得了实质性的进展：对于欧洲共同体内部重大问题的决定，改变过去必须协商一致的原则，实行多数（2/3）通过的做法。终于在 1999 年，欧元如期启动，欧洲的经济一体化迈出了重要的步伐。

（3）欧洲一体化的种种举措可以被看成是欧洲各国在 20 世纪 80 年代末 90 年代初世界发生巨变、经济政治出现一系列新情况的条件下，为谋求适应外部环境而建立相对稳定的内部结构的尝试，也是一种以深化一体化来克服新问题的做法。从另一个角度看，由于一体化本身是利益创造、分配与再分配的过程，因此当成员国国内矛盾凸显、民族利益与欧洲共同体整体利益发生矛盾时，一体化进程不免会受到影响。1992 年 9 月欧洲的金融动荡使货币联盟的推进因英、意退出汇率安排而受阻，英、德之间因汇率问题而产生的矛盾使双方的关系一度紧张，险些引发对联合的信任危机，该年 10 月英国伯明翰会议提出了“没有核心，没有两种速度，也不会有一个国家被抛在后面”的一体化原则，才使矛盾有所缓和。这充分地反映了一体化的推进取决于参与者利益的一致性。

欧洲一体化进程中先易后难的特点极为明显，一体化中利益相同、容易达成一致的方面均已有了很好的结果，剩余的全是所谓“硬骨头”问题，即成员国在利益上难以协调或利益分配难以使各方都满意的那些方面，如统一税制、统一货币的普遍使用、辅助性原则等，在短期内难以取得进展。2020 年 1 月 30 日，欧盟正式批准了英国脱欧。2020 年 12 月，经过多轮激烈谈判，欧盟与英国终于就包括贸易在内的一系列合作关系达成协议，为英国按照原计划在 2020 年结束“脱欧”过渡期扫清了障碍。如无重大契机（对欧洲经济政治发展来说的关键性挫折或推动），欧洲一体化进程将在国别与整体利益的权衡中，在快速与慢速的交替中，在协商与调整的过程中发展，最终完成预定的所有经济一体化目标。

欧洲的一体化与联合是人类历史上自我调节的一种尝试，是人们力图用理性的妥协所产生的秩序克服因非理性而产生的无序的努力，尽管这一努力尚有大量不尽如人意之处，甚至可能在达到某种一体化程度后无法继续深入，极而言之甚至会因为某种原因（如战争的爆发）而终止，但这种经济政治的一体化过程毕竟是人类发展、社会文明的进步，它的价值和意义已经为实践所证明。1992 年 8 月 12 日由美、加、墨签署的《北美自由贸易协定》（已于 1994 年 1 月 1 日正式生效），正在向务实方向发展的亚太经济合作组织（APEC），便是这种联合精神在世界其他地区的反映。合作与一体化活动不仅在空间上得到了扩大（欧盟已成为一个由 27 个国家组成、人口约为 4.5 亿、GDP 约占世界 1/5 的一体化经济区，1994 年 1 月 1 日产生的北美自由贸易区现有约 5 亿人口、20 多万亿美元的 GDP，而亚太经济合作组织则欲将环太平洋地区的 20 多个国家和地区都纳入这一合作体系），而且在实践上得到了深化（如在经济发展水平不同的国家之间进行经济联合及一体化，联合及一体化不是从贸易领域的自由化而是从互补出发的其他领域的自由化开始，等等），这已经成为世界经济与政治中重要的新进展，也成为国际经济学中非常值得研究的问题。

第三节　国际经济组织及其作用

在经济全球化的过程中，国际经济组织在协调国际经济活动中日益显现出重要的作用，已经成为各国在经济全球化中的重要合作对象，它们不仅是经济全球化的产物，也是经济全球化的积极促成者。

一、国际货币基金组织及其作用

1944 年 7 月，44 个国家的代表在美国的新罕布什尔州的布雷顿森林举行联合国和联盟国家货币金融会议，签订《国际货币基金组织协定》，该协定于 1945 年 12 月生效。按照该协定，国际货币基金组织（IMF）建立于 1945 年 12 月，1947 年 3 月开始工作，为联合国的专门机构之一。国际货币基金组织的宗旨为，就国际货币问题进行合作，促进国际贸易的平衡发展，提高就业，增加收入，避免竞争性贬值，保持各国货币对外汇率的相对稳定，向成员提供所需要的临时性贷款，设法消除国际收支的严重失衡，等等。

国际货币基金组织的资金来源主要是国际货币基金组织成员缴纳的份额以及借款，成员认缴后份额即成为国际货币基金组织的财产，作为储备来满足成员调整国际收支失衡时的需要。每个成员认缴的份额比例也决定着该成员在国际货币基金组织中分配到的特别提款权的比例。国际货币基金组织的活动由成员投票决定，每个成员都具有相同的基本票，然后根据它在国际货币基金组织中的份额按比例增长票数。国际货币基金组织的一般活动只要简单多数通过即可，但重大事宜则需要85%的票数通过。美国因为占有15%以上的票数，所以实际上它具有对任何重大事务的否决权。国际货币基金组织的主要职能是通过提供贷款来帮助成员调整国际收支失衡，因此它只同受援成员的政府打交道，向它们提供贷款。贷款的类型有普通贷款、出口波动补偿贷款、缓冲库存贷款、补充贷款、经济结构调整贷款等，贷款要求支付利息及相应手续费。为了扩大储备资产，1969 年国际货币基金组织创立了特别提款权，作为账面资产用于支付成员政府或国际货币基金组织的债务，并在各成员中作为国际储备资产而存在。另外，国际货币基金组织还有指导国际金融秩序、提供金融咨询服务等功能。

国际货币基金组织的最高决策机构是理事会，日常工作由执行董事会负责，总部设在美国首都华盛顿。国际货币基金组织的行政负责人是总裁，任期为 5 年，总管国际货币基金组织的业务工作。

中国是国际货币基金组织的创始成员之一，1980 年 4 月该组织恢复了中华人民共和国在国际货币基金组织中的合法席位，中国是国际货币基金组织的重要成员之一，在该组织中发挥着重要的作用。

二、世界银行及其作用

世界银行又称国际复兴开发银行，根据 1944 年 7 月美国布雷顿森林会议通过的《国际复兴开发银行协定》于 1945 年 12 月成立，总部设在美国首都华盛顿，1947 年 11 月起成为联合国的专门机构之一。世界银行最初成立的宗旨是恢复因第二次世界大战遭到破坏的经济，在这一任务基本完成后，世界银行的任务有所转变，成为援助、促进发展中国家经济发展的重要国际金融机构。

世界银行今天的宗旨为，对用于生产目的的投资提供便利，鼓励发展中国家开发资源，促进私人对外投资，提供发展中国家经济发展所需要的贷款，等等。世界银行的组织形式是股份制，资金的主要来源是成员国认购的资本股金，世界银行的贷款严格按照程序进行，资金的用途主要是项目贷款，如向发展中国家提供基础设施、教育、培训技术援助和咨询等方面的贷款，贷款期限为 7～30 年。世界银行贷款的接受者要求为政府或政府担保的企业，接受者必须经过世界银行对项目的评估，在贷款的使用过程中还要按期不断向世界银行汇报使用情况。

世界银行的最高决策机构是理事会，日常工作由执行董事会负责，行长历来是美国人。它与国际开发协会（向较贫困国家提供优惠贷款）、国际金融公司（向不发达国家的私人企业提供贷款与投资）、多边投资担保机构（向外国私人投资者提供政治风险担保）和国际投资争端解决中心（解决国际投资争议的仲裁机构）组成世界银行集团，其中世界银行、国际开发协会和国际金融公司是世界银行集团的主体。国际开发协会成立于 1960 年 9 月，成员国仅限于世界银行的成员国，它的宗旨是向成员国中的发展中国家提供优惠的长期贷款，达到促进经济发展的目的。国际开发协会的资金来源于资本股金的认购和捐款，成员国认缴的资本越多，投票数越多。国际开发协会的贷款期限长于世界银行的贷款期限，可以达到 50 年，不收利息，只收一定的手续费。目前贷款主要投向发展中国家的农村建设、人力资源开发、基础设施建设。国际开发协会的会址在美国首都华盛顿，机构主要有理事会、执行董事会，理事和董事均由世界银行的理事和董事担任，协会的经理由世界银行行长担任。国际金融公司成立于1956年7月，1957年2月成为联合国的专门附属机构，成员国也仅限于世界银行的成员国，1980年中国在该公司的席位得到恢复。国际金融公司的宗旨是辅助世界银行向成员国尤其是发展中国家的私人企业和开发金融机构提供贷款，以促进成员国的经济发展。国际金融公司的资金来源于成员国认缴的资本与借入的资金。它的贷款不需要企业所在国政府的担保，贷款期一般为5～15年，并收取贷款利息。总公司设在美国首都华盛顿，机构主要为理事会、执行董事会，理事和董事均由世界银行的理事和董事兼任，公司总经理由世界银行行长担任。

三、世界贸易组织及其作用

世界贸易组织（WTO）于1995年1月1日成立，正式取代1948年以来作为临时性机构的关税及贸易总协定（GATT，简称关贸总协定），它是根据经过成员政府和立法机构批准的国际条约创建的常设经济组织。WTO的执行机构为总理事会，成员协商产生总干事，最高权力机构是每两年召开一次的部长级会议，关键架构为贸易争端解决机构和贸易政策审议机构。目前，WTO在进行争议处理、金融服务准入、电信服务等方面取得了一定的成就。

世界贸易组织的基本原则与宗旨是：通过实施市场开放、非歧视和公平贸易等原则，达到推动实现世界贸易自由化的目标；通过自由贸易达到世界范围内各个国家和地区经济福利的总体提高。世界贸易组织的基本职能包括：作为成员进行多边贸易谈判的场所和发表意见的讲坛，在成员的支持下管理和执行已经达成的多边贸易协议，当发生成员之间的贸易纠纷时寻求贸易争端的解决，定期考察并监督成员的贸易政策，与其他国际经济组织合作，等等。从总体上来看，世界贸易组织主要强调、贯彻贸易自由主义和无歧视政策，并对发展中国家有一定的贸易优惠。具体来讲，世界贸易组织的原则如下。

(1) 非歧视原则。

非歧视原则也称无差别待遇原则，主要体现在最惠国待遇条款上。最惠国待遇指缔约一方现在和将来给予任何第三方的优惠和豁免，也给予缔约对方。最惠国待遇分为有条件的和无条件的两种。世界贸易组织实行的是无条件最惠国待遇，目的是防止缔约方之间的歧视，使它们具有同等的贸易机会，平等地进行贸易竞争，推动自由贸易和缔约方经济的发展。国民待遇是指缔约方相互保证对方的自然人、法人和商人在本方境内享有同本方自然人、法人和商人同等的待遇。世界贸易组织的国民待遇只适用于从外国进口的产品。规定国民待遇条款的目的是，保证缔约方能真正享受到关税减让的成果，使外国产品能在平等的条件下与进口国国内产品竞争，保障进口产品在经销过程中不受歧视性待遇。

(2) 关税减让原则。

要求各缔约方通过关税谈判，在做出互惠让步的基础上逐步降低关税，形成关税减让表，任何缔约方均不能单方面修改税率。

（3）取消数量限制原则。

缔约方规定只能通过关税来保护本经济体的产品，一般不得实行进出口限制。这个原则主要是针对禁止进口、配额管理和进口许可证等做法。

（4）反倾销与限制出口补贴原则。

禁止缔约方在出口时实行倾销，并允许缔约方在某项工业由于倾销而遭受重大损害和威胁时征收反倾销税加以抵制。关于出口补贴，世界贸易组织禁止缔约方对制成品提供出口补贴，对于初级产品的出口补贴，则要求仅限于缔约方承诺对其加以限制的产品。当出口补贴对另一缔约方境内工业有威胁时，该缔约方可以征收反补贴税。

（5）透明度原则。

缔约方政府必须公布自己有关外贸基本权利、义务的法规和条例，使各缔约方政府和商人可以获知和了解，其目的是防止缔约方相互进行不公开的贸易，从而导致歧视性待遇。

（6）磋商调解原则。

世界贸易组织争端解决机制鼓励争议双方尽量采取友好协商的办法来解决问题。《争端解决规则和程序的谅解》规定，每个成员保证对另一成员提出的有关问题给予考虑，并就此提供充分的磋商机会。世界贸易组织争端解决机制的目的在于"为争端寻求积极的解决办法"。因此，对于成员之间的问题，鼓励寻求与世界贸易组织规定相一致的、各方均可接受的解决办法，保持缔约方之间权利和义务的平衡。

围绕上述六项原则，世界贸易组织的主要内容分为四个部分。

第一部分：核心条款。缔约方在关税和贸易方面互相提供无条件最惠国待遇和关税减让。

第二部分：主要对缔约方互相提供国民待遇、海关估价、补贴、外汇安排、进口数量限制等贸易政策加以规定和规范。

第三部分：就文件的适用范围、加入和退出手续、关税谈判和关税减让表的修改等问题做出程序性规定。

第四部分：对发展中国家的贸易和发展应尽量给予关税和其他方面的特殊待遇。

与过去的关贸总协定相比，世界贸易组织在内容、范围、体制和职能方面，尤其在强化世界多边贸易秩序、规范国际贸易竞争的规则、完善贸易争端解决机制等方面有着许多新的进展，归纳起来主要体现为：

（1）世界贸易组织是在一个国际"临时"协定——《关贸总协定》的基础上，根据《建立世界贸易组织的马拉喀什协定》（简称《马拉喀什协定》）成立的正式国际贸易机构，它是世界多边贸易体制的基础，具有自己的运行规律，是国际经济正常运行的三大支柱（另外两大支柱为国际货币基金组织和世界银行）之一。

（2）与关贸总协定相比，世界贸易组织进一步规范、明确了原总协定以及各附加协议中某些贸易惯例和法律概念的含义，如海关估价、补贴与反补贴、倾销与反倾销等，使得世界贸易组织在运作时能够更加清楚各种界定。

（3）世界贸易组织在国际多边贸易协调方面，将领域与范畴极大拓宽，增强了作为正式国际贸易组织的作用力度，它在纺织品、农产品、服务贸易、知识产权、环境保护等方面制定的过渡原则与各种条文，将关贸总协定的协调权限扩展到了许多新的领域。

（4）该组织强化了关贸总协定维护多边贸易体制的政策审议、贸易争端的解决机制以及保障条款，使它们更加制度化和法制化，并完善了它们的程序过程。

（5）世界贸易组织在成员的构成方面不断扩大，截至2021年底已经有164个成员，其中绝大部分是发展中国家和地区。此外，欧盟也以集体的身份加入而成为成员。正是这样，世界贸易组织在一定程度上对发展中国家和地区给予了相应的差别优惠待遇。

四、地区经济组织及其作用

地区经济组织包括亚洲开发银行、非洲开发银行、亚太经济合作组织、西非国家经济共同体、南部非洲发展共同体、东非开发银行等。有些地区经济组织全部由发展中经济体组成，有些地区经济组织由发展中经济体与发达经济体共同组成，发达经济体在其中发挥主导作用。这类组织的宗旨也都是促进贸易增长、保证金融平稳运行和促进经济发展等，这类组织都在各自的领域中为世界经济的发展做出了自己的贡献。但是，由于经济利益的差异，在地区经济组织中，在不同类型的成员之间，往往也存在着一些需要进行协调的问题，这类组织也大都是在不断协调中得到发展和壮大的。

第四节　国际经济秩序的建立与南北关系

国际经济关系是在国际经济体系的基础上建立起来的，在古典经济学的理论中，国际经济体系是在自由贸易制度、平衡预算制度和金本位制度基础上建构的，而政府在国际经济体系中不应该有重要的作用，但这样的体系在自由贸易受到挑战、国际金融体制发生变革的情况下从来也没有能够独立存在，因此政府在国际经济体系中的调整是必不可少的，于是就有了国际经济关系与国际经济秩序的出现。在今天世界被分为发展中国家与发达国家两大阵营后，国际经济秩序的问题在国际经济利益的创造与分配的基础上日益复杂，而且不同的国家和学者对国际经济秩序的看法有着较大的分歧。

一、国际经济秩序概述

（一）国际经济秩序的含义

国际经济秩序是指国际范围内各种类型的国家之间的经济关系，以及全部国家经济体系与制度的总和。不同的时代有着不同的国际经济秩序，但它的基础总是当时的基本国际经济关系。从国际经济学的角度看，国际经济的基础是利益，因此国际经济秩序中贯穿着利益的矛盾，同时在国际经济活动中也体现着经济学的永恒主题，即公平与效率的矛盾。

（二）旧国际经济秩序分析

旧的国际经济秩序是指在国际生产领域、国际商品交换领域、国际金融领域中发达国家对发展中国家实行的不公平做法，以及存在的经济控制方面的不合理关系。事实上，在国际经济领域中个别国家的利益与国际经济整体利益之间存在着一致，也存在着矛盾。在经济实践中，每个国家都有使本国利益最大化的动机，它激励着一国在国际经济范围内采取某些对于该国而言是符合理性，但对于世界而言是违反理性的做法。如采取禁止性的保护主义，进行损人利己的短期资本投机，利用竞争性贬值危害国际贸易的正常进行，等等。此外，还有由非经济原因造成的个别国家与世界整体利益之间矛盾的情况所导致的损害世界经济利益的做法。这就需要有国际协调机制来对这些危害世界经济总体利益的行为进行规范，尤其是对作为富国的发达国家危害穷国发展的那些行为进行规范。应该看到，从理性上各国都已经认识到个别国家的利益与世界经济总体利益的一致以及公平与效率统一的重要性和必要性，但是这种理想状态是国际经济学家希望达到但又知道无法达到的最优状态，因此各国在实践中只能去追求可能达到的次优状态。

（三）G7 与国际经济秩序

G7（七国集团）峰会是指西方 7 个大国即美国、英国、德国、法国、日本、意大利和加拿大的首脑定期就世界经济的重大事务进行磋商的会议。这一会议的根本宗旨在于稳定世界经济，促进增长，但对发展中国家的利益考虑得较少。从某种意义上讲，G7 峰会实际上是西方发达国家对国际经济事务进行协调的场所，所做出的协调结果也必然符合发达国家的根本利益，或只有在不危及发达国家根本利益的基础上才做出某些调整以使发展中国家能够得到经济上的帮助。从经济学的主题来考虑，G7 峰会考虑世界经济效率的事务多，而研究世界经济公平一面的内容少，致使发展中国家认为这样的会议在多数情况下是以牺牲发展中国家的利益来维护发达国家的利益的，因而对 G7 的许多做法反应冷淡。1997 年俄罗斯受邀加入，从而 G7 高峰会议演化为 G8（八国集团）首脑会议，但在经济问题上依旧保持七国体制。2014 年 3 月 25 日，美国白宫宣布，奥巴马和 G7 其他国家领导人决定，暂停俄罗斯的 G8 成员国地位。至此，G8 又暂时变回了 G7。

（四）G20 峰会

为了促进工业化国家和新兴市场国家就国际货币和金融体系的重要问题开展富有建设性和开放性的对话，并通过对话加强国际金融体系架构，为处于不同发展水平的主要国家提供一个共同探讨的平台，在 G8 的基础上加入了 11 个重要新兴国家（中国、阿根廷、澳大利亚、巴西、印度、印度尼西亚、墨西哥、沙特阿拉伯、南非、韩国、土耳其）和欧盟，形成了 G20（二十国集团），所召开的会议为 G20 峰会。

二、国际经济新秩序

（一）南北经济关系分析

南北经济关系脱胎于过去的殖民地与宗主国的关系，并演变为目前的状况。在这种关系中，发展中国家的地位在上升，但其基本方面仍然有着不平等的情况。南方对北方有着一定的依附性，发达国家希望发展中国家的经济能够在一定范围内得到发展，但又希望发展中国家的经济能够服务于发达国家经济的增长，因此又对发展中国家进行不平等的控制。发达国家在考虑与发展中国家的经济关系时，认为过多地照顾国际社会中的贫富差距会降低资源在国际经济中的配置效率，而这又会危及整个世界经济的福利增长，即不愿意因为顾及国际社会的平等而牺牲自己的经济效率。而发展中国家则认为不能为了效率增长而忍受贫困的继续，并认为本国的贫困在相当大的程度上是过去殖民主义的产物。一些激进的经济学家甚至认为，当今的国际经济秩序仍然在进一步加重发展中国家的贫困，经济殖民主义比老殖民主义的危害性更大，而目前出现的高新技术革命、互联网的使用事实上在一定程度上导致了发达国家与发展中国家之间经济差距的不断加大。以知识为背景的经济对于发达国家是促进经济增长的因素，而对于发展中国家则可能是使其经济日益“边缘化”的因素。

（二）国际经济新秩序的提出

1964 年，第二届不结盟国家首脑会议首次提出了“建立国际经济新秩序”的口号，要求在国际经济领域的贸易、金融、技术转让、经济合作、发展援助等方面建立一种新的南北经济关系，建立新的世界经济体系。1974 年联合国大会第六届特别会议通过了有关建立国际经济新秩序的一系列文件，认为国际经济新秩序应该建立在所有国家待遇公平、主权平等、互相依存、共同受益和协力合作的基础上，它能够纠正不平等和现存的非正义，并且会使日益扩大的发展中国家与发达国家之间的鸿沟得以消除。事实上，国际经济新秩序要求人们在国际社会中，在公平与效率、个别国家或国家集团的利益与世界经济总体利益之间找到一个发展中国家与发达国家都能够接受的交叉点，并在这样的基础上使双方的经济都得到增长与发展。

（三）国际经济新秩序的建立

根据 1974 年联合国大会第六届特别会议通过的《建立新的国际经济秩序宣言》和《建立新的国际经济秩序的行动纲领》，发展中国家在维护资源、经济独立、国际贸易、国际金融、国际生产领域与发达国家进行了全面的合作，同时为了维护自身的利益，也进行了斗争。目前，发展中国家与发达国家都认识到建立双方都可以接受的国际经济秩序是非常有必要的，有着重要的实际意义。从国际经济学的角度讲，双方都愿意通过开展国际贸易、资本流动、人员交流、技术援助等国际经济活动的方式，使国际资源在更高的效率下重新进行配置，使已经存在和新创造的福利在国际上进行新的分配与再分配，从而尽可能地在次优的层面达到个别国家或国家集团与世界经济总体利益的一致，达到效率与公平的统一。为了上述两个目的而进行的国际经济协调的开始就是国际经济新秩序的开端。

核心概念

贸易创造	贸易转移	经济一体化
自由贸易区	关税同盟	共同市场
亚太经济合作组织	北美自由贸易区	经济联盟
完全的经济一体化	最优货币区	巴罗-戈登模型
国际货币基金组织	世界银行	世界贸易组织

复习与思考

1. 试分析贸易创造的产生与影响。
2. 试述关税同盟的内容与经济作用。
3. 试述经济一体化的基本形态。
4. 试述建立最优货币区应具备的条件。
5. 试用图形进行单一货币区的成本分析。
6. 试述巴罗-戈登模型的基本内容。
7. 试述 WTO 的原则、基本职能及其对国际经济关系的影响。
8. 试述国际经济新秩序。

第十四章

加速演进中的经济全球化变局

重点问题

- 经济全球化
- 全球化新格局
- 逆全球化

本章的学习目的在于使学生了解和掌握经济全球化的基本概念、经济全球化对不同国家的影响以及经济全球化的发展趋势。经济全球化最根本的本质就是它的演进是一个客观的动态过程，而非一种制度安排，最基本的特征就是生产要素在全球范围内的自由流动，最明显的作用就是由于要素配置效率的提高而导致的社会财富绝对量的增长和国民福利水平的提高。

在今天的世界经济中，各国的相互联系和相互依存日益加深，“没有哪个国家能够独自应对人类面临的各种挑战，也没有哪个国家能够退回到自我封闭的孤岛”①。中国将“推动经济全球化朝着更加开放、包容、普惠、平衡、共赢的方向发展”②。世界经济正在经历一轮新的调整、新的变革和新的发展。各国之间方方面面的联系日益密切，人类命运共同体的形成在许多基本问题上越来越成为现实世界的需求，例如环境影响方面的你中有我、我中有你，抗击各种疫情方面的相互帮助。与此同时，人类社会继续进步面临的问题与挑战也日益彰显，经济全球化进步的一面不断遭遇逆全球化说法的抹黑，经济民粹主义抬头，世界经济增长的周期因素和非周期因素造成的不稳定性、不确定性风险有增无减，经济全球化前行的方向成为被讨论的热点。笔者认为经济全球化是人类社会发展的客观历史进程和固有的内在规律，有起有伏很正常，它是新时代的世界潮流，是不可逆转的历史大势，其发展是不以人的意志为转移的，历史大势必将浩荡前行。习近平主席在第二届中国国际进口博览会开幕式上的主旨演讲中以江河为喻，指出“长江、尼罗河、亚马孙河、多瑙河昼夜不息、奔腾向前，尽管会出现一些回头浪，尽管会遇到很多险滩暗礁，但大江大河奔腾向前的势头是谁也阻挡不了的”③，阐述了经济全球化的不可逆转性。

---

①② 习近平：决胜全面建成小康社会 夺取新时代中国特色社会主义伟大胜利——在中国共产党第十九次全国代表大会上的报告. 中国政府网，2017-10-27.

③ 习近平在第二届中国国际进口博览会开幕式上的主旨演讲. 中国共产党新闻网，2019-11-05.

经济史学家通常将1846年视为经济全球化的起始年代，那一年英国议会废除了《谷物法》，单方面主动地实行了自由贸易政策。他们认为，170多年来经济全球化经历了三波高潮。第一波经济全球化高潮出现于1870—1914年，在第一次工业革命（也即第一次科技革命）发生后，由于蒸汽机替代帆船、铁路的大规模建设、大机器生产的普及等提高了主要工业化国家的劳动生产率，促进了交通运输系统的发展。以科学和技术相结合为特征、以电力为核心标志的第二次工业革命（也即第二次科技革命）的勃兴，催生了电力工业、化学工业等新兴工业部门，培育了汽车、飞机等交通运输工具的制造，电话等新通信手段也开始广泛应用。国与国之间的经济联系日益紧密，彼此的经济活动相互影响，国际经济关系已经成为工业国家经济增长的重要因素。因此各国通过谈判降低关税壁垒，增加商品、资本和劳动诸要素的全球流动，使得第一次经济全球化得以迅速展开。第二波经济全球化高潮出现于1950—1970年，第三次工业革命（也即第三次科技革命）进一步推动了国际分工的深化，在国际货币基金组织和关贸总协定框架下，美元成为世界经济的计价与结算货币，世界贸易量大幅增长，资本的跨国流动促进了生产的国际化，以美欧日等发达国家为主开展了多边贸易自由化和投资便利化的谈判，进一步促进了国际贸易、生产的跨国化以及技术和产业的国际转移。第三波经济全球化高潮发轫于20世纪80年代末，随着计算机和网络技术的发展，国与国之间出现了从未有过的紧密的经济联系，世界经济得到了快速的发展，贸易、金融、投资、技术、人员、服务在全世界的流动频繁，不仅发达国家，而且发展中国家也纷纷参与或被卷入国际经济分工，全球化势头得到了前所未有的加强。虽然今天有着人们谈及的“逆全球化”现象，但迄今全球化仍在逐步变革和发展之中。“总体而言，经济全球化符合经济规律，符合各方利益。同时，经济全球化是一把双刃剑，既为全球发展提供强劲动能，也带来一些新情况新挑战，需要认真面对。新一轮科技和产业革命正孕育兴起，国际分工体系加速演变，全球价值链深度重塑，这些都给经济全球化赋予新的内涵。”①

第一节 经济全球化的概念与定义

1983年，美国学者西奥多·莱维特（Theodore Levitt）在他的《市场全球化》（The Globalization of Markets）一文中，首次提出了“全球化”的概念，认为全球化已然来临，不久之后全球性公司将在世界的每一个角落以同样的方式销售它们的商品与服务。随即这一术语在国际经济学、国际政治学和国际文化学中得到了广泛使用。

经济全球化迄今被认为有三波高潮，它是客观的历史过程。伴随着第一次工业革命的到来，资本主义现代工商业、交通运输业迅速发展，商品交换日益跨越国境，世界市场形成并迅速扩大，除商品交易外，资本也开始走出国门，世界经济开始真正形成。第三次工业革命以信息技术，计算机、网络发展为先导，涉及了生产、分配、交换（流

① 深化伙伴关系 增强发展动力 习近平在亚太经合组织工商领导人峰会上的主旨演讲. 人民网-人民日报，2016-11-21.

通）、消费、金融投资等各个领域，涵盖了世界经济运行的各个方面和全过程。从马克思主义经济学角度来看，经济全球化的渐进发展过程是世界经济中一个非常重要的趋势，是社会生产力发展到一定水平后生产社会化和生产关系的自我调节，表现为社会在生产、分配、交换（流通）、消费各个环节的自我演进和扬弃，各种生产过程、生产关系和资本形态跨越国界的运动、运营。因此，笔者认为，经济全球化的本质是生产社会化和经济关系扩展化发展的客观趋势。

目前的经济全球化在曲折发展中发生着转型，为不同的全球化参与者提供着新的经济增长机会。在经济全球化的发展过程中，商品和生产要素的跨国流动是物质基础，最初是商品、然后是资本和劳动的跨国流动，目前是各种要素的全面跨国流动。在经济全球化的进程中，科技、管理和数据要素的流动是非常重要的，在流动过程中促成了全球生产网络的形成和价值链、供应链的布局。因此，生产要素在世界范围内流动以寻求最佳配置的过程是经济全球化含义的重要组成之一。随着经济全球化重要性的加强，世界贸易组织 1995 年度报告指出："对全球化的定义和描述，首先应着重'质'而不是'量'"；1996 年联合国贸发会议召开了一次题为"全球化与自由化"的讨论会，在会上对经济全球化定义如下：经济全球化是世界各国在经济上跨国界联系和相互依存日益加强的过程，运输、通信和信息技术的迅速进步有力地促进了这一过程；1997 年联合国贸发会议报告指出：经济全球化的概念既指货物和资源日益加强的跨国界流动，也指一套管理不断扩大的国际经济活动和交易网络的组织结构的出现，但今天的世界经济与超国家范式相距还很远，对现状较为恰当的描述是全球在经济上的相互依存，市场、生产和金融活动的跨国界联系已加强到如此地步，以至任何一国的经济都不能不受到国界以外的政策和经济发展的影响。国际货币基金组织为经济全球化下的"权威"定义是：跨国商品、服务贸易及国际资本流动规模的扩大和形式的增加，以及技术的广泛迅速传播，使世界各国经济的相互依赖性增强（《世界经济展望》，1997 年 5 月）。至今，关于经济全球化的主流定义基本有三种：一种观点是把经济全球化描述成生产要素在各国之间流动加快的趋势，以及各国经济联系日益紧密、相互依存和影响不断加深的过程。另一种观点是把经济全球化看成是由以美国为首的西方发达资本主义国家主导的、对世界经济进行支配和控制的过程，其本质是资本主义生产方式在全球的扩张。第三种观点认为，经济全球化的标志是在世界范围内建立共同遵守的经济规则，最突出的表现是市场经济规则在全球绝大多数国家得到推广。

在考虑经济全球化的定义时，由于世界经济不断发展，应该将它看成一个动态的过程，强调参与国家的相互依存性与竞争性，而不应该将其认定为一种结果、一种制度安排或体系，这样可以为未来分析国际经济活动预留足够的理论空间。人们可以从三个方面来认识经济全球化的内涵：一是世界各国经贸投资联系的加强和相互依赖程度的日益提高，形成了全球价值链的分布；二是随着国际市场的形成和扩大，各国国内经济游戏规则逐渐趋于一致；三是国际经济协调机制强化，即各种多边或区域组织对世界经济的协调和约束作用越来越显现出来。

经济全球化是各国在经济上相互依存不断加深但竞争也在不断深化的历史过程；其突出表现为商品、资本和技术等要素的国际多边流动日益加强；其主要因素是信息革命以及贸易和金融的自由化，即技术创新与制度变革的深化过程。

由于对经济全球化的定义存在着不同的看法，因此对于经济全球化对经济的影响也必然存在着不同的见解。对于经济全球化的进程，发达国家的学者大多片面地强调这一进程给发达国家经济带来的负面影响，认为这一进程只是对发展中国家有利，这样的观点在美国、欧洲的学者的论文、专著，甚至政府的研究报告中均有反映。美国诺贝尔经济学奖获得者保罗·萨缪尔森在《比较》第91辑（2017年第4辑）上发表的文章以中美两国为例讨论了自由贸易。他运用李嘉图、穆勒等古典经济学家的比较优势理论，分析了自由贸易的全球化如何把国外的技术变化转变成两国都获益。但是，文中的进一步分析却表明，有时一国生产率的提升可能仅对该国自身有帮助，这会降低两国之间的潜在贸易收益，甚至引发世界经济的失衡。发展中国家正好持相反的观点，认为目前经济全球化的主要利益为发达国家所获得。由于看法迥异，因此需要进行更为全面的分析。

第二节 经济全球化的主要动因

一国经济运行的效率可能很高，但总会受到本国要素、资源的种类及其质量、数量以及市场规模与潜力的限制。然而要素、资源和市场供求的全球化能使单一经济体在当前条件下最大限度地摆脱要素、资源和市场对进一步发展的限制和约束。经济全球化在理论上可以实现生产在最适宜的地方、以最有利的条件展开，销售可以在最有利的市场进行，达到世界经济中要素的最优配置和最终产品、服务的最优实现，提高经济效率和效益，使商品更符合消费者的需要。世界经济事物的发展有其内在规律，经济全球化发展的动因大体被归结为以下几个方面：各国经济发展的客观要求是经济全球化的根本推动力；科学技术的进步，尤其是第三次工业革命为经济全球化提供了全新的物质基础；各经济体的市场化取向的经济体制改革大潮为经济全球化的发展扫清了体制上的障碍，并为经济全球化的发展提供了基于市场经济的相对一致的游戏规则和环境；微观经济主体，主要是跨国公司的趋利动机是推动经济全球化发展的基本动力；国际经济与其他方面的协调机制不断加强，成为经济全球化发展的重要条件；冷战后两极格局的结束为当时经济全球化的发展消除了人为障碍。随着世界经济格局的变化，新的经济全球化的进一步前行有了与过去不同的新动力。下面具体阐述经济全球化的三大动因。

首先，各国经济发展的客观要求是经济全球化的根本推动力。

马克思曾经指出："不断扩大产品销路的需要，驱使资产阶级奔走于全球各地。它必须到处落户，到处开发，到处建立联系。"① 在那个时代，各国都不同程度地存在着自然资源、资本、劳动力、技术、市场等不足的问题，需要通过要素的跨国界流动实现资源的最优配置，通过国际分工和国际交换实现成本最小化生产，最终实现利润最大化。在现实的世界经济中，生产的社会化程度不断提高，能够提供的产品日益丰富，而人们的恩格尔系数却随着经济的发展出现了逐步下降的趋势，这符合一般的经济规律：人类对

① 马克思，恩格斯．共产党宣言．北京：人民出版社，1997：31.

美好生活的追求是没有止境的，在满足基本的刚性生活需求（如吃、穿、住）之后，必然在物质生活上有更高的多样化需求（如住房、彩电、冰箱、洗衣机、汽车）产生，在有形物质需求得到进一步满足之后，无形的多元服务需求（旅游、艺术、文化、体育、康养）便会被提上人们追求生活质量的日程。在当代经济生活中，活在后工业化社会中的人们，生活方式发生了革命，需求正在发生着全面的变化。面临着新一轮科技革命与工业革命的到来，人们的生产力水平提升和消费需求升级的水平空前提高，单纯依赖国内生产不仅越来越受到国内资源和市场的限制，而且无法满足消费者日益提出的更加多样化的物质以及无形服务的消费需求。解决这些矛盾和问题，必须充分利用国际市场和资源，利用世界经济多元化的特点，这必然导致各国经济继续增长，在质、量、结构上的相互依赖性大大增强。

其次，科学技术进步和工业革命为经济全球化提供了最深厚的物质基础。

在人类发展历史上，每次科技革命的发生都带来了生产力发展的大飞跃和经济社会结构的剧烈变革。第一次工业革命之前，西方商业资本推动了大航海时代的到来。随着新航线的发现，各国开始开展经济交往，世界经济渐渐出现了雏形。第一次工业革命使得蒸汽机作为动力促成了火车的运输和轮船的航海，海底电缆的铺设促进了商业的跨大洲的来往，世界经济终于成形。在第二次工业革命中，内燃机的大规模使用、无线电的问世以及飞机的应用推动了第一波经济全球化高潮，世界经济得到了长足的发展。第三次工业革命使产业在全世界形成价值链、供应链和生产链，生产在最适合自己展开的地方最有效地运行，金融资本在配置资源中起到了极其巨大的作用，社会福利普遍得到提升，发展的可持续性得到了极大的重视，推动了第二波经济全球化高潮。20 世纪后期以计算机技术、网络技术革命为核心的科技革命推动了第三波经济全球化高潮的到来。据统计，1930—1990 年，国际空运的平均成本从每英里 68 美分降到了 11 美分，纽约至伦敦 3 分钟的电话费从 244 美元降到了 3 美元，目前仅为几美分。而随着移动通信在全世界的迅速普及，通过互联网进行通信的成本对个人而言近乎为零。运输和通信成本的大幅度下降使得各种物质和信息在全球范围内的流动和交换成为可能，大大缩短了人与人之间的绝对与相对距离，促进了国际贸易和国际金融活动。目前人类正面临着第六次科技革命和第四次工业革命，生产力在这次革命中将会发生根本性变革，对经济全球化必将产生巨大的推动作用。第四次工业革命将根本改变人在时间、空间中的地位，或是根本改变人类生存的实践、空间的绝对和相对状况，极大地降低交易成本，扩大交往范围，便利商品和资本的国际流动，促进各国经济的联系，从而加快经济全球化的进程。新工业革命已经能够看到的在新能源、新材料、人工智能、新交通、5G 的使用、物联网、虚拟现实以及远距离的医疗、金融运作等方面的进步，都会对经济进步和全球化的进步产生作用和影响。例如，2020 年春天我国湖北省发生了新型冠状病毒肺炎（COVID-19）疫情，当世界卫生组织（WHO）的专家们到该省基层医疗单位考察，询问基层医生如何对患者进行确诊诊断时，看到的是通过 5G 实时进行的外地三甲医院高级专家组的诊断帮助，新的科技成果正在全方位显现出其作用。在新冠肺炎疫情期间形成的互联网+的求医问诊、快递送药发挥了应有的作用，而且各地还推出了核酸检测结果查询、行程码查询、健康码查询等功能。这些科技革命成果的应用都会为将来经济全球化朝着全新的方向演进提供、积累新的物质基础。

最后，世界各经济体市场化取向的改革为经济全球化提供了制度基础。

经济全球化在宏观上有利于资源和生产要素在全球的流动与合理配置，是市场化的经济规律起作用的必然结果。各国经济的发展都需要市场的微观主体——企业进行符合经济规律的真正自主经营，根据自身经营和发展的需要，按最有利的条件生产、在最有利的地方销售。这必然要求各国政府尽量避免对宏观经济活动的人为限制，减少对企业经营活动的行政干预，为企业发展创造宽松的营商环境。但在1929—1933年世界经济大萧条中，以及第二次世界大战之后的几十年里，无论是在工业化的发达国家还是在发展中国家，市场机制的作用均受到了不同程度的抑制，这不利于经济全球化的发展。在20世纪70年代从东欧国家开始，各国相继不同程度地走上了市场化改革的道路，更多的国家对国内市场开放和全球贸易投资自由化持积极态度。中国始自1978年的改革开放，在全球大规模地开启了市场化取向的经济改革浪潮。此后在20世纪90年代后期，中国逐渐走上了工业化的快速路，在不长的时间里变成了世界工厂，并促进了全球价值链的形成和发展。经济全球化促进贸易、投资、金融、生产等活动在全世界展开，客观上要求生产要素在全球范围内得到最佳配置。经济全球化从根源上说是生产力和国际分工高度发展，生产、分配、交换（流通）、消费活动进一步跨越民族和国家疆界的产物，这要求各国在发展经济时，游戏规则应该大同小异，逐步趋同。20世纪80年代以来，传统的计划经济国家大多放弃了计划经济体制，向市场配置资源、市场决定价格的经济体制过渡。发达国家也逐步摆脱了凯恩斯主义干预经济带来的滞胀局面，从而有了减弱国家对经济的干预和控制的条件，强调市场机制这一“看不见的手”的自发调节作用，在世界范围内推进了市场在经济中发挥决定性作用。随着关贸总协定向世界贸易组织的转变，国际金融资本的作用大大增强，贸易、金融和投资自由化的进程不断加快，这些为国际资本的自由流动、国际贸易的空前扩大、国际生产的大规模进行提供了适宜、趋同的制度环境和政策条件，促进了一波经济全球化的大发展。

另外，20世纪90年代初，国际政治格局的急剧变迁是第三波经济全球化得以大发展的重要前提。苏联解体，苏联东欧军事联盟（华约组织）崩溃、经济联盟（经互会）解散，世界经济中的两个平行市场完结。冷战结束，两个阵营激烈的政治、军事对抗终结，国际政治发生了深刻的变化，朝着所谓“一超多强”和多极化的趋势发展，追求和平与发展成为时代的潮流，世界关注的焦点开始放在满足需求和发展经济方面。与此同时，人们认识到经济安全、社会安定、生态环境已日益成为世界安全方面具有共性的重要问题，各国只有进行经济合作、寻求共同问题的解决、争取共享式发展，才能真正使得本国经济利益最大化。另外，发达国家与发展中国家对共谋和平与发展逐渐形成共识，国与国之间经济相互依存和相互渗透的程度不断加深，这为世界经济的发展提供了前提条件，也为经济全球化的发展提供了前所未有的环境。

作为世界生产力发展、科技革命的产物和市场配置资源、经济规则趋同的结果，经济全球化具有客观必然性，是历史的潮流。但也应看到，全球化的进程总是伴随着国家利益与国家利益之间的矛盾、局部利益与整体利益之间的冲突等，这些矛盾和冲突经常会干扰整个经济全球化的进程，甚至在一定阶段内出现所谓“逆全球化”也在所难免。

从一定的理论和实践角度来看，全球化促进了利润（量）在全球各区域平均化的过程，削弱了发达国家在获取全球化利益中一支独大的地位，触动了资本的核心利益，是对资本争取最大经济利益回报的现实挑战。发达国家在全球化中不愿与世界其他国家分享更多的利益，也不愿承担应有的责任，希望对现有的经济全球化重塑新规则，通过有利于自己的游戏规则谋取更多好处。2008—2009 年由美国次贷危机引发的金融风暴席卷全球，世界各国经济遭到重创，经济衰退使世界经济发展放缓，由此引发了金融、生态、政治危机，世界经济处于纷争状态。与此同时，也出现了全球化进程导致全球化赢家与输家的民粹性提法。如果把全球化看作一个动态的进程，如果存在着“现代化输家”，那应该是指在经济、社会、文化与政治持续变迁过程中出现的不适应现代化进程、原有地位和声誉受到影响并遭到社会排斥的群体和传统的既有经济受益群体，这些群体表现出了反全球化的态度。今天，世界经济领域中确实存在着全球增长动能不足、全球经济治理滞后、全球发展失衡、增长的经济利益分配不公、世界的资源生态无以为继等突出矛盾，并且这些矛盾一直由于方方面面的原因而没有办法得到根本解决，但笔者认为逆全球化的存在是对现有全球化进程的反思，经济全球化在曲折中继续前进的趋势是不会发生根本性改变的。

第三节　经济全球化运行的主要内容与特点

从历史上到今天，经济全球化可以从商品、资本、生产、技术、服务的跨国快速流动和扩散，以及跨国公司实力的极度强化等方面分析和探讨。它的主要内容有：国际贸易标的、数量和结构发生了迅猛的发展与变化，国际贸易是世界经济发展的重要动力；国际金融出现了跨国天量交易，其数量大大超过了世界经济的总规模；国际投资来源和去向多元化，国际直接、间接投资迅速增长，投资格局的特点已经完全不同于过去；生产日益国际化，跨国公司遍及世界各地，成为世界经济运行的主导力量，跨国的贸易、投资行为已经越来越多地成为跨国公司内部的运营过程；为协调国际经济的运行，在发达国家的主导下，国际经济组织，尤其是国际货币基金组织、世界银行和世界贸易组织力图使世界经济体系和制度按照发达国家的安排进行，当然，这在一定程度上也是经济全球化得以发展的重要因素；等等。

概括而言，经济全球化运行的主要内容与特点如下：

第一，国际贸易标的、数量和结构发生了迅猛的发展与变化。

国际贸易是各国经济联系中一个古老和最基本的纽带。随着社会分工的发展，当生产的各个环节实行的劳动分工和产品分工向国际范围扩展时，便会产生国际分工，国际分工是国际贸易和世界市场的基础。基于当代国际分工的迅速发展，国际贸易标的日益丰富且高速增长，从 1980 年到 2016 年，世界商品贸易的内容从重大长厚型产品向短小轻薄型产品演进，从有形产品向无形产品演进，且平均增长速度为 4.7%，内容日益复杂，规模日益扩大，各种结构发生巨大变化，在各国经济发展中的作用越来越重要，成为拉动世界经济增长的重要因素，也促成了贸易趋向自由化。据世界贸易组织统计，经过多个回合的谈判，WTO成员的平均关税由1948年的40%降至世界贸易组织成立后1997年的4%（发达国家的平均关税税率不得超过5%，发展中国家的平均关税税率为11%），发展中国家的贸易依存度从1970年的不足20%达到1998年的38%。2016年从出口角度计算的世界贸易总额（包括货物贸易和服务贸易）达20.77万亿美元，相当于1980年的8.5倍。2006—2016年，世界商品贸易增长了32%（2019年下降了0.4%；以美元计，2019年中国进出口货物贸易总额为4.57万亿美元，同比下降了1%；根据美国人口普查局的数据，2019年美国进出口货物贸易总额达4.14亿美元，同比下降了约1.7%），服务贸易则增长了64%。2005—2017年期间，全球服务贸易每年平均增长5.4%，增速远超货物贸易的4.6%。2017年全球服务贸易的实际价值为13.3万亿美元，服务业贡献了全球2/3的经济产出，吸引了超过2/3的外国直接投资，在发展中国家提供了2/3的就业，而在发达国家中则提供了4/5的就业。从大趋势来分析，第三次工业革命以来，世界贸易的增长速度在正常情况下是超过世界生产总值的增长速度的，服务贸易的增长速度又超过商品贸易的增长速度。世界贸易的商品结构发生着重要变化，新商品大量涌现，制成品、半制成品，特别是机器和运输设备及其零部件，以及中间产品的贸易增长速度加快，占比加大；在制成品贸易中，非耐用品的比重下降，而资本货物、高科技办公用品所占的比重上升。世界石油以外的初级产品在国际贸易中所占的比重下降，但军火贸易增长迅速。

随着科技的发展，国际上交易的产品已经从传统的有形产品扩展到技术、专利、技术诀窍（know-how）、金融服务等无形贸易领域。近几年，出现了电子数据交换（EDI），电子商务（e-business），各种to C、to B、to G等便利快捷的网络化国际贸易手段和平台，促进贸易顺利开展的贸易便利化措施，以及更顺畅的贸易结算过程，这些都对国际贸易的方方面面产生了根本性影响。

近年来，尤其是2008—2009年世界金融危机引发世界经济持续下行和在低位徘徊，贸易紧张局势加剧，各国经济增速放缓压力和凸显的消极因素交织，全球贸易陷入了疲软态势。在单边主义和保护主义抬头、中美贸易摩擦升级、区域主义发展、世界贸易组织陷入改革纷争、英国脱欧后不确定性凸显、非关税壁垒措施激增、大宗商品依赖度加重、数字经济发展不均衡、地缘政治局势紧张以及气候、环境危机迫近等复杂多变的形势下，国际贸易负重前行，国际贸易纠纷伴随着全球化进程的放缓和逆全球化的出现，国家之间的贸易摩擦愈加频繁，增长承压。2020年春，新冠肺炎疫情在全世界蔓延，表明世界仍然是有难同当的命运共同体，但是由于生产受到疫情的严重干扰，世界贸易增长遇到了巨大的压力，这加大了各种贸易矛盾升级的现实可能性。

第二，生产全球化展开与跨国公司得到了大发展。

生产的全球化是指大规模的跨国直接投资导致资源在世界范围进行配置，全球生产分工体系形成，生产在最适合生存的地方进行，达到了成本低、流通好的状态。与当代国际贸易相比，国际直接投资的发展更为迅猛。据联合国贸发会议统计，2000年国际直接投资流入量为12 710亿美元，是1980年的22倍，国际直接投资占世界各国同期国内投资的比重由2.3%提高到22%。2016年，国际直接投资额则达到1.75万亿美元，存量为26.7万亿美元。据《2019年世界投资报告》（2019年9月）统计，由于世界经济增长速度放缓，美国 2017 年进行了税制改革，美资跨国公司纷纷回流收入，全球外国直接投资 2015 年达到顶峰后连续三年下降。尽管 2018 年流入发展中经济体的外国直接投资呈现小幅增长态势，增幅为 2%，吸引全球外国直接投资占全球总额的比重升至 54%，创下历史新高（2018 年中国吸收外资创历史新高，达 1 390 亿美元，占全球吸收外资总量的 10%以上，世界排名仅次于美国），但全球外国直接投资 2018 年比 2017 年下降了 13%，2018 年流入发达经济体的全球外国直接投资总额减少了 27%，降至 2004 年以来的最低水平，其中美国税改导致美国跨国公司海外资本回流，使得 2018 年欧洲吸引外资总量减半，英国减少 36%。2018 年在对外投资方面，日本对外投资额排名世界第一，为 1 430 亿美元；第二位是中国，为 1 300 亿美元；法国是 1 020 亿美元，位居第三；中国香港以 850 亿美元列第四；美国因资本大规模回流，排到第 20 位开外。2020 年受新冠肺炎疫情影响，世界的资本流动量急剧收缩，2021 年随着疫情的缓解，才出现了恢复性增长。

跨国公司是国际直接投资和生产全球化的主要载体，它通过构建全球生产网络，将研发、生产、采购、销售和服务等活动配置到全球。2017 年，全球约有 10 余万家跨国公司，86 万多家分支，占据着全球生产总量的一半以上、全球商品出口总量的近一半、全球跨国投资的九成、全球技术交易总量的八成多。许多国际贸易和投资实际是跨国公司设在不同国家的分公司之间的贸易和投资。跨国公司是世界经济全球化的主要微观载体，作为当今世界经济中集生产、贸易、投资、金融、技术开发和转移于一体的经营实体，是世界经济全球化的主要体现者。近 20 年来，伴随着经济全球化的第三波展开，跨国公司迅猛发展。以全球战略为出发点的跨国公司以利润最大化为目的，以争夺全球市场份额为目标，以在世界各地开展生产经营活动为手段，带动了商品、资本、技术和服务在各国间的流动，极大地促进了生产和资本的国际化。特别是近几年跨国公司大量从事兼并与收购，建立了多种形式的跨国公司战略联盟，再加上交易内部化以保护知识产权，以及跨国公司本地化经营战略，有力地推动了经济全球化的发展。未来在第四次工业革命的条件下，跨国公司在生产活动、产业链的全球构建、对供应链的掌控、全球与区域布局等方面的新动态非常值得关注。

第三，金融全球化迅速推进了当代贸易和投资的全球化，进而推动了经济全球化的大发展。

金融全球化是经济全球化的重要组成部分，主要表现为金融市场全球化、金融交易全球化、金融机构布局全球化和金融监管国际化。第二次、第三次工业革命使得金融资本靠游戏规则统一了世界经济，将世界的经济活动提升到了从未有过的水平。计算机和通信技术的进步提供了即时、低成本处理大规模金融交易的技术手段，特别是网络技术革命使得国际市场上金融信息传递的物理距离几乎为零，世界范围的资金调动和交易结算瞬间即可完成，而 KYC（Know Your Customer，直译为了解你的客户）平台使得金融机构对客户和其业务有了透明的了解，为金融全球化提供了强大的技术基础。值得一提的是中国的互联网金融交易规模目前居世界第一位。从 20 世纪 80 年代初开始，主要工业化国家相继放松金融管制、实施金融自由化措施，在利率市场化、放宽市场准入和营业限制方面进行改革，并进行了各种金融创新。发展中国家也在一定程度上推进金融深化，开放金融，引入新的金融工具。各经济体金融市场化、自由化取向的改革使得各国金融监管体系和制度发生了根本变化，形成了金融走向全球化所需要的新游戏规则，为金融全球化提供了相应的制度基础。从 20 世纪 60 年代末开始，世界各地陆续出现了金融创新浪潮，使得新型金融机构、新型的有形与无形金融市场、新的金融交易工具层出不穷，目不暇接。例如，跨国银行、离岸市场以及各种金融衍生工具等不断涌现，成为金融全球化的不同于传统工具的新的有效载体。

在这样的情况下，世界的跨国贷款、跨国证券发行、跨国金融交易、跨国债务交易以及跨国衍生品业务等跨国金融业务大幅增长，世界金融机构的并购也得到长足发展。2016 年，世界包括硬币、纸币、存款账户、储蓄和支票存款在内的广义货币的总价值约为 90.4 万亿美元，股票市场规模达 73 万亿美元，黄金市场也有 8.2 万亿美元的规模。自从 1880 年有了外汇交易开始，到 2019 年全球平均每天的外汇交易量达到了 6.6 万亿美元。全球主要金融市场（如纽约、伦敦、香港）已经形成了价格上相互联动、24 小时相互接续的全天候交易网络，是世界经济中最具流动性的市场。金融全球化的一个重要内容是跨国并购和全球化的产权交易市场加速形成。虽然 2009 年以后受全球经济大气候各种因素的影响，跨国并购业务有所萎缩，但 2014 年已经出现了积极的恢复增长势头，2015 年达到 5.8 万亿美元。2016 年，全球跨国并购达 10.45 万起，并购额高达 4.9 万亿美元。2018 年金融行业的全球并购交易额从 2017 年的 4 620 亿美元增长至 6 160 亿美元。2020 年新冠肺炎疫情使得跨国并购业务受到了严重打击。随着金融全球化的发展，世界级金融中心不断涌现，但“纽伦港”居于绝对领军地位。纽伦港是“纽约、伦敦和香港”的合称，是全球最重要的三座金融城市。《时代》周刊首次提出这个名词时曾写道：“纽伦港”的金融网足以主导全球经济。但其中伦敦才是全球最大的金融中心，2019 年日均外汇交易达 3.5 万多亿美元，占全球外汇交易的 40%以上。香港排第四，占比为 7.6%。上海在 2019 年跻身世界第八大外汇交易中心，日交易量超过 1 360 亿美元，占比为 1.6%。

第四，出现了科技全球化与全球科技资源大流动。

科技全球化是指科技研发资源在世界范围内的优化配置，研发活动全球布局、全球管理，研发成果能够广泛共享，这是近年来经济全球化中最新的发展领域。首先是研发能力的大规模跨国布局、转移和交易。据联合国统计，20 世纪 70 年代中期世界技术贸易总额只有 110 亿美元，到 90 年代中期骤增到 4 000 亿美元，而 2016 年涉及技术的并购就达到了 8 000 亿美元。尽管金额并不能说明一切，但却可以从一个侧面反映出科技活动跨界开展的情况。其次是跨国界联合研发广泛存在。例如，欧盟著名的尤里卡计划自 1985 年提出后，到 2000 年就先后有 25 个欧洲国家的 4 000 多家企业和科研单位参加，目前该计划已扩大到包括巴西等发展中国家。中国在 2017 年 5 月也宣布将建立联合研究中心，接纳世界科学工作者尤其是“一带一路”沿线国家的年轻科学家进行联合研究。再次是外部技术来源对企业的重要性增加。在 1992—2001 年的 10 年间，美国、日本和欧洲的跨国公司高度依赖外部技术资源的企业比重就从平均不到 20%迅速上升到 80%以上，同时正在逐步扩大海外研发的比重。此外，各国的技术标准越来越趋同，基本格局仍然是发达国家主导，世界相关的协会统一制定，在这方面信息技术产业最为典型。但是新兴市场经济国家由于科技进步，已经开始发挥一定的作用。在全球生产网络和价值链上，研发与生产巨头通过技术标准和专利的使用，控制和左右着行业的发展，获取大量的利润进而反哺科技研发，推进标准和专利进步，真可谓体现了“得标准者得天下”的道理，因此竞争相当激烈。最后是世界专利制度的统一和知识产权的保护有力地促进了科学技术全球化进程。发达国家积极推进知识产权保护和专利制度普及，2001 年进行“专利合作协议”制度改革，2004 年对《专利法条约》（PLT）与《实质性专利法条约》（SPLT）进行协调，统一各国专利制度的各项内容，并在世界贸易组织中强力推行知识产权保护。专利制度国际一体化授权的制度协调，加之知识产权的强力保护，最终可能会促使全球专利制度的统一游戏规则形成。

今天无处不在的科技合作全球化首先是人类发展的共同需要和产物。今天人类在经济社会发展中需要共同面对生态承载力（如资源枯竭、气候变暖、生物多样性丧失等）的挑战，世界也需要共同应对重大疾病（如 COVID－19）、粮食安全等威胁。越来越多并且日趋严峻的全球重大问题正在给人类的生存、发展、追求美好生活提出问题和挑战。这些无法躲避的挑战只能由全人类共同面对、共同探讨解决的办法。一个明显的案例就是，尽管中美贸易战还相当激烈，但两国在气候问题上的合作始终在进行着。

然而在今天的现实世界中，“科学无疆，技术有界”确实有道理，现实的科技全球化既有主旋律也有杂音，在所谓“美国第一”的口号下，逆全球化在科技领域表现得似乎更为明显：从已经解散的“巴统组织”到其继任者《瓦森纳协议》的执行，以美国为首的西方国家进行技术封锁给科技全球化“撤火”；从盎格鲁撒克逊五国的“技术协同计划”到“五眼联盟”，排他性技术情报集团威胁着科技全球化的前行；2018 年以来中美贸易战逐渐演变为科技战，美国步步紧逼，对我国华为等公司的围剿无所不用其极。相信科技逆全球化必定会由于科技的社会化和促进世界进步的自身属性，以及未来第六次科技革命和第四次工业革命的推进而发生转变，当然，这也有赖于人类在推进科技全球化过程中的智慧与对策。

第五，国际经济协调机制不断强化。

为解决各国经济联系日益密切过程中产生的复杂矛盾和摩擦，国际经济协调机制也逐步建立和完善起来。国际经济协调是指在各个国际组织或国家之间，就宏观经济政策，如财政政策、货币政策、产业政策、贸易政策、投资政策等开展协调，共同进行逆周期调整，平抑经济风险，实现世界经济和各国经济的稳定增长。世界经济协调机制涵盖的范围很广泛，目前主要包括全球多边和区域两个层面，即它既包括全球范围的多边经济行为协调，也包括区域经济活动的协调，既包括由世界性经济机构所进行的国际经济协调，如国际货币基金组织、世界贸易组织安排的多边协调，也包括由主要国家和地区进行的国际经济协调，如西方发达国家政府首脑和部长定期举行的具有协调性质的对全球经济有重大影响的会议，等等。关于国际经济协调机制，今天人们说得最多的是在多边经济治理结构中起主要作用的世界贸易组织、国际货币基金组织和世界银行，它们被称为当代世界经济的“三大支柱”。世界贸易组织和国际货币基金组织分别是世界贸易和世界金融领域的多边协调机构，而世界银行的主要职能则是促进发展中国家的经济发展和协调南北经济关系。

从经济全球化的维度看，国际经济协调机制是在以下几个方面促进经济全球化的发展的：一是通过协调鼓励世界范围内各个经济体进行市场化取向的改革，促成世界范围内市场机制的广泛建立，为经济全球化推进创造了制度条件；二是通过协调促进了世界范围的科技进步和生产力水平的提高，为经济全球化提供了根本的动力；三是通过协调推进了国际金融的发展，国际金融机构、金融交易、金融工具等更加现代化，使得经济全球化深入发展具有了强有力的催化剂；四是通过协调使得跨国公司蓬勃发展，成为推动经济全球化的微观主体，它们的全球性经营活动带动了贸易、资本、科技等的进一步国际化；五是通过协调为经济全球化创造了有利的国际政治和社会环境，和平与发展成为时代的主题。近年来，在世界范围内，国际货币基金组织、世界银行、世界贸易组织等国际经济协调机制日益受到挑战，越来越多的国家参加了区域性经济组织，协调区域的经济和社会问题、政策立场，并制订相应的行动计划，削弱了这些国际经济组织的地位和作用，国际经济组织必须进行改革的呼声逐渐强烈。除了三大国际经济组织之外，伴随着经济全球化的深入，国际宏观经济政策协调机制不断演进，世界经济中的主要国家之间的经济政策协调也日益显现出重要性。最早是世界 7 个主要发达国家（美国、英国、德国、法国、日本、意大利和加拿大）之间举行所谓七国首脑会议，即 G7 峰会，协调彼此的经济政策，1997 年 7 国将俄罗斯纳入，讨论问题的范围也进一步扩大到包括政治与安全话题（2014 年 G7 国家暂停了俄罗斯的成员国地位）。2008—2009 年全球金融危机的爆发进一步凸显了国际宏观经济政策协调的必要性，也凸显了 G7 面对世界经济危机的无奈。为了应对危机，各国推动建立了新的国际宏观经济政策协调机制——二十国集团领导人峰会，即 G20 峰会。世界 20 个主要发达国家和主要发展中国家，通过 G20 这一开放平台进行广泛的宏观经济政策协调，避免世界经济的进一步衰退，自此 G20 逐渐取代 G7 成为国际宏观经济政策协调的最主要的新机制。

第四节 经济全球化格局下各经济体的定位

在经济全球化下，一个国家或地区的经济总是在一定的内部条件和外部环境的基础上发展起来，外部经济环境的演变及其结果的传导不仅左右着一个国家或地区的经济发展战略的制定，而且随着百年未有之大变局加速演进，在很大程度上将决定一个国家与地区未来经济发展的过程和结果。一个经济体融入经济全球化可以获得经济利益，但同时也有可能因此而付出相应的代价。由于世界经济发展的不平衡性，以及国际经济关系的基础是参与者之间的利益平衡，因此，是否参与世界经济、进行开放的判别标准应该是，参与世界经济并进行开放所获得的利益必须大于不参与或少参与，若参与世界经济和进行开放必然存在负面影响，则参与世界经济和进行开放造成的损失必须小于不参与或少参与，否则便不是经济上的“合乎理性”。

在经济全球化的现实大环境中，有的国家或地区从其内部条件和实际情况出发，只能是国际政治经济事件的单纯接受者，有的国家和地区从其内部条件、实际情况和对外联系出发，则除了具有接受者的身份外，还具有国际政治经济事件的制造者和引领者的身份。因此在国际经济环境中后一类国家和地区除了具有被动参与的一面之外，更具有主动引领的一面，对于它们在国际经济中的地位与表现、行为与反应、动机与结果，就需要从主动引领和被动参与两个方面进行探讨。世界的若干经济大国由于其所具备的各种内部条件以及基于利益的与外部的各种联系，显然属于应予以探讨的后者。

在 21 世纪即将来临时和世纪之初，人们发现自己所处的世界发生了巨大的翻转：

（1）美国。美国成了这个世界唯一的超级大国，通过虚张声势的星球大战计划、倾全力支持的新思维以及粮食问题搞垮了其最大的对手苏联，在新科学技术的基础上建立了美国自己的所谓新经济的结构。海湾战争的胜利确立了美国在世界上的政治霸权地位，而亚洲金融风暴又使得它赚得盆满钵满，同时确立了它在世界经济中的绝对控制地位。伴随着高科技在美国的发展，这一经济地位在 21 世纪前 10 年，尽管有“9·11”事件发生，但并没有受到来自其他国家的根本挑战。

（2）俄罗斯。苏联的解体使俄罗斯得以恢复，内部种种矛盾的爆发使得这一昔日的超级大国在经济发展转型上举步维艰，已经跌出一流强国行列，对世界经济的影响明显减弱。“给我 20 年，还你一个强大的俄罗斯”，普京的话言犹在耳，但迅速复兴并不容易，当然作为世界科技、军事、资源甚至农业强国，俄罗斯确实具有再次复兴的机会与再次强大的可能，但俄乌冲突将会延后这一进程。

（3）日本。日本从 20 世纪 80 年代的经济顶峰急剧下滑，由于房地产泡沫作怪，90 年代陷入困境，金融领域频频出问题，进行了经济结构调整。面对经济全球化的浪潮，日本安倍晋三“三支箭”的改革开始迈出了步伐，取得了一些成效，但产业发展问题、通货紧缩、老龄化和少子化以及新冠肺炎疫情等给日本经济造成了很大压力。

（4）中国。中国继续保持人口超级大国的地位（在不久的将来，人口数量可能会被印度超越），与此同时，中国在改革开放的 40 多年间维持了高速经济增长率，已经成为经济总量居世界第二位、制造业附加价值居世界第一位、进出口额居世界第一位的经济大国。按照中共十九大部署的三个发展的时间节点，目前中国已完成了 2020 年全面建成小康社会的目标，通过了第十四个五年规划，为到 2035 年基本实现社会主义现代化打下了坚实的基础，并将在那时使人均 GDP 赶上中等发达国家，初步实现共同富裕的目标。

（5）欧盟。欧洲经济一体化的巨大发展是近 20 年来世界经济中一件具有划时代意义的大事，经济一体化发展到了经济与货币联盟阶段。但是欧盟自美国次贷危机引发的全球金融危机之后，经济复苏乏力，竞争力相对下降、南欧主权债务危机、欧盟内部的巨大差异、英国彻底脱欧、民粹主义风起、难民危机、防恐挑战、疫情肆虐以及很深地陷入俄乌冲突等，更是对欧洲经济一体化施加了重大压力。这些矛盾既对欧洲经济一体化继续向前发展的基础及一体化机制提出了严峻挑战，同时也触动、改变甚至破坏了欧盟已有的对外经贸关系的地缘格局。尽管存在着种种矛盾和困难，但今天欧盟仍然继续保持着世界经济中举足轻重的一极的地位，而且对于多边化的开放有着较为坚定的立场。

考虑到在世界经济史上，一波波全球化高潮之间存在着各个国家经济地位的相对变化，也存在着世界经济的低谷，各国经济和全球化应该是波浪式前进的，会随着经济周期出现潮起潮落。但经济全球化是一个客观过程，不能理解为一种制度安排，很难说在世界经济滑向谷底时，就一定意味着全球化出现了根本逆转。当然，在当前的经济状况下，一些国家政策内顾倾向加重，保护主义抬头，“逆全球化”思潮确实暗流涌动。客观地讲，某些国家的相对衰落应该是在进行相应的调整，使之更符合世界经济发展的客观要求，可以被看成是在积蓄下一次发展的力量，等待下一次发力的时机。目前世界经济相互依存的格局以及经济全球化的进程事实上并没有出现根本性逆转，而是“经济全球化、区域一体化快速发展，不同国家和地区结成了你中有我、我中有你、一荣俱荣、一损俱损的关系”①，但其表现形式与过去确实有所不同。在新的科技革命下，经济全球化主要表现为从过去的商品和资本等有形资产的国际流动逐步转向技术、信息、服务等无形要素的国际多边流动，而且趋势日益加强。如果考虑到承载这些诸多要素的新平台的出现、全球价值链的延展、供应链的重构、游戏规则正在发生的深刻变化（如在无形网络中的知识产权的传导），则对关于全球化的全然迥异的看法，就需要进行更为全面的分析才能够找出它们之间具有规律性的联系。

第五节 经济全球化发展的新动向

学者大多总结认为，始于20世纪80年代的这一轮经济全球化具有科技进步推动、跨国公司先行、美国主导以及发达国家引领、新兴经济体参与的特点。它塑造了过去几十年开放的世界经济格局。然而，随着世界经济的动力从供给到需求的弱化，以及至今并无新亮点，这一轮全球化增长势头已经逐渐减弱，尤其是2008—2009年由美国次贷危机引发的全球金融危机、世界经济进入新常态，使全球化进程加速进入了相对低谷时期。在今天的世界中，贸易保护主义抬头盛行，金融的全球监管在各国趋紧，区域经济一体化机制安排出现了裂隙和离心化（最显著的例子是英国脱欧和欧盟成员国中的民粹主义抬头）。英国前首相布朗撰文称，全球化机遇已经成为“全球化危机”，出现了“逆全球化的过程”。各种争论的出现使人们认识到，世界经济发生了变化，经济全球化出现了新的演进，并酝酿着不同于过去的转型。笔者认为新的演进和转型主要表现在以下两个方面。

第一，促成经济全球化的动力没有发生逆转，但产生了不同于过去的变化。

首先，开放条件下的世界经济供求关系在改变。

在全球化发端的时代，各国不同程度地存在着自然资源、资本、劳动力、技术不足的矛盾，这种量的不足需要通过要素的跨国界流动实现资源的最优配置，通过国际分工和国际交换实现成本最小化生产，最终实现利润的最大化。在面临着新科技革命和工业革命的当代经济生活中，生产力和消费需求多元化水平空前提高，仅仅依赖国内生产不仅越来越受到国内资源结构和要素市场层次的限制，而且无法满足消费者更加多样化的需求。解决这些质和结构方面的矛盾和问题，必须更进一步地充分利用国际市场和资源，这必然导致各国经济的相互依赖性大大增强。这一客观进程并没有发生逆转，世界开展互联互通的要求没有逆转，只是矛盾的主导从供给不足（量）转变为供给与需求结构的错位、不均衡不充分（质和结构）。

---

① 习近平. 共创中韩合作未来 同襄亚洲振兴繁荣——在韩国国立首尔大学的演讲. 人民网-人民日报，2014-07-05.

其次，正在酝酿的科学技术跃升式进步，将为经济全球化提供不同于过去的物质基础和新动能。

在近代人类发展的历史上，科技革命、工业革命的发生都会带来世界经济的巨变。目前，人们公认世界处在第六次科技革命、第四次工业革命的前夕，酝酿着生产力的巨大跃升。可以预见，以移动互联网、大数据、云计算、量子计算、量子通信、物联网、网络金融、区块链等新技术、新经济模式，尤其是未来以人工智能、生命科学、新能源革命、储能进步、新材料为主要方向的新工业革命，将把世界经济更加紧密地联系在一起，科技创新与进步倒逼世界经济必须互联互通，你中有我、我中有你的趋势无法改变。交通的进步、信息的互通、各种网络已经把世界变成地球村，环球同此凉热，“尽管单边主义、贸易保护主义、逆全球化思潮不断有新的表现，但‘地球村’的世界决定了各国日益利益交融、命运与共，合作共赢是大势所趋”①。面对着人们所说的第六次科技革命、第四次工业革命的来临，未来的科技革命取得突破性进展后，人类自身将成为科技革命的对象，与生存的时空的关系会发生革命性变革，经济全球化也会随之产生新的进程和特点。

最后，全球价值链的发展为经济全球化提供着新的生产和市场基础。

经济全球化的微观主体——跨国公司根据自身经营和发展的需要，按最有效的方法在全球配置资源、从事生产、进行销售，这形成了全球价值链。全球价值链促进了资本和企业进一步的跨国流动、生产在世界范围的布局以及世界市场的扩张，这也必然在客观上要求各国政府尽量为在本国国土上发展的企业创造宽松的环境，使得各国经济运行原则普遍趋同。另外，全球服务贸易的长足发展，服务贸易自由化的客观推进，服务于世界经济的新商业模式的出现，基于区块链的新信用体系的形成，数字货币的通行，等等，都为经济全球化的纵深推进和横向拓宽构建了新的载体、开辟了新的视角。经济全球化将会具有发展的新物质基础。

第二，随着经济全球化的发展，人们对于它所带来的影响与作用的体会在逐渐深化，这使得世界对于经济全球化从质到结构的层面产生了一些新的认识。

首先，人们对于全球化的可持续性产生了新的认识，这可以综合为全球范围经济发展的可持续性、社会发展的可持续性和环境的可持续性。

在 20 世纪 80 年代末，伴随着经济全球化的浪潮，世界经济转轨在许多国家并行展开，经济活动迅速脱实入虚，使得金融全球化在发达世界得到了迅猛发展，实体“硬”经济纷纷转移到了其他新兴经济体中。进入 21 世纪，尤其是美国次贷危机后，世界经济在反思中再次转轨，发达国家均在强调“再工业化”，全球出现了脱虚入实的新趋势。伴随着新的技术进步在不同国家的运用，传统就业在一定程度上相对减少，“铁领”和“蓝领”工人的岗位出现实质性的减少，人们误认为这些现象都是全球化带来的后果。次贷危机后，全球范围内资本和劳动的收益差距的不断扩大，又使得人们认为这种差距拉大是经济全球化在收入分配中的倾向性作用使然。世界金融资本的全球化运作给世界经济稳定带来了巨大的风险，全球的社会与环境赤字越来越严重。与此同时，尽管新兴市场

---

① 习近平. 弘扬“上海精神” 构建命运共同体——在上海合作组织成员国元首理事会第十八次会议上的讲话. 人民日报，2018-06-11.

和发展中国家连续数年成为世界经济增量的主要贡献者，2016 年新兴市场和发展中国家对世界经济新增长的贡献超过了四分之三，例如中国对世界经济新增长的贡献一直在三成左右，但它们在世界利益的分配格局和治理结构中处于弱势群体地位，世界经济的天平并没有体现出这种经济增量贡献的转变，使得人们对于现行经济全球化国际格局，尤其是收入分配和话语权的格局产生了巨大的质疑。正是在这样的情况下，随着经济全球化理论和实践的发展，人们开始在各个层面更加注重全球化的深层次影响，经济全球化必须能够使世界经济发展可持续、各国的社会发展可持续以及世界的环境可持续逐渐成为共识，这些将在未来的全球化发展中成为新的趋势，逐渐取代过去全球化被诟病的造成世界贫富差距加大、世界环境的破坏以及收益与受损的失衡的一面。

其次，经济全球化造成了世界各个国家在世界经济中定位的变化，人们对于经济全球化的格局有了新的认识与理解。中国对于经济全球化所倡导的共商、共建、共享以及合作、发展、共赢正在逐步成为新时代经济全球化的重要方向，世界经济在维持原有的传统供求平衡循环的同时，正在逐步形成在新的物质基础上的供求平衡循环。

现代化大生产超越国界，造成世界范围内新的分工、交换，带来世界范围内要素的流动和配置，并以此为基础扩大了国际贸易、国际金融、投资和生产，形成了全球产业链和价值链，进而形成了由科技进步推动、金融资本主导、跨国公司先行、美国及其他发达国家引领、新兴经济体快速发展的目前的经济全球化的利益格局。随着第四次工业革命的来临和经济全球化的进一步发展，上述格局将会产生变化，过去那种新兴经济体低成本创新、大规模生产、低利润追求与世界市场份额扩大并举的变化过程，以及发展中国家制造、美欧消费的供求平衡循环在一定程度上造成了世界经济的失衡，产生了诸多矛盾，比如：一些发达国家和新兴市场经济国家之间巨额的贸易差额和服务贸易差额之间的失衡，使得一些主要经济体的经常账户存在着不可持续性，贸易保护主义抬头；世界经济失衡的另一个重要表现也日益明显，那就是伴随欧美国家国际收支逆差的加大，发达国家出现了私人债务国家化、国家债务国际化，利用其在国际金融领域中的强势地位，将国家债务向发展中国家转移的现象。全球化进程中出现了国内不同群体之间的利益矛盾、国与国之间各方面的利益矛盾、民族国家经济利益和世界经济整体利益之间的矛盾。这催生了人们对于经济全球化的再思考：全球化趋势将会以一种什么样的新特征继续发展下去？这种新特征的主要表现是什么？如何在加强全球化的同时，注意世界经济格局的动态变化，在利益分配上有所改进？不同国家将立足本国实际，在经济主权与经济发展之间重新做出权衡，并付诸行动。

再次，发展中国家，尤其是新兴工业化国家应该倡导经济全球化的绿色发展之路。

发展中国家在确定自己的经济目标时，总是自觉不自觉地把“发达国家的今天作为自己的明天”来奋斗，事实上，发达国家过去曾经有过的那种以人的生活舒适为中心、以资源大规模耗费为基础、以破坏自然为代价的生活方式，实在不是广大发展中国家所应该、所能够仿效的。发展中国家或者说人类在 21 世纪迈向第三个十年之际，应该对经济发展的目标和我们梦寐以求的生活方式进行反思，尝试着为自己、为子孙摸索出新的可持续的经济发展目标和战略，尝试着创造出一种舒适但是可持续的生活方式。在现实中，生活方式对于社会生活潜移默化的影响是深远且超过意识形态宣传的（这是内心追求与外界灌输的差异），它所具有的不可逆性很可能给一国的社会经济发展进程带来出乎人们意料的、戏剧性的影响。如果承认这一点，应该说发达国家的今天不应该成为发展中国家的明天，在谈论高新技术的作用时，发展中国家未来的生活方式一定要在社会福利普遍提高的基础上具有可持续性。在人与自然之间、人与人之间、人类的代与代之间，通过全球经济治理结构改革，形成发展可持续、和谐包容、经济成果共享的机制，是经济全球化共商、共建、共享朝着更加开放、包容、普惠、平衡、共赢的方向发展的必需。

最后，中国将在推进经济全球化的进程中承担起更多责任，并与其他国家分享中国发展的红利。

美国的一位诺贝尔经济学奖获得者、哥伦比亚大学教授、世界银行前副行长约瑟夫·斯蒂格利茨曾提出，高新科技与高质量、相对低报酬劳动力的结合是中国在未来强大的一个重要基础，这种结合在世界上只有中国能够做到。美国的另一位诺贝尔经济学奖获得者、哥伦比亚大学教授罗伯特·蒙代尔在2000年中国人民大学授予他名誉博士学位的演讲中指出，中国在看重地区经济合作的同时，作为世界性的国家，需要更加重视世界经济全局性的动态。应该讲中国在未来世界经济中只有也只能这样定位，才符合中国经济发展的根本目标。国际货币基金组织、亚洲开发银行的多位经济学家反复强调，在经济全球化的条件下，中国和美国的地位是很特殊的，必须合作才能够使世界受益。根据经济全球化、世界产业结构转移的一般状况进行分析，中国在21世纪上半叶过去的时候，完成社会主义现代化强国建设后，将真正成为世界的研发中心之一、世界最大的产品供给者之一、世界最大的消费国家之一，并成为拉动世界经济最重要的火车头之一，也会承担起自己对经济全球化正常运行应该承担的责任，与全世界同舟共济、加强合作，促进贸易和投资的自由化、便利化，更深地推动全球经济治理结构改革，使得经济全球化朝着更加符合世界各国和各国人民的方向发展。习近平主席在第四届中国国际进口博览会开幕式上的主旨演讲中强调："中国扩大高水平开放的决心不会变，同世界分享发展机遇的决心不会变，推动经济全球化朝着更加开放、包容、普惠、平衡、共赢方向发展的决心不会变。"① 这表明了中国在改革开放的过程中推进开放型世界经济前行、和世界各国共同分享经济全球化成果的坚定决心。

核心概念

经济全球化　　科技全球化　　逆全球化　　经济全球化格局

复习与思考

1. 试述经济全球化的主要动因。
2. 试述经济全球化格局下各国的定位。
3. 经济全球化发展的新动向有哪些？

① 习近平在第四届中国国际进口博览会开幕式上的主旨演讲. 新华网，2021-11-04.

参考文献

1. 习近平：在庆祝中国共产党成立 100 周年大会上的讲话. 中国政府网，2021-07-15.

2. 习近平：决胜全面建成小康社会 夺取新时代中国特色社会主义伟大胜利——在中国共产党第十九次全国代表大会上的报告. 中国政府网，2017-10-27.

3. 习近平：共担时代责任，共促全球发展. 中国政府网，2020-12-15.

4. 习近平. 共建创新包容的开放型世界经济——在首届中国国际进口博览会开幕式上的主旨演讲. 中国政府网，2018-11-05.

5. 习近平：在深圳经济特区建立 40 周年庆祝大会上的讲话. 中国政府网，2020-10-14.

6. 习近平. 弘扬“上海精神” 构建命运共同体——在上海合作组织成员国元首理事会第十八次会议上的讲话. 人民日报，2018-06-11.

7. 国务院总理李克强回答中外记者提问. 新华网，2020-05-28.

8. 习近平接见二〇一七年度驻外使节工作会议与会使节并发表重要讲话. 人民日报，2017-12-29.

9. 坚持以新时代中国特色社会主义外交思想为指导 努力开创中国特色大国外交新局面. 人民日报，2018-06-24.

10. 习近平：坚持走中国特色社会主义法治道路 更好推进中国特色社会主义法治体系建设. 中国政府网，2022-02-15.

11. 习近平谈经济全球化. 人民网-人民日报海外版，2017-01-15.

12. 习近平：在中国科学院第二十次院士大会、中国工程院第十五次院士大会、中国科协第十次全国代表大会上的讲话. 新华网，2021-05-28.

13. 习近平. 努力成为世界主要科学中心和创新高地. 求是网，2021－03－15.

14. 习近平在第二届中国国际进口博览会开幕式上的主旨演讲. 中国共产党新闻网，2019－11－05.

15. 深化伙伴关系 增强发展动力 习近平在亚太经合组织工商领导人峰会上的主旨演讲. 人民网-人民日报，2016－11－21.

16. 习近平. 共创中韩合作未来 同襄亚洲振兴繁荣——在韩国国立首尔大学的演讲. 人民网-人民日报，2014－07－05.

17. 习近平在第四届中国国际进口博览会开幕式上的主旨演讲. 新华网，2021－11－04.

18. ［美］保罗·R. 克鲁格曼，茅瑞斯·奥伯斯法尔德，马克·J. 梅里兹. 国际贸易（第十版）. 北京：中国人民大学出版社，2016.

19. ［美］多米尼克·萨尔瓦多. 国际经济学（第12版）. 北京：清华大学出版社，2019.

20. ［美］保罗·克鲁格曼，茅瑞斯·奥伯斯法尔德，马克·J. 梅里兹. 国际经济学（第十一版）. 北京：中国人民大学出版社，2021.

21. ［美］托马斯·普格尔，彼得·林德特. 国际经济学（第十一版）. 北京：经济科学出版社，2001.

22. ［意］G. 甘道尔夫. 国际经济学（第二版修订版）. 北京：中国经济出版社，1999.

23. ［美］罗伯特·J. 凯伯. 国际经济学（第八版）. 北京：机械工业出版社，2002.

24. ［美］彼得·林德特. 国际经济学（第九版）. 北京：经济科学出版社，1992.

25. ［美］P. T. 埃尔斯沃思，J. 克拉克·利思. 国际经济学. 北京：商务印书馆，1992.

26. ［美］彼得·B. 凯恩. 国际经济. 北京：北京经济学院出版社，1989.

27. ［德］默里·肯普. 国际经济学导论. 上海：复旦大学出版社，1990.

28. 吴大琨. 国际经济学概论. 沈阳：辽宁人民出版社，1988.

29. Henry Thompson. *International Economics: Global Markets and Competition*. 4th Edition. Singapore: World Scientific Publishing Co Pte Ltd, 2017.

30. Hendrik Van den Berg. *International Economics*. 3rd Edition. New York: Routledge, 2016.

31. Sjoerd Beugelsdijk, Steven Brakman, Harry Garretsen, Charles Van Marrewijk. *International Economics and Business: Nations and Firms in the Global Economy*. 2nd Edition. Cambridge: Cambridge University Press, 2013.

32. Arvind Subramanian, Martin Kessler. "The Renminbi Bloc Is Here: Asia Down, the Rest of the World to Go?" *Journal of Globalization and Development*, 2013, 4 (1).

33. Thomas A. Pugel. *International Economics*. 15th Edition. New York: McGraw-Hill, 2011.

34. James Gerber. *International Economics*. 5th Edition. Reading, MA: Addison-Wesley, 2010.

35. Michael G. Plummer. *International Economics: A Policy Approach*. New York:

Pearson，2010.

36. Theo S. Eicher，John H. Mutti，Michelle H. Turnovsky. *International Economics*. 7th Edition. New York：Routledge，2009.

37. Ronald W. Jones，Peter B. Kenen. *Handbook of International Economics*. Volume 1－6. Amsterdam：Elsevier Science Publishers，B. V.，2002.

38. Steven Husted，Michael Melvin. *International Economics*. 3rd ed. New York：Harper Collins，1995.

39. Mordechai E. Kreinin. *International Economics*. New York：Harcourt Brace Jovanovich，1988.

40. Wilfred J. Ethier. *Modern International Economics*. New York：W. W. Norton and Company，1983.

图书在版编目（CIP）数据

国际经济学教程 / 黄卫平，彭刚编著. --4 版. --北京：中国人民大学出版社，2022.10
新编 21 世纪经济学系列教材
ISBN 978-7-300-30954-5

Ⅰ.①国… Ⅱ.①黄… ②彭… Ⅲ.①国际经济学-高等学校-教材 Ⅳ.①F11-0

中国版本图书馆 CIP 数据核字（2022）第 156393 号

普通高等教育“十一五”国家级规划教材
新编 21 世纪经济学系列教材
国际经济学教程（第四版）
黄卫平　彭　刚　编著
Guoji Jingjixue Jiaocheng

出版发行	中国人民大学出版社		
社　　址	北京中关村大街 31 号	**邮政编码**	100080
电　　话	010－62511242（总编室）		010－62511770（质管部）
	010－82501766（邮购部）		010－62514148（门市部）
	010－62515195（发行公司）		010－62515275（盗版举报）
网　　址	http://www.crup.com.cn		
经　　销	新华书店		
印　　刷	北京七色印务有限公司	**版　　次**	2004 年 3 月第 1 版
开　　本	787 mm×1092 mm　1/16		2022 年 10 月第 4 版
印　　张	18.75 插页 1	**印　　次**	2025 年 4 月第 5 次印刷
字　　数	427 000	**定　　价**	49.00 元

教学支持说明

1. 教辅资源获取方式

为秉承中国人民大学出版社对教材类产品一贯的教学支持，我们将向采纳本书作为教材的教师免费提供丰富的教辅资源。您可直接到中国人民大学出版社官网的教师服务中心注册下载——http://www.crup.com.cn/Teacher。

如遇到注册、搜索等技术问题，可咨询网页右下角在线QQ客服，周一到周五工作时间有专人负责处理。

注册成为我社教师会员后，您可长期根据您所属的课程类别申请纸质样书、电子样书和教辅资源，自行完成免费下载。您也可登录我社官网的"教师服务中心"，我们经常举办赠送纸质样书、赠送电子样书、线上直播、资源下载、全国各专业培训及会议信息共享等网上教材进校园活动，期待您的积极参与！

2. 高校教师可加入下述学科教师QQ交流群，获取更多教学服务

经济类教师交流群：809471792

财政金融教师交流群：766895628

国际贸易教师交流群：162921240

税收教师交流群：119667851

3. 购书联系方式

网上书店咨询电话：010-82501766

邮购咨询电话：010-62515351

团购咨询电话：010-62513136

中国人民大学出版社经济分社

地址：北京市海淀区中关村大街甲59号文化大厦1506室　100872

电话：010-62513572　010-62515803

传真：010-62514775

E-mail：jjfs@crup.com.cn